中央高校基本科研业务费专项资金资助（项目批准号SWU1509304）

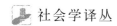 社会学译丛

THE ROOTS OF RADICALISM
Tradition, the Public Sphere, and Early Nineteenth-Century Social Movements

激进主义探源
传统、公共领域与19世纪初的社会运动

〔美〕克雷格·卡尔霍恩（Craig Calhoun）著 甘会斌 陈云龙 译

北京大学出版社
PEKING UNIVERSITY PRESS

著作权合同登记号　图字：01-2013-6955
图书在版编目(CIP)数据

激进主义探源：传统、公共领域与19世纪初的社会运动/(美)卡尔霍恩(Calhoun,C.)著；甘会斌，陈云龙译.—北京：北京大学出版社,2016.4
（社会学译丛）
ISBN 978-7-301-27058-5

Ⅰ.①激…　Ⅱ.①卡…②甘…③陈…　Ⅲ.①社会运动—研究—19世纪　Ⅳ.①C916

中国版本图书馆CIP数据核字(2016)第074501号

Licensed by The University of Chicago Press, Chicago, Illinois, U.S.A
© 2012 by The University of Chicago Press. All rights reserved.

书　　　名	激进主义探源：传统、公共领域与19世纪初的社会运动 Jijin Zhuyi Tanyuan: Chuantong、Gonggong Lingyu yu 19 Shiji Chu de Shehui Yundong
著作责任者	〔美〕克雷格·卡尔霍恩（Craig Calhoun）　著 甘会斌　陈云龙　译
责任编辑	武　岳
标准书号	ISBN 978-7-301-27058-5
出版发行	北京大学出版社
地　　址	北京市海淀区成府路205号　100871
网　　址	http://www.pup.cn　　新浪微博：@北京大学出版社
电子信箱	ss@pup.pku.edu.cn
电　　话	邮购部62752015　发行部62750672　编辑部62753121
印刷者	北京大学印刷厂
经销者	新华书店
	650毫米×980毫米　16开本　24.5印张　363千字 2016年4月第1版　2016年4月第1次印刷
定　　价	68.00元

未经许可，不得以任何方式复制或抄袭本书之部分或全部内容。
版权所有，侵权必究
举报电话：010-62752024　电子信箱：fd@pup.pku.edu.cn
图书如有印装质量问题，请与出版部联系，电话：010-62756370

序

  差不多在整个成年时代,我一直断断续续在写这部书。我担心这可能透显出风格的不一,而不是智慧的累积。不过当然,但愿要点是清晰明了的。我最初是对19世纪初期的英格兰,尤其是对工业革命时代的大众抗议进行历史研究,从此开启了这项工作。探究19世纪的法国和美国让我的识见为之一宽。然而本书虽说提供了贯穿着这些个案(主要是英格兰)的历史社会学,却不是它们任何一个的完备历史,更谈不上是对它们三者的充分比较。毋宁说它尝试着辨识民众激进主义中的模式和主题,它们被那些主导理论遮盖住了。历史误解和理论局限之所以重要,部分是由于它们导致了今天的错误分析。

  尤其是,学术研究者、新闻记者以及不过是自以为见多识广的那些市民,他们难以理解平民主义、民族主义和宗教运动。的确,他们一再惊诧于这样的运动,认为它们是向过去的复古倒退,那一过去据料正在消逝。轻飘飘地认为参加者是误入歧途或恋旧守成,这简直不成其为一种分析;试图在左—右两翼间把这种运动加以分类,则扰乱局面远过于澄清事态。两种反应既揭示了这些运动的现实的政治和社会特征,也同样揭示了分析者与运动积极分子之间的社会距离。

  问题不仅出于众多分析者对平民主义政治不善辨音观色(虽然他们确乎如此),甚至也不仅出于对平民主义的精英阐释中所存在的阶级偏见因素。它还因为平民主义政治常常让借以理解那些运动的常规范畴手足无措。物质利益不能充分解释那种政治,尽管现实苦难和郁郁不得志往往有重要影响。将它们当成"不过"是文化运动,这大概误解了文化的意义可能怎样富于物质性,因为它所形塑的不单是理想,还有团结和对立,战略和战术的选择,对经济形势和前景的洞察,对领导者的品鉴,或是对挫败的忍耐。类似问题亦见于民族主义政治和宗教政治当中。试图将这些运动剖别成进步的或反动的照样不无疑问,尤其是因为就在许多运动奋力捍卫现存(或行将消失)的生活方式之际,它们也带来了社会变迁的压力。这并非唯一的悖论;某种意识形态承诺和某一套社会制度可能多数时候是保守的,而当人们觉得受到威胁时,它们又可能构成深层政治挑战的基础。

无论如何,本书不是对平民主义(更遑论民族主义政治和宗教政治)的综合性研究。它所考察的是政治激进主义得以被传统渗透、被社群维续的方式,道德修辞得以扣合物质利益分析的方式,主导公共领域因排斥而成型的方式,以及这个过程形塑替代性构想的方式。这些主题在社会革命和民族解放斗争中已经显得事关重大,在形形色色的平民主义运动和追求社会正义的斗争中亦然。整个现代时期,在世界各地,这样的动员层出不穷。事实上,随之而来的对"人民"范畴的政治性援用,可能属于现时代的规定性特征。

我没有宣称这本书里远为浅隘的经验基础是有代表性的。倒不如说,我认为开始于19世纪早期的这些运动本身就趣味盎然,并且适合用来观照将一切政治均置于左—右光谱上的局限性。另外很说明问题的是,自由主义和马克思主义的历史叙述通常曲解了这些运动,虽然那两种主义和它们相伴而生。传统见解的失效要追本溯源到19世纪初年。自由主义和马克思主义都要与对社会变迁和问题重重的政治权力行使的种种反应争胜角力,那些反应不够理性、不够系统却有深厚根基。

当"新社会运动"挑战一种较为陈旧的政治左派观念时,我启动了催生本书的这项研究。当政治右派设法把常常激进而诡变得超乎保守主义政治家所欲的一系列平民主义运动纳入麾下的时候,我正将本书付诸梨枣。在每种情况下,硬把政治塞入左—右对立框架的尝试都是失真的。认同的等级和塑造新社会运动的其他事务不只是表面客观的共同利益的反映,也不尽是转移对那些利益的注意力的意识形态障眼物。同样的,将如今的平民主义和民族主义的种种运动说成是"右翼的"而轻率打发,映现出我们拙于思索社会变迁的主导模式何以及如何会给许多人造成挑战,他们在做出回应时又为何自认为代表"人民"。我希望本书的研究能够激发对于那些并非完全符合传统范畴的运动的新思想。

本书一半章节初刊于20世纪80年代和90年代早期。抗拒大刀阔斧修改旧文的诱惑可不容易。然而哪怕是小修小补,似乎也打开了无休止修订的潘多拉盒子。妄图装扮得仿佛我在撰文时知道得更多,这似乎也不诚实——特别是既然我在抗拒重写一切的更伤神的诱惑。原来的文章多是为给予它们像是值得保护的历史位置的争鸣和思想课题而作。所有文章继续在被人引用,这让作者感到快慰,不过难得合在一起或当作整体思路的组成部分来引证。它们发表在不同地方,有的更多被历史学家采择,另一些则更多被社会学家和政治学家采择。尽管我听凭各文保留其自主性,但它们确实配合起来是个整体。这"整体"或许尚不够完整;假如时间无限,有许多主题我愿深论,有许多实例我愿扩展。最要紧的是,虽然本书检视了英国、法国和美国的运动,它却绝非丰满成熟的比较研究,甚至也不是任一国的运动的全部相关方面的研究。但是不同章节通通归向一个公论点,它是我认为今天还有用的东西。

当较老的章节(第3、6—9章)首次发表时,它们加入了一场争论,涉及阶级分析的突出性,尤其涉及工人阶级的形成在西欧资本主义里的中心性。这是20世纪70—80年代一度叠合的"新社会史""社会科学史学"的跨学科运动与历史社会学的复兴当中的一个核心论题。① 主要关注点在这每个领域内来回转移。有的章节着重探讨到80年代中期几成"正统"的一个主题:工匠和手工工人对激进动员的重要性。② 这质疑了"无产阶级"范畴在较早时期的诸多移用,也质疑了新工业里的工人经验是激进运动之源的看法。但是争论不限于那个历史环境。其实我的焦点落在一些理论范畴上,它们深深影响了18世纪末和19世纪初,以及日后对它们的反思。有时人们借用这些范畴,仿佛复杂的

---

① 对这一历史重合性的某些方面的讨论,参见 J. Adams, E. Clemens, and A. Orloff, *Remaking Modernity: Politics, History, and Sociology*;亦见 Gerald Delanty and Engin Isin, *Handbook of Historical Sociology*。

② Mark Traugott, "Review Essay: European Working Class Protest."

所指对象是简单明了的,或是建立在较早历史的错误概括基础上的政治理论和社会变迁理论的有机部分。我特别说明了让激进主义观念摆脱与革命和阶级分析观念乃至自由主义的进步主义观念的过紧联系的重要性。我们需要认识到传统激进主义、文化、地方依恋与支撑共同体和运动的那些社会关系的中心地位。这些是理解频发的民族主义、宗教原教旨主义和族群冲突的锁钥。

我设法驱散的阴影是由一种流传甚广的观点投下的,它认为是贪权恋栈的顽固贵族、推行渐进政治改革新计划(结合着对私有财产的捍卫)的资产阶级自由主义者与渐渐联合了劳工或工人阶级运动挑战现有权威的激进分子塑造了那个时代的斗争。虽然不尽失实,但这样的叙事是误导性的。它们让我此处所称的"传统激进主义"彻底从属于劳工或阶级意识——许多这种激进主义的运动,试图保存遭到资本主义挫诎的生活方式,或者追求根源于前资本主义或前工业的记忆而非新生的资本主义(尤其是工业)的劳工组织的种种价值。它们随时准备将另类社会秩序的众多不同愿景还原为本质上是经济的阶级意识观念的变种,空想社会主义者和其他一些人利用各种传统和他们自己的想象,拓展他们对社会生活可能形式的觉识,这才创造出那些愿景。它们没有充分注意到两种激进主义的差别:一种意指求助于第一原则的那些哲学分析或设计新社会秩序的那些举措,一种意指对现存权力的实质性挑战,那至少会真正使社会组织有产生深刻断裂之虞。它们在资产阶级自由主义及其活跃于其中的主导公共领域与庶民挑战者及其反公共领域之间划界太过分明。许多激进分子想要被容纳进主导公共领域,仅在排斥的压力下才组建反公共领域;许多人想要适量财产带来的安全感和独立性或者就业保障,他们挑战的不是这些价值本身,而是强者牺牲弱者福祉实现资本积累的方式。

致　谢

像19世纪初的激进作家们那样,我愿声称独立是参与公共领域的一种思想状态。别人无须为我的错误负责,我将承担一切后果。不过,冒称我可以独力完成这项工作或者独揽全功,那就是恣意诬夸了。像所有作者那样,我蒙受了太多恩惠,不能一一答谢。既然本书是近三十年时间中断续写成的,我的感恩范围就很宽广。但有些非提不可。

首先,有若干机构给我提供了改进工作的环境。供职机构至关重要,尤其包括北卡罗来纳大学教堂山分校、纽约大学和社会科学研究委员会。每个机构的同事们都让我受益匪浅。北卡罗来纳大学教堂山分校的社会理论与跨文化研究中心,和纽约大学政治学、文化和社会理论方面的NYLON工作坊,不但一直是支持和评议的源泉,还是新思想视角的源泉。社会心理研究中心/跨文化研究中心虽然制度化程度极低,却仍是大约28年时光里影响更深的力量。我的工作基本上贯穿着对思想传统和新公共问题的探索,那些都是与工作网络里的朋友和同事分担共享的。

许多人的评论和建议令本书各章增色。既然这里的篇幅不够道其万一(试着这么做就显得狂妄),我希望我可以感谢彼得·比尔曼(Peter Bearman)、伊丽莎白·克莱门斯(Elisabeth Clemens)、詹姆斯·爱泼斯坦(James Epstein)、莱昂·芬克(Leon Fink)、南希·弗雷泽(Nancy Fraser)、辛西娅·哈哈莫维奇(Cynthia Hahamovitch)、安德里亚斯·科勒(Andreas Koller)、劳埃德·克雷默(Lloyd Kramer)、本·李(Ben Lee)、迈克尔·帕西(Michael Passi)、穆伊什·普殊同(Moishe Postone)、李·施莱辛格(Lee Schlesinger)、理查德·桑内特(Richard Sennett)、比尔·休厄尔(Bill Sewell)、查尔斯·泰勒(Charles Taylor)、马克·特劳戈特(Mark Traugott)和迈克尔·沃纳(Michael Warner),而不将他们牵连进他们不会认领的我的项目的各部分。莉娅·弗洛伦丝(Leah Florence)和欧文·伍利(Owen Whooley)各自在文字编辑上给我很多帮助。这是我和芝加哥大学出版社的道格·米切尔(Doug Mitchell)合作的第四个项目。他是位精益求精、孜孜不倦的编者。他的习惯是从作者致谢中删除感激之辞,但我要再次试试偷塞点儿进来。

迈克尔·麦夸里(Michael McQuarrie)是书中一章的合作者,也将全书通读一遍,提出了无数真知灼见。实际上,同麦克相切相磋在鞭策我完成此书上起了大作用,我铭感在心。好学生常常给老师很大教益,我在这项研究的课程中也承教于他人,但麦克的贡献超乎寻常。

在此处表达的思想逐步形成的三十来年里,迄今为止最为重要的养料——思想的、物质的、社会的、精神的——来自帕姆·德拉吉(Pam Delargy)。将本书献给她简直不算酬谢,它不过是区区承认,还远远不够。

目　录

导　论　/ 1

第一章　重新定位激进主义　/ 12

第二章　社会运动与进步观念　/ 47

第三章　传统激进主义：共同体力量还是庄严的伪装和借来的语言？　/ 88

第四章　权力场的公共领域　/ 133

第五章　不情愿的反公共领域　/ 168

第六章　阶级、地方与工业革命　/ 201

第七章　工业化与社会激进主义：英法工人运动与19世纪中叶的危机　/ 221

第八章　经典社会理论与1848年法国革命　/ 255

第九章　19世纪初的新社会运动　/ 279

第十章　进步为了谁？　/ 315

参考文献　/ 353

导 论

　　19世纪的大部分时间里,"社会运动"一词几乎成为社会变迁的同义语,尤其是深入到大多数人的生存境况和社会关系之中的那种变迁。它涉及历史正在行进的路线——只要你懂得,那条路线是少数精英对国家和私人财产的控制被更为广泛的社会参与所取代,极度的不平等被平等主义的包容所代替,以及众多人口的物质福利问题日渐具有政治中心性。所有这些变迁都因财富积累和生产力的发展而成为可能。最终,这个词的用法开始益发强调确保或至少促发这种进步的集体行动的重要性。社会运动变成了社会主义运动,或者假如那个词语的党派性太强的话,则可谓变成了一批广泛的劳工和民主动员。这种见解的主导地位致使许多人在评价其他运动——宗教的、政治的、区域的、民族的、废奴的或者禁欲的——时,以它们对那种社会运动,进而是进步的社会变迁进程的贡献多寡为标准。

　　关于社会运动的学术研究自诞生之初就受到这种历史进步观的形塑。与这种理性追逐公认集体利益模型不相吻合的集体抗争,经常被贬低为仅仅是"集群行为"(collective behavior)。它们被认为好像是盲无目的,好像是内在非理性的,反映了对正常社会变迁过程的"简化式"(short-circuited)理解。诚然,从事于进步的不同问题和方面的那些运动,如民族解放、和平事业或者女性权利等,也得到人们的承认。对于谁才代表进步的路线,是共产主义、社会民主主义还是资本主义的自由主义,人们存在意见分歧。尽管在这些(和别的)问题上,经验文献全都日益丰富,但是存在着某种倾向,要继续维持那种不得不做的抉择:要么是进步主义的历史阐释,要么是这样的隐含之意——群众强加的、有时受叛乱支持的要求属于集体心理学的事情,不是政治学的事情。

20世纪六七十年代,研究者们开始超越这一暗含的强制抉择,创辟研究领域。一群研究者开始将运动领导人的意图和意识形态问题与运动是如何组织和开展的问题区分开来。他们问道,不论一个人目标如何,他是怎样制造一场运动的?他们集中关注资源动员、运动策略和领导结构。很多研究者表明群众——即便是暴乱中的群众——有着理性的、选择性的和常常较为克制的性质,由此直接挑战将大众说成是内在非理性的那些"集群行为"视角。这些研究者成为现代社会运动研究极富影响的奠基者。他们的标志性成就之一是将社会运动研究整合进抗争性政治(contentious politics)研究。这意味着一方面承认运动是政治变革的重要而合法的基础,另一方面承认名副其实的政治学包含融合与排斥、财富和权力的分配以及社会变迁的方向等基本问题上的抗争,而不只是哪些精英来统治或者哪种多少有点传统的意识形态独领风骚的选择问题。

这一新视角既受到重要学术研究的推动,也受到对有利变革的起义和运动的广泛得多的同情的推进,尤其是在20世纪六七十年代。这也宣告了社会运动研究的又一个开端。它全神贯注于参与政治,表现在对20世纪50年代不太具有竞争性的、共识取向的政治学的批判中,也表现在对民主方式的探索中,按照这些方式,民主或许不只是被准职业化、官僚化的政党支配的选举问题。这一视角也提示人们思考,工会有时赖以成为官僚化的权力结构而非叛乱工具的种种途径。它处在某种"新左"观点的核心位置,与主流的"阶级与劳工"叙事之外的一系列运动相互影响,比如非裔美国人的民权运动、学生抗议、和平运动等。在将新的声音带入公共领域的诸般努力中,通过重新关注作为民主制中心的公开辩论,这一视角得以清楚表达出来。对于公共领域中的文化政治学的日益关注,促进并在某种程度上改变了它。

20世纪60年代以后,又一群研究者唤起人们对"新社会运动"的注意,那些运动反映了一系列新议题和对劳工斗争与福利国家的某种信心崩溃。它们从事于认同和自我蜕变(self-transformation)议题,尝试直接而不是通过影响国家去改变文化和社会关系。这条研究思路极大地拓展了社会科学家对社会变迁的可能方向、文化的角色及个人参与社会运动的经验的看法。不过,奇怪的是,这些人创造了"新社会运动"这一短语,歌颂主导叙事的终结与自我限定的运动计划的多样性,却对"旧社会运动"有一种较为线性的、统一的观点。也就是说,他们的著书立说让人觉得,在20世纪60年代以前很长一段时间里,好像真的存在一种主导叙事,好像劳工运动肯定是现代的主导社会运动,好像它或多或少直接推动了现代欧洲福利国家的创立。这种观点大大低估了早期运动的多样性和创造性,它们很多与20世纪晚期的新社会运动颇有共通之处(我将在第九章进一步讨论)。

在同一时期,"新社会史"也影响巨大(后来日渐被与新社会运动有许多共同点的文化史取径替代)。它的实践者力行"自下而上的历史学",扩大了所关注的问题范围和人群种类。许多历史学家反对以国家层面的政治为重心,而着眼于从口味文化到家庭结构、性关系和休闲活动等日常生活方式的变迁。虽然这其中很多并非明显聚焦于政治学或社会运动,但是人们日益领会到私人性能够借以成为政治性的各种途径,领会到运动如何能够针对文化而不是国家而发。在少数情况下,有人还革新性地研究了普通人如何形塑政治以回应他们自身的生存条件——动用他们自己的文化遗产和新文化(这或许密切关联着精英文化,或许不是),横向地而不是通过精英领导组织起来,帮助确立政治议程而不是仅仅选择站在哪一方。

假如给这些较为宽广的视角贴上人名很重要的话,那么查尔斯·蒂利在社会运动的社会学代替集群行为的心理学方面最具影响力,尤尔根·哈贝马斯是公共领域研究方面最重要的理论家(尽管 C. 赖特·米尔斯在英语世界是象征性的重镇),阿兰·图海纳是支持新社会运动观念的最具影响力的思想家(尽管他的学生阿尔贝托·梅卢齐(Alberto Mellucci)是这方面的主要理论家),E. P. 汤普森的《英国工人阶级的形成》是新社会史方面至为重要的著作。① 当然,这些方面无一是孤军奋战,并且还有其他一些重要的研究路线,有的受到年鉴学派史学家的影响,有的受到对身为马克思主义者的安东尼·葛兰西的兴趣复苏的影

---

① 值得注意的是,蒂利、哈贝马斯、图海纳和汤普森大体上是同代人(出生于 1924—1929 年之间)。更进一步说,这四个新视角的创立相互重合,而不是简单地前后相继。

响,有的受到反殖斗争经验的影响。我不伪称要提供一项面面俱到的概览。毋宁说我的意图是为本书下文框定一个语境。

本书从社会运动的这四条研究路径中获益良多,也不乏心心相通之处。但是本书的统一构想是提请大家注意这一项项研究工作所忽视或低估的东西。这就是我所谓的激进主义的根源。扎根于传统文化或者强大的地方社群,为激进地质疑既定社会秩序同时质疑"进步"变迁的自由主义议程的各种动员提供了资源。这种扎根性(rootedness)被阶级意识简单增长的各种叙事遮蔽了,因为很多激进工人实际上抵制被转变成资本主义的无产阶级。同样的,民主的公共领域逐渐扩大的观点,也掩盖了19世纪早期占主导的布尔乔亚公共性被积极排斥行动所形塑的程度——甚至在18世纪晚期获得了更多承认和发言权的工匠激进分子也被排斥。激进的新闻记者和知识分子,与志在偏离日渐浮现的自由主义政治秩序的议事日程的那些手工业工人和其他人等一样,根源于遭受政治排斥的经验。传统观念和新文化创造性混杂起来形成了政治意识形态,也塑造了驱使普通人挑战政府或雇主的认同与自我理解。

在这一背景下变得激进可能有几重意思。有理论家们的哲学激进主义,他们企图利用理性分析和系统重建纲领直探社会本原。有活动家们的策略激进主义,他们(无论基于何种议程)寻求即刻变革,为达目的准备好了使用暴力或者其他极端措施。还有某些人的更矛盾,可能也更保守的激进主义,他们竭力让共同体和文化传统中他们所珍视的东西免遭资本主义发展的灭绝。这些方面常常相互贯穿,造成根本性的社会变迁,也就是深入社会秩序内部而不是流于表面的变迁。

激进主义经常被认为是一种较为极端、果决或者说急躁的自由改革主义。罗伯斯庇尔就被当作个中典型。他既作为一个中产阶级发言,又作为法国大革命的一个热烈苦行者发言。在"惩罚人类压迫者"的极端渴望中,罗伯斯庇尔成为法国大革命的恐怖统治①(1793—1794)的中枢。他认为恐怖是"美德的表现……是民主一般原则得出的

---

① David Jordan, *Robespierre and the Politics of Virtue*, p.54.

自然结论"①。罗伯斯庇尔自称是孟德斯鸠和卢梭的追随者,但是明显持有一些出于实践权宜考虑的观点,它们不可归于这些源头。从此,激进主义就被简单当成极端主义。但是,这样的见解将激进主义映射到一种政治光谱里,它被想象为从右翼的反对派延伸到左翼的激进派,居中的是各种形式的温和保守主义和温和自由主义。罗伯斯庇尔坚持认为必须处死路易十六,然后继续前进去摧毁较为温和的、坐在国民大会右侧的吉伦特派(他称之为大革命的叛徒)。虽然这幅图景源于法国大革命,但是这在革命和激进政治方面均误导了我们。它暗示是极端主义和急躁行为界定了激进主义。但其实更常见的是,造成革命和激进主义的经常至少部分是这样一些人,他们并不更信奉自由主义或飞速变革,而是信守他们愿意捍卫的既有生活方式或他们愿意重建的衰败生活境况,也致力于某些机构(比如政府)的急剧变革——他们寄望它们能让他们实现别的(有时是传统的)价值。

马克思主义体现了最具持续性和影响力的民众激进主义分析,但是并没有完全跳出这一误导性的公式化表述。尽管它与自由主义有别,可是即便在它那最黑格尔化的许多辩证阐述中,它也仍然保留了一种另类的进步理论。马克思主义做出过重大知识贡献,尤其是有益地区分了推进行动的矛盾(contradictions)与不那么基本的冲突(conflicts)。但是资本主义的矛盾与劳动者生活状况的矛盾之间不是简单直接的联系。马克思希望产业工人直面日益加剧的贫困化,被迫从事阶级斗争——同时日益加深的系统危机削弱了资本主义本身。但是许多非常重要的(有时甚至是革命的)斗争是由被资本主义放逐或胁迫的那些人发动的,不是工人阶级雇佣大军中的人。资本主义以多种方式造成了激变,不止因为剥削劳动。后来的马克思主义者也将阶级斗争理论与资本主义的动力难乎为继的预期相联系。他们认为只要工人有了正确的意识或意识形态,工人动员就是必要的或必然的,或者起码也

---

① Robespierre, "On the Principals of Political Morality", 1974 年 2 月的演讲, 引自 Richard W. Lyman and Lewis W. Spitz, eds., *Major Crises in Western Civilization*, pp.71-72.(中译本参见罗伯斯比尔:《革命法制和审判》,商务印书馆 1965 年版,第 176 页。——译者注)

是一个可行选择。① 至少对很多人而言，马克思主义也怀有一种假设：唯有阶级认同能够团结激进斗争；激进政治团结出现在不按阶级身份界定自身的人们中间的可能性被低估了。② 但是，虽然阶级不平等可能是基本的、重要的，别的动员基础（尤其是民族认同和公民身份）至少同等重要。

单纯的工会意识与阶级意识之间的著名区别，可以解读为指示了一种连续统（虽然一种更加辩证的见解有争议地贯穿于马克思自在阶级和自为阶级的黑格尔化提法之中），该连续统经常被理解为涉及支撑着集体行动的利益上的明晰性直线递增。这一观点对大众激进运动的根源、维持它们的社会条件以及它们有时能够促成深远社会变迁的环境，都把人引向歧途。我的部分主张是，工业资本主义与向资本主义过渡过程中面临灭绝之虞的那些人的生活形成远为直接的矛盾，而产业工人面临着资本主义内部的冲突，但常常可以为更优的待遇进行谈判——至少说来，只要工业资本主义仍在上升就会如此。

激进主义最好不宜理解成一种稳定的意识形态立场。在某一点上激进的观念，在另一点上可能不过是自由主义的乃至是保守主义的。对秩序的势力构成激进挑战的活动家们也可能被对立的信仰和价值观鼓动起来。问题是他们的社会处境、渴望和自我理解是否令他们与普遍情势和变迁模式格格不入。在工人等能够获得增益型改良的地方，他们就不那么激进。当增益型改革被顽拗的精英阻挠但原则上仍有可能时，他们偶尔会诉诸策略性激进主义。但是当他们的各种生活方式面临被连根拔除的威胁时，激进政治甚至能够吸引大体上保守的人民和社群。

这并不意味着新思想无关乎政治激进主义。18世纪末19世纪初，平等主义民主的新构想（如托马斯·潘恩那种）诱激起许多人的注意、希望和热情。但是，在美国，潘恩的思想融混着对小农自治权的热烈捍卫、对英格兰人古老权利的主张，以及在尘世建立良善社群的宗教努力

---

① 参见韦德·马修（Wade Matthew）关于英国马克思主义史学家的争论的讨论："The Poverty of Strategy: E. P. Thompson, Perry Anderson, and the Transition to Socialism"。
② 或者，有人尝试对诸如在阶级意义上动员被征服的大众反抗外来统治的情况做出解释。

（尽管潘恩是个好斗的不信神者）。在英国，潘恩赞同自由的那些理性主义论证，在同样的小酒馆里被读解成英格兰古代宪法的援用，读解成很大程度上可归功于约翰·弥尔顿、归功于约翰·班扬的《天路历程》的斗争寓言，以及创建一个新耶路撒冷的召唤。革命的法国将潘恩作为荣誉公民，但是大革命是由工人和知识分子发动的，前者要保护他们行业的权利和自主，后者要保持标准度量系统。

　　这些思想并非仅在抽象层面上混合。它们被结为一体，是因为不同人群结成了联盟，加入了辩论，建立了关系。这些思想是渗透于英国、法国、美国公共领域发展之中的那种混合物的一部分。它们对公共领域的内容很重要，但也有助于塑造它的形式，尤其是因为它们用各种方式促成了无限扩张的公民身份的观念。不过，对于把公共领域的发展简单看成是从贵族时代向资产阶级时代转型的过程中日益向更多市民开放的故事，我们得小心点。正如我在第四章和第五章表明的那样，法国大革命之后英国"可敬的"公共领域在阶级参与的路径和向多元政治理念开放的路径上都受到刻薄、新式的限制。我们也不可简单地认为从一开始就存在相应的平民（或者无产阶级）公共领域。倒不如说，曾是18世纪全国公共领域的积极参与者的很多新闻记者与知识分子，发现自己被新的秩序势力向外排挤。在这种背景下，他们打造了与"工匠、外包工以及其他人"（借用E.P.汤普森的说法）的亲密联盟，这改变了每个群体的思想（尽管并非总能制造内部一致性），并促就了一种强劲的激进批判路线。

　　"秩序力量"出现在法国大革命期间及之后，这是后来法国革命层出不穷的一个重要原因。复辟和镇压有时将自由主义者——还有激进主义者——排除出公共影响和权力位置。但是，到1948年这两个群体之间越来越泾渭分明，这也加重了内部的分裂和革命的削弱。追溯与国家工场（National Workshops）和其他团体相联系的工人的社会认同，这已是历史学家和历史社会学家的一个重要主题。但是，这里（以及尤其是在第七、八章）我不但想指出手工业工人和工厂工人的差别，而且要指出不尽符合左—右连续统的那些意识形态的重要性。从手工业工人激进主义者、蒲鲁东一直到19世纪末的工团主义者，打动他们这许多人的那些分析，与其说是聚焦于依据自由主义的个人主义或马克思主义的阶级语言所做的利益计算,不如说是聚焦于经济不满、社会融合的诉求以及根植于行业和共同体的团结之道的一种组合体。

在美国,这一模式在很多方面有所不同,形塑它的是国家的新生性、移民和西进运动(更不必说奴隶问题)。但是美国历史上的平民主义运动的重要性也部分反映了类似的问题。虽然平民主义运动不总是激进的,却可能如此。精英们的政策和利润破坏了普通人的生活,对精英的愤怒与保卫共同体的努力(还有关于共同体及其与各类传统文化和认同的关系的种种观念)缠绕在一起。宗教扮演了一种再三出现的角色(有时表面上偏左,有时又貌似偏右),并且常常牵连着难以归为左派或右派的事业。公共领域中涉及名望和承认的论争周期性地发生,伴随着重塑公共议程的努力。这些在19世纪各种社会运动中都是重大主题,从废奴运动和第二次大觉醒运动直到禁酒和妇女选举权运动,但也包括反移民的本土主义动员及扎根于内战后南方的憎恨白人心态的运动。①

甚至今天这些仍是重要主题。着眼于文化、认同与共同体等问题何以对早期工人斗争很重要,以及这些问题如何卷入完全超出劳工范围的运动当中,这不只是历史学的修正,也是改进理论的基础。此外,对于一些当代问题,比如捍卫民族、地方共同体或某些类型的特定制度以对抗新自由主义的资本主义该不该理解成不过是反动的或落后的,它蕴含着一些推论。或许恰恰相反,传统可能是激进主义的一种重要源泉。它不会总是塑造美好未来,但它能够塑造。

在18世纪末和19世纪的诸多冲突(以及随后对它们的学术回应)中形成的范畴仍然保持了思想上的强势,继续塑造人们对于社会运动的理解。值得一问的是,它们有多吻合早期的案例,又有何等曲解,以及是否符合如今的情况。弄错历史可能导致误解现实。我并不妄称要在本书里提供明确的说明,但我尽力将一些关键的、常常为人忽略的议

---

① 这一模式并没有随19世纪而终结。我们可以注意到宗教在20世纪早期的社会福音运动与20世纪最后几十年的新宗教性右派中的突出地位。我们也可以注意到,对公共领域里的承认和发言权的要求,塑造了20世纪60年代的新左派、青年运动与和平运动,80年代的福音派对公共行动的欣然接受,最近十年与茶党和一种强烈的、常常是保守的民粹主义相连的抗议行动。而且如文献中偶或暗示的那样,美国民粹主义的历史并非迥异于拉丁美洲或其他地方,尽管每个案例当然都是不同的。

题加入议程表。

本书有以下五个核心论题(尽管很难详尽探讨它们)。

1. 进步的观点鼓荡起对传统与抵制社会变迁之间的关系的误解。虽然在大多数情况下传统和抵抗变迁或许是"保守的",但它们也可能是众多社会运动的基础,这些运动在挑战主流权力结构和社会变迁方向上真的很激进。确实,革命或许同等地依赖于"守成"(reaction)和"进取"(proaction)。多种社会"善"(goods)的成就有时可能要靠抵抗。一个备择未来的前景或许取自别样往昔的神话或记忆。

2. 弱势者通常在地方层次上组织得更好,却被更大范围内从事斗争的需要削夺了力量。然而国家权力和资本主义的增长,带来了影响个人和地方社群的社会关系被组织起来的那种规模的持续扩张。许多激进主义是由维持地方层级的组织(包括地方文化和社会网络)的努力所形塑的,那些层级使得生活方式与相对有效的集体行动成为可能。这就与其他一些激进计划产生了冲突,后者企图在社会组织(或政治或经济)的最大规模上理性主义地反思其整体。

3. 意识形态在哲学上的激进程度,与社会运动对社会秩序构成的实质性挑战上的激进程度,二者没有必然的相关性。哲学上的激进主义令人想起合理系统性的重要性,它一以贯之地依第一原理进行推理,有时在抽象层面上设计一种可能的新秩序。但是,如果设想所有社会行动者都花费学者那么多的心思在合理的系统性方面,那就犯了"学究气谬误"(scholastic fallacy)。实质上的激进主义依靠社会行动者,尤其是面对风险和压力能够维持大规模团结的那些人。他们这么做的能力常常建基于他们未经理性检视的共同文化传统、以他们不加质疑的方式把他们结合在一起的社会关系网络,以及对受到社会变迁的根本性威胁并鲜有妥协空间的生活方式的信守。

4. 许多思想、纲领和运动通常在指引社会变迁路线的种种尝试的场域里争夺支持。这些尝试彼此渗透,行动者采取的立场是其与场域关系的函数,也是他们自己内生观念的函数。职是之故,公共话语中的立场、对社会运动的信诺都不单单反映个人或群体的利益或经验。而且这一社会运动场域常常染上它与政治权力和大众传播更为制度化的结构的关系的特征。尽管个人——特别是知识分子——可以追求"理论上"的明晰性,一般而言这个场域的参与者的自我觉知很不完整,许多人赞同理论上可能相互矛盾的多重表述。以一种单一、内在一致和统一的计划为标准判断这个场域整体,这是误导人的。更具体而言,不曾有过这样的时代,那时唯一的社会运动即劳工运动简单地安排社会变迁或争论的路线,直到"新社会运动"——多元的、有限的、分裂的运动——兴起才退位让贤。

5. 社会运动场域之内及社会运动与更为组织化的行动者之间的争论,不仅关系到权力和财富的分配,也关系到公共领域中的发言权、承认和参与能力。社会运动场域发展出与现代公共领域的整体性关系。相应地这被拙劣地仅仅概念化为个人间论辩的竞技场——在其中享有特权的那些人的支配性而有私心的概念化。它也常常受到融合与排斥问题上的斗争的形塑。政府的运作必须透明以便公民可以议论它们,这一观点并非精英政治固有的,而是大众动员强加的。相反,私有财产是独立自主的恰当保障的观念,遭到寡于资财、面对政府压制却富于出版勇气的那些人的质疑。

我在第一章进一步讨论了激进主义的不同内涵,尤其讨论了表现得深植于现存社会秩序和文化,而不只是一种彻底理性主义的改造纲领的激进主义的重要性。第二章检视了左—右政治光谱观念对理解那些扎根传统、反抗流行的进步观的运动的局限性。第三章检视了一种听起来自相矛盾的"传统的激进主义"。我坚持认为,重要的是别把哲学上的激进主义等同于政治上的激进主义,别臆测激进变迁总是源于最一贯的变迁方案。第四章,我转向公共领域观念,以及支配性的政治公共性通过排斥最不可调和的异议声音而成形的问题。第五章考察了理性主义知识分子对此的反应,他们一般是潘恩的信徒,与工人们志同道合,倾向于利用英格兰古代宪法的传统语言抒发他们的疾苦和渴望。第六章考察了地点与地方共同体对于工人激进主义的重要意义,以及努力将集体行动延及国家层面时面临的挑战。第七章比较了手工业工人和产业工人,并考量了使前者更激进、使后者更易接受增益型改革的影响因素。第八章瞩目于1848年法国革命,在这场革命里,工人们形成了有别于自由主义的"激进"立场;也考察了自由主义和马克思主义阐释的主导地位对历史书写产生的后果。第九章着眼于19世纪早期的"新社会运动",从而含蓄地浏览了嵌入20世纪晚期理论中的各种误解。最后一章论及这个问题:对19世纪历史的一种稍异流俗的理解,怎么可能对社会运动研究和更一般的社会变迁研究事关重大。当然,最后这点是全书的核心主题,因为我们理解当前运动,是把它们置于和过去的关联中,如果我们在过去的事情上被误导了,那我们也在当前的事情上被误导了。

第一章　重新定位激进主义

"radical"这个词指的是"根"——草木的根,词根,根数。早期现代思想家引申了这些植物学、词源学和数学上的用法,将直探基础、第一原理或本质之物的那些分析说成是"radical"。宗教论争与哲学论争让这种用法活跃起来。

宗教改革的所有领导人都自称掌握了基督教的本质,企图还原这种信仰的根本律则。但是早期"专横的"改革者,比如马丁·路德、乌尔里希·茨温利(Ulrich Zwingli)和约翰·加尔文,遭到其他新教徒的质疑,断言他们的改革换汤不换药,不过是用一种新的教会等级制代替了旧的天主教等级制,却仍然主张博学的精英拥有通向宗教真理的特权。托马斯·闵采尔(Thomas Münzer)与安德烈亚·卡尔斯塔特(Andreas Karlstadt)呼吁把基督教带回它的根源,认为等级制教会权威的观念没有《圣经》的依据。卡尔斯塔特否定地回答了"我们是否应该走慢一点"①这个问题,从而将这种"radical"分析与后来的"激进"意义联系起来。再洗礼派在这"激进宗教改革"中更是鹤立鸡群,其中有些支脉如哈特派(Hutterites)、阿曼派(Amish)和门诺派(Mennonites)等,是千禧年主义的,并引发了盛行于整个19世纪,作为传统政治、资本主义和社会关系的替代选择的一些运动,这大概不是偶然的。② 激进宗教改革各教派在英格兰内战期间举足轻重,将均平思想从宗教扩展到政治经济学,它们在18世纪还形塑了政治激进主义,特别是通过威廉·布莱克这样的名士。

在哲学里,勒内·笛卡儿的知识论试图从个体认知者出发,彻底再

---

① Andreas Karlstadt, "Whether One Should Proceed Slowly".
② 参见 G. H. Williams, *The Radical Reformation*。

思知识的基本条件,由此来分析知识,从这方面看它是激进的。既定秩序的各种捍卫者认为它有可能不但动摇科学或哲学的根基,还动摇宗教和社会的根基,因而是激进的。① 托马斯·霍布斯则试图从人性的基本假设中推演出对政治秩序的一致合理的解释,就此而言他是激进的,激进得使他对绝对君主制的辩护理由甚至威胁到本想加以合法化的君主本身。伊曼努尔·康德虽然性情温和,但他坚持知识的重要性,坚持人的能动性和作为自然之物的存在之间的区别,坚持信赖他认为由此导出的批判理性,在这方面他也是激进的。后起的哲学家们竞相提出更激进的批判(其中有些转而反对知识事业本身)。

最终,寻求系统、急速或彻底变革的政治立场开始被称为激进的。对社会秩序基础的理性主义反思成为宗教改革与启蒙运动留给激进政治的最卓越遗产之一。一方面是一种激进的、反等级制的观念,即个人应该在他的天赋灵光、知觉或理性的指导下自行判断基本事务。同样的,从社会的真正基础上重建社会、反思它的全部基本要素的思想也赢得了许多拥护者,尤其是在知识分子中间。扫除传统的任意自然增生似乎本身就是好事,让理性之光照耀四方。它也经常关联着削平在传统的正当性辩词(甚或阻止合法性呼求的传统)掩蔽下的非正义权力。对许多人来说,有组织的宗教成了核心标靶,尤其是天主教,连同其神迹、仪式及对教士权威而非开放阐释的依赖。新教改革中推进的批判在世俗基础上重振旗鼓。激进分子希望弊病分析和新方案规划都是断然理性的——比如,在许多法国革命者看来,公制的引入和君主制的终结似乎属于同一计划。②

这在欧陆(尤其是法国和荷兰)较之英国是一个更为突出的主题。激进主义被广泛地同理性主义和从第一原理发展而来的计划联系在一起。英国经验主义者则坚持有所怀疑。但正是在这一语境中,自由主义才得以逐渐被认定为激进的——它可能包含一项建议,要按照个人

---

① 参见 Jonathan I. Israel 关于笛卡儿真是个温和主义者(依据某些荷兰思想家的标准)的论辩:*Radical Enlightenment:Philosophy and the Making of Modernity*,1650-1750。

② 参见威廉·休厄尔(William Sewell,"Ideologies and Social Revolutions:Reflections on the French Case")对这一点的强调,他以此回应了斯考切波(Theda Skocpol,*States and Social Revolutions:A Comparative Analysis of France,Russia,and China*)对文化维度的相对忽视。本书的一个论点是这些不同观点需要加以融合,而不是作为彼此竞争的解释互相对立。

第一章　重新定位激进主义

主义(而且通常是有产个人主义)原则施行彻底的社会再造。正是在这种意义上,19世纪许多中间派自由主义政党开始自命为"激进的"。当然这类激进主义(将一种哲学立场全面运用到政治中去)与在深刻的社会文化根源基础上采取行动而生成的那种激进主义之间,与依照所实现的变革的深度来判定激进主义的理念之间,都有很大差别。

理性主义的激进主义

在英格兰,更普遍地在不列颠,激进宗教改革留下了特别丰厚的遗产,它们在理性主义问题上存在意见分歧。激进的不信奉国教的那些传统包含了反律法主义的和更一般地反权威主义的思想,并建有政治关系网,尤其是自17世纪以来。但它们是创造性的展望,并非只知向后看。激进宗教改革的许多后继者鄙弃国教,但是拒绝推而广之弃绝信仰。他们拥抱理性思考,但是害怕为社会组织引入理性主义的蓝图。

不信奉国教的诸传统是格外理智的,而不是从占主导地位的知识精英的意义上说的理性主义。基于宗教的反律法主义,它们对于用律法代替信仰怀有敌意。E. P. 汤普森引用了马格莱顿派信徒的话,他找到了跟他们的亲和性,也在布莱克身上看到了他们的影响:

　　理性的枷锁让我呻吟,
　　自由,自由方可究心未知。①

布莱克后来写出了相同旨趣:"理性曾经比光更为明亮,直到知识中发现了黑暗的牢房。"②这里存在一种"根源"的意义,它可能贯穿在激进主义中,却几乎不符合理性主义典范。正如E. P. 汤普森强调的那

---

① *Divine Songs of the Muggletonians*,转引自 E. P. Thompson,*Witness against the Beast*,p.95。马格莱顿教徒是17世纪的一位伦敦裁缝和牧师洛多威克·马格莱顿的教义的追随者。马格莱顿觉得自己可以和旧约先知们直接交流,他与他的同事约翰·里夫(John Reeve,既是裁缝同事,也是布道同事)认为他本人是《新约·启示录·11:3》提到的两位见证人之一。这两种先知传统对他的信徒而言一直非常重要。汤普森欣欣然地将自己描述成一位马格莱顿派的马克思主义者。

② *The Poetry and Prose of William Blake*,转引自 E. P. Thompson,*Witness against the Beast*,p.95。

样,布莱克的很多作品虽然自成一家,但他并非与世隔绝的天才。① 正好相反,布莱克是不信奉国教的诸教派和自学成才的工匠相结合的一种文化的产物,该文化孕育了自身对那个时代进行着的社会变迁的尖锐批判性解释:"这是从一种传统里冒出来的写作。它有一种信心,一种确凿的所指迥异于怪人或独居者的沉思。"②这个传统穿过了整个18世纪,在19世纪早期的英格兰与其他诸多传统相互交织。传统显然不仅仅意味着过去,传统也不单单是理性的对立面。

不列颠确实有其自身强大的理性主义传统。这也吸收了不信奉国教的基督教,以及本身与17世纪的宗教反对派有重要关联的科学传统。③ 比如,有不少激进分子通过位丁纽因顿格林的一位论派教堂互相联络,牧师理查德·普赖斯是那里的首要名人。1791年,普赖斯与约瑟夫·普里斯特利一起建立一位论会(Unitarian Society)。这不只是自然神论者的避难所,也不能完全通过反三位一体的神学谱系加以解释。④它也在很大程度上属于18世纪晚期的理性主义思潮;普赖斯和普里斯

---

① 参见 E. P. Thompson, *Witness against the Beast*。关于反公共领域(counterpublic)观念的讨论,参见 Nancy Fraser, "Rethinking the Public Sphere: A Contribution to the Critique of Actually Existing Democracy";还有 Michael Warner, *Publics and Counterpublics*。亦见下文第四、五章。布莱克的不从国教的社会环境,与其说是和主导性的公共领域交织的一种政治公共领域,不如说是文化生产与精神追求的一个分立领域。但是它那里边也发展和流传着对主流政治和经济见解的批评,并且与更连贯地参与国家层面政治的更大公共领域有所重合。

② E. P. Thompson, *Witness against the Beast*, p.62. 汤普森精恰地将布莱克定位在一种激进异议的传统之中,帮助厘清了这种异端新教传统是怎样渗透到更直接关联政治的那种激进主义的兴起之中的。亦见 David V. Erdman, *Blake: Prophet against Empire*;和 Northrup Frye, *Fearful Symmetry*,尤其是论述传统和实验的关系的第六章。

③ 因此,比如说牛顿不仅出自一种不从国教的背景,而且他致力于数学和物理学,一如致力于非正统的、尤反三位一体的神学和玄学探索。

④ 核心神学问题涉及三位一体论的地位,以及基督是被创造的(因而在某种意义上更具人性)还是与圣父上帝同在的这个问题。阿里乌(Arius)是公元2、3世纪的基督教思想家,他的信仰理论被第一次尼西亚大公会议判为异端(后来被接受,之后再受谴责),他的名字被造成一个术语,天主借以痛斥反三位一体论是异端。阿里乌教派(Arianism,以及某种意义上将同一论点引申拓展的苏西尼派)仅仅在激进宗教改革时期偶尔被明确接受,但是关于耶稣(基督)的神性、童贞女之子和三位一体论的种种问题,自17世纪以来就凸显在英国新教中。对上帝一体性的强调,剔除宗教那些赋予教士权能而困惑一般信众的神迹的要求,与再洗礼派、一位论派和自然神论中对于教会权威的其他挑战有联系。

特利大概会很满意像康德的《单纯理性限度内的宗教》那种标题。① 他们如同更一般的崇神奉天的自然神论者那样,不仅争取将理性和宗教相联合,还要让信仰和神学对现世的实践问题施加影响。这两位不从国教的牧师卷入了作为一种政治传统的激进主义的兴起与作为一种对立传统的保守主义的标界之中。

普赖斯的《论爱国》(*A Discourse on the Love of Our Country*)直接激发了埃蒙德·柏克的《法国革命论》,后者不仅成为保守主义的基础文献,也恰在它的抨击中稳固了对激进主义的一种看法——视之为自由主义的极端论,想要推翻一切现存秩序。② 在美国革命的背景下,柏克本人曾同情托马斯·潘恩和英国政府的其他批评者。但是血腥的法国激变对他来说走得太远了。他尤其批评大革命很大程度上是出于新宣布的原则而发生的。美国革命是作为英国统治内部的斗争出现的,殖民地居民可以被理解为无非是主张拥有英国人的权利和自由。但是,至少依柏克之见,法国大革命赞成抛弃这样的传统和渐进、点滴改革的优点。反之,政治应该建立在可以驱使当时的群众的那些新思想基础上。"法兰西原则"的理念既象征着平等主义,又象征着极端的理性主义改革的思想。柏克的论著引起了极大反响,对它的反驳在形成支配了18世纪90年代的公共领域的激进话语上极为关键,一如对它的赞成对日后的保守主义极为关键一样。

最重要的是,潘恩应之以《人的权利》一书,同时提供了理性观和权利观,激烈地反击柏克。潘恩认为,人的权利源于自然,因而比任何政治宪章或政治制度更为基本。"人人都有个人权利和主权权利",众多

---

① 普赖斯追随萨缪尔·克拉克和剑桥的柏拉图主义者拉尔夫·卡德沃思,信奉一种观念内生于理智的学说,那是对主流的唯物主义或经验主义的一种直接挑战,后者强调感觉印象的首要性。相反,他的密友、一位论牧师道友和激进派同伴普里斯特利则是唯物主义者。我用"理性主义"这个词,不是指这些潜在哲学立场的任何一种,毋宁是指一种信念,坚信抽象理性应该在政治争论中盖过传统、权威、情感或正式确立的法律权利。(中译本见康德:《单纯理性限度内的宗教》,李秋零译,商务印书馆2012年版。——译者注)

② Burke, *Reflections on the Revolution in France*;以及 Price, *Discourse*。(中译本见埃德蒙·柏克:《法国革命论》,何兆武等译,商务印书馆2009年版。——译者注)值得注意的是普赖斯的最后几行(第49页),那里他明将法国革命和美国革命与先前的英国光荣革命联系起来:"在分享一场革命的益处之后,我尚有余暇成为另外两场革命的见证者,它们同样光荣。"

个人通过彼此之间达成协议,可能会产生一个政府,但是他们保留了主权和判定政府是否在服务于他们的利益的权利。柏克将政府视为历史性地积累而成的智慧的创造物;潘恩回应得很机敏,坚称政府不是通过这样一种抽象流程产生的,而是由现实的人造就的,古人不能强使今人违背他们自己深思熟虑的判断。"每一代人能够而且必定能够达成它的处境所要求的一切目标。"①潘恩放弃了自然神论,而依靠激进的不从国教派,也更直接地依靠政治哲学中的洛克和其他源头。他的公民基本权利观附和了激进宗教改革运动的一种看法,即教会的个体成员在判定什么可信仰、可作为时必须诉诸他们自己的理性、良知及对宗教经典的阐释。

潘恩诉诸自然和共同利益当作政府的根据——以及政府非正义时的革命根据,就此而论他是激进的。他清晰地表达了政治共和主义的理想,也谈到了更为广泛的大众权利要求,认为不服务于整个民族的利益的任何社会制度都不可能是正义的。于是君主制、贵族阶层和常备军通通遭到质疑。但是如潘恩所言,"文明越是完善,它就越是不需要政府,因为它就越能调控自身事务,自我治理"②。这不但是抵制不堪忍受的政府的根据,也是偏爱可以鼓励这样的自我调控的社会和经济生活组织的根据。如果潘恩效法斯密,他也会以一种能吸引手工业者的方式写作,抬出自我调控的手工业生产的理想,而那种理想正在被工厂——更一般地,经济关系——的自上而下的管理所取代。

潘恩产生了持久的影响力。玛丽·沃斯通克拉夫特其实早在几个月之前就写了她的《人权辩护》(从而是法国革命辩护),但是被潘恩的作品掩盖了光芒。③ 不过,她的《女权辩护》在同期及后来的争论中更

---

① Paine, *The Rights of Man*, pp.10-11. (中译本见托马斯·潘恩:《人的权利》,田飞龙译,中国法制出版社2011年版。——译者注)

② 同上书,第85页。

③ Mary Wollstonecraft, *A Vindication of the Rights of Men*. 早在1775年,伦敦激进主义者托马斯·斯宾塞用与潘恩论著同名的标题做了一次演讲。对自然权利的激进诉求这种观念并不新鲜,但它是政治学上的一种新型强力因素,而法国大革命也为全体人民有权推翻现政府这一想法给出了具体范例。

为重要。① 与卢梭(他认为女孩应该接受与男孩不同的教育)、柏克和权利主张上的遗漏女性反向而行,沃斯通克拉夫特论证观点时像潘恩一样是理性主义的,坚持女性的理性能力赋予她们完全权利的中心立场。沃斯通克拉夫特与潘恩都将专断的传统说成是一种压迫形式。沃斯通克拉夫特的丈夫、颇具影响的自由至上主义政治理论家威廉·葛德文属于同一股理性主义潮流,他尤其关注政治自由和理性人当中的集体自组织能力。② 如果葛德文是一位无政府主义先驱,杰里米·边沁则采取了相反的立场,寻求积极有为的政府,但是他们统一于一种普遍的理性主义,共同反对托利党和辉格党不得不提供的大多数政府政策,共同决心从第一原理来推断所有事物,那种决心是盛行于18世纪90年代的公共话语中的哲学激进主义所特有的。

起先"激进"一词的新政治用法多导源于较为哲学化的用法。它强调所提议的那些改革的彻底性、它们击中根本问题的方式以及它们如何通过反思第一原理及其逻辑蕴涵而推进。自从约翰·威尔克斯在18世纪60年代鼓动议会改革并要求响应公众舆论以来,这类激进主义就一直在酝酿了;它随着围绕美国革命的辩论成长起来,到90年代盛极一时。在美国革命时代,英格兰人广泛认同殖民地人民的事业——部分缘于谴责对他们的残暴行为是赢得国内政治支持的一种方式。甚至在法国大革命之后,依然有来自精英的辉格党的实质性支持。③ 1792年,辉格党政治家查尔斯·詹姆斯·福克斯(Charles James Fox)向国会发表了一场著名演说,谆谆地将激进主义(可敬的、选举导向的那种,带着大写字母"R")与选举改革的理性化联系起来。福克斯演说(对许多精英辉格党人来说走得过头了)的后果是,改良社团在全英到处涌现,

---

① Mary Wollstonecraft, *A Vindication of the Rights of Woman.* (中译本见玛丽·沃斯通克拉夫特:《女权辩护》,王蓁译,商务印书馆1995年版。——译者注)

② 作为理性主义者,葛德文和沃斯通克拉夫特是多年伴侣,他们觉得没必要由国家或教堂来把他们的关系合法化,直到沃斯通克拉夫特临死之时才结婚。她死于难产;生下的女儿后来与诗人珀西·比希·雪莱结婚,那是启蒙运动的理性主义让位于浪漫主义的一个著名例子。她的女儿以玛丽·雪莱之名写了《弗兰肯斯坦》。

③ Albert Goodwin, *The Friends of Liberty: The English Democratic Movement in the Age of the French Revolution*; E. Tangye Lean, *The Napoleonists: A Study in Political Disaffection*; 和 Mark Philp, ed., *The French Revolution and British Popular Politics*。

其中很多至少名头上仿效伦敦亲法的自由之友社（Society of Friends of Liberty）。这种广泛的动员丝毫没有改变观念——实际上主要是简化观念并聚焦于单一问题——就使该运动显得比较激进，威胁到了现存秩序。① 虽然几十年间议会改革一直是个战斗口号，但在19世纪早期——和伦敦以外的乡村——它日渐与更广阔的社会经济和政治议程联系起来了。平民积极分子的参与和领导使激进主义愈形激进。②

如同一个世纪前英国革命期间的情形那样，政治论辩渗透着复杂的政治哲学，也满是活跃的小册子和大幅纸张上的应景文献，有些戏剧性的请愿行动，及蓬蓬勃勃的巡回演讲和辩论。③《泰晤士报》创立于1785年；《纪事晨报》还要古老些，但1789年詹姆斯·佩里接管后经历了一次转型。以之为先导，全国性大报成为英国公共领域的中心；此后异类杂陈的这种印刷媒介就可资利用了。但是18世纪后期这段时间里，私人印制的书籍依然非常重要。这以两种方式有助于保持印刷公共领域的相对精英化。首先，它们很贵。其次，印刷费用需要先行结清，这意味着除非作者很富有，否则他或她需要赞助人。

苏格兰启蒙运动不仅贡献了道德哲学和政治经济学的种种思想，也促成了同时是讨论政策问题的阵地的学术刊物这种观念。《爱丁堡评论》（始创于1802年）在伦敦也很有名望，它确实是一个范例，展现了一个出版公共领域如何成为一座桥梁，将本身更其是一个社群而非公共领域的相当团结的苏格兰人群体同广泛得多的读者群、最终同投稿人连接起来。《评论》将分散的投稿人的组织从报界转入可以更持续议

---

① 尤尔根·哈贝马斯（*The Structure Transformation of the Public Sphere*）（中译本见哈贝马斯：《公共领域的结构转型》，曹卫东等译，学林出版社1999年版。——译者注）引用福克斯的演讲作为他对18世纪晚期黄金时代的说明的一部分，那时呼唤开放和呼唤理性尚未成为竞争关系（第66页）。但是自由之友更广泛的公共动员激起的紧张预示着更民主的激进分子要被逐出十年间初兴的公共领域。

② 激进宗教改革本身在各种国家背景下都对平民思想家特具吸引力——英格兰的马格莱顿例证了这点。

③ 17世纪的高深理论与民众政治的混合已经被大量历史学家——包括（或许是最著名的）克里斯托弗·希尔——探讨过。在希尔的众多著作里尤请参见 *The World Turned Upside Down: Radical Ideas During the English Revolution*。明确关联ები对公共领域的更社会学化的解释的文本，参见 David Zaret, *Origins of Democratic Culture: Printing, Petitions, and the Public Sphere in Early Modern England*。

论的一个论坛。同样的,它某种意义上体现了对话观念本身,就像有多样化的"通讯员"的报刊那样。当伦敦成为渴望以科学贯穿其中的公共事务讨论中心时,《爱丁堡评论》最终得到边沁和穆勒的《威斯敏斯特评论报》(*Westminster Review*)的补充。这些及其他《评论》使公共领域比起单靠报刊、宣传册子和谈话来,少了些临时、偶然的特点,也为通往书籍的世界架起了一座桥梁。这对于激进改革思想很重要,因为这意味着一篇论文,它既回应了时事,又超越这种回应,形成更深入的分析和一种更具积累性的变革方案。诸《评论》的作者们分析时代问题,希望立竿见影,但是他们也为后人写作。他们尤其面向能够制定政策的精英读者,但同时也吸引更广泛的公众。从18世纪晚期到19世纪中叶,这种混合对英国公共领域很要紧。虽然公共讨论经常发生在背景相近、彼此熟识的人之间,但至少有时在小酒吧它会加进陌生人。这贯穿着后来对咖啡馆辩论的黄金时代的各种叙述,比如哈贝马斯关于公共领域结构转型的经典诠释中的那些。①

处于这些辩论中心的是在第一原理基础上着手分析和重建社会制度的思想家。边沁是英国最具影响力的思想家之一,他追随霍布斯,根据他认作人性本质的东西阐发了一种法律方法和社会制度设计。他的功利主义计算根植于是什么带给人类快乐或痛苦这个问题,平等看待每个人的幸福并尝试计算其总量。边沁强调激励和教育,而且持之以恒。作为伦敦的一位大人物,大学学院的创建者,密尔父子的朋友,边沁重视一贯性胜过精英的赞成,提倡出版自由和解散国教(尽管他出于谨慎,延迟发表了后一观点)。他帮助开拓的这种取向被恰如其分地命名为哲学激进主义。②

这一观点没有独领风骚。亚当·斯密关于市场的看不见的手的观念和他的道德情操论都展示出替代选择,可替代边沁的政府这只看得

---

① Habermas, *Structural Transformation*. 有关咖啡馆文化的经典讨论,参见 M. Dorothy George, *London Life in the Eighteeth Century*。埃利斯将咖啡馆历史学与对咖啡馆和网络聊天类似处的探索结合起来了,参见 Markman Ellis, "An Introduction to the Coffee-house: A Discursive Model", http://www.kahve-house.com/wiki/data/house/files/coffeebook.pdf(最后登录时间为2011年4月30日)。

② 关于边沁及其知识源头和背景,参见阿莱维的权威而命名得当的研究,Elie Halévy, *The Growth of Philosophic Radicalism*。

见的手和基于第一原理的规划。① 自我调控的观点在激进政治思想中很突出,就像潘恩那样。但是潘恩强调直接诉诸个人理性,而苏格兰启蒙运动的道德哲学家和政治经济学家们常常更具历史导向。因此,休谟的怀疑论某种程度上是同样激进的——他关于理性限度的论证非常令人震惊,激发康德努力寻找更加牢固的知识论基础。但是休谟的政治主张较为保守,他强调在一定程度上现存制度受惠于通过试错循序渐进的历史变迁过程。甚至休谟把他哲学上最激进的东西——确立知识上的确定性限度——拿来作为信任历史而非新计划的一个深层理由。柏克操起这一理路,回应了法国大革命及试图根据抽象原则重建社会的观念。

在柏克及其自由—理性主义批评的影响下,诉诸历史、传统、共同体、有时乃至道德渐渐被视为保守主义的。② 根深蒂固的传统不是人们用"radical"一词通常表示的东西。然而这没有完全澄清问题,因为对很多普通人来说,传统渗透在激进的抗议中,共同体提供了持续斗争的基础,诉诸道德和历史是超越现存环境而要求一种更好生活机会的基本手段。有些行动不仅在其根源上而且在其议程上是激进的,因为它们在基础层面上挑战了既定权力,或是寻求社会再生产过程中的一种急剧转变。至于这是否依赖激进哲学,则是另外的问题。

许多思想家希望,最彻底地理性重思社会秩序可以带来显著的社会转型和社会进步。边沁式功利主义或许已经成了英国这种视角最具一致性和影响力的形式。但它同样是罗伯特·欧文开创的社会主义视景的基础。欧文在成为社会改革家之前是追求效率的工厂经理,他相信可以通过应用类似于行为调节的东西来改造人性,就此而言是洛克

---

① 人们理解斯密,往往是片面强调他对市场通过有组织的自利行为达成高度自我调控的说明。然而即使在《国富论》中,这一观点也比后来把斯密简化为市场原教旨主义者的做法会认可的要更精微些。但是在《道德情操论》(斯密本人坚持认为至少同样重要的一本书)中,斯密强调了纯粹自利的局限和同情、道德感与团结的重要性。

② 在《道德情操论》中,斯密发展出一套对良心的解释,它将基督教寻求的"神在心里"(God within)与既嵌入共同体又关联着陌生人的种种道德和社会观融合起来。尽管他没有在任何激进方向上追求这一点,但它的确暗示了对传统和道德的更通俗、更径直地趋于保守的那种解读的一种替代选择。方纳·福曼-巴尔齐莱在《亚当·斯密与同情的圈层》(Fonna Forman-Barzilai, *Adam Smith and the Circles of Sympathy*)的讨论富有启发性。

主义者。他建议将一种理性、科学的秩序赋予一切事物,从工厂车间的刺激物(比如显示每个雇员生产率的最新测量数据的有色卡片)到工厂城镇的布局。他认为住宅和其他建筑要按照完美的平行四边形加以排列,这一非常理性的秩序为居住者有序高效的生活提供了一种良性刺激。

  基于他在新拉纳克(New Lanark)30年的实验,欧文用来解释他的理论的标题颇具启发性:《人类思想和实践中的革命或将来从无理性到有理性的过渡》①。该书写于1849年,欧文既将它谨呈维多利亚女王陛下,也呈给"欧洲的赤色共和主义者、共产主义者与社会主义者"。他谴责新出现的令人沮丧的冲突,讴歌孕育中的合作性未来。欧文全部作品的原则是利用政府资源激进地重构个人与社群的性格:

> 运用适当的方法可以为任何社会以至整个世界造成任何一种普遍的性格,从最好的到最坏的、从最愚昧的到最有教养的性格;这种方法在很大程度上是由对世事有影响的人支配和控制着的。②

  这一观点是雅各宾派可能会赏识的,也呼应着边沁对积极政府的强调。它不但与完全依赖亚当·斯密的"看不见的手"相抵触,也与他强调人们如何嵌入文化和实践背景与道德同情网络的重要性这一见解有分歧。③

  欧文提出了人的性格改造计划,边沁则不仅提出了法律改革计划,还有他作为改造犯人机构的全景敞视监狱的著名设计。哲学激进主义者通常会强调教育,虽然有时他们的追随者似乎相信,根本的知识分析

---

  ① Robert Owen, *The Revolution in the Mind and Practice of the Human Race, Or, the Coming Change From Irrationality to Rationality*.(中译本参见《欧文选集》第二卷,柯象峰等译,商务印书馆1984年版。——译者注)

  ② 参见 Robert Owen, *A New View of Society or Essays on the Principle of the Formation of Human Character and the Application of the Principle to Practice*, p.9。(中译本参见《欧文选集》第一卷,"新社会观,或论人类性格的形成",第11页。——译者注)

  ③ 斯密设想市场是一种普遍行为调节的手段,教人做出合理选择,否则就解除他们的资源。虽然他被简单地视为自由市场的使徒,但细读《国富论》,他其实是一位复杂得多的思想家,而且正如《道德情操论》所显示的,他非常关心社会团结如何至少部分通过远超市场范围的自动调节的社会关系而达成。

几乎会自动地带来实际事务上的根本性效果——知识会让人自由,传统的去神秘化会放松它的钳制。正如深受边沁激进主义哲学影响的知名记者约翰·韦德(John Wade)所说:

> 当大量的人文明开化之时,他们不可能继续久处奴役或痛苦之中;他们求得自由和幸福的举动必定是不可抗拒的;无论是常备军、地牢,还是间谍、言论箝制法案,都不能阻止他们;他们必定如愿以偿地战胜压迫者的一切阴谋诡计。①

但是这些激进主义者并未仅仅相信教育;他们也相信集体行动可以加速理性的进步。这就带来了悖论,因为集体行动依靠的并不仅是个人理性,它怎么说也常常渗透着团结和文化,那是很难用完全理性主义的语言来理解的——对启蒙运动理性主义的浪漫主义反动在某种程度上提及了这些主题。它被情感和个人承诺所推进,它们或许和理性不相矛盾,但也不能被它完全解释。

由于功利主义种种改革被看成是进步计划的一部分,是现代的,是运用理性于统治,它们就获得了文化和情感的重要性。对于提升政府能力的漫长过程和改善公共事务管理的这种追求,它们变得颇为重要。支持这种进步的人参加了美国和法国的18世纪革命。但是这两起革命得以发生,也是因为动员了思想基础各异的其他许多人。再者集体行动总是依靠社会组织,不管是非正式的共同体也好还是较为正式的组织也好,不单靠独立个人的理智。事实上,对于现存秩序最有效的挑战常常是以传统之名发起的。

共同体至上的传统主义

18世纪晚期,多少偏于理性主义的激进主义境域里包含了葛德文、沃斯通克拉夫特、潘恩,但是没有布莱克。这不但由于布莱克更为激进,也由于他的激进采取了有质的差别的方式,利用了不同的根源。此外,布莱克的激进主义牵缠着各种共同体的思想,他们怀疑周围发生的

---

① John Wade, in *The Gorgon*(1819年4月17日),转引自 John Keen, ed., *The Popular Radical Press in Britain*, 1817-1821, 3, p.385。

社会变迁能否发展为进步。如果说理性主义者争论的是分析性的规划或者变革应当走多远，另一些人则想知道，变迁的主流模式有没有造成形形色色的巨大破坏——或者制造新的罪恶。① 这些人当中，有人（比如布莱克自己）不屑于直接卷入政治，暗示政治太腐败了，任何改革都无济于事。19世纪初期政治的故事，一部分就是工匠和平民激进分子一浪高过一浪的政治声音，他们像布莱克那样，从他们共同体的传统中汲取"他们是谁""何为正当"的不同观念。

传统主义者通常具有人民宪政的修辞。② 他们也吸收了激进的不从国教派的夸张腔调和批判传统。很多人也声称支持潘恩，但他们往往是在平民主义语域中言说和写作，而非在《爱丁堡评论》、葛德文的无政府主义或者边沁及其朋友的功利主义那种理性主义论辩中。亨利·亨特（Henry Hunt）就是这种更传统主义的激进主义者，他做了很多事情普及"radical"这个词。他是从呼吁尊重——但也改革——英格兰宪法的漫长传统里接受它的。18世纪中期，反叛者约翰·威尔克斯（John Wilkes）声称，英格兰宪法诸传统是反抗他认为是内阁和议会的非正义篡权的基础。③ 随着改革英格兰高度专制的政治结构的呼声日高，这发展成一种此唱彼和的控诉。

诉诸英格兰古代宪法或许是19世纪早期激进主义中流传最广的转义修辞，这多亏了令人敬畏的约翰·卡特赖特（John Cartwright）少校。他是经历了50年风风雨雨的坚定不移的激进分子，在美国革命期间宣扬选举改革的必要性。1780年卡特赖特创立了宪法知识会——伦

---

① 一个世纪之后，约翰·罗斯金（John Ruskin）将创造"illth"（恶障）这个有益的概念。但是，早期思想家显然认为，无论从政治还是经济上看，他们目睹的变迁有利有弊，其弊端既包括原来好处的丧失，也包括新问题的出现。因而资本主义工业既生产了财富，也损毁了某些形式的财富（比如工匠的技艺和团体），还造成了污浊的空气和屈从于机器劳动的童工这类"恶障"。

② 参见 James Epstein, *Radical Expression: Political Language, Ritual, and Symbol in England, 1790-1850*, 以及 *In Practice: Studies in the Language and Culture of Popular Politics in Modern Britain*。

③ 威尔克斯活跃在大众记忆里，尤其关涉人身保护权时会被唤起，在19世纪初，那种权利仍像18世纪60年代一样对激进主义者很重要。然而，对待法律的态度某种意义上真是激进主义者中间的一条重要分界线。比如边沁就认为英格兰的法律系统是过时的，需要彻底的——激进的——革新。大多数更传统主义的激进主义者，大多数抗议的公众，都认为英格兰的宪法和法律是保护他们自由的壁垒，要求政府尊重它们。

敦通讯会的前身。1819年他也依然重要的需加逮捕——那一年,议会代表制改革的呼声遭遇了彼得卢大屠杀的暴行和臭名昭著的六条法令(Six Acts)的压制性立法,那些法令给公众集会贴上寻衅滋事的标签来阻止它。潘恩的世界主义和激进理性主义——像18世纪80年代"自由之友"的那种——大大吸引了主要城市里的工匠激进分子,而卡特赖特和他始建于1812年的汉普顿俱乐部则在英格兰的小城市和乡村尤富吸引力。18世纪末19世纪初,卡特赖特把威廉·科贝特(William Cobbett)、亨利·亨特和其他一干人卷入议会改革的呼吁中,说改革很大程度上是恢复固有宪法。①

尽管卡特赖特诉诸古代宪法是传统主义的,但他并不保守(他的弟弟埃德蒙·卡特赖特是动力织机的发明者);他认为英格兰古代宪法的理念为激进改革提供了基础。实际上,他将古代宪法呈现为可赖以质疑现代政府合法性的一种手段。诚如潘恩所见,这大不同于柏克,后者谈及法律、共同体和传统只是为了捍卫既定权威。② 当然,柏克比潘恩的诘责所认可的要复杂得多。他支持过殖民地居民反抗乔治三世,义正词严地抨击过东印度公司、新财富和商业暴力。③ 但是如果说柏克因为《法国革命论》成了有些人的英雄,他也使自己几乎成为另一些人的讽刺漫画。④ 他提到英格兰"猪猡似的群众"(swinish multitude),这成了他羞辱的那些人的战斗号角。一些昙花一现的杂志创刊了,刊名是《猪肉》和《猪食/民享政治》之类。柏克的修辞有赖于引起对受难的印度人和法国大革命的受害者,尤其是对妇女(甚至玛丽·安托瓦内特,他设想她逃脱了雅各宾的屠刀)的同情。但是他很少显示出对妇女的

---

① 参见 Cartwright, *The English Constitution, Produced and Illustrated*。卡特赖特认为美国一定程度上是英格兰宪法的产物,他把这部书送给托马斯·杰斐逊一本,杰斐逊回信赞赏有加,还说既然他们两个人都年逾八秩,但愿他们有机会很快相见,能够就他们目睹的善与恶细细交流。参见 John Osborne, *John Cartwright*, 152。

② 参见 Burke, *Reflections on the Revolution in France*; Thomas Paine, *Rights of Man: Being an Answer to Mr. Burke's Attack on the French Revolution*。

③ 尤其是在他的一篇演讲中:"Speech on Opening of the Impeachment of Warren Hastings"。亦见安德鲁·麦卡恩的讨论:Andrew McCann, *Cultural Politics in the 1790s*, 第一章。

④ 20世纪的保守主义者多大程度上号称柏克为他们所有,理解柏克就有多复杂。比如参见 Isaac Kramnick, *The Rage of Edmund Burke: Portrait of an Ambivalent Conservative*。即便是敏锐的解读,也多半是按照被后来时代的意识形态光谱所影响的方式描绘柏克。

同情，除非这会让他表现一种骑士风度；他也绝不同情妇女权利。① 柏克不大关心甚至不大意识到贫穷或政府迫害造成的苦难（包括英格兰眼前那些）。此中即是他与科贝特、卡特赖特和其他一些也要唤回古老美德的人的重要差异。科贝特或许和柏克一样使用着共同体、传统及英格兰宪法和习惯法的语言，然而他是在一种愤怒的言辞与自觉的朴质中利用这些术语的。他写作不是为了贵族精英，而是密切关联着英格兰的底层共同体，要坚定不移地指出一些根本错误的事情——尤其是用恶法取代良法的那个"堕落、腐败、卖官鬻爵的体系"，偶尔也针对新工业体系。他这么做，是想唤起人们去要求对他们的苦难有所作为。

然而最娴于唤起民众的活动家是亨利·亨特。他是一位热情的演说家，有效地将激进呼吁议会改革的旧传统与大众抗议的新激进主义联系起来。在1816—1817年伦敦温泉公园（Spa Fields）的系列集会中，他雄辩滔滔力压众人，获得了"大演说家"的绰号。他周游英格兰，参加改革集会，那些集会的激进之处，不仅在于要求议会改革，偶尔严厉谴责政府，也在于它们吸引了大体处于精英视为合法的公共领域之外的大量受众，这些民众集会也激起了有产阶级的焦虑。亨特是1819年曼彻斯特圣彼得广场大集会的主讲，当时自耕农骑兵冲进人群中，杀死15人，杀伤数百人，致使该事件变成了彼得卢大屠杀（这个名字是对惠灵顿近期的滑铁卢大捷的戏谑模仿）。②

有关彼得卢大屠杀的最不知疲倦的时评人是托马斯·J.伍勒（Thomas J. Wooler），他的报刊《黑矮人》曾在英国激进主义圈子里显赫一时（他也是第五章的焦点）。伍勒得益于卡特赖特少校的奖助，与边沁有来往，或许最重要的是，他在意识形态上是潘恩的信徒。伍勒在许多方面都是英国激进主义的理性主义传统的代表，对于建立它和民众激进主义间的联系也极为重要。构建这些关系需要他努力思考大众集会，比如大演说家亨特担纲主讲的大规模群体事件。这些不是咖啡馆

---

① Wollstonecraft, *Vindication of the Rights of Woman*.
② 一家短命而重要的激进报纸《曼彻斯特观察报》（*Manchester Observer*）差不多立马发明了这个名称。彼得卢在报业史上留下更深的印记，它刺激了1821年《曼彻斯特卫报》（*Manchester Guardian*）的创立，创立者是一群有改革倾向却不激进的曼彻斯特商人，包括约翰·爱德华·泰勒，大屠杀的一位见证者。参见 Martin Wainwright, "Battle for the Memory of Peterloo," *The Guardian*, August 13, 2007。

传统下的理性—批判性讨论。但是,伍勒也不认为它们仅仅是情绪表达的盛会或者有潜在危险的集会,在那里人们不过是一群乌合之众,容易胡作非为(正如精英们担心、众多社会理论家设想的那样);他争辩说,至少有些时候群众是恰恰相反的。估计有6—8万人在圣彼得广场集会。但他们恰恰是一群守秩序的人,在这个国家的生产——即便不是有产——阶层看来,甚至是有序的国家全体代表的真正盛会。游行者按市镇和行业组织起来,有时也由专门社团如妇女改革之友(Women Friends of Reform)组织,一队一队地走来。他们高举着颜色各异的旗帜;领头人戴着桂冠。约克郡的激进主义者萨缪尔·班福德(Samuel Bamford)后来回忆说:

> 从前我们经常受到新闻界嘲讽,说我们在这些集会上衣衫褴褛,蓬头垢面,说我们行动混乱,是徒有数量汇总的积木似的人群。我们决定,至少这一次,我们不应活该再受这些责难——我们应该前所未有地表现得干净、冷静和礼貌,消除我们政治对手的仇怨。①

这不只是代表他人,也是表征参与者自己:可以说,它是涂尔干意义上的集体表征。② 它既揭示又形塑了社会秩序。如伍勒强调的,它为英格兰人民提供了一种成为"人民"的经验,那种"人民"是集体行动者,而不单是被动、分散的臣民。

因此潘恩式的公共理性思想并未由于那些大众政治集会而贬值,它们实际上能够增进一个民主民族所需的集体意识。但是,这种自觉当然还是意识形态和自我认识的问题。虽然激进民主和潘恩同样重要,但它们不是新兴的英国激进主义的全部,甚至可能不是它的中心。英国激进主义者与他们的美国表亲其实都弥漫着一种作为生产者的意识,即作为行会和行业成员、更一般地作为"有用阶层"成员的意识。基于这种自我理解,他们反对所感觉到的富人的懒惰和政治精英的腐败。这些激进主义者经常是共和主义的,有时是潘恩意义上的民主主义的,但是他们始终批评腐败。依他们之见,这种腐败既背叛了他们自身的

---

① Samuel Bamford, *Passages in the Life of a Radical*, p. 131.
② Emile Durkheim, *The Elementary Forms of Religious Life*.

辛勤工作,也背叛了重要的英国传统。即便当他们于1819年聚集在圣彼得广场表达集体呼声时,他们也主要是根据曼彻斯特周边不同的行业共同体组成队列的。

最令人心悦诚服地谈及这些传统共同体的自我理解的作家是威廉·科贝特。像亨特一样,科贝特深深扎根于英格兰乡村,亨特也许是他在民众激进主义的传统主义一翼上的最重要同路人。① 从1805年起他就把自己的根据地建在汉普郡的博特利村,自豪地成为那里一名要改良社会却又有家长作风的地主。但是亨特尤其是科贝特也都热切地赏识行业共同体的多样和体面。科贝特赢得了乡绅地位(靠他的新闻业利润作后盾而成,尽管最后也因他的新闻业遭控告而败),亨特承袭了这一点。亨特是一个乡绅的儿子,24岁时得到威尔特郡的3千英亩土地和萨默塞特郡的另一块地产。或许很重要的是,把亨特引向激进化的偶然事件是他与邻居就猎杀雉鸡发生了一场纠纷。结果1800年亨特进了监狱,在那里遇到激进主义律师亨利·克利福德(Henry Clifford),获释后开始参与激进政治。当拿破仑战争切断了贸易,提高了政府开支的时候,亨特和科贝特的事业开始交会。赋税和低价导致农产品匮乏,制造业里短工流行。

科贝特树立了一种非凡的文学身份,让他那博特利农场主的具体身份成为他的本真和诚实的保证。科贝特给予自己在名字后面加上"先生"(Esq.)二字的尊严,也给予他的每一位读者(和其他许多听众,他们听过大声朗读出来的他的语句)以尊严:不仅是公民身份抽象平等的尊严,也是作为英格兰的男人和女人得到承认的尊严,他们虽然来自特殊的地域和职业,却通过他们的古代宪法和它为他们提供的自由而结合起来。亨特利用大集会上的演讲(比如1816—1817年间伦敦温泉公园的那些)给听众煽风点火。科贝特则为这些听众准备了源源不断的报道。他骑马到英格兰乡村,看到衰败的迹象而忧心不已。他与英格兰同胞聊天,把他们的艰辛岁月和严酷遭际的故事编成不仅关乎怨言也关乎道德错误的共享篇章。科贝特固执地敌视商业为调查财政管

---

① 参见 Belchem, "*Orator*" *Henry Hunt*,它有助于理解激进主义的修辞和亨特的成长史;Dyck, *William Cobbett and Rural Popular Culture*。

理、货币与债务问题铺平了道路,这些反过来导致他深信不疑地认为英格兰的问题完全根植于一种腐败的选举体系。议会改革是那时的头等大事,但是科贝特将它和数不清的地方共同体那些特殊的愤懑联系起来。

整个19世纪初,科贝特明确表达了激进抗议的一个持久维度,尽管对于现代自由主义者和稍后的进步党人来说那是个令人困惑的维度。他在1816年写道,"我们想要大转变,但我们不想要任何新东西"①。他的意思是英格兰古代法律足够保障自由了,尽管当前的腐败政府背叛了它们。这一宗旨激进得很,造成他跟政府间的无尽麻烦,也惹得一系列官员恼羞成怒。不过科贝特的激进抗议更多地针对精英们认为是进步的那些事物,而非任何旧制度。科贝特及其诸多激进主义同志说他们只想捍卫英格兰法律和传统,这使英格兰新中产阶级的成员胆战心惊。后者(以及更老派的贵族)要求——也得手了——严酷的镇压手段反对科贝特和他的读者们。确实,他们害怕得并非全无道理。科贝特的《政治纪事报》(*Political Register*)吸引了成千上万的读者,其中许多人在酒馆和公共场所把它大声读给别人听,还有许多人比科贝特本人更甚地随时准备改换甲兵,从新闻杂志换为大众集会乃至操戈入室。这些表现比言论本身更具威胁性。

科贝特的父亲是个农场主和旅店老板。尽管家境贫寒,威廉不得不很早就辍学务工,他还是田园牧歌般叙述着他的乡居青春。虽然把乡村生活理想化成了他的一项事业,他也力求多看看这个世界,先是在裘园(Kew)的皇家植物园找到一份工作,接着参军,升至军士长。虐待士兵和水手的问题大概是他持续关注的主题——他在1784—1791年间服役,然而迟至1810年政府还为一篇反对鞭笞的文章控告他。军旅见闻也让他开始进行毕生的反腐战争。他指控他的长官盗用士兵衣食之资——尽管其实他证据在握,他还是仓皇逃往美国躲避报复。当他写出一系列攻击约瑟夫·普里斯特利的文章时,他的新闻事业开始腾飞——普里斯特利在18世纪90年代中期移居宾夕法尼亚,引起的后果之一是这个新国家的首座一位论教堂建立了。科贝特附和烧毁普里

---

① Cobbett, *Political Register*, November 2, 1816.

斯特利的英格兰房子的"教会与国王"派暴徒的话,认为他是叛徒(也不太同情他的宗教立场)。他以彼得·波库派恩(Peter Porcupine)的身份,不但攻击普里斯特利,还攻击民主制,使自己赢得英国(和美国)托利党人的青睐。1800年他被判诽谤罪,随即回到英格兰,此后不久开创《政治纪事报》,那时他依然自认是托利党人。①

科贝特政治纲领的细目,他至少改换了百次之多。但是依然有些经久不变的主题:批判腐败,英格兰(逐渐融入英国)民族主义,厌恶他认为正在接管这个国家的商业利益集团,以及对主要是乡村、主要是18世纪的英国繁荣的黄金时期的理想化。科贝特的传统主义激进主义在19世纪早期异常重要,但是很难归入后来占主导的政治类别。或许最令人不解的是,在成为反对美国那些法兰西的、一位论的和其他激进主义思想的尖酸托利党人之后,科贝特随即继承了潘恩的衣钵,甚至将潘恩的骨灰带回英国安葬。那是要赎罪、要在他自己的人生故事中寻觅更清晰逻辑的一桩奇怪工作。它或许有几分意在成为宣传噱头,但若真是这样的话,它大体失败了。让潘恩跟上19世纪潮流的一种有效得多的举措是理查德·卡莱尔(Richard Carlile)《人的权利》(*The Rights of Man*)的出版,那是一系列的小册子,工人个个都买得起单册。卡莱尔是更成体系的潘恩信徒,献身于特别作为政治美德的自由。科贝特的激进主义较深根植于传统,较少关注抽象的权利诉求。很难想象科贝特会在(比如说)革命法国中接受公民身份,纵然它像给予潘恩一样给予了科贝特。科贝特想要"大转变",但他希望它回归旧理想,而不是颁布未来的新愿景。

科贝特大胆地诉诸传统。然而由于资本主义工业化正在英格兰造就激烈的社会变迁,他的传统主义不可能简单地倾向保守。社会变迁的现存趋势与统治精英的明确计划正破坏着某些社会关系和生活方式,设法保存它们则成为激进地挑战既定权威的基础。这种挑战的激进性首先从字面上说在于它的根源性——从而在于它透过传统文化的范畴吸引普通民众、透过他们既存的共同体关系结构动员他们的那种

---

① 值得注意的是,在这点上边沁也依然将自己看成托利党人。最终他和科贝特大概一致认为,托利党和辉格党的对立有点儿没抓住19世纪早期最重要的一些问题——甚至不晓得政治结盟是复杂多变的。这是自由党和保守党接管选举政治的组织之前的另外一代人。

能力。挑战的激进性其次在于它缺少方便妥协的立场。进行抗议的工厂工人原则上可以得到更高工资或别的好处,而毋庸根本改变现存权力结构或社会变迁进程。他们满足于分享劳动产出的更大份额,而不是劳动本身或社会的不同组织方式,就此而言,无论他们多么愤怒或暴力,他们的诉求都是改良主义的。小农场主和手艺工人——科贝特的主要听众——则身处不同局面。对他们来说重新繁荣需要多得多的基本变革,特别是金融资本和工业资本自主权的削减。

纵观整个现代时期,各式各样的人民曾要求别被吸卷到主导力量似乎正在制造的特殊形态的现代性中去。乡村居民要求他们的地方共同体保持完好,不要让他们被迫移居大的市镇、城市或者外国。农民要求保护他们的农业生计,手艺人希望机器和批量生产别让他们失业,毁掉他们毕生追求的手艺和质量标准。基督徒、穆斯林、印度教徒等看到了核心宗教价值遭受的威胁。民族主义者担心精英们正在借世界性现代化之名出卖他们的国家;地方人士同样担心国家主义者强加给他们标准化的语言、教育系统和货币。所有这些不同群体及其有时蛊惑人心的代言人,各显神通地捍卫传统。这并不意味着他们一律反对任何"现代"事物。科贝特近乎于此,有时宣称自己乐于想象商业和制造业大加砍削,让时间转回到一种更自足的乡村生活。① 但科贝特也是一位数学、逻辑学和语言学学者,他和向上流动的许多同代人共享了一种自我改善的追求。科贝特写作时首先是托利党人,但是他的第一次行动主义出现在对英国海军士兵所受待遇的抗议上——那既是阶层不平等的问题,又是民族团结的问题。像皮特内阁和利物浦内阁这种政府在他看来似乎背叛了真正的托利党原则。他们号称在"country"的双重意义上(既表示远离伦敦的乡村,又表示英格兰全体)保卫"country"利益,但在实际政策中,他们压迫民众,听任土地掠夺。他认为他本人的政策是更纯正的保守主义。但同时它又是激进的。

其他许多改革活动家(比如卡特赖特)的激进主义,多少被高层政治和正式选举方面的关切牵制了。科贝特不是这样。他动用他那错综

---

① *Political Register*,1807 年 11 月,载 Cobbett, *Selections From Cobbett's Political Works*, 2, pp. 346-366。

复杂、大致属于传统主义的诉求,支持更动真格、更多层面地挑战政府和统治精英。他再三声明他不需要任何新事物。但是他走向很大部分英格兰民众,将他们的直接经验和苦难与国家政治联系起来,就在这样的行动中产生了某种新事物。而且在他的或许可称之为提升民众表达能力方面,也有某种新事物出现了。他不仅给普通英国人写作,还鼓励那普通英国人学会自己阅读甚至自己写作,设想自己是个有常识的人。科贝特本人是自学成才者,他提倡自学几乎与谴责农村衰败和寻求政治变迁一样干劲十足。他的关怀不仅融化在《政治纪事报》中,也融化在《英语语法》中——它说"高雅的"、藻丽的语言是"旧腐败"(科贝特一再重复的习用语,表示美好英国生活的腐化以及带来那种腐化的寄生性贵族国家)的帮凶。科贝特不像他的有些同侪那样困扰于一致性问题,他最终信奉潘恩,但也没有放弃他那较为传统主义的平民主义。

在每一情形下,捍卫传统不只意味着纯粹为了脱离于当代社会生活的一套理念——比如说英格兰宪法——而斗争。它意味着捍卫使一种较传统的生活方式成为可能的种种社会关系。科贝特的读者们的激进主义是共同体至上的。科贝特不单是一般英格兰传统的推崇者,也是不同的英格兰景观与多样化村庄的地方独特性的爱好者。地方共同体为其居民提供了一种归属感,归属于特定的关系网、特定的地理方位和特定的习俗丛。地方关系和认同起了中介作用,促成他们对英格兰或不列颠的归属感(就像在更大的军事结构中归属于特定的舰船或军团居间促成了国民兵役一样——它本身是塑造阶级和民族认同的日益重要的因素)。更有甚者,地方共同体(工匠共同体与居民共同体)还为工人提供了社会资本。这不是物质财富的替代品,却使得他们能够至少在某种程度上符合自身意愿地安排生活,从周围的人那里获得承认和支持。

到19世纪初,这些共同体受到可怕的压力。不止像动力织布机——它因为卢德分子反对而出名——这样的新技术,还有生产关系结构的广泛转变,都在暗中侵蚀这种共同体的经济基础。科贝特既批判这种压力,又把乡村生活的美德图绘得像田园牧歌一般。这更多是在描述消逝的黄金时代而非现在。但它仍然提示了一个更美好的英格兰,好过政治和经济似乎正在造就的那个英格兰。它不但更加繁荣,而且在很重要的意义上(哪怕有些模糊)是道义正当的。① 它正在悄然远逝的事实激起许多人试图紧抓住它不放,并强化了这样的暗示:衰退是那些当权者和新秩序的获利者的过错。手工业生产、原始工业的外包作业和农业生产等的复兴许诺了繁荣和尊严。相反,如果地方共同体保不住,那么工人失去的不仅是一种生活方式,还有社会支持系统。如果他们不得不外出寻找工作,他们就有变得孤苦伶仃、沦为乞丐的危险。

即使这些共同体被削弱了,它们依然为斗争和斗争的一个目标提供了基础。就是说,工人们力争保存他们的共同体、手艺、生活方式和个人尊严感。地方和工匠共同体的较强社会网络是他们组织化的重要支持。② 地方共同体的既存关系或许有其守旧性,这限制了它们为之动员起来的那些事业,但是当整个共同体面临压力时,它们还是可资利用的。它们不必被再造,共同体生活所提供的多重关联会强化它们。

这里牵扯到的人不只是被剥夺公民权的和被损害的。科贝特对英格兰政府的愤怒往往纠缠着成为模范农场主和乡村生活捍卫者的渴望。其他许多激进主义者是有产者——不属于工人阶级运动,但同情生活方式遭到破坏的那些人。绅士阶层很多人涌现为"托利激进分子"。他们像科贝特一样,为乡村本身的命运,也为工人和各种传统的命运忧心忡忡。在法国,同样值得记住的是,1789 年的革命和 1848 年的革命都不纯是无产阶级事业。恰恰相反,范围广得几乎让人眼花缭乱的社团、政党和派别在每次革命中都发挥了作用。③ 如果说前一场革命里,雅各宾派对革命纯粹性的追求一度占据上风——代表一种有暴力潜势的激进理性主义——相对保守的熟练工、手工业行会和别的工

---

① 在对社会变迁和感受到的威胁的许多平民主义回应中,这是一个很重要的主题,包括那些在左翼和右翼政治中起作用的回应。这通常与迈克尔·赫兹菲尔德(Michael Herzfeld)所谓的"结构性怀旧"(structural nostalgia)相关联;参见 *Cultural Intimacy*,第六章。往昔可能被理想化了,没有被准确再现,但是这在当前环境中的确管用,保证了道德理想和团结。

② 我详细讨论过这一问题,参见 Calhoun, *The Question of Class Struggle: Social Foundations of Popular Radicalism in Industrial England*。亦见 Calhoun, "Community: Toward a Variable Conception for Comparative Research"。这也是本书第三、六章的重要主题。

③ 弗朗索瓦·傅勒对此阐述得很好,而且不依赖他那更有争议的整个阐释框架。参见 Furet, *The French Revolution, 1770-1814*。马克思在《路易·波拿巴的雾月十八日》的著名叙述中,强调了阶级的多样性和阶级分裂。罗杰·普莱斯有益地提醒我们注意多样性的其他交叉分界线,包括行业和地理区域上的差别。参见 Price, *The French Second Republic: A Social History*。

匠传统的捍卫者与不在少数的贵族也推动了大革命。①

当19世纪晚期共同体至上的传统主义消退之际,从事意识形态辨别的那些人强加了一种左—右连续统,它把世纪之初在很多大众激进主义里实际上相互缠绕的世界观和政治构想分离开来。有些组合在后来的思想家看来尤其自相矛盾。英格兰的托利党激进主义使自称的保守主义者(通常是乡村绅士)对抗当前的工业化运营方式,如果不是对抗全部工业化的话。举例来说,理查德·奥斯特勒是一个商人的儿子,一座乡村庄园的管家,议会改革的反对者,也是限定工时的顶重要倡导者。约翰·菲尔登是一位富裕的实业家,作为奥尔德姆的议员提出了《十小时法案》(Ten Hours Act)。他也是《新济贫法》的卓越批评家,苦苦挣扎的手织工人的保护者。激进的托利党人倡导工人权利,有时是家长式的,但依然是诚心为之。还有许多工人,特别是自己的生活方式有遭摧毁之虞的手艺人,他们的保守一如其激进,即便他们未必是托利党人。许多很有名望的激进主义者更多地自视为在寻求公正秩序的重建,而不是发明新秩序。有些掀起革命的人无此初衷,有些说着最激昂的革命语言的人只有自由主义的政治包容的目标。

激进主义的多样性

19世纪早期英国的发展中的激进主义(通称而非专名)多样化得让人糊涂,它的提倡者多半缺乏哲学决心,从第一原理去推演它的纲领。但它确实是激进的——有时在于它威胁颠覆或至少动摇现存秩序,有时在于它反抗压迫的深度。它的提倡者们的确设法辨识出他们面对的问题的根本原因何在,不惧向它们发起进攻。尤其是,许多人在这样的意义上是激进的:他们深深扎根于他们觉得正受到社会变迁进程腐蚀的那些社会关系、手艺和生活方式中,该进程使精英阶层发财了。这些深厚根基令他们很多人难以接受妥协,也赋予他们集体行动的社会基础。绝不是所有激进主义者都有志革命。事实上,很多人试图捍

---

① 参见 Sewell, *Work and Revolution in France*: *The Language of Labor from the Old Regime to 1848*;亦见他的 *A Rhetoric of Bourgeois Revolution*: *The Abbe Sieyes and What is the Third Estate*?

卫或者重建他们认为是合宜的既定社会秩序。但是他们的要求彻底地——深刻地——不容于统治精英的政策和资本主义工业化的进程。

对有些人——比如工厂工人——而言,成为改良主义者比成为激进主义者更惬意些,因为新工业资本主义秩序为他们提供了地位和潜在的物质收益,假若所得不如斗争中所追求的那么多,还有各种相当令人满意的退路。① 另一些人,比如日趋衰落的工匠共同体的成员,更深地扎根于工业资本主义明显正在摧毁的生活方式之中,因而有理由反对那种资本主义而趋于激进。前者可以通过某些历史叙述得到合理的——即便不完善的——理解,那些叙述将他们视为现代工会主义、劳工政治和社会主义的先驱。后者确实决定性地促成了"英国工人阶级的形成",但是又想方设法力求避免成为英国的无产阶级,他们的共同体和生活方式没有完整保存到成熟的工业资本主义时代,无论他们的子孙是否加入了工党。② 然而这两大群体无一囊括了这个时代的急剧社会变迁和政治重组使之处于显要位置的民众激进分子。19世纪早期造就了形形色色的激进——和有时不那么激进——的社会运动,它们主要不是针对工业化或资本主义甚至政治改革本身的。

在1848年革命的背景下,在对工人阶级激进主义持续发展的预期中,马克思和恩格斯抨击其他几种社会主义构想不过是"空想社会主

---

① 参见第七章。
② E. P. 汤普森《英国工人阶级的形成》高明地注意到激进主义的多样性。他写道,他试图:

> 把那些穷苦的织袜工、卢德派的剪绒工、"落伍的"手织工、"乌托邦式"的手艺人,乃至受骗上当而跟着乔安娜·索斯科特(Joanna Southcott)跑的人,都从后世的俯视态度中解救出来。他们的手艺与传统也许已经消失。他们对于新兴工业主义的敌对态度或许看起来是落后的。他们的共同体主义理想也许只是空想。他们的造反密谋也许有些莽撞。但是他们度过了社会剧烈动荡的这些时代,而我们不曾。他们的愿望符合他们自身的经历(第13页)。

但是汤普森打算(尤其通过他的书名的隐喻)把它们并入一个进步主义故事:

> 尽管如此,经过各种小心求证之后,1790—1830年间这段时期的显著事实依然是"工人阶级"的形成。这首先反映在阶级意识的成长中:对既处于所有这些不同劳动者群体之间,又对立于其他阶级利益的一种利益身份的意识。其次反映在相应的政治和工业组织的成长中(第212—213页)。(中译本参考 E. P. 汤普森:《英国工人阶级的形成》,钱乘旦译,译林出版社2000年版,前言第5页,第211页,有改动。——译者注)

义"。① 这当然只是个标签，它把一系列不同构想归并到一起。马恩标签的含意是，他们对手的计划全是基于抽象愿景，没有建基于社会变迁的现实模式或资本主义社会的深层结构。诚然，别的社会主义者谁也没写过《资本论》（但在那时，1848年，马克思也没有写）。② 但远不那么清楚的是，空想社会主义者是否一概缺乏在现存社会组织或社会变迁模式中的根基。

欧文版的所谓空想社会主义——他认为非常切实——是从工业生产的替代方式入手的。欧文改革工厂，组织工业市镇，其基石是一种社会秩序理论，支撑该理论的则是一种普遍社会调节和动机结构的观念，它确保每个参加者干起活来都是更大生产整体的高效部分。欧文又把他"工厂是个合作企业"的那些观点延伸到组织大规模的消费品分配的尝试中去。他看到了市场失灵——既无力提供某些商品，又有不平等趋势。但是他也懂得市场提供了某种调节和控制；他认为这可以并入一种替代性的合作交换系统。合作社运动从未盛行，但也从未消失。今天这种思想的种种形式对于想象和说明另类经济组织形式依然很重要。③ 而且纵观19世纪，英国的合作社社员多于共产主义者。劳工运动发展得比合作社或共产主义都要快，和它们都有重合。但是劳工运动未必如马恩设想的那样（甚或如它的支持商业的批评家们有时声称的那样）会导致激进的反资本主义。它很大程度上引导人们要求更好的工作条件、劳动产品的更大份额和对工人的公民权利的肯定。欧文式合作社属于公有制反潮流的一部分，想要控制在私有财产和竞争基础上组织现代社会和经济生活的那些趋势。它在某些方面是因为共同体主义诸传统，但更大程度上是因为资本主义对占有性、竞争性个人主义的片面强调生发出了对替代选择的渴望。欧文自己认为他的运动不是根植于共同体诸传统，而是根植于物质需求和生产能力，在那基础上

---

① Karl Marx and Friedrich Engels, *Manifesto of the Communist Party*.
② 不过请注意，1848年马克思尚未着手（遑论完成）后来构成他对资本主义社会深层结构分析的讨论资本的系统研究。
③ 小型合作社可以在物物交换与人际社会压力的基础上组织起来，但是大型合作团体依赖于各种形式的贡献评估和贡献激励。在很多情况下，包括欧文的一些原初计划中，这是开发替代货币形式的问题。兼顾了若干当代案例的对这一问题的广泛思考，参见 Keith Hart, *Money in an Unequal World*。

建设美好未来。

傅立叶一定程度上是欧文的法国翻版。他关于社会生活的合作性公有组织的思想部分吸收了集体工作组织的类似思想——尽管远不够详尽,在组织工业生产的实际举措上也少些基础。但是傅立叶还有更激进的想法,要把这扩展到私人和家庭生活方面。① 他的共产村庄(phalansteries)建议是理性主义举措在反思社会生活时会变得激进的有力例子,尽管它没有实现激进的社会变迁。法伦斯泰尔(phalanstère)被设计成恰好有1620人的高效、有机的整体——这个词既指建筑物本身(傅立叶心里有个理想设计),又指社会组织;它源于步兵方阵(phalanx),反映了军事传统和某种古典风格。一个方阵包括许多士兵,他们协同运转以获得个人无从获得的能力——既可以防止被突破又可以突破敌军侧翼的能力。整体大于部分之和。傅立叶将传统的个体家庭住宅看成是个流放之地,尤其对妇女而言(这预示了贝蒂·弗里丹(Betty Friedan)等现代女性主义者对郊区提出的批评)。他还认为它丧失了安排经济生产的作用,因为现在需要更大规模的合作。傅立叶的观点既有创意又有折中——他将方阵的最大、最开敞的社会空间指派为大旅舍,这利用了一种伊斯兰传统:在每一座清真寺里面或其附近,为可能坐大篷车旅行的那一类外乡人预留空间。他的观念构成了城市规划和建筑的现代主义思想链的一部分——他影响了勒·柯布西耶。虽然他的共产村庄之类想法处在现代资本主义主流路径之外,但在某种重要意义上与之不相矛盾。它们是对组织居所、生产和面对面社会生活的另一种方式的提议,它原则上可以融入工业资本主义。在某种意义上工业市镇混合了欧文和傅立叶思想的多个层面,偶尔带着几分他们的慈善精神,尽管常常不太关心居民生活。无论是否存在直接影响,现代商业公司(至少在新自由主义时代之前)提供医疗保健,并且经常向老员工提供其他各种福利,包括健身房和公司野餐,即使一般没有住房。

其他形式的公有制社会主义与工业化本身关系不大——虽然有的(比如震颤派和奥奈达公社)倡导另类的、大体是手工业取向的生产方

---

① 我在第九章会简要讨论到,欧文在很多社会问题上出人意料地保守,比如妇女角色问题。

法。很多关注属灵生活(有些关注基督宗教的基础)甚于任何经济议程。无论是强调手工业还是强调宗教维度,都给予这些别样的社会主义构想一种传统的和乌托邦愿景的根基。它们从各社会阶层吸纳成员,尤其包括工业资本主义重压下的手工工匠和外包工的社群,但不包括赤贫者。有些也吸引了富裕的赞助人。一般说来,宗教激励下的公有定居点比世俗定居点维持得更久,也更繁荣。像别的乌托邦工程一样,这些大部分是位于美国的新拓居地,不是旧大陆上的重建工程。它们借助了一个久远的传统,即不仅把美国看成是宗教相对自由的地方,还是空旷、利于试验的地方。① 它是一个从头再来的地方。英国和欧陆的移民来到新大陆重新开始。很多人不仅满怀着新公社的愿景,也渗透着旧宗教传统和信守。与此同时,美国不太可能将技术和工业化本身看成是对原有秩序的冒犯,更可能对它们的发展潜力抱乐观态度。

我无意在任何深度上探究这些所谓空想社会主义者(只在第九章多说了几句)。我的观点是相当概括的。第一,乌托邦视角是批判实存社会和社会变迁现存趋势的基础。19世纪的社会主义者响应了对工业资本主义局限性的不满。但是很大程度上他们陷入了与现存秩序的两种关系的某种结合。或者(1)他们自行发展一种并行不悖的生活,或许是树立有改良潜能的实例,但是并不从事直接的政治挑战;或者(2)他们参与成长中的资本主义秩序,为生产、分配,有时或是生活安排提供一种备选组织形式。

第二,我们应当慎于假定,乌托邦主义者没有扎根于或紧抱住实质的社会趋势。有些是这样,但是很多人,特别是那些欧文主义者,对新兴的工业资本主义体系分析精当。此外,与乌托邦社会愿景相连的那些运动在工人当中引起很大兴趣,有时甚至是献身。欧文主义是一个改善工业生活的构划,而合作社主要发展成了工厂生产的补充。

第三,我们应该认识到,19世纪社会运动只有单一主导趋势的这幅图景是多么误导人。对现存秩序和社会趋势的潜在激进的不满渗透在

---

① "因此,全世界初期都像美洲",约翰·洛克在他的 Second Treatise on Government 第五章中写道,"而且是像以前的美洲,因为那时候任何地方都不知道有货币这种东西"。(中译本参考洛克:《政府论(下篇)》,叶启芳、瞿菊农译,商务印书馆1996年版,第32页。——译者注)

除日益发展的资本主义劳动关系剖解之外的其他若干源头当中,它既引向劳动联合也引向其他方面。再者,马克思主义的变革愿景在劳工运动中并非主流。这些所谓空想社会主义者也常常与实际的社会运动结成紧密联盟。欧文主义者在英国的激进和温和的行动主义中间都很突出,而激进行动分子常转向宗教改革。霍勒斯·格里利(Horace Greeley),傅立叶主义的积极推动者,一个有影响力的报社编辑,他在废奴运动中扮演了重要角色,并提出了各种土地改革方案(他还说过"去西部吧,年轻人",这表明他热衷于重新开始的念头)。① 也许最为重要的是,宗教把乌托邦公社的创造者与奴隶制之类国家罪恶的批判者联系起来,也把现在、过去与未来联系起来。工人运动最终将取得经济、政治上的优势地位。但它是社会运动活动场域的一部分,参加者常常从一个运动转到另一个。宗教运动可能和工人运动一样人数众多而影响深远,即使较少作为政治和经济对抗的基础(尽管宗教在废奴运动中居功至伟)。在英国和法国,宗教更多关联着秩序的势力,较少关联着激进的挑战,但这种概括也不宜夸大。工人激进主义建立于低教会派的新教之上——尤其是卫理公会,这点汤普森说明过了。但是宗教运动并非仅是工人运动的预备。它们有其自身的重要性和连续性。

实际上,社会运动领域远超劳工和空想社会主义的范围。19世纪上半叶,美国被证明是一片沃土,比任何欧洲国家都利于更多样化的社会运动的发展。废奴主义或许是最重要的,但是禁酒和反共济会的风潮也很兴盛,它们全都根源于第二次大觉醒(Second Great Awakening)——本身就是一场(或一组)社会运动的宗教复兴运动。② 但是像公社运动浪潮一样,这些运动多数在一定程度上都是横跨大西洋的。卫斯理宗当然初兴于英国,早在废奴风潮席卷美国之前就是它在英国的中心。循道宗有助于创造一种环境,在那里面,其他新教徒可能判定,奴隶制不仅是一种个人罪恶,还是一种集体罪恶,需要发动全社会来消灭它。德国1848年革命的失败也带给美国一波激进的、常常是运动取向的移

---

① 马克思和恩格斯都为格里利的《纽约论坛报》写过文章,该报自称是"伟大的道德喉舌"。

② 参见第九章和那里的参考文献;以及 Michael Young, *Bearing Witness Against Sin: The Evangelical Birth of the American Social Movement*。

民。有些是社会主义者,有些是自由思想者,还有一些建立了宗教共同体。但是在19世纪初年,新兴的美国吸引了有着非传统的、有时激进的社会组织思想的欧洲人。从伊加利亚派到震颤派——更不必说废奴主义者和禁酒倡导者,很多人保持着重要的跨大西洋联系。

如果说美国比欧洲国家造就了宗教性更强的行动主义,特别能接纳乌托邦工程,那它可能更不愿接受专以工人为中心的组织化。这也在美国的普遍动荡中发展起来,与之相伴的是准劳工的兄弟会组织和互利社团。然而在19世纪前半叶,工人的组织化的确不曾占据群众运动或精英忧虑的中心达到英法和其他某些欧洲国家那种地步。① 这恰恰部分是因为其他社会运动太过突出,而不仅出于经济组织间的差别。此外,当"工作的退化表现了认为机构不再有公信力的最根本意识"时,有各式各样的应对之道。②

虽然其他运动和普泛的宗教动乱很重要,但是到19世纪中期——也就是正当欧洲经济危机和革命运动之秋,废奴主义(和南方的针锋相对)发展为主导。美国内战之后,伴随着劳动骑士团、早期工会和最后在平民党中将工人利益和农业利益连接起来的失败尝试,工人动员扩展得更快。美国民众运动中也有一条重要的民族主义之线,贯穿着这一切。欧洲的民族主义也是一个重大议题,当劳工国际主义成为现实、日趋壮大时,自上而下的民族主义和更民众化的民族主义也是如此。后者交织着对更普遍的政治参与乃至民主的要求。③

尽管美国的情况在这方面很极端,但它是个有用的提醒:在尝试理解19世纪社会运动时过分狭窄地集中于工人,或者过分按照劳工(和社会主义)政治的日后发展解释19世纪早期的运动,都是错误的。那么做很常见,这不但证明往后有组织的劳工的实质重要性,也证明马克思思想体系的力量。马克思旁搜博采,汇拢的不同路线包括英国手工

---

① 工人运动和社会主义渗透到20世纪美国历史书写中的程度,也不如英法之甚——有偏见地将多种运动都归并到那一激进主义观念中,或者混淆它们的观点。

② Christopher Lasch, *The True and Only Heaven* (33).(中译本见拉什:《真实与唯一的天堂》,丁黎明译,上海人民出版社2007年版。——译者注)拉什提供了美国激进主义的一种有用解读,说它基本上是民粹主义的,忙着批判"进步"。

③ 关于这一点的多少有些差别的美国样式,参见 Joseph Gerteis and Alyssa Goolsby, "Nationalism in America: The Case of the Populist Movement"。

工匠和工厂工人的斗争、法国历次革命、德国唯心主义及其反动、进化论思想、古典政治经济学，还有亚里士多德关于完整的人的发展理想及其在浪漫主义中的回声。但是，并非只有马克思主义夸大了劳工对于19世纪运动的中心性，并将以劳工为轴心的那些运动过分解释为后来工人运动的先驱，而不是从它们的多样性和新颖性上解释它们。自由主义史学家同样忽略了不合他们进步观念的运动，或是不合他们认为有的事情关乎日后结局故而在早期显得重要这类观念的运动。很大程度上，这是所有历史赖以书写的回顾性视角的不足为奇的结果。但是它的确产生了一种重大效应，鼓励诸多社会思想家和历史学家——确切地说是衷心同情激进主义和民众政治的那些——将劳工运动以及社会主义和社会民主主义运动的某种联合的发展简直看作现代历史的"正常"进程。

这导致了对"美国例外论"的一长串探索。维尔纳·桑巴特的《为什么美国没有社会主义？》就是这种努力的一部典范之作，要把美欧差异解释成相对于常态的例外。常态是主要依据法国和英国史的带几分倾向性的建构，这一点也由德国的"特殊道路"概念暗示出来。① 后来，当欧洲国家在20世纪60年代及之后面对着不符合这个模式的众多运动时，这种误导性视角带给人们惊诧莫名和年代错置的理论阐释。"新社会运动"的标签，仅在这样的背景下才讲得通：在19世纪的欧洲和美国，劳工社会运动一家独大，而且被视为工具性的，劳工运动旁边的其他一切重要运动都被忽视。

过度专注于阶级政治、组织化劳工以及更一般地专注工具性的政治和经济议程，是将宗教运动研究和社会运动研究相分离的那种趋势的根源之一。或许最重要的是，它促成了一种对于激进主义的理解，当传统、共同体、对社会变迁的反动、对宗教理想的追求和民族主义等的互相缠绕出现于许多非西方国家的运动中的较为"常规"的经济和政治追求旁边时，那种见解使它比它看上去实际上更为怪异。

如果说保守主义和自由主义的历史学贬低了阶级分化的现实，那

---

① Werner Sombart, *Why Is There No Socialism in the United States?*（中译本见维尔纳·桑巴特：《为什么美国没有社会主义？》，王明璐译，上海人民出版社2005年版。——译者注）

么同情激进主义和工人阶级的那些历史学则时常将资产阶级和工人截然两分,仿佛前者明明注定要成为自由主义者,后者注定要成为社会主义者。这掩盖了一个事实:至少直到19世纪20年代,在很多环境下甚至更晚,"劳工"的代言人某种程度上是雇主而非雇工——尤其是做小生意的工匠,特别是在印刷业和出版业。

这包含了很多成为重要的激进新闻记者的那些工匠。在英格兰,约翰·韦德、托马斯·伍勒和理查德·卡莱尔都是小商人,也都是支持工人和普通市民的知识分子。伟大的平民主义者威廉·科贝特一度是他那位于博特利的农场的生意做得较大的雇主,亨特在威尔特郡也一样。民众激进主义的"文化生产者"大概处于特别模糊的阶级地位,但他们的许多读者亦然。不管怎样,生产出19世纪早期的很多激进思想和著作的,是那些渴望财产独立的人——即便确实不曾希望他们会永远富甲一方。许多人牺牲掉这些愿望,坚持激进的信念;少数人牺牲掉激进信念,赢得更大的财产安全。但是众人同具一种对他们时代那些问题的根本上属于政治性的观念。几乎人人都视政治精英的腐败为基本问题。很多人也共享了共和主义公民身份的诸理想——也对其他某些从前的激进分子竟准备以排他性而非包容性的方式重建它们而同感愤慨。自由主义和有关合法公共生活的有资产阶级特点的一种观念,将在共和主义公民身份的这些理想基础上成长起来,但它涉及对那些理想的特定挪用,而非它们的发展的唯一可设想方向。

法国情况略有不同,大革命前社会等级益形分明,但也有启蒙哲人的沙龙和出版物,将出身各异的知识人聚到一起。1789年演了大角色的小资产者,比如乔治·丹东,熟识社会等级更高和更低的各种人物,把他们当作公众的一员鸿雁往来。在19世纪,君主制和共和制之间的斗争像财产本身那样塑造了通往法国公共生活的道路。不过,至少到该世纪中叶,平民知识分子只要不被禁止,就能够立志赢得一批更广泛——尽管未必是精英——的公众。1848年以后,资产阶级的公共领域和平民——日趋无产阶级化——的公共领域之间分裂日重。

在美国,小资产者同样在独立革命中发挥了很大作用。这些人包括城市匠人,他们通常远不如本·富兰克林有钱有名望,但有时拥有相似的——即便没那么成熟的——知识追求。不过多数小资产者不在城市,而是遍布在乡村和小镇。① 造就革命的,不仅仅是它那些有哲学倾向的领袖,和可能成为它的银行家和政治家的人物。正如约翰·富兰克林·詹姆森一语中的所说的,革命是一场社会运动,就此而论,它是由广泛得多的人群造就的,关键是那群小土地所有者、手工工场主和小商业经营者。② 这些人将成为美国广泛得不得了的中产阶层的中流砥柱,从未像他们的英国表兄那样被逐出公共领域。但是,如果说很多人为了保护他们的私有财产和地方性社会地位而变得保守,也有很多人不断感到为人所轻而不满,于是积极投身运动,质疑政府权力的集中、城市财富的巩固和他们讨厌的社会影响的传播。这没有使他们成为一贯的激进主义者,而是成为一个复杂的社会阶层,占据着与一种简单的左—右翼连续统观念相悖的各种位置。第二次大觉醒是"小店主的千禧年",它孕育了如此众多的社会运动,这实非偶然。③

总之,劳工或阶级意识的增长只是民众激进主义的至少四大取向之一。资本主义工业威胁要解除工匠等人的位置,他们的大体防御性的激进主义是第二种,典型地渗透着传统,受到地方共同体的支持。构成第三种取向的是各发奇想的种种运动,它们一般被归入空想社会主义名下,常常凝思于创造新共同体。共和主义公民身份是第四种,它的设想方式有别,但是都围绕着公民美德、公共话语参与和真实信息的自由流通。这四种并非全然分立,无论是运动还是个体思想家都结合了每一种的元素。工匠、激进知识分子和新闻记者,还有其他小商业所有者,都有助于让它们彼此联系起来。

当然,这四种取向并未穷尽这一领域。托利党激进分子为进入19世纪后老托利党向新保守党转型有所贡献——还较为间接地为民众激进主义的历史做出了贡献。英国民族主义在法美革命,尤其是拿破仑战争时期已很有势力,在该世纪的历史进程中,它不仅作为意识形态本身,也作为工人和其他认同的发展方式的形塑力量,会变得更加重要。④

---

① 参见 Timothy H. Breen, *American Insurgents, American Patriots*。它描述了不太显眼、主要是非城市的公民中间的激进转向。

② 参见 John Franklin Jameson, *The American Revolution Considered as a Social Movement*。

③ 参见 Johnson, *A shopkeeper's Millennium: Society and Revival in Rochester, New York, 1815-1837*;也可参见本书第九章以及 Michael Young, *Bearing Witness against Sin*。

④ 参见 Linda Colley, *Britons: Forging the Nation, 1707-1837*。

帝国背景下的兵役制度将发挥越来越大的作用。同样重要的是(尽管并非总相关联),19世纪二三十年代不列颠海外帝国的意义发生变化,尤其是因为殖民地事业的新经济分析,但也因为"国内"经济与殖民地经济之间日益密切的相互关系。对于经济发展的思考利用了18世纪道德哲学和历史学术的基础(比如亚当·弗格森和亨利·霍姆(凯姆斯勋爵)),之后又融入了进化论思想(包括达尔文和斯宾塞的)。这将对英国社会主义思想和工人运动,对马克思,也对凸显在精英中的意识形态产生重大影响。但是,这类思想最终的优势在19世纪20年代及之前绝不明显,记得这点很要紧。

虽然法国和美国在很多重要方面都不相同,但是它们同样经历了贯穿着那四种激进主义的运动:传统的、乌托邦想象的、共和主义公民身份的和劳工权利主张的激进主义。要说区别的话,法国和美国的民族主义更加分明。宗教也在它们19世纪早期的社会运动中扮演了重要角色,不过如前所述美国尤其。它形成了有些运动的激进主义,让另一些较为保守,有时提出了运动动员的替代选择。在每一情形下,一个多重社会运动场域蓬蓬勃勃——多样而往往彼此竞胜,但又相互交织,策略共享,偶尔成员共享。

实际上,在社会运动欣欣向荣的几乎一切地方,它们是以复数形式实现繁荣的。只有一种方式表达不满,只有一种集体行动路线可以考虑,这在现代世界里似乎很少见。运动行动的浪潮或循环会反复发生。① 并非所有运动都是激进的,即使是在同一浪潮或者同一场域内。人们为了因应新的政治机会,因应一种对何为可能的变化着的认识,或者因应他们觉得威胁到自己生活方式的事物,他们或许会寻求掌权者的让步,权位任职者的更换,或是权力体系本身的改革。虽然这每一种追求相对于前一种来说都提高了风险,但是哪一种都不是非常激进的。如果所追求的不光是权力体系的改革,还有权力组织方式及权力和社会组织其余部分的关联方式的根本变革,那才够激进。② 事实上,激进

---

① 参见 Sidney Tarrow, *Struggle, Politics and Reform: Collective Action, Social Movements and Cycles of Protest*。

② 这是斯考切波等人将"社会革命"与单纯的政治革命区别开来所表达的部分意思,后者被认为跟政变差不多。参见 Skocpol, *State and Social Revolution*。

的革命可能既寻求社会组织的变革,也寻求文化自身的变革;比如1789年后法国领导层中有很多人力图重新设计历法、度量衡、亲属称谓以及其他众多文化形式,这不止为了追求自由、平等、博爱,也为了追求一种理性的社会文化秩序。①

不过,如我已经提示的,一项运动不必以这类彻底转变为目标,也可以被看成是激进的。反过来说,当有些运动提出与社会变迁的主导方向南辕北辙的要求时,它们至少同样激进,并以自己的方式攻击了现存权力结构的基础。这些造成了根本挑战,因为当权者很少提供令人满意的妥协方案,同时他们普遍深深卷入了可能被叛乱中断的社会变迁。此外,某种程度上先在的社区和传统为这后一类激进主义提供了组织基础和意识形态要素,它因此不必重新创建它们,由此可能获益匪浅。于是当社会变迁孕育了不满时,这类激进主义的备好待用的选项在与更新颖议程的主张相竞争中就占得先机。当然,有时这两类可能合流——许多大革命,包括法国大革命,都得益于特征各异但共同反对王权,至少暂时共同努力创建新社会的多种运动的混合。

反之,策略的极端主义是一种浅陋的激进主义。有些运动会采用暴力手段追求议程,而那些议程很容易被特定政府或资本主义之类的主导制度所吸纳。所以我用"激进主义"一词不是意指暴力,而是意指对于支配性权力结构和原本可预测的社会变迁进程的挑战深度。雅各宾派在18世纪90年代主张的很多东西,到19世纪后期可能被当成"不过是自由主义的"东西纳入法国社会,在革命者中间他们同样支持中央集权以便从事理性主义的、"现代化的"改革。

策略激进主义和哲学激进主义都不能说明威胁有时甚至推翻政府的对抗风暴。它们或许贯穿于社会运动当中,当政权被推翻时尤其贯穿于力求指导革命性变革的派别当中。但是对权力的激进挑战更常出自对政府腐败的民粹主义愤慨,其中结合了保卫受威胁生活方式的努力。这类激进主义很少在没有社会变迁背景的情况下出现(尽管很难预计,多大的变迁才会造成从相对沉寂到上街抗议的引爆点)。变迁既是新政治机遇的源头,又是有开放可能性的新意识的源头,那些可能性

---

① 参见 Sewell,"Ideologies and Social Revolutions"。

允许有新思想旧仇怨的人们开始发起集体行动。叛乱很少源于持续的苦难。① 但是变迁在遭人憎恨时也很重要——这可能与其他变迁带来机会同时发生。这对 19 世纪早期的运动来说是基本的,它是一种循环模式。社会变迁的威胁感结合着开展新一波集体行动的机会。在这种情况下发起的至少有些运动企图抓住旧精英来解释他们认定的新罪恶。它们不见得基于古老传统。激发它们的那些传统或许有点近期的创造或修订。传统的活力并非位于年深日久之中,而是存在于活跃的再生产之中,在于它整合到实际社会关系的再生产之中——尤其是在地方共同体。

---

① 参见 Barrington Moore, *Injustice: The Social Bases of Obedience and Revolt*。他的一个核心主题即在此。

第二章　社会运动与进步观念

近代社会运动开创于18世纪末19世纪初的欧洲和美国。欧洲新教改革和美洲殖民地的大觉醒期间的宗教动员无疑是先驱。反税叛乱，不同贵族派系之间的斗争，地方贵族和王权之间的斗争，也都是前导。投石党运动动员了很大一部分巴黎民众捍卫最高法院，而不只是捍卫法官和文职官员，他们对国王要减少他们薪水的计划不高兴。英格兰内战是一场更为广泛、多面的斗争。但是到19世纪早期，社会运动是一种可以在诸般议题和人群间转换的集体组织形式，被普通百姓用来表达各种要求、怨苦和渴望，而这么做时几乎没有来自上层的刺激或指导。

用查尔斯·蒂利的话说，"正像杰出的力学方法构想、引进和完善了动力织布机那样，英格兰的政治企业家……集体地、渐进地发明了全国社会运动，当作提出要求的常规途径"。把多种多样的运动统一起来的，不是某个单一问题或分析，而是一种组织集体行动的方式："在18世纪60年代，社会运动是罕见或者不存在的经营政治事务的做法，但是在19世纪30年代，许多不同利益集团都掌握了它的用法。"[①]这些运动不像先前更短促的抗议，它们大范围地协调行动，持续较长时间，不只是应激性的。

蒂利的分析及社会运动研究领域的众多分析，都聚焦于运动动员和行动的形式，竭力把它们同内容或目的论方面的假设区别开来。"资源动员"理论家们帮助引往这一方向，他们认为人总有怨苦和欲求，研

---

① Charles Tilly, *Popular Contention in Great Britain*, 1758-1834, p.371.

究的关键社会学变量是人们如何组织和调度资源,去料理那些怨苦和欲求。① 此外,成功的社会运动是否导向良善的或"进步的"方向,这不是从社会运动的经验研究内部回答的事情,毋宁该从更广泛、更规范的社会—历史视角加以回答。这些取向使社会运动研究中的重大进展成为可能。

解释运动与民众性政治—社会构划的多样性,成为行动分子和学界人士的问题。运动似乎以劳工为中心的时代给该问题设定了框架。它是"本位主义"吗?——没有将普遍福祉放在较为地方性(或许也较可预测)的福祉前面?它是劳工运动中的一个缺点吗?既然它未能充分触及社会中更宽广的其他认同和利益(或许未能认识到它自身阶层的多样性,譬如说平等地提到妇女)?它是近代社会多元主义的展延吗?很大程度上,社会运动研究者把社会运动视为可以在不同事业间转换的一种形式,以此回应上述问题。只有少数人(特别是马克思主义者和聚焦劳工的其他人,但又不限于此)依然死抱住一个观念:有些事业是基本的,其他事业是次要的。魏维嘉描述了核心对立:

> 社会运动的两大含义事实上造成社会学家彼此对立……一方面,有一些人认为社会运动是相应于政治目的的一种工具行动,一种资源动员,要刺入政治体系的心脏,为的是维持或改善某人的地位。另一方面,有一些人相信社会运动是既抗争又防御的集体行动的最高表现,意在控制历史本身,也就是掌控集体生活的主要导向。②

魏维嘉认为第一群人就是蒂利和美国社会运动研究尤其是"资源动员"视角的其他领军者。第二群人则是阿兰·图海纳等人。在任一情况下,社会运动观念的基本要素在于,好结果有赖于"自觉行动"——无论是在"调动资源达成目标"的特定意义上,还是在"参与有意识地创造历史的过程"的意义上。

在这本书里,我要回到发明社会运动的背景下,回到意识形态和文

---

① 参见 John D. McCarthy and Mayer N. Zald, "Resource Mobilization and Social Movements"。我把欲求和怨苦等量齐观。但一般说来,资源动员分析强调后者。

② Michel Wieviorka, "Difference culturelle et mouvement social," in UNESCO, *ONG et gouvernance dans le monde arabe*, International Colloquium, Cairo, March 29-31, 2000 (http://www.unesco.org/most/wieviorka.doc). 本书作者的译文。

化的种种问题中,也回到集体行动的社会基础上。19世纪初,塑造了社会运动观念的是有关社会变迁的总体性质和进程的那些假设,它们融入广为流传的"进步"信仰中——至少在精英阶层里。"社会运动"这个短语进入近代词汇,不是作为集体行动的可置换形式,而是既指称社会变迁的必然方向,又指称能实现它的集体行动。今天的社会科学家会以复数形式谈及"社会运动",19世纪早期的评论者谈论的是那唯一的"社会运动"(the social movement)。

我无意恢复后来的理论家试图让社会运动概念从中解放出来的那些假设。我反倒想要考虑:社会运动观念与民主制和共和主义相结合的种种方式,它们的结合搅出了认为社会由其全领域的成员所组成的一种新社会观;断言物质决定不全是在自觉意图层面之下也可能是行动的源泉和焦点的一种看法;一种崭露头角并日渐壮大的公共领域,在那里,到底应该如何组织社会的争论不但热火朝天,还影响到国家和社会关系。

对社会运动的注意牵连着资本主义工业化所造成的"社会问题"——从而既牵连着对贫困和阶级关系的思考,也牵连着物质必然性使社会转型不可避免的那些主张。马克思主义是这当中最为重要的。反之,对理性—批判地争辩国家政策的公共领域的注意,大概会日益脱离社会运动政治,因为中产阶级成员获得了政治声音,接受了一种合法政治的观念,相信合法政治的基础是自主个人间的争论、利益集团间的谈判、使多少较为制度化的政党互斗的选举。对这些马克思主义的(或更一般地社会主义的)和自由主义的视角,保守主义视角会加以反对,质问社会变迁进程是不是真的有益,个人是不是真的像自由主义者以为的那样是自主的能动者(如果真是,那到底是美德还是自我主义),表面上的物质必然性是一种应该接受的力量,还是一种根植于人类动物本性的状态,最好凭借文化或文明加以制伏?

美国继而法国18世纪末的革命经验深深影响了这一思想论争路线和这些发展中的歧异。但是尽管那两场革命有助于制造一种左—右意识形态光谱的观念,它们却并不是与它一道在头脑里形成的,它只是在数十年的进一步冲突和论争之后才变得清晰起来(参见第十章的后续讨论)。在对革命的反思中,在试图发动新的革命中,或在担忧别人会革命成功中,19世纪的社会理论家们阐抉了一套思想视角和对立,它们形塑了自那以来的政治，但也遮蔽了政治的重要特征——这也是我此处探究的中心点。

更明确地说，沿着一条意识形态光谱排开的社会主义、自由主义和保守主义的立场之间的那些差别，是造就了某种政治论争和政治对立模式的一种社会想象的组成部分。它们不纯是中立、外在的观察记录。但若是它们为政治开辟了某几个方向的渠道，这些渠道并未完全包含现实世界的斗争。比如，保守主义宗教有时与激进地追求平等的政治经济学结合在一起。反对公司资本主义而守卫地方共同体，也难于定位在意识形态光谱上，那种行动有时联合了社会主义者、自由主义者和保守主义者。诛伐腐败、嫉恶堕落，不是左派或右派的特权。

回溯 19 世纪初期社会运动被创造出来的那种背景，我们可以借此洞察对社会主义、自由主义和保守主义的政治的那些惯常见解是如何发明的，有时候它们又是如何误导我们的。我们还可以获得一些思想资源，便于更好理解无法归入这一意识形态光谱的激进运动。

社会问题与社会运动

有种看法认为民间叛乱是创造历史乃至起码有些自觉地选择历史后果的一种主要途径，这大体上源于 18 世纪末 19 世纪初的革命和民众动员（还有以它们为基础的理论主张）。后来"社会运动"的意思才发生变化，在部分的或复数的意义上被用来指称分离的、可能不相关联的许多动员，它们不一定嵌入一种进步的社会变迁进程中。人们用"运动"这个词（不带形容词"社会"）描述改变了或试图改变政治或宗教方向的集体行动（尽管《牛津英语词典》指出这种用法在 1828 年前没有先例）。改变集体事务进程的群体行动这个观念，迅速运用到工人动员及教派人士和政党政客身上，不久之后也施用于其他各种社会事业的积极参加者。[①]

19 世纪的思想家中，把目的论形式的进化论与唯意志论的能动性

[①] 法语里造出"le Mouvement des Entreprises de France"（法国企业运动）的短语确实讲得通，它表示一个专业协会，其口号是"企业家占据法国社会核心的时候到了"。这不仅表现了"运动"一词的比较宽泛的用法，也例示了一种未必激进的新型社会运动。关于商业新魅化（enchantment）的兴起，参见 Luc Boltanski and Eve Chiapello, *Le nouvel esprit du capitalisme*。

结合起来的,马克思并非仅此一人:他断言革命既是辩证地必定发生的,又是工人们必须成为其领导力量的一项事业。黑格尔认为普鲁士国家是必然的也是善的。威廉·萨姆纳的社会达尔文主义将个人主义和繁荣的进步说成是竞争的自然产物,但也是一种道德义务。孔德同样认为实证主义是发展的必然阶段,也是他的人道宗教信徒追逐的目标。① 我在第九章还将讨论到,美国基督教奋兴布道家亚历山大·坎贝尔认为上帝的工作需要基督徒自由意志的自觉运用。简言之,虽然19世纪的许多主要社会理论家一致同意,应当有一条单一的社会变迁路径,他们的追随者有道义之责去推动那种变迁,甚至说它是必然的,然而他们对它的特征却意见歧出。

谈到"社会运动"(单数,带定冠词)时多少将它等同于被民间叛乱推动前行的社会变迁的进步路线,这成了19世纪的惯常用法(特别是在法语里,但不限于此)。② 比如,洛伦茨·冯·施泰因撰述了1789—1850年的"法国社会运动"。③ 1919年鲁道夫·斯坦纳仍旧这样使用该词,那时他写道:"难道世界大战的灾难没有表明几十年来以为已经弄懂了无产阶级意志的那种思维的缺陷吗?难道那社会运动的真正本质还没有被这一灾难的真相揭露出来吗?"④ 在说到图谋推进整个"民族"(people)的事业的那些动员时,这同一种用法流传下来了,比如"匈牙利人——或阿富汗人,或塞内加尔人——社会运动"。那些动员往往是民族主义运动,它们依据这样的观念主张自身的普遍性:对付民族自治的外部限制(尤其是殖民主义)是其他形式的进步社会变迁的重要先

---

① 值得记住的是,在19世纪,实证主义不仅是抽象的哲学命题,还是有着数以千计的信奉者与教堂和政治社团网络的运动。它也许在拉丁美洲影响最大,但在英国也不是微不足道。威廉·哈里森和理查德·康格里夫领导建立的伦敦人道堂(London Temple of Humanity),进入20世纪很久以后还依然存在。

② 用图海纳的话说,"行动社会学……将社会运动界定为斗争的一种特殊成分,一种不但有别于其他集体行动,也能构筑起中心冲突的集体行动,那样的中心冲突给互相竞争社会生活取向提供了意外的指引"(Touraine, *Pourrons-nous vivre ensemble? Égaux et différents*, p. 88;本书作者的译文)。最近,为了把利用集体行动有所图谋的混杂意义上的社会运动与质难宰制并潜在地造成历史变迁的更综合的运动区别开来,图海纳引入了备选的措辞"societal movements"("*les mouvements societaux*"; ibid., p. 118)。(参见阿兰·图海纳:《我们能否共同生存?》,狄玉明等译,商务印书馆2003年版。但译者未能从中译本找出上述引文。——译者注)

③ Lorenz von Stein, *History of the Social Movement in France*, 1789-1850.

④ Rudolf Steiner, *Basic Issues of the Social Question*, 卷一。

决条件。

19世纪的社会运动论述也常常是从民族角度加以表达的——尽管思想家们有时期望那社会运动是泛欧的乃至全球的:"全世界无产者,联合起来!"然而核心观念是,存在一条组织工作应当重点关注的独特断层线,这既是权力和统治问题也是差异问题。那独一的社会运动辨认出引生其他问题的社会宰制和缺陷的基本形式,并与之斗争。这种用法反映了"社会问题"(the social problem)观——后者粗略意指不平等和贫穷应该如何处理的问题。

于是恩格斯在《论住宅问题》一文里,操持起了先是蒲鲁东、后是一位名唤埃米尔·萨克斯博士的"资产阶级"作者在1869年的一部书中筹谋的那项任务,即通过改善工人住房并最终帮助他们拥有自己的住宅,至少部分解决那"社会问题"。萨克斯写道(据恩格斯所引):"假如……工人自己通过这种办法转变成有财产者阶级,那么使我们脚下燃烧的叫做社会问题的火山喷出烈焰的一切潜伏力量,即无产阶级的怨恨、憎恶……危险的错误思想……都一定会像晨雾碰到朝阳那样消散。"恩格斯的反应不出意料:"并不是住宅问题的解决同时就会导致社会问题的解决,而只是由于社会问题的解决,即由于资本主义生产方式的废除,才同时使得解决住宅问题成为可能。"①但是毫无疑问,无论是在美国还是欧洲许多地区,把财产所有权延及工人阶级一直是国家政策的目标和社会变迁的事实。它是工人借以赢得在资本主义社会的投资物的一种途径,使他们稳定得超乎马恩想象。

工业化不只带来贫困化,还带来城市化、劳工迁移、犯罪、大众消费市场和落入新人之手的巨额财富。这些新手之新一如财富之巨,让很多人不舒服;新精英缺乏传统的合法化(虽然他们经常设法购买贵族头衔之类传统残余)。与此同时,有一种观念传播开来:无论贫穷或是社会分层的支配模式,都不纯是自然的、必然的状态。生产关系因新技术和资本集中改变了——工人则表明它们可以按其他方式改变。精英层的结构透过革命也透过吸收新兴资产阶级改变了——非精英层则表明这种结构还能改变得更进一步。正如阿伦特所言:

---

① Friedrich Engles, "The Housing Question." 萨克斯引文见第346页;恩格斯回应见第347—348页。(中译本参见《马克思恩格斯文集》第3卷,人民出版社2009年版,第282、283页。——译者注)

在近代而非近代之前,人们开始怀疑贫困是人类境况的固有现象,怀疑靠机遇、强力或欺诈摆脱了贫穷桎梏的那少数人与辛劳而贫苦的大多数人之间的差别是永恒而不可避免的,只是在这个时候,社会问题才开始扮演革命性的角色。①

人们对社会问题的普遍回应,是肯定社会应该变好——又争论应该变得多快。但是对许多人来说,社会问题也涉及社会如何可能得到保存——随着日增的长期失业、异化和它们带来的疏离公共社会,每个人与所有人的那种社会关联怎样才能维持住。诚如罗伯特·卡斯特所评论的,正是在对社会问题的应对中,现代的社会团结观念找到了它的根源。② 虽然许多有产者认为必须反对社会运动,社会才保得住,但团结既是运动的策略也是运动的目标。它是抵制变革的保守主义者的主题,也是试图将变革和团结联系起来的激进主义者的主题。

因而社会运动是让人关注社会问题并可能带来解决方案的民众动员。但是对许多人而言它也是进步的社会变迁过程本身。它是"社会"的运动,这个"社会"被构想成精英政治代表不了、拥有私产不能增权的众人。这种用法在社会概念身上打下了印记,从前"society"更常用来指称精英的斯文社会或"上流社会"。阿伦特痛惜人们诉诸"社会"一词新的、大众的含义,视之为注定要低俗地追逐物质需求而非创造性地参与公共生活的人的境况。③ 她把马克思和马克思主义看成是这种不可取地削减创造性人类行动的自主性的极端例子——恰是由于马克思把社会运动呈现为对贫窭状况的反应。无论如何,"劳工运动"——至少在它的众多支持者看来——不止描述了对为了糊口而劳作的那些人

---

① Hannah Arendt, *On Revolution*, p.22.(中译本参见汉娜·阿伦特:《论革命》,陈周旺译,译林出版社 2007 年版,第 11 页。——译者注)

② Robert Castel, *Les métamorphoses de la question sociale*. See also B. Karsenti, "Eléments pour une généalogie du concept de solidarité";Giovanna Procacci, *Gouverner la misère*:*La question sociale en France*,*1789-1848*;and Numa Murard, *La morale de la question sociale*. 涂尔干在《社会分工论》里论及社会团结时,字里行间渗透着这一先前的讨论,虽然他没有把不平等问题置于显要位置。

③ 阿伦特在将逐利行动与真正自愿的行动相对立时,拥抱了和亚里士多德一样古老的传统。参见 Arendt, *The Origins of Totalitarianism* and *The Human Condition*.(中译本参见汉娜·阿伦特:《极权主义的起源(第二版)》,林骧华译,三联书店 2014 年版;《人的境况》,王寅丽译,上海人民出版社 2009 年版。——译者注)

第二章　社会运动与进步观念

的积极动员,还描述了他们对进步的社会变迁的必然参与。

劳工斗争、对经济苦难的反应和社会主义几乎融为一个观念——于是有了"社会运动"的唯一性。这大大掩盖了19世纪初运动活动的实际多样性和变动范围,也掩盖了民众斗争所仰仗的社会文化基础。劳工问题支配了后来对社会运动的思考,这也首先为20世纪初"美国例外论"问题埋下了伏笔,然后导致人们在理解拉美民粹主义和欧洲法西斯主义之类显然偏离常态的运动上频频遇到困难,最后为历史地看来很肤浅的新社会运动概念的兴起打下了基础。

高估劳工的中心性和统一性

19世纪后期,当工会获得稳定性和一定程度的合法性时,劳工运动观念呈现出更明确的形态。它反思了不同行业工人所面对的特定问题的相互关联,认为全体工人承受着共同的问题,同样紧要的是,他们可能是创造更公正、更人道社会的一项实证计划的能动者。但问题是繁多的,工人的认同也纷纷不一,他们是透过自身认同理解那些问题的。

19世纪初英国、法国,特别是美国已存在很多社会运动,虽然"运动"一词习惯上还不适用于描述它们。这其中有些实际上是专注劳工状况或工资的动员,但许多运动关注点迥异。它们申冤诉苦,提振德行,呼喊公正,力图在英格兰的葱绿怡人之地建立一个新耶路撒冷。它们试图废除奴隶制,解放天主教徒,赋予妇女选举权。劳工动员最终在带定冠词的"社会运动"的原初观念里与社会主义、实证主义等政治纲领合流了。但事实上,运动是异彩纷呈的。不但形式上多有创新,引入前台的问题类型、对平民百姓参与民主社会的思考,也有新事物新观点。换句话说,把劳工运动当作典范,是挂一漏万——遗漏的不仅关乎其他运动,也关乎劳动者自身的集体行动。尽管如此,认为基于劳动者共同利益的一项运动的发展对资本主义民主制是"正常的",这还是日见普遍。把异议派别和其他集团置于单一的劳工(或社会主义)运动这一共同架构下,是广为流布的一个目标,甚至是某些学术分析家的唯一预期,他们认为资本主义现代化的故事就是解组让位于组织的故事。①

捍卫特定手艺的动员很大程度上是试图保护该职业群体免于纯粹地、一般性地变成劳工。这不仅对老手艺的成员关系重大,而且对像纬编这样的新手艺也不无牵连,后者在18世纪末19世纪初迅猛扩张,为许多人从无地劳动者阶层上升到较好的处境提供了机会。尽管纬编在城市中心没有得到跟一些老手艺同等的尊敬,但在技艺传授方式、在它嵌入家庭和共同体结构的方式上,它仍然是"传统的"。因此卢德派的破坏机器和编织者"运动"的其他表现,假如被不露痕迹地同化到劳工意识或劳工运动的成长图景中,就遭到误解了。

空想社会主义招引去的法国工匠同样拒绝归属于纯然泛化的劳工(尽管他们自己宣称劳工尊贵,也宣示了一种把他们视为劳动"高尚"的象征的有点浪漫的历史传统)。实际上,不少人从圣西门和傅立叶的方案中看到的,不是什么工人阶级理想的直白表现,而是为他们自身赢取资产阶级所享受的安逸和安全的某种类似物的可能性。②

行动领域间的一种典型划分——政治的、经济的和社会的(尤其反映在学院学科的划分上)——的发展帮着铺好了路,让"工人"或"劳工"作为认同和运动稳定下来。显然,分界线是交叉的;有劳工的政党,有发展学校和社会支持系统的工会,当然还有对经济的政治干预。尽管如此,承认领域的区分已成习惯——哪怕是在有关它们应当怎样相互联系的争论中。这里处于中心位置的,是认为经济是有几分自治、自组织的体系这种观念,它在18世纪末——1776年亚当·斯密发表《国富论》——才开始郑重其事地传播开来,起码到19世纪中期才广为流传,被习惯性地视为当然。工会和其他劳动组织可以溯源到此前很久——手工业行会(*compagnonnage*)和其他手工艺传统,基尔特同业公

---

① 对盛行于20世纪70和80年代的各种解释的明晰探讨,也是对不同国家模式的探讨,参见 I. Katznelson and A. Zolberg, eds., *Working-Class Formation: Nineteenth-Century Patterns in Western Europe and the United States*。

② 参见 Jacques Rancière, *The Nights of Labor: The Workers' Dream in Nineteenth-Century France*。朗西埃大概会再进一步,质疑老式的手工生产方式不像新式的工业劳动组织那么令人异化的这种看法。我恐怕不敢苟同,虽然很难辨识出进行比较的衡量标准。工匠生活中受挫之处正多,尤其是当手工生产在19世纪中期处于越来越强的压力之下的时候,然而这不意味着工匠们对强加给他们的变迁不予抵抗。

会和其他正式组织,以及特定行业内解决争端和加强团结的规范渠道。然而它们与经济作为特别领域的这种观念相比照,就呈现出它们的近代形式。

即便雇主和雇工间的鲜明区别也算得上是创新。当然,它是从师傅、满师学徒工和学徒这一手工业等级制变来的,甚至对某些更下贱的行业也是一大变,在那些行业里,商人把工作"包给"别人去做,也就是分发给散居的手艺人(他们虽然贫困潦倒,表面上却是自主的),完工后按件付酬。① 这种变化在18世纪很大部分时间里就已开始,正如无地农业劳动者的更急剧增长一样(这两种变化都是英国比法国快得多)。② 到19世纪初中期它达到临界点。此后雇工身份将是工人的正常身份,失业是它令人害怕的对立面。像"师傅"那一类词语所象征的不纯然经济性的旧式等级制将要没落,最多固守在家庭环境中。有许多人立志要自己当老板。对他们有些人来说,这意味着经营小型农场;对另一些人来说,意味着个体经营的手工生产或者与工人阶级社群紧密交织的小生意如小酒店或小商店。然而尽管这是广泛播散的理想,由于资本越来越集中,工作场所越来越庞大,它却不曾同样广泛地化为现实。所有者和工人间的分裂拉大了,成为经营者往往意味着转入小商人这个不同阶级地位。

关于社会运动的一条分析理路企图区别寻求经济收益的运动和别有目标的运动。工会好像是纯"经济的"。但是以为有什么运动可以是纯工具性的,无论是经济工具性还是其他工具性,都是一种错觉。一项

---

① 记住一点很重要:手工工人们曾多么猛烈地抗拒丧失这一表面自主性甚至计件付酬方式(技术高超者当然更合算,但这不只是为了谋求更高工资)。他们在法国比在英国坚持得更久。参见 William Reddy, *The Rise of Market Culture*: *The Textile Trade and French Society*, *1750-1900*;和本书第三章。

② 经济史家常常认为法国向工业资本主义的较慢过渡是个缺点。奥布莱恩和凯德在《英国和法国的经济增长,1780—1914:通向20世纪的两条道路》一书里表明,它可能有助于法国人在整个19世纪维持较高的生活水准,直到20世纪初也没让法国在总体经济地位上"落后于"英国。当然美国展现出有些不一样的经历,因为它的生产关系的变化深嵌在殖民社会的扩张中。在19世纪的很长时间里,国内的乡城迁移不如国际移民那么重要。所有者自营农场也有新机会。当然,急速工业化的确最终还是来了,冲突很尖锐,经常很暴烈。我在本书更一般地主张,过渡的迅疾可能使它对工人无谓的残酷,减弱了他们有效适应的机会(尤请参见第七章)。因此有些暴力与猛然转型相关,但简单关心"转型前"和"转型后"的统计不测量那种"猛然性"。

运动始终依赖于在参与者中间建立身份和利益共享的意识那些过程。它们在某种程度上总是符号性的,常常隶属于运动场域里的斗争——也牵涉遵循既定制度的文化再生产。但是让行动者相信运动是为他们的利益代言的那种自我理解,也产生于他们实际行动——不光是集体行动,还有个人行动——的全部经验。因此劳工方面的自我理解不是计酬工作经验的自动反映(尽管必然受它影响),也不仅是一套特殊的工具性利益的反映。它是将一个特殊地位安放在社会关系场中的一种方式。它恰似宗教或性别的自我理解那样有赖于文化建构和"认同政治"。所以对工人利益的工具性论证从来不能适当解释劳工团结的真情,19世纪初尤其如此。"劳工"认同的巩固是渐近的。对产业外工作的向往和做个小业主的理想是当下而切身的(尤其在美国),关联着另类的社会愿景而不止关联着成为规则的例外那种希冀。当更多的人预料要奔命于产业工作时,对劳工的归属感增强了。不过它还得同和工作相连的其他认同竞争,比如对特定手工行业的忠诚;也要同不以事功为重的那些认同竞争,比如基督徒、父母、美国人、(简单而言的)人类或(具体言之的)白种男人等认同。各式各样的教育社团、俱乐部和互助会,把"劳工"利益与其他关注焦点和自我定义结合起来。在美国1825—1850年间,废奴主义、禁酒、反共济会和其他众多运动举国鼎沸。① 在法国,宗教和反教权主义支撑着集体行动。宣称或捍卫共和国或革命的各种动员,与更明确的"劳工"动员一样重要。②

然而,虽然劳工运动在目标上变得颇饶工具性,以为它全然如此(特别是在它早期)的任何分析却错失了要点:它也依靠造就团结、达成共识和培养文化——用汤普森的有名说法,即形成工人阶级——的历史诸过程。③ 这种认同政治——从形成认同而不只反映认同的意义上说——是一切政治(特别是运动)的基本之物,不是20世纪末的什么新东西。也许把它表述成认同和团结政治更好些——不但事关你是谁,

---

① Michael Young, "Confessional Protest";并请参见本书第九章。
② 蒂利的《法国人民抗争史》(*The Contentious French*)是法国"抗争政治"最面面俱到的图绘。普罗瑟罗的《英法激进工匠》(*Radical Artisans in England and France, 1830-1870*)展现了19世纪中叶的模式。本书第三、七章还征引了另外若干论及法国民众政治和劳工的著述。
③ E. P. Thompson, *The Making of the English Working Class*.

还关系到你归属于谁,你对谁负有义务。这不但属于19世纪劳工运动形成过程的一部分(它不是全然远离某种"利益"政治的东西),更属于确定和承认"利益"并使之在政治上突出的路径的一部分。

认同政治不是在20世纪60年代或70年代方才作为直露的劳工物质主义的替代物出现的。相反,劳工凭借部分是认同方面的政治斗争成为一种重要的运动(和认同)。这些历史过程卷入了从事多种活动的工人,那些活动伸展到经济(依照人们对它的习惯性理解)范围之外,或者突出了别的认同,或者更加激进和/或更少工具性。阶级的形成不只是承认的事情,或集体利益的理性知解的事情。它总是涉及认同的塑造。虽然这样的认同可能比较清楚或模糊,比较强烈或微弱,它绝不会一目了然、泾渭分明、彻底盖过其他认同。①

在劳工运动是根本性社会运动这一观念下,埋藏着极大误解的种子。它成为把早期历史单向度地解读为劳工运动构建问题的基础,表达渴望和怨愤的现实动员和架构的多样性原本不曾提示那么严重的单向度。即便在19世纪末和20世纪劳工运动鼎盛时期,也常有从禁酒到妇女选举权的风生水起的动员。福音教会为工人的团结互助提供了一些框架,它们有时和劳工运动相竞争,有时又加强了它。但是在世界多数富裕国家里,劳工运动一度既经历了急剧增长,也享受着在力求改善生活状况的诸社团活动中的中心地位。这反映了大量的组织工作——以及成效斐然的示范效应。产业就业状况有了引人注目的改变。当然,如此一来,劳工运动往往变成商谈性社会秩序的制度化参与者,而不是要改造那种秩序的运动。它们的成功改变了人们惯常地建构认同的方式,尤其是他们开始以产业工作为豪,那种职业早先曾遭到

---

① 在20世纪七八十年代,当研究者和活动家试图理解不是明确基于物质利益的那些运动时,"认同政治"这个术语开始响亮起来。它似乎内含了认同概念而非利益概念,内含了表现性目标和工具性目标的区分,这样做的理由之一即在于那些运动的利益基础不明。然而转眼间,这一措辞开始被运用得仿佛在指称基于明显的或起码明晰的现成认同的政治——特别是种族的、族群的、性别的和其他非阶级的认同。许多批评集中在这点上,认为这是阶级或公民团结的一种感知得到的分裂。但理论上可能更重要的是承认塑造认同和赢得对某种认同的信诺的那种斗争。因而这里所谈的"政治"并非简单地是早已常存于斯的先于政治的认同的反映,它很大程度上涉及认同可能怎样被结构化和承认,又可能怎样兹事体大。参见 Calhoun, *Critical Social Theory: Culture, History, and the Challenge of Difference*。

手工工匠的抵制,他们不愿屈服于新形式的劳动纪律和支配。①

如果说19世纪初期斗争有一种主导修辞,它不是劳工对资本的修辞(那是刚发展起来的新观念),而是"人民"对腐朽精英的修辞。民众激进分子的计划也不总是渐次革新,以期造就空前的新收益。它们常是恢复真实的或想象的旧日好时光的一些举措。广为流传的"腐朽"观念具有启发性。科贝特老在提起一种邪恶,即"旧时的腐朽",照他看来那是假公济私的一种模式,是对传统理想的背叛,削弱了本质上优异的传统英格兰宪法和生活方式。这导致他宣称民众激进主义者想要"大转变"但不要"新东西"。

再次引证蒂利,我们可以从概念上区别主动性和反应性集体行动(即使并非所有运动都能简单划一地归入此类或彼类)。② 蒂利不再使用这些用语,部分是因为它们隐含了对现代的一种演进的、进步主义的理解。不过它们说明了社会运动的至少诸多主要人物的取向,从而保住了立锥之地。但就这种理论来说,经验现实是矛盾迭出的。有些最为反应性的运动处于最激进之列。科贝特就是鼓吹这样的反应性激进主义的意识形态宣传家。他没有提供新社会秩序的宏伟规划,也没有提出渐进社会改良的愿景(比如说欧文那种)。毋宁说,他看到了乡村英格兰的破坏、英国工人的贫困化、可敬市民被剥夺选举权和精英阶层的腐朽,然后对此做出反应而已。他作为其关键代言人的那场民众运动,像19世纪英格兰的任何运动一样,接近于造成革命。认为这应该像是自相矛盾的看法,实际上是自由主义者和马克思主义者共有的对19世纪社会运动的普遍进步主义解释的一项遗产。

在前文引述过的蒂利对民族社会运动兴起的说明中,他瞩目于运动活动的政治向度,特别是国家取向。蒂利认为民族社会运动被特意地、战略性地导向民族—国家政治。的确这成了一种中心趋势,但我宁愿认为它不属于定义的一部分。它对运动做了拣择,拣择的基础是国家层次的政治与(比如)宗教的区分,这把近代早期许多运动都排除在

---

① 所以自20世纪70年代以来,在许多西方国家的新自由主义去工业化时代,工人们甚至陷入防御地位。由于他们的共同体和生计受到威胁,很多人更倾心于对社会变迁的露骨的民粹主义的抗拒,唾弃支持社会主义、社会民主主义或其他新志向的运动。

② Tilly, *From Mobilization to Revolution*.

外了(譬如宗教改革的种种运动,包括牵缠着政治、宗教和经济问题的英格兰内战)。蒂利感兴趣的是,运动的组织和动员如何变成一种多少是例行的政治策略,可以和任何具体事业分别开来,并在整个近代时期不断再生产。在这种背景下,他的限定是合理的,尽管就算那样它也似乎对在其自我理解中政治性不明确的运动抱有偏见——哪怕这些运动可能具有深厚的政治蕴意。蒂利正确地指明了国家的兴起如何改变抗争政治,国家如何变成社会运动的惯常目标。但是如果我们不按照运动活动的战略目标或焦点界定运动,我们会更好地理解社会运动场域。①

蒂利对主动性和国家的重视,反映了领域划分思想在现代社会科学的中心地位。18世纪末19世纪初,特别是在苏格兰道德哲学和政治经济学的影响下,政治、经济和社会间的分界被勾画出来。政治主要被当成国家事务,不是20世纪后期福柯或女性主义者所凸显出来的微观政治。经济被看成是愈益自立、自组织的以市场为基础的系统,但也是私密和个人自主所主宰的"家庭"事务的延伸——至少对拥有财产的男人而言。社会结合了多种观念:城市和市民社会的自由,直接人际关系和(更一般地说)不受国家或市场明确宰制的关系的形成。这种用法显然是形成学院学科的基础,也会影响到社会运动观念。

诚然,在这期间,有组织的社会运动开始经常性地蓄谋议会或国会行动,而且从此以后一直这么做。但是国家并非它们的唯一目标,它们也挑战教会和公司,力争改变个人行为和一般文化,为工具性行为也为表现性行为营造环境和组织。围绕明显政治性的运动画一条太过分明的界线,这歪曲了作为整体的运动场域的特征。宗教运动首倡的策略会运用到政治运动中,反之亦然。个人会同时或在不同时期参加不同

---

① 蒂利聚焦于"抗争政治",这部分是为了尝试拓宽和澄清"社会运动"标签下往往游移不定的研究焦点(参见 D. McAdam, S. Tarrow, and C. Tilly, *Dynamics of Contention*)。此后"抗争政治"概念比起其他许多研究路径中的"社会运动"概念的用法来,确实有着更清晰的选取标准。尽管如此,注目于"政治"的一个子集的确有些潜在含意。当然别的关注架构亦然。它证明治与乱的旧派精英对比甚至影响到保守主义者和政府官员之外,以致约翰·史蒂芬森会把他对18到19世纪初的抗争的研究题名为《英格兰的民众骚乱,1700—1832》。我不谈"骚乱"也不谈"抗争政治",而是谈论"激进主义",这就转换了框架,但也逃不了框架设定的潜在含义。同样的,谈论"社会运动"也不是完全中立或尽善的替代选择;参见第一章的讨论。

运动。比如在废奴主义运动中,寻求国会的立法变更是有些人的主要目标,而另一些人则专注于揭露奴隶制的罪恶,追求个人对改变个体行为的承诺。很多人采取直接行动不但要影响国会,还要让奴隶制难乎为继,而且——这很关键——是因为他们认为这么做本质上就是正当之事。韦伯所说的"价值合理性"极少全然缺席社会运动,尤其是缺席高风险行动的参与。①

主动性运动也未必指向国家政治,它们的意识形态未必是理性主义的,目标未必是工具性的。比如,宗教运动可能固执于传统文化的反应性辩护。但是正如美国第二次大觉醒所表明的,它们也可能非常主动,为尘世的社会筹划一种新愿景和超越尘俗的精神教义。理性主义和进步主义目的论被吸纳到对社会运动的主流学术见解中,诱使学者们把宗教运动当做是有点儿特立独行的。劳工运动是典范,追逐各种政治议程的运动值得注意,但多数社会运动研究把宗教置于不同类别。这强化了一种普遍的学术世俗主义,掩盖了宗教在社会运动场域发展上的中心性——尤其是在美国,但不限于美国。汤普森说明了卫理公会如何塑造和铺垫早期英格兰激进主义,这是部分矫正。② 但依然常见的是,人们经常罔顾证据地割裂世俗的和宗教的社会运动。

欧洲(包括英国)的劳工运动扮演了某种典范角色,人们拿它们作对照,分析那些偏常的个案。桑巴特和一众人等问道,"为什么美国没有社会主义?"仿佛欧洲模式堪为典则。③ 在欧洲大部地区,工会和社会主义政党的联盟的确发挥了极大作用,激荡起 20 世纪初的各种冲突,决定了二战后创立的福利国家的发展方向。但是如同民族主义和战争——且不提无政府主义和法西斯主义——的掀天揭地所示,劳工运动和社会主义算不上欧洲历史的唯一驱动力量,甚至不是资本主义生产关系和贸易的扩张与加强的唯一挑战力量。基督教在 19 世纪社会运动中卷入之深,远超 20 世纪的"旧社会运动"概念所拟想(尽管宗

---

① Max Weber, *Economy and Society*.

② E. P. Thompson, *Making of the English Working Class*; and Craig Calhoun, *The Question of Class Struggle: Social Foundations of Popular Radical in Industrial England*. 我这一部书的缺点就是没能更多注意宗教。

③ Werner Sombart, *Why Is There No Socialism in the United States?*

教自由思想也是一场运动,而且不像它在20世纪后期那样是一种多少无争议的背景状况)。①

当越来越多的人相信"工人"是他们各色认同中最切己相关的时候,很多环境下劳工组织这一制度化部门的发展给予了一种强化,那个部门提供服务性事业和社会环境,鼓励把劳工说成是基本的、潜在社会性的利益的思维习惯。问题依旧是这怎么联系上政治和集体行动。许多国家里,有几个局部重合的运动争相组织工人的斗争。② 这其中包括艰难地彼此整合的各种工会,即便人们谈论的通常是单数形式的工会运动。美国劳工联合会(AFL)和产业工会联合会(CIO)在它们合并之前倾轧不休,而各自内部不同小集团间还存在着紧张和竞争性动员。劳工骑士团严格说来不算工会,却明显是有关的组织空间和承诺的争夺者。在法国(和其他许多欧陆国家),不同的工会形成一些联盟。法国劳工总联盟(又称法国总工会,CGT)试图把社会主义者、无政府主义者,最终还有其他人聚为一体。但是在它浮现为谈判中的一股"常规"势力的另一边,端坐着工团主义者,他们竭力推展一种不同的、少些改良主义、一定程度上少些工具主义的劳工愿景。如果法国劳工总联盟和法国劳工民主联盟(CFDT)如今联系上不同的政治党派,这不只是既有利益的反映,也是组织政治和认同政治的产物。在英国,总是有煤矿工人和其他人等抵制全国总工会(TUC)的纪律,有时还抵制让它加入工党的协定。当然也有形形色色的共产主义劳工活动家,以及认为合作社运动是劳工的最佳解决方案的一些人。

劳工运动的领导人寻求更大规模的联合,不但设法组织直接的产业行动和集体谈判,也设法引导国家更多地支持工人、限制资本权力。他们赢得了可观的虽然可变的成功。这也伴随着猛烈的、常常暴力的反对。资本家并不比马克思主义者更明了,资本主义体系到底有多大能力提供它的收益的更广分配。雇主们多少公开地、偶尔暴烈地对抗

---

① 比如参见 Inger Furseth, *People, Faith and Transition: A Study of Social and Religious Movements in Norway, 1780s—1905*。

② 一边是普通的惯用法,借此劳工运动(或妇女运动、环境运动)被描绘成某问题上也许历数百年之久的(通常表面上是进步的)集体行动的总括,一边又视运动为特定的、有时限的动员,两者间存在紧张。这是一种合法的纵然消乱的双重意义。不那么合法的是近来的一种趋势,它把社会运动化约为社会运动组织。

劳工组织,直到二战为止。很多环境下,强势政治家(从俾斯麦到罗斯福)和造反威胁才能让雇主们顺应福利国家改革。但是战后,组织化劳工成了"组织化资本主义"总体结构的一部分,被紧密编织进福利国家的运作中。工会和相关组织日益加入常规政治和多少例行的——尽管有时仍然火星四溅的——与雇主的谈判。劳工基础深厚的政党成功地抗衡政府和引领政府。然而后果之一是增强的官僚化、减弱的激进主义和过度关注经济目标的议程(而且实际上这些目标的规定,多半涉及让劳工在雇佣关系或国家提供的服务中得到优待,而不是根本改变生产结构)。虽然"劳工运动"仍被普遍谈说,但人们越来越不大可以说,劳工构成了一场"运动"而不是代表成员利益(主要是经济利益)的稳定组织结构。

虽然有些工会更"左倾"另一些更保守,有些更一般性地关心社会变革,另一些只关心它们的成员,但几乎所有工会都制度化得令"运动"一词日益成为偏见性的遗留物。这在19世纪关于"简单的工会意识"的马克思主义争论中是个问题,二战后成了更尖锐的问题。新的大众组织化运动衰落了。差不多处处都有许多别的运动发展起来,谋求动员或代表劳工圈外的人,甚或劳工圈内依然觉得单靠劳工语言尚未充分把握他们的利益和认同的那些人:妇女、地方主义者、族群和种族的少数群体、环保主义者,等等。

研究民众斗争的主导取向把那些斗争放在从一端的极度保守到另一端的激进的刻度上评估它们,暗指对合理利益的更清晰衡量带来更严厉的激进主义。这很典型地适用于马克思主义,因为在那里激进主义是按照对革命斗争的奉守来判断的;但有所不同地评价特定政治经济议案的其他理论视角很大程度上也分享了这一点。自由主义在它的个人主义和看待资本主义的观点上有别于马克思主义,但与之相似的是,它也有进步意识形态,也把民众集体行动简单评断为不是更进步就是更倒退。反对社会革命思想的功利主义者自认为同等激进,因为他们相信资本主义或现存政治制度内的变革可以最优地满足个人利益——他们也的确常常提出十分激进的变革措施。马克思主义与自由主义都融合了启蒙运动的自由和理性观念。多数用法夸大了这两个观念的统一性,不但强调自由对理性的重要性,也暗示人类自由随理性的增进而增进。相应地,这样的理论贬低对既定社会制度和文化传统的投入。它们也低估想象力的重要性,那既是自由的一个向度,又是需要构想更好社会愿景的社会运动的一个条件。

这样的愿景常常取自文化传统,也总是被文化传统所渗透。马克思主义和自由主义的一个幻觉是,它们能逃避想象力的作用,进入纯粹理性之境。事实上正如本书竭力澄清的那样,马克思主义和早期社会主义渗透着手工工人想象一个更好社会的那种方式——很大程度上是以往昔的理想化图景为原型。后来,社会主义大概更多体现了产业工人追求工业生产中的更大公平的观念。自由主义对自主个人的强调,它的那种理解自主个人的方式——对有些人而言是授权,对工人和需要集体行动的其他人是剧烈地削夺权利——本身深植于文化传统中,不纯是中立现实的反映。① 再者,成本—收益的"正确的"理性分析产生激进行动,这也远非显而易见的。它很可能产生渐进行动,实际上提升集体福祉。但是激进行动经常有些比较矛盾的根源。人们甘愿铤而走险,是因为社会变迁的明显方向与他们所重视的某些东西那么背道而驰,以至于渐进变革缺乏吸引力,或者看起来不得要领。他们挑战主流趋向,这种激进主义并不确保进步。相反,扎根于传统团结纽带的集体行动难于把控方向,向左转、向右转可能一样容易。这里的要点在于,激进行动比起温和行动来,是由非常不同的源头造成的,而不是简单地由同类的多个源头造成。那些源头里可能有"保守的"对文化的依恋之情,和似乎受到威胁的社会关系。②

在这方面,19 世纪初的某些激进主义更类似于后来的工团主义,而不像"传统的"工会主义或社会主义。它也类似于拉美和北美的民粹主义,以及各种民族主义的、反殖民的运动。这些主义或运动在左右取向上摇摆不定,跟其他运动的关系反复无常,容易被煽动家摆布。不过它们也有力、持久地动员了人民。它们的力量不在于它们创述的理论分

---

① 参见 Charles Taylor, *Sources of the Self*。
② 最近社会运动理论的一项重要洞见在于,造就激进主义(和抑制温和态度)的另一因素是严酷却不系统、不彻底的镇压。蒂利在一系列经验研究中发挥了主导作用,把维持治安和政府回应这种问题更明朗地引入社会运动研究议程之中。参见他在《集体暴力的政治》里的最新思考。不过请注意,如蒂利的书名所示,他的主旨是解释暴力而非本书意义上的激进主义。

析,而在于它们代言或吸引某些人群的能力,那些人企图让这个世界适应它好像决心加以铲除的生活方式。

在当代有关"全球化"的争论和争斗中,这些问题又余烬复燃。新自由主义的资本主义的胜利是可逆料的结局,是工会、民族国家和普通民众舍顺应外无他途的必然力量吗?抑或它不过是组织经济生活的众多可能方式之一,说不定别的方式还更可取些?市场组织——显然在某些类型的活动上很有效——必须取代其他各类组织,这不可避免吗,称心合意吗?① 提出这种问题的分析家——和行动家——被一种理论遗产束缚住了,它认为凡是捍卫传统、民族或地方共同体的,都是"落后"的,与此相对,经济发展的前行则是"进步"。事实上,19 世纪上半叶,工人们奋起反击资本主义日渐扩张的范围和权力,当时支持资本主义的是曼彻斯特式的自由主义而非"新自由主义"意识形态。那个时期国民经济的打造是跟今天跨国经济的打造相同的长期扩张的一部分(在殖民主义之内和之外,早有大量跨国扩张运行起来)。工人们与其说是在为抽象设想的、理论规定的理性主义备选方案奋战,不如说是为捍卫他们的生活方式、传统权利和地方共同体而战。但这不会阻止他们推动新思想,也不会使他们的斗争成为对进步的纯粹守成式的抵抗。他们同时前瞻和后顾,因此更加强大。

激进主义过去和现在都不只是自由主义的极端或者明显"主动性"运动的领域。扎在共同体或传统中的根让 19 世纪初的许多工人质疑表面的进步正通往的方向。反之,如汤普森所论,当为了收益而投资的工人们付出可观斗争的代价后已经有所斩获时,这可能令他们犹豫,是不是该豁出一切去闹革命。② 世上的工人,除了锁链无物可失的人少之又少。③ 然而即便工人们过往的斗争没有什么可矜夸的收获,他们也有办法栖居在这个世界上,对付它,守护它。他们有荣誉的理想,不光是在卓越手艺传统方面,也在男人应当养家这个朴素观念方面。此外,他

---

① "经典学者"当中,波兰尼比马克思更有助于我们理解这个特定主题。参见 Polanyi, *The Great Transformation*。亦见 Nancy Fraser, "Marketizaton, Social Protection, Emancipation: Toward a Neo-Polanyian Conception of Capitalist Crisis"。
② E. P. Thompson, "The Peculiarities of the English"。
③ 与马克思和恩格斯在《共产党宣言》中的响亮箴言相对立。

们的多种传统和共同体向他们例示了社会组织和经济生活可能怎样千差万别,无形中瓦解了要把早期工业采取的特定形式当作自然而然的、以为是事物必然之道的那些企图。

这不只是参与者动机和思想意识的社会心理学问题。它是如此之众的人们所欲求的与资本主义和日益自由的政治所能提供的东西之间根本的结构性不相容的问题。许多工人希求他们的手工技艺被尊为像土地和机器一样不可侵犯的财产形式。许多人希求他们的共同体得以延续,他们的传统生活方式——和生活水准——得以维持,他们不应变得仰赖范围日张的玄乎市场力量,任它宰割。换言之,信守通常会使人保守的那些传统文化价值和社会关系,当它们受到挑战、他们起而捍卫时也使人激进。

这不是说 19 世纪初的社会运动绝不是主动的。恰恰相反,很多都是。宗教运动主动追求创立人间天堂,或者至少创立神启的正义与和谐的统治。从傅立叶的法伦斯泰尔成员到欧文的合作社社员,各式各样基本上是世俗的乌托邦主义者也试图规划完美的社会关系,并在小共同体中把它们示范出来。许多运动——比如支持禁酒反对酗酒的运动——难以归入主动性—反应性连续统。激发它们的既有为世界——或至少是民族,特别是这些案例中的美国民族——除恶的心愿,也有从既存社会出发建设别样新社会的心愿。

意识形态光谱

意识形态光谱(ideological spectrum)的思想是 18 世纪末 19 世纪初的政治冲突铸就的。它不但反映了 1789 年大革命期间法国国民会议的座次,也反映了随后几十年间一般政治中心的巩固。同样影响到它的还有一种观念,它认为当前社会趋势是长期进步模式的一部分;以及一种信念,它相信持续的进步有赖于通过将会维护国家和资本主义经济体系的"秩序力量"管理变迁过程。在这个框架内,自称的自由主义者和保守主义者可能主倡有适度差别的议程。但是保守主义者疏远总想让进步的时光倒流的那些人,就此而言他们也是自由主义的。而自由主义者疏远总在深刻挑战现有秩序以便探求更好社会状况的那些人,就此而言他们也是保守主义的。这立定了合法政治的界线,及主导公共领域的界线。

近代政党体制——尤其是被两大党主宰的那些——倾向于再生产带有这一模式的东西,因为选举奖励这样的人,他们占领了中心,还把对手描画成在某个方向上太过偏激。类似地,多数近代社会里的批判性争论的公共领域的设立,牵涉合法讨论的隐含边界。这些边界之内是被认为合法地有权发言的人——也许只有白人男性有产者,也许是全部公民。边界之外是被认定简直"不登大雅之堂"的群体、思想和言谈风格。圈外人可能是无产工人、奴隶、妇女或移民,但也可能是鼓吹挑战国体或私产制度思想的所有人。或许他们可能是以精英们认为不合法的方式论辩的那些人——比方说,如果主导公共领域是世俗的,诉诸神启就不合法;如果是宗教的,否认上帝就不合法。

挑战性思想和非法声音与极端策略相结合,是英格兰内战和法国大革命的一部分。这两起案例中的弑君令更忠实于政治合法性的既定规范的那些人惊恐不安。当然对许多人来说这事关共和主义信念,不是牺牲原则迁就策略,或者纯粹为了创造示众的景象。但是这里牵涉的问题,不像法国国民会议的座次那样可以轻松地从左到右排队。

国民会议的创设本身效仿了更小型的显贵会议和稍后的三级会议的召开。接下来它又被制宪会议和国民公会所效仿。这部分体现了共和主义的优势地位,处死国王强化了这一点。精英的咨询机构让位于自视为公共精神的表达的立法机构。[①] 但是透过这一切,在大街上的、为各种杂志写稿的、参加各种俱乐部的人民与选举议员的人民之间,有了一种辩证对立。当议员们为宏阔的动议表决时,他们自身形成了种种多半是暂时性的联盟。其中有些动议属于建成更理性政府的共和主义议程的一部分:改革历法(这当然也是一种革命庆典),建立公制计量法,和设立作为政治行政机关基本单元的部门。另一些动议是策略性的考量,比如是否开战。要不然就是混杂着理论原理的策略,比如该不该审判国王。还有一些是保证革命"航线正确"的努力,充斥着某些议

[①] 正如卢梭将公意区别于争执和众意那样,革命精英中间的多数惯用法将公众呼声、公共精神和公共舆论区别于人民(单一或多重)声音的纯粹表征/代表。惯用法永远不会被充分甄明,但议员们总体上区分开了加总意见和发现代表公众的正确意见。诚如孔多塞这位加总偏好的先驱分析者所表明的,"多数人对少数人的权力,当它明显有悖理智时,不能强使人服从"(转引自 Mona Ozouf, "Public Spirit", p.773;另请更广泛地参阅奥祖夫的论文)。

员对另一些议员的不公正指控。

法国大革命日趋暴力的时候,大概也日趋激进。但是它的激进主义不只是随着对孟德斯鸠和卢梭不吝赞美,对国王不吝批评,更极端地表现了它由此起步的明显共和主义和理性主义的观点。它不是至纯或至深地表现"自由平等博爱"的问题。其实,试图主宰革命的大会的形式演替,不仅展示了共和主义的进步,也显示了至少一条重要原则的放弃,多数共和主义者,更不消说孟德斯鸠的多数信徒大概都会赞成这一原则:权力分立。尤其是随着国民公会的建立、罗伯斯庇尔和公安委员会的崛起,立法权越来越融入行政权之中。这在国家的经济管理中尤为重要,但绝不仅限于此。

在这个过程中,很多人由于质疑权力巩固(有人等同于革命本身的巩固)的必要性而横遭痛斥(甚或处决)。谴责"精心策划的稳健主义阴谋"的议员,巴雷尔并非独一个。① 照罗伯斯庇尔从1792年开始宣称的,任何时候那些犹犹豫豫的人暴露了他们对革命的三心二意和潜在反动的信仰。② 革命本身作为恐惧和热情的对象,贯穿着一种想法,即政治立场可以排成一条线,从"加油,继续前进"延伸到"站住,立即回归君主制"。这种看法导致恐怖行动和对断头台的过度依赖。

事实上,在革命开始自我撕裂之际所发动的中心战斗中,山岳派(他们坐在议会的"高台"上)消灭了吉伦特派(最先是指来自法国西南特定地区的议员,坐在右边,但最后是指跟他们串通的人,即便不过是被指控如此)。也许并非无关紧要的是,荣誉法国人汤姆·潘恩跟吉伦特派有松散的联系,一旁还有孔多塞之类本土法国知识分子。很久以来史学家们拼命把各种差异解释成阶级背景或既定意识形态的问题。但是山岳派和吉伦特派都是共和派。两派的领导人都是雅各宾俱乐部成员。两派并没有财富上的显著差异(虽然二者都比大多数法国人富裕些,两派的领导人在革命期间也都置产了)。吉伦特派被指控信奉联

---

① 转引自 Mona Ozouf, "Girondins", p.354。对于用阶级阵线、意识形态和其他先在要素解释法国大革命进程的那些举措的怀疑,是弗朗索瓦·傅勒的修正主义史学的一个核心主题;参见 Furet, *The French Revolution, 1770-1814*。

② 起初,当后来所称的吉伦特派有些人叫嚷着要打仗的时候,罗伯斯庇尔公然反对。这里不是追溯派系结盟和再结盟(更别说个人争执)的地方。正是后来构建的种种叙事,而非革命本身的复杂事实,极大影响了意识形态光谱的观念。

邦主义（想要牺牲统一法国的利益，给予区域太大独立性），信奉新教教义（这一指控在19世纪有关法国的真正、完整认同的斗争环境下偶尔浮出水面）。米什莱是位非常公允的史家，他认识到这类区别是含混的，但他也是十分相信革命神话的人，认为到头来真正的问题是他们缺乏"革命的圣焰"。①

法国大革命导致左右连续统思想成为一种政治隐喻。幻觉尾随而至：一切政治争论都可以完满地、精确地放置在这样的连续统之中。

这一意识形态光谱概念里埋藏着四项可疑的假定：(1) 左翼右翼差别很明显，以致政治连续统上任意两种立场相距越远，彼此对立越明显；(2) 一个典型的现代社会（尤其是民主国家）的人口，有点像钟形曲线那样分布在这条意识形态光谱上；(3) 依照左右界定的意识形态光谱反映与政治争端相关的主要问题；(4) 争端主要是立场上的，而不是进入机会（access）方面的，或是构建"合法"政治立场或竞争意识形态的光谱的过程本身。这些假定在某些时代可能更近于真相，特别是政治被较为稳定地制度化、分隔政治过程与宗教或经济等其他过程的界线得到广泛认可的时候。但是它们的不当在一波接一波的社会运动活动中映照出来，那些活动挑战——有时重新规定——了合法政治的意识形态光谱及介入政治争论和参与政治的条款。②

"体面"政治那中间派居多的构成的挑战者必定不只是"极端分子"，而且是以某种方式位于意识形态光谱的极"左"或极右处：这种含意特别误导人。宗教论争的例子清楚表明，其意见或发言权被拒斥的那些人，未必就在被认定合法的那些人以右或以左。有时候宗教声音可能比较清楚地显得靠右，比如法国19世纪末的天主教君主主义者。有时候它们又可能靠左，比如美国20世纪初的社会福音运动支持者。但是左右之分至少同样频繁地扭曲事实。难道卫理公会呼吁结束奴隶

---

① 转引自 Mona Ozouf, "Girondins", p. 355. 也许吉伦特派真正有别于公安委员会的最切中肯綮的一点在于，他们越来越意识到不但发动革命是必要的，结束革命也有必要。

② 需要说明一点，我不是在暗示左右连续统曾经充分把握了政治力量组合，而今过时了——下此断言的人为数甚鲜，比如拉什在《真实与唯一的天堂》的第一章里。我的主张是，把全部变异向度胡乱捆成一束的单一意识形态光谱始终是失真的，尽管比起表现极端政治立场间的关系来，它更擅长表现广阔的中间政治立场之间的关系，而且它在政治围绕着中间路线的自由主义被稳定地制度化的那些时期更能说明问题。

第二章　社会运动与进步观念

制时是左倾的、反对舞蹈或戏剧时是右倾的吗?

如果"激进"的一层意思仅是这种意义上的"极端",那么认清一点就很重要:其他激进分子不符合这所谓的政治光谱,甚至也不符合它的两个极端。这样的激进分子经常对那个连续统本身的界定构成质疑,他们将新议题放入议程,或者以混淆通常的左右之分的方式综合意识形态立场。他们往往是自感被传统政治的组织所排斥的人。民粹主义运动、宗教运动、民族主义运动和诸多其他运动都是这样。18世纪末是这样,19世纪初尤其是这样。

这一形成期的历史常常被附加到后来的政治阵线上,特别是因为后来的政治党人宣称他们的根源在早期斗争中。对法国大革命的反动的确促成了现代保守主义,但也请注意,很大程度上日后的保守主义者往往变得亲资本主义,虽然18世纪末19世纪初有许多人想方设法抵抗资本主义对近代传统社会的侵蚀。自由主义也是这个时期形成的,特别是随着人们把个人的政治自由(包括新闻自由)与自由贸易或私人财产不可侵犯这类经济观念联系起来。出身于土地贵族的辉格党政治家和更像中产阶级的苏格兰政治经济学家都是现代自由主义者的先驱。但是,政治自由是否扩展到全体公民,工人是否有权抵制新技术的替代作用或者组织工会,在这些问题上他们众说纷纭。

把19世纪初的工人运动装进某个单一的发展模式更是问题重重。民粹主义往往在意识形态上变幻不定,是愤怒、团结,有时也是渴望的表达,而不是表现了清晰的政策计划。工会和劳工政治的发展建立在19世纪初期动员的一个向度上。马克思提出了一种理论,说明为什么工会主义应被并入更广泛的阶级斗争。但是屡见不鲜地,工会本身混合了对既得利益的保守捍卫和对劳工关系乃至政治的更基本变革的潜在挑战性吁求。这不仅是更靠近意识形态光谱极左处的激进立场。激进主义是由形势造成的,经常是对先前的稳定状况下的弊端、腐败和失调的反应。重大激进运动导致陡然的忠诚转移,因为早先没有动员起来,甚至有时显得保守的民众要求重大变革。

马克思对1848年法国革命的解释试图把工人运动明确认作它的

左翼,认作革命性进步的潜在动因。① 马克思的著述而外,法国政治中有一个长期的进程,把反革命的反动派与较温和的保守分子联合起来,这使得自由共和主义有时像是激进的,仅仅因为它被这股势力所反对,而工人们被定位为代表了一种更激进的立场,它可以涵盖共和主义但又使之连接上更深层的社会改造。② 19 世纪末崛起中的法国劳工运动大概多是在这层意义上不过有几分倾向于更"进取的"自由共和主义左翼。实际上正是这点让左翼有可能被纳入 20 世纪的自由主义国家,成为有一定权力的政治势力,却(大多数时候)不是革命性的替代者。但这绝非故事的全部。工团主义激进主义在 19 世纪末抗拒这一定位。1848 年那时,工人并非一概归顺工业化,营求分得资本主义收益的更大份额。甚至反讽的是,许多共产党人本身出自遭到工业化威胁的那些共同体,这是他们追求激进备选方案的一个原因。

在 19 世纪初期的英格兰,工人运动包含了在早期工厂里干活的一些人,还包含了从事老手艺或投身于外包工村落的较新传统和热望的另一些人。他们可能全都怨诽专制政府的滥权、新闻自由限制、让投机者从食物短缺中获利的奸计或者像 1819 年彼得卢大屠杀那样对"人民"动武。试图透过关切这些弊病来确保工人的忠诚,是对社会负责的保守主义的一项中心计划。迪斯雷利有名而正确地争辩说,如果给予工人更多可捍卫的东西(包括选举权本身),许多工人是会投票给保守主义者的。纵然多年来很多资本家冷酷无情,不肯让步,从长期看资本主义有可能逐渐改善工厂工人状况。这对大多数手工工人却不然。工匠和手艺人更常关注政治上激进的思想,尤其因为他们更常是阅读大众的一部分。他们相应地在政治抗议上更突出,尤其因为他们发现在现成共同体的基础上开展行动更便利些。但是首先,工匠们发起行动,捍卫手工技艺是他们的合法财产,捍卫手工共同体是他们的生活方式,捍卫英格兰传统是他们个人荣誉之事。在某种意义上他们既是保守的又是激进的,而且有充分理由这样,因为工业资本主义未能像对工厂工

---

① 这始于那些革命岁月里所写的《共产党宣言》本身,在后来的著作中延续下来,特别是《路易·波拿巴的雾月十八日》。

② 傅勒认为,实现最初的法国革命的"诺言"或完成其未竟事业的长期的连串尝试,塑造或扭曲了影响后来大部分法国史的各种力量。参见 Furet, *Revolutionary France, 1770-1880*。

人那样(特别当那些工人组织工会时),给他们提供递增的收益。工业资本主义给他们的,只是逐步地铲除。他们想要一个激进的替代品。

　　18世纪和19世纪初英国政治的党派或宗派,如辉格党和托利党之类,说不上是这种意识形态光谱的两极,就像它们也不是现代政党一样。它们是个人关系网络而不是正式组织。它们的确代表共同的意识形态立场,吸引有点差别的选民群体。但是如果认为托利党不过是"右派"而辉格党是"左派",那可能极具误导性。诚然,辉格党采纳了我们如今不时视之为更自由主义的立场,托利党则往往是保守主义的。托利党人普遍对法国大革命惊骇莫名、对柏克的"猪一般的群众"之说深有同感(假如他们读过的话)之际,辉格党已有人为之辩护了。但是这两个集团都不是民主的,面对改革议会选举、扩大政治参与的激进举措时,它们都分裂了(以否定为主)。激进派从边沁式功利主义的鼓吹者和英格兰古代宪法的捍卫者两方博取支持。当新闻记者质疑英格兰国教时,他们找到了一些辉格党人盟友和少许托利党人盟友。但是当抗议者引起对童工或手工共同体的经济危机的关注时,托利党人更表同情。

　　正是这些斗争,在改造政治和社会运动的同时,形塑了社会和政治理论的发展。变迁背后有些物质压力,但结果本来可能是不一样的。行动主义思想家为新闻自由和公正司法而战。部分因为他们,英格兰重新界定了君主制,把一个强大的议会和内阁统治,最终至少是部分民主制囊括在内。法国反复试验共和制政府,又屡屡坠入君主制,但也造成愈益强大的内阁政府和最终非革命形式的大众参与。理论家们想弄明白工业化对普通百姓、对国家富强和对民主前途分别意味着什么。他们想辩知民众抗议——或一致欢呼或直接行动——是否及如何塑造历史进程。他们在实际社会斗争中做这件事,他们的回应之道决定了后来社会思想的发展轨辙。这些不同思想家的经历和理论不尽相合,甚至不全然是内在连贯的,但是它们都很丰富多彩,影响深远。然而影响力不只是个人的影响力,还是交织着政治斗争的文化分析场域的影响力。

　　组织进这一场域里的这些斗争,赋予意识形态光谱的隐喻以力量,仿佛一切政治差异刚巧都能放进去。左与右的比喻可能出自革命的法国国民会议,但保守主义者、自由主义者和激进主义者这一分类法是19世纪的产物。它在英法以不同方式动用起来。英国发展出一个多少有些凝聚力的政治中心,它吸收了保守主义者和自由主义者,最终把自身沿左右界线分裂的工党也网罗在内。法国在共和国与君主制(被组织为帝国)的不同阶段间摇摆得更为剧烈,力争树立通向合法政治的稳定途径。但是将天主教徒、君主主义者、军国主义者、政治保守主义者以及资本家精英层的某些部分联络起来的那些不确定的联盟渐渐被视为右派。共和主义者则是一种意识形态共性,将左翼的自由主义资本家、工会主义者、国家主义的现代化论者、宗教少数派和知识分子联系起来。

18 世纪末和 19 世纪的历史被人写来反映左—右政治光谱的日渐为人认可和明显占得优势。这个分类图式的确体现了某些强大的理论构想,但它也遮蔽了早先时代及此后的社会运动中攸关利害的某些东西。

这仅仅部分是历史由胜利者书写的问题。任何马克思主义运动在 19 世纪都不曾大行其道,可是马克思主义成了关于社会变革及民众运动在其中的角色的一种极富影响力的理论。马克思主义成功申领到政治光谱的极左位置(尽管马克思主义者当中有些人比另一些人更左倾)。劳工问题上的争论经常着眼于劳工愿意或应该更倾向于革命社会主义,还是倾向于温和些的自由主义。对许多启蒙运动知识分子和很大部分一般公众来说,组织宗教(特别是天主教)被心照不宣地假定为适合归入右翼某处。对称的争论问它什么时候可能趋于极右,什么时候可能变得较为自由主义。但是当然地,左翼激进主义有时是宗教性的,而工会常常相当保守。

更一般地,后来的思想家将早先的运动归入各种阵营,那些归类方式至少像反映了每一运动自身的实际取向一样,反映了他们本人对意识形态差异和进步过程的理论阐释。于是主流见解蕴含了保守主义、自由主义和激进主义诸立场之间的一种区分,在 19 世纪大多数时候,那种区分还不分明,部分因为它仍在发展中。但这不只是边界模糊的问题。自由主义和激进主义的立场确实有重合,尤其是在政府采取高压统治之时,选举权扩展到广众的人口中之前。众所周知,保守主义可以依凭突出国家行动的另一系自由主义,被重塑为对私有财产"自由"的一种自由主义辩护。有些自由主义者愿意强调"消极"自由,而另一些强调"积极"自由。① 但是前述归类严重扭曲了 19 世纪初那一股股民众激进主义,它们结合了行将分而视之的左与右的元素。

进步

意识形态光谱的标准观念贯穿着更普遍的进步思想。存在一条独一的、支配性的变革方向,这个想法招致与该方向相关——支持它,抗拒它,缓和它,利导它——的政治计划和身份的组织化。进步本身当然并不简单,它是一个论争框架。它可以被看成是资本主义增长问题、政治自由问题、公平的社会包容问题,或是科学和理智问题。在有些人的思想里,这其中某一视角可以支配其余视角。暗含在进步与光谱的密切结合之中的是这样的看法:要奋力一搏的是单一的一揽子事情,不是较为独立的多种向度。

换言之,合法政治场域的构建鼓励参与者按照政治价值的惯常见解采取立场、组织异议,也竞逐建立了该场域等级制的内在权力。但是这样的合法政治场域从来不是政治的全部;它们总是由排斥亦即边界所构成,边界外是不被当作恰当、合法的政治的那种东西。

社会和政治变迁的广泛进步观最终开始一般性地支配现代意识,特别支配着对早期现代性的学术解释。② 这首先意味着有一条进步之路,斗胆偏离此道的要求都是谬误。谬误出于两类:错误的理性分析和传统主义的障眼物。自由主义者和马克思主义者互相指责对方理性分

---

① Isaiah Berlin, *Four Essays on Liberty*.
② 人们从各种方向来主张和质疑这一点。尼斯比特的批评贯穿着对非目的论地解读历史的强调;参见 Robert Nisbet, *History of the Idea of Progress* 及其较早作品, *Social Change and History*。尼斯比特概括了在保守主义思想里源远流长的一种批判,而拉什则特别关注 19 世纪,着眼于各色不太保守的思想家和民粹主义的社会运动挑战直线进步观念的种种方式——哪怕是在进步时代的美国;参见 Christopher Lasch, *The True and Only Heaven*。进一步的迹象显示,虽然进步观念批判可能对保守主义极为重要,但它不全受制于此,我们不妨想想它是如何回荡在对"主导叙事"失效的众多后现代主义叙述中的;比如,J-F. Lyotard, *The Postmodern Condition*; and Zygmunt Bauman, *Modernity and Holocaust*。

析有误。在马克思主义者眼里,自由主义者盲目迷恋个人;在自由主义者眼里,马克思主义者把集体实体化了。自由主义者展望一种理想上是连续而有序地向着未来的长驱直入,形塑那一未来的是自由、财产和民主(或至少共和)式政治参与的个人权利。马克思主义雄踞一时,是自由主义识见的首要替代品,不同之处不仅在于它对超越个人的利益的社会主义主张,还在于它的这一断言:资本主义的矛盾意味着它不能久存,虽繁荣之际亦生害不浅。但是自由主义者和马克思主义者共享历史进步的观念,也共享按照根本利益(尽管利益多种多样)分析历史进步的课题。这让他们和大多数保守主义者区别开来。

自由主义理论引人注目地扎根于私有财产和政治独立间的推定联系。这一联系被嵌入古典的、18 世纪的公共领域概念中,暗示根源于私人存在的独立性使人得以对公共事务进行超然的辩论。这样的"布尔乔亚"思维尤其遭到马克思的嘲讽,因为它让剥夺工人选举权合法化了,也因为它认识不到,很大程度上所谓"自由的"布尔乔亚思维其实是由资本主义的范畴和限制所形塑的。取而代之的是,马克思倡导一种革命的阶级斗争,它将超越个人意见的任何政治,开创一个新时代,那时资本的私人占有的终结将会提供一种真正更加自由的公共生活。实际上,马克思辩称,只要私有财产强化了私人生活与公共生活的深刻分离,那就不会存在什么集体自由或有效民主。此后马克思主义者往往倾向于对"资产阶级"民主不屑一顾。①

"社会"(social,被认为受物质决定)和真正的"政治"(political,被认为服从理性选择)的区分,渗透在后来的大量理论和经验分析中。它帮着形成了一种传统,在那里单数的社会运动首先表现为对单数的社会问题的单数反应。劳工斗争、对经济苦难的反应和社会主义几乎合并成一种观念——这才有了社会运动的唯一性。但是这掩盖了 19 世纪初民众动员——如今我们习惯称之为"社会运动行动"(social move-

---

① 这是哈贝马斯在 20 世纪 60 年代初质疑的马克思主义立场,他表明资产阶级民主范畴,尤其是 18 世纪中产阶级的公共领域思想,其实尚有未尽的激进和进步潜能——那个公共领域是议论整个社会的事务并影响国家的一块私人身份(private person)领地。尤请参见 Habermas, *Structural Transformation of the Public Sphere: An Inquiry into a Category of Bourgeois Society*, 也请参看本书第四章的讨论。

ment activity)的东西——的实际多样性和变化幅度,也掩盖了民主斗争所依靠的社会—文化基础的多样性。在法国,物质性地形成的劳工斗争——典范的社会运动——的历史交织着争取共和政府、最终争取民主政府的更广泛斗争的历史。①

奋力争取主流公共领域的容纳,这对许多激进知识分子,更普遍地对许多工人都很重要,那些工人坚称他们应被承认为公民,他们的需求和匮乏具有国家层面的影响。这与工人们从事的其他斗争并非不兼容,但的确不等同。他们也设法捍卫经济地位(比如基于手工技艺的地位),使之免遭被安排得利于他人(比如资本家,也许还有消费者)的"进步"的毒手,并捍卫从前的斗争所赢得的权利和资源。他们试图在面对变迁时弘扬传统价值。他们意义重大地尽力谋取或许值得守护的一种社会秩序,在那秩序附近,做个保守主义者大概是合乎情理的。政治保守主义的主导结构体现了一对矛盾:一边捍卫旧制度和既得利益,一边日益接受,有时甚至热衷于资本主义。保守主义者常说变革应该渐进、审慎,但是他们捍卫日益投入资本主义的财产,这让他们投身于事实上令经济、技术和社会飞速变迁的一个系统。在反资本主义的激进主义的某些群体看来,左派和右派靠得很近。

一个持久的问题是,"社会"(the social)是否合法地是"政治的"。也就是说,在何种程度上人们可以相信,领域的分化使得经济事务和公民社会的组织恰好处在政治范围之外?多少自主的活动领域的这种分化是主流的、自由主义的现代社会构造的必要成分。② 但它也引入了一道意识形态屏障,防止政治干预经济事务或如下问题:在多大程度上追求政治自由是合理的,后者许诺了一种被极度不平等所损害的"自由"(freedom)?在多大程度上私产自由擎托起摧残了手艺和共同体的一个资本主义体系,由此遭殃的那些人又能从政治行动中得到什么补偿?要求国家和政治过程处理这样一些社会问题是 19 世纪早期激进主义的一项中心任务,也是这种激进主义不只是自由主义的一个极端

---

① 比如参见斯坦因的经典研究(纵然现在已被人淡忘):Lorenz von Stein, *History of the Social Movement in France, 1789-1850*。

② 术语是韦伯的(参见《经济与社会》),但分化(由此形成半自主的、多少是自动的诸领域)的基本观念自 17 世纪以来一直在发展。

的中心理由之一。1848年法国革命把这种视角分歧凸显出来,马克思影响深远地把它表达出来。

可以说,马克思的理论应当被解读成与政治光谱的这整个概念相对立,而不是界定了该光谱左翼的一个极端位置。马克思不光更趋国家主义,更关心积极能力,较不关心消极自由,也较不在意保护私产。出于他对矛盾的黑格尔式的强调,他表明特定政策和实践的长期间接影响很可能是自相矛盾的。比如,私产的个体所有者的"自由",可能导致财富集中于少数人之手,又由于一无所有的大众的贫困化而导致生产过剩危机。同样意义深远的是(尽管马克思本人没有透辟分析),赋予私人的自由使他们得以联合起资本,创造新的"拟制人"(artificial persons)。这些法人团体根本改变了斯密所设想的资本主义的古典形象(和自我调节的运营)。① 马克思写到19世纪工业资本主义如何改变了斯密等人加以理想化的18世纪经济体系。他认为那些转型延伸到政治领域,致使洛克和康德发展起来的、暗含于大多数"资产阶级"权利观念中的古典自由个人主义政治观近乎无效。

马克思绝非仅仅是个自由主义者而已。不过,他的政治理论常常被理解成跨出自由主义的界线一步之遥,但方向一致,偏于政治光谱的左翼。尤其是它与多数自由主义共具一种趋势,即按照利益的抽象、理性计算来分析政治,无视文化和共同体在具体社会团结中的相互作用。诚然,它不像大多数自由主义那般个人主义,但马克思主义者通常把阶级构想成个人——与生产工具有着相同关系的工人——集合体,而不是起中介作用的共同体的集合。这有力地表现在对马克思理论的一种解释中,该解释设想特殊生产场所的地方性斗争渐次统一成工会意识继而阶级意识。这可能尤其在"进化社会主义"观念中宣示出来,而马克思的原著总有资源支持另类解读。但是姑且不论这一进步阐抉是否表达了马克思的本质真理(假如有这种东西的话),它确实表达了一种通行的解释。这种解释是令人误解的——与其说是误解马克思,不如说是误解工业资本主义初期的现实政治,甚至误解自那以来的大部分

---

① 晚近一点,这些法人团体转变为其他资本集聚体(如养老基金、共同基金、杠杆收购者等)买进卖出的商品,这把资本主义带向更远离其18世纪观念的地方,彻底重构了所有权思想。

第二章 社会运动与进步观念

政治。

不管马克思本人的著述应当怎样解释,许多马克思主义——更一般地,社会主义——分析与自由主义同享一个重大论题。它们都信奉单线进步思想。马克思通过不连续的决裂、列宁通过"进两步退一步"的运动期待着这个进程,但是辩证法被铭刻在历史进步观念上了。由此可见,马克思主义者像自由主义者一样倾向于将从共同体主义构想到宗教复兴运动和民族主义的一系列别的集体行动贬低到虚假意识和传统主义的类别中去。二者都不理会19世纪社会运动的多样性和活力,也都不懂得很大程度上社会运动的千差万别是现代性的核心而非边缘。

我们可以在20世纪60年代后"新社会运动"的"发现"(详见第九章)中粗窥这个问题。从和平、女性主义到环境保护等若干议题上,行动主义蒸蒸日上。行动主义者并不遵循一种潜在的利益逻辑对待它们,也不指望它们会被组织进一种单一的进步逻辑中。自我限定的多样化甚至是一种益处,令自由主义者和马克思主义者都大惑不解。新社会运动之"新",只是相对于主要由劳工运动和社会主义界定的"旧"社会运动,或是相对于可解释为通向同一普遍进步的局部步伐的其他运动。历史进步的单一路径观念太深入人心了,分析者们甚至不能止步三思,他们用来描述新社会运动的那些特性,是不是真有那么新。当然它们不是的。

留意一下宗教,那种社会运动活动不尽吻合自由主义或马克思主义的主导模型就一目了然了。的确有时宗教活动家支持依据通行的意识形态光谱意象界定的保守主义、自由主义或左翼的政治。但他们往往搅乱了那光谱。民族主义也是这样,它可能是极度民主主义的也可能是极度专制主义的,可能同时促进超阶级的包容、平等公民权的承认、异见的压制和文化顺从的提倡。宗教运动和民族主义运动在社会运动的社会学研究的发展中一直居于边缘位置,部分是因为它们搅乱了它的意识形态假定和它的"国内"中心。宗教和民族主义双双被当成现时代世俗自由主义的推定进步的例外——考虑到它们的显著性,这相当奇怪。而且到最近为止,很少有人关注它们的跨国向度。①

哪怕是在运动理论的核心地带,在思考劳工运动和大多数世俗政治行动主义的时候,从左至右的单一光谱意象也是失真的。显然在"社会运动的发明"中矫矫不群的工人运动,仍然挑战了有关政治光谱和激进主义本质的含蓄假定。它们程度不等地将观念的较为"哲学的"激进主义与挑战的较为"社会的"激进主义结合起来,那些观念被推至其理性结论,那些挑战深撼了既定秩序。

19 世纪上半叶,一系列不同的运动欣欣向荣。它们不总是切合后来的分析家们青睐的那些类别。有的运动中,理性主义的政治分析掺杂着对传统共同体价值的诉求,另一些运动中,劳工斗争和社会主义与民主制的追求协力并进。这些运动不能被化约为任何单一的历史逻辑。它们反映了不同的社会意象、不同的社会基础和不同的政治(或者有时是非政治)策略。它们将不同的构想带入公共领域。很多情形下它们诉诸传统价值,但所用的方式常常根本不容于主流社会趋势。另一些情形下它们试图推进极新的构想,以新式的、合理设计的共同体组成办法取代传统的社会制度。假如说它们有某个共同点,那不是什么坚定的特有的意识形态或社会基础,而是对划定公共领域界线的一些举措的抵制,划界划得那么狭隘,有些人甚至所有人可能被排除在外。因而讽刺的是,后来的社会理论本身可能有排除它们的倾向,因为那种理论的书写,依照的是资产阶级和无产阶级、进步和传统、自由主义可以自称居中的一个从左至右的连续统那些主导范畴。

19 世纪初期的激进主义太过扎根于抵制资本主义转型的工匠和手工共同体,那些转型正在开始生成无产阶级。较为传统的那些职业群体多有灭绝之虞,而不只是收入低下,这就把他们本来保守的共同体转变成激进地挑战正在将资本主义强加于世的那种状况的根据地。这是第三章讨论的传统激进主义的含义。问题不单在于意识形态,还在于手艺和共同体提供的社会支持。发动抗议不需要发起新的社会运动组织。政治异议的语言——常常源于《圣经》和 17 世纪的激进新教教

---

① 说来也许有点反讽,但民族主义是非常国际化的现象。这一点千真万确,无论是在 18 世纪末的革命年代和 19 世纪中叶的欧洲危机的背景下,还是在 19 世纪后期和一战岁月里帝国解体的背景中。

义——可以在礼拜堂里、在父母教孩子读书的举动中保持生命力。

约翰·班扬《天路历程》的比喻是从未上过学的人唾手可得的,它也没有被任何正规组织据为己有或传播。但在19世纪初,经几个激进作家和演说家之手之口,这个比喻获得了新生。他们将地方共同体的较不正式的传统及其挫折、恐惧和希望与全国政治联系起来,其程度超过自英格兰内战和长期议会以来的任何时候。不错,18世纪90年代也曾使公共领域的举国介入和争论生气勃勃,以致后来的理论家总爱视之为黄金时代。在伦敦和其他几个城市,平民的声音有助于这种生机盎然。但是因为法国大革命时代与伦敦的热火朝天的多元化争论齐头并进,这种状态随着拿破仑的崛起、对法战争和英国的革命恐惧而改变了。通过兼用逮捕和税收,平民和激进的声音从主导的或"合法的"公共领域中被排挤出去了。有些作家,他们的作品原本可能针对文人群体而非一般普罗大众,这时发现前一选择有限,与此同时另一些人对他们文章的新兴趣汹涌而至,那些人只有在酒馆里听人阅读时才能消费它们。

精英公共领域的封闭(详见第四、五章)质疑了对原本狭隘后来持续拓宽的一个公共论辩领域的说明——它的扩展自始即遵循一种内置的开放逻辑,但带来了结构转型。这种假定的历史在哈贝马斯名噪一时的公共领域论述中非常惹人注目,那是恰当地影响到几乎一切新近讨论的一项重要研究。① 实际上,在英格兰宗教改革和内战期间,公共论辩勃兴,尽管有点局限于1688年光荣革命后的若干年里。② 18世纪公共论辩在显著地跨阶级的基础上盛极一时。它包含了壮大中的资产阶级,但并不画地为牢地走向资产阶级专属的公共领域。准确说来,后者是在19世纪初年靠排斥较不富裕、较为民主的声音而实现的。

工匠知识分子被逐出有产者的公共领域,这逼得他们形成了对激进政治影响重大的联盟。虽然他们很多人依旧把早先的跨阶级公共领域理想化,他们觉察到他们的读者和听众日益出于工匠和工人,这两种人的怨愤把对政治自由的关注与对他们的手艺和共同体的经济威胁结

---

① Habermas, *Structural Transformation of the Public Sphere*.
② 参见 David Zaret, *The Origins of Democratic Culture: Printing, Petitions, and the Public Sphere in Early Modern England*。

合起来了。比起更精英的读者来,这些人不那么集中在首都,更分散在全国各地。他们关心食品价格、基本生活工资和新生产关系对旧手艺的冲击,这促使激进作者更多思考政治批判与经济批判的联结。而且工匠激进分子表达他们的关切,很可能依据的是传统权利、沿袭既久的关系、道德义务以及更合乎理想的英格兰正遭受精英层腐败的破坏这种主张。激进作家们往往是潘恩式的理性主义者,将这两者相结合的举措塑造了19世纪初的激进政治。

潘恩的著作在19世纪初发行了许多新的廉价版。它们不仅宣扬民主,还促进了一种直接的表述风格,这种风格把读者首先当成公民,而不是仅当成风雅之士或高门贵人。① 潘恩的理性主义作品的影响怎么估计都不过分(尽管受其政治批判激励的许多人不肯听信他的反宗教的理性主义主张)。这种影响不但有直接的,也有经其他诸多作者中转的,他们加入了自己的看法,对历史新时期的问题做出回应。最要紧的问题是对自由沟通的新式压制,它们剥蚀了美法革命期间的乐观主义,民主可以在中产阶级中找到如平民大众般刚健的盟友那种希望随之破灭。于是乎,新一代作者,比如伍勒、理查德·卡莱尔、约翰·韦德和威廉·霍恩等,感到自己有必要在工人中间寻求读者和现实意义,那些工人对英格兰当前统治者怀着尖厉的怨愤感,但又心系传统文化和共同体,有时还心系传统手艺。他们的分析是通向潘恩的津梁,有时也是通向边沁和其他诸多哲学和政治源泉的津梁。但是他们也有助于磨砺民众不满的激进主义之锋。他们的读者有的成为世俗的自由思想者和共和主义者,另一些依然宗教意识浓厚,或者期待国王治治那些不得人心的大臣们。然而这些人近乎全都投入到要求参与国家政治的战役中去。

民众动员并非全都契合进步的一个模式或方向。正如拉什描述美国的民粹主义所言,它是"一场反对'改进'的运动"。② 所说的"改进"

---

① 汤普森在他的经典著作《英国工人阶级的形成》中强调了潘恩的价值——过了半个世纪,该书仍是有关那一时期的最重要作品。但是潘恩(和科贝特等人)那种语言的价值,注意及此并大力推重的,是奥利维亚·史密斯的《语言政治,1791—1819》,该书在让人重新注意语言本身是浪漫时代文化和政治间关系的一个关键向度上发挥了主导作用。

② Lasch, *True and Only Heaven*, 第5章。

不仅是让事情变好,还是以特定方式让事情变好。在中产阶级自由主义者看来它似乎就是进步的方向,而在别的很多人看来它是强加于人的,不但违逆人民意志,也抵触既定生活方式和一贯的愿望。与此同时,推进和质疑不同进步愿景的那些动员与公共领域密切交织着。但它们并不只是寻求多数支持的对称的两种相异主张。倒不如说,推进进步是主导性的,受到中产阶级的广泛拥护,也为很大部分精英所支持。较为自由主义和较为保守主义的声音就到底如何界定进步、靠什么手段追求进步而争执不休。这些声音显然是合法公共领域的一部分,它们在引导舆论的主要刊物上、在学院和大学、在大多数久负盛名的布道坛上展叙出来。相形之下,民粹主义者被边缘化了,或者被逐出合法公共领域,不得不奋力赢取在那里的发言权,而不只是力争说得令人悦服。

激进的新闻记者和活动家与自由主义的知识分子和改革家之间不但在思想上划清界限,也通过将激进分子——及其众多读者——逐出合法公共领域而各守藩篱。做到这一点靠的是打击新闻自由,那些打击部分是借由税收实施的,特别安排来削弱直达"社会下层"的大众杂志。有些自由主义者是这种排斥的同谋。其他一些人信念更前后一致,反对排斥。例如边沁和密尔都赞成可以纠正这一错误的改革措施。不过同时,激进分子赞成更强力的策略——最低限度是公共抗议,倘若不是可以引发革命的某种抗议的话。

甚至思考这些问题也深受革命的经验(有时是恐惧)的影响。18世纪后期的美国和法国将其现代革命观交给世界。1776年和1789年之前,"revolution"一词表示"绕圈旋转",不表示"转过身去"。英格兰的1688年光荣革命终究是一起王朝复辟。要说的话,17世纪40年代长期议会的建立和查理二世的斩首与现代革命观更为相通。① 至少它消灭了国王而不是拥立了国王。但事实上正是在19世纪上半叶而非18世纪末期革命之秋,革命开始被吸收到政治思想中。这不单是一段学术历程,也是社会运动和激进活动家的一项事业。但革命也是更审

---

① 英格兰发生了一场较为现代意义上的革命,而且它的确造成了阶级冲突,这是克里斯托弗·希尔著作的一个大体有效的中心论点。尤请参见他1940年的拓荒性的专论,*The English Revolution, 1640*。

慎或保守的声音可能引以为由反对据称有些过度的自由主义改革的那种威胁。

柏克和潘恩以其对美法革命的相异的同时代诠释,开了讨论之先河。但黑格尔和马克思、托克维尔和孔德具有持久影响力地接过了讨论的话头。不过,对于将革命、激进主义和社会运动理论化的举措,社会理论和哲学的"经典作品"是一种误导人的指南,部分因为19世纪有些关键声音不在被尊奉为经典之列。比如蒲鲁东,我们今天最记得他是马克思恶毒攻击的笑柄,但他在整个19世纪声威远播。① 被马克思和恩格斯批评为"空想社会主义者"的那些人应者云集。英国没有造就伟大的社会运动理论家,像伍勒、卡莱尔和科贝特这些记者—活动家,是思想和实践的革新者和领袖。

知名的自由主义者在社会理论中更有市场。边沁改变了公共政策的理念;密尔依然是被引用得最多的自由和政治改革的理论家之一(纵然他在经济学里风光不再)。他们合力创造了功利主义。但是对他们二人而言,这是调和个人自由与社会秩序和生产率的一种连贯彻底的方法的组成部分,不是功利主义已经变成的那种常常更狭隘的对成本—收益计算的强调。

有些人更喜欢没有社会运动——或至少没有大众社会运动——的进步,密尔连同其他边沁主义者或许是这种人的最重要典型。他们确实想要变革,想要对精英有利也对广大平民有利的改进,但他们害怕动荡和失序,害怕他们以为简直鲁莽灭裂的群氓。真要说起来,边沁比他的大多数信徒更激进——他同意发行他的一本书的普及版,该书讨论了激进记者伍勒的议会改革。功利主义者多是"哲学激进主义者",弗朗西斯·普雷斯之类的有些人自认是议会政治的激进派。② 他们以此表示他们想要触摸到第一原理,并一以贯之地运用它们。然而如果他们想要激进行动,那就该由特许的精英去实施了。多数人明确认同中产阶级和渐进变革思想;无论在给现状造成深刻紧迫的挑战这种意义上,还是在从深嵌在平头百姓的共同体和传统中的根源说起这种意义

---

① 蒲鲁东的《贫困的哲学》在马克思的《哲学的贫困》里受尽奚落;参见第八章。
② 参见 Elie Halévy, *The Growth of Philosophic Radicalism*, 该书将这一政治思潮置于长期的思想史中。

第二章 社会运动与进步观念

上,他们都不是激进的。

有几种思想传统都不太符合习以为常的自由主义—保守主义连续统。公民共和主义的几种变体一再牵连着对小所有者、对作为社会的"真正生产者"的农夫和工人以及对直接的人民之声的理想化。① 但是民粹主义更繁盛于对腐败、投机和精英驱动的造就进步的那些方案的批评中,而不是实证理论中。当共和主义在法国(和其他几个国家)成为国家意识形态之时,它在英美政治中更多处于不显山不露水的状态。对自由主义、进步意识形态和资本主义丑陋现实的审美和宗教批评铺天盖地。有时它们彼此缠绕,就像在托马斯·卡莱尔、约翰·罗斯金和威廉·莫里斯那里一样。然而它们几乎个个都不可能被置于常规的左—右连续统上,个个都是保守主义、浪漫主义、激进主义、不落俗套的思想信守和创造性的奇特混合物。

革命思想很有影响力——对害怕动乱的人,对胸怀乌托邦希望的人,对试图构想如何实现真正激进的社会变革的人。有三个核心理念刻画了这个新概念的特征:(1)革命作为深嵌在进步的社会变革的漫长过程里的一个转折关头;(2)作为整体的"人民"或者至少一场广泛的民众运动是革命的主角这种观念②;(3)革命超越了单纯的政权变更而造成(或起码追求)更普遍的社会改造这种思想。这些不是那种可以简单判定对错的思想,因为它们表达了渴望(和恐惧),而不仅是经验描述。

企图完全根据革命者的文字或言辞甚或组织举措来将革命理论化,这大概有点失策。首先,革命不是由革命者独力铸就的。活动家的长期苦干的确扫清了障碍,就像阐明激进变革的必要性那样;而且有着最坚实的先在组织支持的人通常能在革命后掌控局势。但是革命的发生,主要是因为几月前或几周前不是革命者的许多人,他们再也不打算忍受羞辱或弊端,不打算颓然无为,不打算继续让他们内心深处的希冀

---

① 拉什(《真实与唯一的天堂》,第184页)恰当地指出,在某些方面共和主义传统"活跃得多地存在于科贝特那里而不是潘恩那里"——部分因为潘恩更其是乌托邦的理性主义者和平等主义者。

② 对此论述尤为精到的是 W. H. Sewell, "Political Events as Structural Transformations: Inventing Revolution at the Bastille."

屈从于日常生活的挑战。这不是一夜之间发生的;它的发生有个过程。先前对走上街头很谨慎的人变得勇敢起来,部分因为他们看见别人这么做安然无恙。同侪影响推动参与率攀升。有些人至多参加一下集会,另一些人则主动策划新行动——不论是和平的或是暴力的。但要点在于,很多人克服了革命阻力,从对旧制度的日常顺从(不管多么不情愿)转向公开反叛。鼓动起这些等级跨度很大的参与者的思想,与鼓舞着想要成为革命者、年复一年等着找到这样一群追随者的那些人的思想,是同样重要的。不同等级的参与者其实可能不是那些革命者的信徒,而是民粹主义者的信徒,后者把对现存体制的引人共鸣的批判与人民之声的唤起结合起来。

其次,对革命的众多议论出自魂惊革命的那些人。革命的幽灵牵制了本来可能加强平等主义改革的那些自由主义者。它把他们绑缚在科贝特所称的"慰藉体系"上,亦即不触动结构性的不平等和特权的慈善改良。拉什引证了奥雷斯蒂斯·布朗森的话,暗示资本主义给那些不然就会口诛笔伐的人留有相对的特权地位;这使"中产阶级在事关贬低比它高的阶级时总是平等的坚定斗士,但……在事关提升比它低的阶级时则是平等的宿敌"①。然而布朗森不是马克思主义者,而是民粹主义的宗教激进分子,在英格兰背景下更接近托马斯·卡莱尔或威廉·莫里斯一流人物。

宁愿超越改良号召革命的人,大多是认为社会变革的既有进程不是进步而是对他们生活方式的釜底抽薪的那些人。这类"极端保守的激进主义"的重要性不赞同将激进主义概念专用于某些运动,它们朝着进步的方向走得最远(或最快),并以最超前的理性批判和社会变革计划为基础。"radical"是18世纪末19世纪初的常用词,它带上大写字母R时指称精英改革者的一个特殊政治派别,不带上它时指称寻求重大政治变革的所有人。这种用法渐渐转移,从辨识要施行改革直探政治问题根源(如在改革选举权时)的特定政治决心,转向辨识危及既定秩序根本的一切挑战。

马克思主义标志着这种用法的某个极端。马克思认为资本主义内

---

① Lasch, *True and Only Heaven*, p.192.

部的斗争模式受必然性决定,正如资本主义最终被超越一样。他不同于论及社会运动的许多人,没有设想一个持续进步的过程——平缓的或急促的,而设想了矛盾的非连续性解决。资本主义在生产力上是革命的,它传遍全世界,无视旧的社会制度。可是它不稳定,既让创造了它的财富的人陷入贫困,又让得以利用生产工具将财富据为私产的人财源滚滚。它的生产力提供了几乎无法想象的免于匮乏的自由,然而它的生产关系遏制了这一前景,使多数工人经受了最严酷的贫困。激进转变无以替代。只是在他比较阴郁的时刻,马克思才设想过这种转变可能产生不了社会主义,反倒似乎会产生一种新的野蛮和蒙昧。

大多数自由主义者也把18世纪和19世纪初的社会转变看作持续进步的启动。有些人(比如边沁)乐得被人视为推动那一进步以最快速度前行的激进主义者。另一些人担心,激进行动(尤其是革命)有破坏进步所依赖的微妙平衡的危险。社会需求必不可超过满足需求的手段,而一切可能的满足都必须尊重先已存在的私人财产权。自由主义很大程度上开始按照对政治自由的强调来界定,支配那种强调的是拒不重新考虑根本财产关系。对财产和社会秩序的威胁因素的焦虑常常引起更激进的自由主义者与其他自由派之间的分歧,后者在感到恐惧时准备从自由原则往后退。

说来也怪,保守主义更为复杂。对保护珍贵的旧实践旧制度的呼吁,极少表达得不分青红皂白地对立于别人认为是进步变迁的那些东西。没有什么保守主义者只想让时针不动,更别说让它们往回走了。诚然,起初有许多人反对资本主义,特别反对工业生产,那是景观上的污斑,是城市扩张乡村衰落的打破稳定的推动力之源。有些人,比如19世纪英格兰著名的托利党激进分子,认为变迁可以被引向对社会更负责的方向上。举例来说,理查德·奥斯特勒试图维护较为古老的地位高者对地位低者的道德责任感,同时又接受新技术和变化中的工业组织特性。他支持工厂改革,也支持托利党(尽管他比他的大多数托利党同志,甚至包括支持十小时工作日的其他人都更趋民粹主义)。对奥斯特勒也对其他人而言,批评纺织业童工有充足的"传统"理据,正如批评奴隶贸易有宗教理据一样。① 众多的人更简单地想要减慢变迁速度,在增长的财富中间找到保护特定传统的道路。也许统一保守主义者的最重要轴线是对社会变革的宏大计划和同时改造一切的理性主义构想的怀疑。换句话说,他们在自由主义趋向激进主义时对之忧心如焚。

在大多数方面自由主义凯歌高奏。正是从左翼穿过中心到右翼的政治连续统观念把政治差异的自由主义见解形象化了。它暗示意见的变化主要是看追逐一组共同目标有多疾进,如何安排其优先顺序。常常可以看到,就经济政策而论,当今的大多数保守主义者就是19世纪的自由主义者,想要免于国家管制的最大自由。用伯林的话说,他们强调"消极自由",即束缚的缺乏。另一些人,也就是更合规矩地被唤作自由主义者的,此外还强调追求生活目标的成功行动的能力所创造的积极自由。② 这表明,自由主义者和保守主义者之间的区别,很大程度上开始根据两方面的关系来规定,一面是对国家的关系,另一面是对私产的关系。"消极自由"和"积极自由"间的变异,私人财产被视为神圣不可侵犯的程度,这二者大体说来都日渐被看成是连续变量,交汇于政治光谱的中央。

---

① 参见奥斯特勒谈"约克郡奴隶制"的书简,*Leeds Mercury*, October 16, 1830。关于语言——包括奴隶制之类用语,但也包括传统和理性等语词——是怎样渗入奥斯特勒也置身事中的工厂风潮的,参见 Robert Q. Gray, *The Factory Question and Industrial England*, 1830-1860。
② Berlin, *Four Essays on Liberty*.

第三章 传统激进主义：共同体力量还是庄严的伪装和借来的语言？

革命是铤而走险的事业,这点给民众叛乱理论家提出了一个问题。人们经常会问,为什么理性的人愿意不顾自身乃至所爱之人的性命安危,去追求一个极不确定的目标？举义的成功或后革命政权的合意似乎都不大可能压过空乏其身和人身伤害的概率。有一种跟柏拉图一样古老但最近勒邦、斯梅尔塞等人也在力主的保守主义观点,索性断定革命者必定不是很理性的人。①

革命者及其辩护士当然不同意。其中名头最响的马克思提供了革命合理性的重要论证。它将一种必然的历史进程观念与一种断言结合起来：革命该当符合工业资本主义所制造的工人阶级的合理利益。它在一定程度上预卜,无产阶级的日渐贫困化会消除自我改善的其他可能性,让全世界的工人们"失去的只有锁链"。保守主义者偶尔也有同感,暗示绝望或许使叛乱可以理解,即便不是非常合理。

长期的争辩已经追问过这个问题：工业革命期间工人地位是不是恶化了。② 较新的一条历史研究进路表明,不论总体生活水平有没有提高,身处欧洲革命动员前列的那些人(虽然常常是工人)几乎既非最悲

---

① Gustav Lebon, *The Crowd: A Study of the Popular Mind*; and Neil Smelser, *Theory of Collective Behavior*.

② 关于英格兰,尤请对照以下各书：A. J. P. Taylor, ed., *The Standard of Living in the Industrial Revolution*; Brian Inglis, *Poverty and the Industrial Revolution*; A. Selden, ed., *The Long Debate on Poverty*; and E. P. Thompson, *The Making of the English Working Class*。

惨的亦非最现代的。① 最激进的工人往往是工匠,有时是农民,几乎总是至少有某种繁华、常常有不少特权要加以捍卫的人。他们的认同和志向大致是传统的;他们多从共同体纽带汲取动员的社会力量,极少从新"工人阶级"的成员身份汲取力量。马克思本人就认识到19世纪革命的意识形态取向的模糊性,他正确地看出早期激进分子对更称心的往昔的想象和对解放性未来的想象的矛盾心理:既想回到过去又想创造未来。但马克思错误地把民众的诉诸传统当成不过是偶发现象,在革命能够实现其真正伟大的历史命运之前势将一扫而空。正如他就法国的1848年革命所写的:

> 人们自己创造自己的历史,但是他们并不是随心所欲地创造,并不是在他们自己选定的条件下创造,而是在直接碰到的、既定的、从过去承继下来的条件下创造。一切已死的先辈们的传统,像梦魇一样纠缠着活人的头脑。当人们好像刚好在忙于改造自己和周围的事物并创造前所未有的事物时,恰好在这种革命危机时代,他们战战兢兢地请出亡灵来为自己效劳,借用它们的名字、战斗口号和衣服,以便穿着这种久受崇敬的服装,用这种借来的语言,演出世界历史的新的一幕。②

这段话里马克思识深虑远,可是像启蒙运动的众多继承者一样,他不能接受看似无关的传统侵入未来的合理性中。他不明白,当传统在不同历史背景下进入不同实践时,意义已然变化。革命的法国工人在衰落的手工业行会机构里看到社会团结的一种强力模型(兄弟情谊),马克思不一样,他不承认过去的社团主义与社会主义的未来之间存在

---

① Richard Price, *The French Second Republic: A Social History*; Charles Tilly and L. H. Lees, "The People of June, 1948"; and B. H. Moss, *The Origins of the French Labor Movement*; Moore, *Injustice: The Social Bases of Obedience and Revolt*; Mark Traugott, "Determinants of Political Organization: Class and Organization in the Parisian Insurrection of June 1848" and *Armies of the Poor: Determinants of Working-Class Participation in the Parisian Insurrection of June 1848*; and Calhoun, *The Question of Class Struggle: Social Foundations of Popular Radicalism in Industrial England*.

② Karl Marx, *The Eighteenth Brumaire of Louis Bonaparte*, p. 146. (中译本参见《路易·波拿巴的雾月十八日》,收在《马克思恩格斯文集》第2卷,第470—471页。——译者注)

任何有效延续性。① 对他而言,革命的圆满只可能是焕然一新:彻底的新思想新行动,辩证对立于旧思想旧行动。

> 就像一个刚学会一种新语言的人总是要把它翻译成本国语言一样;只有当他能够不必在心里把新语言翻译成本国语言,能够忘掉本国语言而运用新语言的时候,他才算领会了新语言的精神,才算是运用自如。②

革命和激进动员的一代代分析家分享了马克思的取向。他们像他那样从启蒙运动继承了理性和传统内在对立的看法。我想这是虚假的对立。它关联着过分简单化地将传统和共同体等同于秩序,与革命的显著无序形成鲜明对比。政治左派和右派同涉一种误解,因为二者都未能认识到革命中的自相矛盾的保守主义,即传统激进主义。

本章我要检视这一悖论,证明"极端保守的激进派"处于大多数现代社会革命和数量远为庞大的排除革命结局的其他激进动员的中心。我认为传统共同体为广泛的民众动员提供了社会基础,传统价值观是其激进主义的关键要素。但是我相信传统被曲解成白芝浩所称的"文化的硬饼"或仅是延续至今的过去。比方说,当代首屈一指的传统分析家认为它是"过去世代相传下来的"任何东西。③ 希尔斯追随韦伯,分析了传统在社会行动中的可变的重要性,强调我们必须超越韦伯传统主义和理性主义的对立,看到传统在理性主义本身当中、在一切社会当中的重要性。④ 我恳请我们更进一步,超越传统和现代的启蒙运动的历史主义对立,把传统视为较少扎根于历史的往昔,较多扎根于日常社会实践。这个十分社会学化的传统概念,我认为是密不可分地关联着共同体社会关系的。

所以下文我略述一下马克思的无产阶级集体行动理论,辨认出大范围的"极端保守的激进派",我的关注中心在19世纪初的法国和英国。然后我将发展出我的传统和共同体概念,说明对传统和共同体的

---

① 关于手工业行会,参见 Sewell, *Work and Revolution in France*: *The Language of Labor from the Old Regime to 1848*。
② Marx, *Eighteenth Brumaire*, p. 147.
③ E. Shils, *Tradition*, 尤其是第12—21页。
④ 同上书,第9页;亦见 Max Weber, *Economy and Society*, pp. 24-26。

"保守"的依恋之情何以可能是非常理性地参与极其激进的动员(偶或以革命告终)的关键基础。最后我将稍作提示,说说为什么现代工人阶级不曾在欧洲工业化期间展现出手工工人所展现的那种激进主义倾向,为什么改良主义而非革命才是它的"自然"行动形式。

马克思

19世纪中叶马克思论证说社会革命将至,以工厂为基地的新无产阶级正在工业资本主义内部发展壮大,他们将是那些革命的领导力量。他表示,过去的革命主要是出于资产阶级拼命要摆脱对资本积累的封建约束的羁绊。这样的革命曾经动员起民众支持,但那只是它们的资产阶级鹄的的帮手。就在社会经济结构发生转变,使得资产阶级的剥削而非封建领主的压迫成为下层阶级的主要敌人之际,下层阶级逐渐强大一些了,也更有能力认识到他们必须脱离资产阶级独自行动。因而这不但是个学习过程,也是阶级结构的转型。① 造就了现代无产阶级的新生产关系赋予它激进主义和社会革命潜能,马克思认为农民、手工工人和其他早期工人群体缺乏那些东西。一方面,由于无产阶级所处的极端悲惨境地,以及资产阶级社会里绝对的阶级两极分化,无产阶级应该是激进的。另一方面,由于无产阶级以前所未见的社会团结力联合起来,它应该能够从事持续的革命动员。

马克思论点的主旨专注于从结构上判定无产阶级是这样一个阶级,它为资本主义所创造,却被拒绝承认是资本主义总体中的一个单元。在这基础上,马克思相信他能推断出无产阶级成员在革命性集体

---

① 马克思主义论证中很关键的一点是,阶级结构和阶级构成(借用埃里克·赖特的术语,参见 Wright, *Classes*, 第3章)被认定是变化着的,二者不可互相化约。本章的焦点在阶级构成上——历史地看很具体的过程,集体身份由此被创造出来,并发展出行动所需的组织和指导组织的意识。尽管我赞成赖特关于对资本主义总体进行结构分析的重要性的观点,但准确说来我在争辩,(1)资本主义的总体化趋势还没有大到把集体行动的非阶级影响因素降至微不足道的地步;(2)一项论证若建立在理性承认按照假定为离散的个体来计算的利益的基础上,它对于解释根本社会团结及据此而来的集体行动的创造必然是个不充分的基础——换句话说,从阶级结构到阶级利益再到集体行动的这一论证基本不可能成功,因为任何意义重大的行动或任何结构性阶级都面临着别的现实认同的竞争。

行动中团结一致的必然、合理的理由。可是即便这一点也是次要关怀。马克思的主要推演涉及工人集体行动何以会是革命性的理由,而无涉于工人何以会集体地采取行动的理由。历史和结构在马克思看来似乎给作为整体的无产阶级施加了极大的强制力,他只是偶或提一下无产阶级成员间的社会关系。因此对马克思而言,"问题不在于某个无产者或者甚至整个无产阶级暂时**提出**什么样的目标,问题在于**无产阶级究竟是什么**,无产阶级由于其**身为无产阶级**而不得不在历史上有什么作为"①。换言之,马克思随意地、成问题地从"客观利益"的辨认转向追逐那些利益的集体行动。不同个人和群体的特殊性和个别性的确在《路易·波拿巴的雾月十八日》之类的具体历史分析中,也在政治策略的考量中引起马克思的关注,但它们没有在他更抽象的阶级斗争理论里发挥构成性作用。

马克思的基于客观利益的理性行动假定似乎建立在一种认识理论基础上,该理论没有给人类行为过程中的不完全被决定的利益创造留下多少余地。② 长远看来结果是确定的,这不但因为人是理性的,还因

---

① Marx, *The Holy Family*, p. 37. (中译本参见《马克思恩格斯文集》第 1 卷,第 262 页。——译者注)

② 或许更值得一提的是,马克思分享了启蒙运动的一种倾向,即压抑本体论、高扬认识论。因而对马克思版的实践理论而言,首要问题仍然是人如何认知其利益,而不是那些利益如何在实际生存中被构建起来。马克思论政治和阶级斗争的著述也是这样,尽管他在《资本论》里深刻批判了资本主义将一切量化而贬低纯粹的质的趋势。虽然马克思的批判暗示有必要恢复纯粹的质(例如,在不被商品生产需求所支配的使用价值和劳动中),但他的积极的阶级斗争理论假定了工人行动被限定在资本主义总体的合理性之内,而否定该总体的,不是任何直接的质的内容,而是让人全然服从那一合理性的终极不可能性。在他论阶级斗争的主要著作里,马克思好像摇摆于一种黑格尔式历史主义和一种知识反映论之间。例证众多,尤请参见马克思对黑格尔将合理的等同于现实的那种断言的挪用(Marx, "Contribution to the Critique of Hegel's Philosophy of Law", p. 63; G. W. F. Hegel, *Philosophy of Right*, p. 10),以及他对费尔巴哈的唯物主义和其余德意志哲学的对比(Marx, *The German Ideology*, pp. 36-37)。当然,马克思的唯物主义强调的不是物质现象的外在性,而是它们透过实践活动融入人类生活,有意地控制和自觉始终是那种活动的组成部分(Marx, "Theses on Fuernach", p. 4),但是资本主义仿佛成了一种极限状态,那里实践活动的物质状况变得最大限度地外在于人了。马克思(*Capital*, p. 571; and *German Ideology*, pp. 474-476)拒斥边沁那样的许多理性主义者所常有的抽象、非历史的人性观。1844 年手稿坚持认为,一切"真实的"人类实例都嵌入在社会和历史之中。因此在某些语境下,马克思察觉到行动的扎根性,那正是我要突出的,可是在他涉及工人阶级的革命潜能的特定论证中,他聚焦于合理利益的说明,连他本人的社会学观察也暗示那是不充分的(比如参见 *The Class Struggles in France, 1848 to 1850* 和 *Eighteenth Brumaire*)。

为历史——在某种超个体层面上运转——是理性的。于是短期看来现实中的人必定要犯错。马克思像步趋着他的科学马克思主义者一样，引入了虚假意识概念以补真实利益概念之不足。这是必要的，以便解释为什么理论上认作理性的行动经验上没有发生。要是马克思不曾倾向于以其结构性推演为基础将无产阶级实体化，他本可更有理由去发展一种集体行动的坚实理论。而实际上，他（和后来许多马克思主义者）不是把现实的工人实体化就是将虚假意识归于他们，从而跟这种理论失之交臂。然而集体行动的非马克思主义解释表明，充分自觉其共享利益的理性个体行动者可能无法保证获得个人的或集体的最大利益。关键的原因在于，即使他们确信他们的利益，他们也不确信彼此的行动。集体行动因而本身就有疑问。可是马克思不认为无产者这个客观阶级如何变成"无产阶级"这个主观行动者的问题在这个意义上是有疑问的。于是他肯定——但不是证明——了从"自在阶级"到"自为阶级"的转变。①

马克思与恩格斯一道认为，工人在工厂和大城镇的集中与工作场所自身越来越高的组织化程度有助于凝聚工人并为其活动提供社会基础。② 工业资本主义的拉平效应会让所有工人处于同等贫困的生活水准和同等绝望的匮乏下。③ 通过基于共同利益的日常交往，特别是通过反对他们的剥削者的持续政治活动，工人们将会发展出一种阶级意识。④ 这种阶级意识可以提供对外部环境，进而对集体利益的准确见解，这些又让革命性集体行动中的联合有了充足、合理的理由。

所以马克思并不缺少关于无产阶级团结的根源的社会学论证，只不过恰如逻辑的和经验的辩驳所示，那是一种不充分的论证。逻辑上，

---

① Marx, *The Poverty of Philosophy*, p. 211. 当然，这可能是因为马克思对集体行动能力上的经验性、社会学的转变不感兴趣，而关心从被动的个体存在总和向独一的主动的集体存在的辩证转换，遵循的是卢梭对全体意志和普遍意志的区分那种模式。然而这暗示了阶级构成观念的一种十分强烈的整体论，比现代"分析马克思主义"的阶级构成论述（参看 Wright, *Classes*, 第 3 章）所普遍蕴含的整体主义强烈得多，也不容易服从经验分析。

② Marx, *The Poverty of Philosophy*, p. 211, 和 *Capital*, 第 14 章；以及 Friedrich Engels, "Socialism: Utopian and Scientific", 第 2 部分。

③ Karl Marx and F. Engels, "Manifesto of the Communist Party"; and Marx, *Capital*, p. 32.

④ Marx, *Class Struggles in France and Eighteenth Brumaire*.

第三章 传统激进主义：共同体力量还是庄严的伪装和借来的语言？

曼瑟尔·奥尔森已经表明,必须得有某种选择性诱因结构,使个人参与集体行动是理性的,纵使所寻求的集体福祉合乎他的个人利益之际亦然。① 群体越大,越"隐伏不彰",代价越高,索求的好处越分散,就尤为如此。原因在于,个人可以选择将其有限资源用来追求别的或许较少的好处,但他们能够更好地控制那些投机事业的成败。同时他们还可能设法成为"搭便车的人",任由别人去追逐他们也将获利的好处,但他们不出工不出力。② 马克思忽略了这样一些考虑事项,认定庞大的工人阶级会联合起来,在高度冒险的动员中彼此缺乏足够约束地追寻极不确定的集体利益。要改进马克思的论证,我们需要给集体行动的选择性诱因辨认出一个社会学源头。奥尔森提示我们可以在某些先已存在的组织之内的社会压力方面找到这个东西。③ 我深以为然,本章还特别拓展了这一论点,提出这样的先在组织无须是为了追求近在眼前的集体利益而正式组建或创造的。倒不如说,共同体关系的非正式纽带可以提供强大的选择性诱因和准备好在各式行动中动员起来的一种先在组织。

经验上,马克思的主张冲撞上了现代无产阶级成员在革命动员中的较低参与率,和手工业者及其他前工业工人的较高参与率。虽然马克思断然肯定无产阶级的团结起因于社会存在的新状况,我认为先在的共同体纽带才是问题的核心。此外,新无产阶级大体说来比深受工业化之害的工人群体更加短缺这种可利用的先在的社会组织。这有助于解释为什么是手工业者和农民而不是工厂工人构成了 19 世纪初革

---

① Mancur, Olson, *The Logic of Collective Action*, p. 2, p. 51, p. 134.
② 同上书,第 105—110 页。
③ 另一些人甚至更起劲地强调先在组织,比如 T. Moe, *The Organization of Interests*。奥尔森(《集体行动的逻辑》,第 63 页)争辩说,"利用选择性社会激励来动员有意采取集体行动的潜在群体的那些(大)组织必定是小群体的联盟"(着重号为引者所加)。我在别处发展了这一思想,参见 Calhoun, "Democracy, Autocracy and Intermediate Associations in Organizations"。在此我要主张,尽管阶级总是近乎一个庞大的潜在集团,但它里边的种种共同体可以提供动员的强大社会激励,所以通过先在共同体这类中间团体,阶级成员可能被充分调动起来从事冒险、激进的事业。

命群众的主力。① 从客观利益的观点看,马克思发现无产阶级被"普遍锁链"所缚。② 相比之下,实际历史的激进动员更常出自那些被"特殊锁链"所缚的人。

在《哲学的贫困》著名的最后几页里,马克思总结了他的论证。他指出资本主义统治的兴起造就了作为众多个体的工人的阶级:"大工业把大批互不相识的人们聚集在一个地方。"③在这种形势下,资本家在工人中间造成的竞争"分裂"了这个阶级的成员们的"利益"(马克思本该更确切地说,竞争性就业市场内的相似利益分裂了工人们)。尽管众议纷纭,工人们并不是按照令他们分裂的利益行事,而是愈见遵循他们共享的那些集体利益行事。马克思暗中相信,他们之所以如此作为,皆因集体利益更为重大。同享的或集体的利益(诸如维护高工资之类)引导工人们形成同盟对抗雇主;这种同盟与工业增长成正比地发展起来。通过联手抗衡资本家,工人们可以确保一种集体利益,对每个人来说它都是比有些人通过与另一些人相争而得手的私人利益更宝贵的。因而这种同盟的基础是"共同的地位,共同的(亦即共享的,不只是相似的)利害关系"。④ 职是之故,工人们被从乡村的隔离状态拖入城市的聚居状态才那么事关重大。工人阶级日渐加入跟资本家(他们已形成自为的阶级)的斗争中,开始展现它自身的存在。作为一个自为的阶级,"他们所维护的利益变成阶级利益";同时它成为一个政治行动者,因为"政权正是市民社会内部阶级对抗的正式表现"。⑤ 论证的含混之处是将自在阶级变作自为阶级的那些社会关系——有别于意识形态——的性质,那种变化使得无产阶级成了联合起来的生产者的阶级,不只是生产者的一群乌合之众。

我在这里提出一种论点:先在的共同体关系和对传统的眷恋对革

---

① 当然,同一论点更严酷地划分开了世界上的两种社会,一边是较为先进的工业社会,另一边是刚刚经历向资本主义的转型或者正遭遇国外或狭窄而不具变革能力的城市飞地所操纵的资本主义经济剥削的社会。殖民主义的遗产和现代世界体系的运转对这些社会的经济生活和革命政治诸面相十分重要,所以我得重申一遍:这个论点可以直截了当地运用于欧洲(较小程度上还有北美)工业化期间在工人群体中发现的幅度更有限的差异。

② Marx,"Critique of Hegel's Philosophy of Law", p.186.
③ Marx, *Poverty of Philosophy*, p.210.
④ Marx, *Poverty of Philosophy*, p.211.
⑤ 同上书,第211—212 页。

命动员至关重要。我用"革命动员"一词意指某些激进运动,不论它们是否有意改造社会、推翻政府或赢得些许让步,它们都形成对社会趋势的根本挑战,以致当权者无法通过让步来遏制运动。如斯考契波近来评论的那样,显著革命性的后果与结构性因素密切相关,特别是政权和国际关系的环境。① 但是,革命不仅是国家权力的自然垮台;政权是被推倒的,即便有时它们像纸牌屋一般摇摇欲坠。抵制工业资本主义的那些运动,比工业资本主义内的工人的运动,更可能准备着给予这样的致命一推。马克思强调革命的极端新颖性,从而掩盖了这一点。

极端保守的激进派

> 没有任何赞成自由的原理、先例、规章(纯属鸡毛蒜皮的除外)是在英格兰法律或我们祖先的轨范中觅之不得的。因此我说我们可以有所寻求,我们不想要任何新东西。我们已有伟大的宪法和惯例,对之我们坚守不渝。我们想要大转变,但我们什么新东西都不想要。②

这段呼唤传统的引文的作者威廉·科贝特,在英格兰19世纪最初几十年极富特色的抗议和反叛的风起云涌中,是最重要的宣传家和很重要的民众领袖。他的话对想要理解其他时代其他地方的激进大众动员(包括引发革命的那一些)的人也不无裨益。科贝特借传统权利和价值之名,表达了对现存社会和政治结构的批判。他抵拒腐蚀了既定生活方式的社会趋向,也不赞同一种抽象构想的未来。

这种英格兰民粹主义不像拉丁美洲的某些民粹主义那样,是中央集权论的或支持极端保守的精英的。它是一种名副其实的激进起义,首先代表"人民"说话,反对凌辱人民者,但未必偏爱人口的特定部分。到19世纪30年代,这种对人民的突出正与一种日渐增强的对工人阶

---

① Theda Skocpol, *States and Social Revolutions: A Comparative Analysis of France, Russia, and China*.
② William Cobbett, *Political Register*, November 2, 1816.

级独特利益的分析展开竞争。① 在这以前,普通民粹主义意识形态往往抹杀以手工业者、外包工和某些乡村起义者为一方,以新兴的现代工人阶级成员为另一方的社会基础上的歧异,在那些基础上两方联合起来从事集体行动。

英格兰民粹主义有一种否定性强的意识形态,它非常关心批判腐化堕落,力主某种据说从前存在着的更优社会状态。② 它的宗旨一直是要让社会还原到这种至福状态。这个黄金时代的意象既体现了真正被缅怀的一堆往昔的价值,也至少同样体现了当代共同体生活的价值。以此为基础,民粹主义运动抗拒英格兰的工业化。它首先抵抗这一工业化正在走的特殊道路,以及包含在这个体制之内、出于精英的自利而非生产需要或国家利益的种种不公。但是它也抵制工业化所隐含或要求的社会生活的全盘转变。就此而论,这种民粹主义运动根本上是保守的。它的力量和宗旨源于它的鼓吹者实际上在其中生活和工作的共同体,不是源于抽象构想或理性决定的未来。同时这种民粹主义骚动又非常激进,因为它要求的事物不能轻易融入工业资本主义社会的新兴框架。事实上,它要求一种既不符合资本主义经济也不符合现代工业过程的生产和分配关系组织。正是在这个意义上我把参与这项(或这些)运动的人叫做"极端保守的激进派"(reactionary radicals)。他们吁求的是建立在传统渴望上、几乎截然对立于当时的主导经济和社会趋势——工业资本主义社会的发展——的诸般改变。他们的运动成为社会革命运动的概率,与它的相对社会力量成正比,而不是与它的意识形态清晰性成正比。这样的力量在地方共同体里发现得最多,而在全国性组织里发现得最少。

自下而上的民粹主义压力在可谓零和博弈里同希求资本主义工业的支配地位的那些势力相竞争。任一方的胜利都得从对方那里直接夺走点什么;几乎没有妥协余地。这不是说精英们在尽其所能地减轻资

---

① 比如霍利斯注意到,弗朗西斯·普雷斯既说贵族又说人民的语言,人民内部可能没有什么阶级分隔。赫瑟林顿则说阶级语言(Hollis, *The Pauper Press: A Study in Working-Class Radicalism in the 1830s*, p.8)。尽管普雷斯的修辞保留了民粹主义的弦外之音,但他越是成为功利主义者,就越不符合此处概述的民粹主义模型。

② "因为总是权力的滥用而非权力本身是直接攻击目标,虽然其他目标可能随着运动的进行展现出来。"(A. P. Thornton, *The Habit of Authority: Paternalism in British History*, p.14)

本主义增长的受害人的困境；他们罕有作为。但即便他们作为多点，那也不过是背离珍视的传统、手艺和共同体的这场转型的改良或缓解而已。

无论是慈善团体还是宪法改革，也无论是家长式统治还是自由主义，都提不出挽救资本主义工业化所危及之物的可能办法。新工人阶级可以通过宪章运动和在资本主义体系内寻求改善而各有专攻的种种斗争去奋战不已，而不会丧失其基本认同。它甚至能同旧辉格党人和某些新功利主义者的自由主义结盟，但过渡时期的民粹主义手工业者不能。就算是民主政治，不管在精英看来它可能多么该死地不听话、危险地不稳定，它本身也不能解决手摇织布机织工及与之类似的其他人的问题（虽然很多人以为能够）。民主政治可以在扩大（而勉强）的系列改革中得到认可，不用牺牲资本主义工业社会，甚至不用牺牲精英阶层的大多数文化霸权和物质力量。①

19世纪最初十年里，科贝特对大部分英格兰民众讲话，用的是一种共享的民粹主义修辞：传统的荣耀、当今的鸡鸣狗盗和腐败。然而他和其他极端保守的激进分子已经有了左翼的批评者，比如约翰·韦德那位亲工会的记者和《戈耳工》的发行人。韦德强调"与从前相比，当代劳动阶级所享有的相对舒适度和重要性"。② 他和意识形态倾向相近的其他人尤其觉察到工厂工人阶级的崛起，觉察到与旧式的更朝不保夕的工匠运动相较，人数和重要性的提高赋予这个新劳动人群以强力地位。

然而科贝特像手工业共同体里他的大多数读者一样，确信传统的厚德载物和黄金时代的真实存在，它们的规矩被保存在英格兰的古代宪法里（如节首引文所示）。他对理性（它或许是一种雅各宾意识）或者技术或社会—组织的进展（中产阶级和初生的工人阶级的发展中的意识）所开启的崭新可能性没多少信心。科贝特反倒认为，商业和制造业大大减退、旧日重来、工厂体系得以避免，这是可喜、可能的前景。③

---

① 当然，同理地，资本家可以同意更高的工资和更好的工作条件，而不会根本危害资本主义，尽管他们不总是意识到这个事实或热心这么做。
② *Gorgon*, May 23, 1818, p.8.
③ 比如参见 *Political Register*, November 7, 1807，科贝特在那里认为，"商业没让国家富强起来"。

手工工匠和外包工多坚守这一愿景,但工厂工人信者寥寥。韦德回答得很尖刻:

>恢复我们祖先被假定享有的权利和特权,这就愚蠢地背叛了改革事业。我们绝非拘守成例的人,也绝非固守死人政府的人;我们也不希望让比方说野蛮时代的那些制度在19世纪死灰复燃。当代英国人跟撒克逊人政府的关系,可能不强于跟罗马人、希腊人或迦太基人政府的关系。①

科贝特沉溺于他的幻想中,而韦德或许是个现实主义者,但韦德也是个理性主义者(甚至差不多是个功利主义者),科贝特绝不会那样。然而科贝特既不是不切实际,也不乏深识远虑。可他以不同方式向着和为着根本不同的人群思索和争辩。1816—1820年间达到顶点的工匠和外包工的民粹激进主义,更尖锐地揭示了它的社会基础与日趋工会导向和实用主义的工厂工人运动的社会基础之间的裂隙。1818年,这已昭然若揭:那时韦德非常关心曼彻斯特工厂纺纱工人罢工,而纺纱工人组织——也许是当时最强势的工会——对科贝特和其他极端保守的激进派的激进改革风潮明显冷眼旁观。②

当然,这一时期里英国政治激进主义也有连续性,因为工人阶级运动继承了民粹主义前辈的某些关怀,二者都发展了至少可回溯至洛克的一些论题。③ 但间断很显眼。科贝特和他的许多信徒把小农场主和小生产者理想化了;在宪章派的土地计划寿终正寝很久以后,城市工人中间仍徘徊着一丝希冀,盼望着有机会拥有几亩薄田,菜蔬得以自给。工匠同样强调传统手工业自治的维持或再造。实际上,自治思想比剥削观念突出得多,比如马克思一直证明适于自由雇佣劳动力的那种剥削。

尽管与这种自治意识形态相冲突,工匠们的确偶或承认劳动分工的重要性,承认现代社会所有工人都要通过交换他们的产品、通过把个

---

① *Gorgon*, May 23, 1818.

② R. G. Kirby and A. E. Musson, *The Voice of the People: John Doherty, 1789-1854*, pp.18-22; and Thompson, *Making of the English Working Class*, pp.706-708.

③ 参见 Gareth Stedman Jones, "Rethinking Chartism"。

体生产行为结合成更大整体这个过程中的协作而谋生的事实。造车轮的承认他们造不出整架马车。但是接受劳动分工不意味着接受控制的集权化或者全部生产集中在单一工作场所——工厂。英国手工业工人抵制从货款支付向工资劳动的转变。① 即便在他们的产品只是更大整体的一部分的情况下,手工工人也更偏爱计件工资胜过计时工资。工匠们太习惯于做自己的监督者和管理者,早有心理准备在社会性地组织起来的劳动的产出中给予这些活动以份额。② 他们不太信服有产者的主张,后者只拥有生产工具形式的财产,就以此为据而非以他们的劳动或机巧的任何贡献为据,主张他们在产品中占一份额。③ 他们绝非全体一致地反对这样的私有财产;但是至少有同样多的人简直希望看到工匠的技艺被承认为一种财产权。他们想看到政府和法律保护技艺的专属权利(后来的经济学家会称之为人力资本),就像它们对资本主的固定资本所做的那样。这一切的结果是,手工业者普遍抵制单一同质的工人阶级概念,哪怕他们向不劳力者陈述劳力者的要求时亦然。手工业者仍然认为工人阶级是复数的;甚至英国当代工会的结构也在它的手工行会组织的程度上反映了这种传统遗产。

19世纪20年代期间,兰开夏纺织业里工厂首次超过家庭或小作坊的产量;英国的其他工业,大多数渐亦随之。这个十年夹在彼得卢大屠杀(1819年对一次公共集会的野蛮镇压)和"最后的劳动者起义"(1830—1831年的乡村暴乱)中间,标志着始于英国资本主义工业中的、扎根于地方的共同体民粹主义退潮了。到30年代中期,基本上因

---

① 法国亦然,也许有过之而无不及。参见 William Reddy, "Skeins, Scales, Discounts, Steam and Other Objects of Crowd Justice in Early French Textile Mills"。

② 比如托马斯·霍吉斯金(Thomas Hodgskin, *Labour Defended against the Claims of Capital*, pp.86-91)提到确保最大限度的协作、找到判断每个工人贡献的最佳办法的重要性。因此他区分了作为管理者的资本家和作为纯粹中间人的资本家。"中间人"(middleman)这个词本身很有启发性,因为它暗示了老式的重商主义范畴如何被带进资本主义工业分析之中的某些事情。

③ 另一方面,他们主要的批评锋芒笼统指向不平等的财富分配而不是具体指向资本分配。正如纬编工人事业的一位老成支持者所言,压低的工资带来压低的物价,这有利于有钱消费的那一切人。因此市场上的不平等状况造成财富从劳力者转移到不劳力者,不管劳动过程中是否存在剥削(R. Hall, *A Reply to the Principal Objections Advanced by Cobbett and Others against the Framework-Knitters Friendly Relief Society*)。霍从一开始就在写信责备科贝特,因为他没能将其一般原则应用于纬编工人的事例。从科贝特的观点看来,编织工救济会太像工会了。

循传统的"旧激进主义"几乎已成明日黄花。它在对《新济贫法》的反对和对选举改革的鼓吹中苟延残喘,但新一代领袖在三四十年代的宪章运动和工厂风潮中涌现出来,平民的问题开始以不一样的新方式进行构想。也许最要紧的是,政治的、工业的和社会的问题(以及解决那些问题的动员)之间的更大分野开始显现。超出地方共同体边界的正式组织层次尤其如此,这些组织本身正具有日增的重要意义。

就劳动者的集体行动而言,宪章运动和早期工厂风潮那个时代的特色在于老派手工业者和外包工人群与新式工厂劳动人口的分裂。这不是说简单地存在两个对立阵营,而是说这一时期有点意识形态化的许许多多分歧,如果依照这两大人群不一致的利益和社会力量去看待,要更好理解些。工联主义是这一时期的伟大幸存者,政治激进主义不是。尽管众多手工行业在整个19世纪保持着它们的生产地位,但自宪章运动后期以来,手工业者丧失了他们在工人运动中的超群地位。[1] 该世纪早期的政治激进主义曾经与这些手工业者、他们地方性的行业共同体和他们坚守的传统密不可分。维多利亚时代这一切多已消失,或者深隐不见。支撑手工业者的动员的那些社会基础改变了。很大程度上宪章运动需要被视作既是一个开端又是一个终结。它不但是抗议初兴工业资本主义的这个阶段的终结,也是英格兰内战里形成的直接政治性的(而非因经济而政治的)激进主义的久盛之风的终结。[2]

正是在宪章运动和工厂风潮期间,马克思和恩格斯开始考察英国社会,把英国工人的动员当作他们工人阶级激进主义理论的核心。像后来的大多数分析家一样,他们简直完全视这个时期为开端(无疑有很多种)之一。在这一时期,民众政治和如我们今日所知的工会运动都勃然兴起。熬过了1837年和1847年危机之后,工业资本主义树立了信心,那种信心在整个维多利亚时代成为它的特征。但是马克思所盼望和预见的工人阶级运动还没有像资本主义那么明显或一贯地成熟。马克思没料到这一发展状况,部分是因为他不曾意识到,他在英国(和其他国家)工人中间观察到的激进主义多大程度上是各种各样的手工业

---

[1] R. Samuel, "Workshop of the World: Steam Power and Hand Technology in Mid-Victorian Britain"; 以及本书第七章。

[2] Jones, "Rethinking Chartism".

第三章　传统激进主义:共同体力量还是庄严的伪装和借来的语言?

者和小生产者针对大型工业资本主义所发动的抵抗运动的一部分。他也不曾意识到,新工厂劳动群体的要求多大程度上可以吸纳到资本主义里边去,这不同于手工业者的要求。懂得汤普森所谓"英国工人阶级的形成"何以多属濒危工匠的极端保守的激进主义,我们就更便于理解自始即被纳入马克思革命阶级斗争理论的那些问题。

　　工业化英国的民众激进主义的内容和形式是独特的,但科贝特对传统的吁求十分类同于在反对新兴的或强加的资本主义的诸多民众斗争那里很典型的种种意识形态。这些斗争既是激进的又是极端保守的;它们的激进主义建基于传统之上,并处于支持这样的传统也为这样的传统所支持的直接社会关系之中。正是在一种无端的理性主义里,马克思主义(和其他某些)分析家试图将这些运动并入阶级范畴。实际上当恩格斯分析15、16世纪的德意志农民战争时就这么做了,他把那些战争看成是建立在理解不当的阶级利益基础上的原始革命动员。①有些现代作者走得更远,认为阶级斗争的分析架构可以用于这样的前资本主义运动,而无须加上"原始的"等限定词。不过另一些人要谨慎些,他们表明这种动员不是革命的,也不是有阶级基础的(在马克思用这些词语来描述现代运动的意义上)。

　　例如,霍布斯鲍姆在总结他有关"原始的叛乱"的主张时评论说,"这些运动的政治忠诚和品格常常是未定的、含混的乃至表面上'保守的'"。参加它们的人一般是"前政治的人群,他们尚未发现或者刚刚开始发现用来表达他们对世界的渴望的特别语言。尽管他们的运动因而依现代运动的标准看来在许多方面是盲目而摸索性的,但它们并非琐屑无足道的"②。

　　霍布斯鲍姆用"前政治"一语所表达的意思,非常清晰地贯穿在他的著作中:它指的是集体行动诸取向中间意识形态上的不确定和朝秦暮楚,而不是分析上的健全合理和历史上的改政移风。相比之下,恰是有组织的、自觉的行动使一种集体的斗争赢得对自身政治命运的掌控。霍布斯鲍姆最近写道:"穷人甚或任一底层群体,只有通过正规化(无论怎么安排)的团体,才能成为历史的主体而非客体。每个人总是有家

---

① Friedrich Engels, *The Peasant War in Germany*.
② Eric Hobsbawm, *Primitive Rebels*, p.2.

庭,有社会关系,有对性、童年和死亡的态度,还有让社会史家不无裨益地忙个不停的其他一切东西。但是正如传统的历史编纂学所示,直到过去两个世纪之前,'穷人'可能大多数时候都被'肉食者'忽视了,从而对后者来说基本上是隐形的,这正是因为他们对事件的主动影响是偶然、零散和短暂的。"①

霍布斯鲍姆的著作强调了前资本主义社会里的千禧年运动、叛乱和相连事件与现代工人阶级的更正式地组织起来、更理性地自我觉知的活动之间的断裂。② 可是,在《原始的叛乱》第三版的前言里,他暗示说,他甚至可能低估了有组织的千禧年教派和共同体与较无组织的千禧年运动的革命重要性。③ 我想他是对的,因为在社会急剧变迁之际,执守传统可能是对社会权力分配的一种根本威胁。有些共同体内,人际关系密切交织,是多面性的,被安排得与传统价值相和谐;它们可能是持续叛乱建基其上的强大的非正式组织。

传统的共同体

把现代社会与早先年代的传统共同体相对照的观念,近年来大遭挞伐。共同体(Gemeinschaft)—社会(Gesellschaft)的对立,诚然有些模糊和界定不明,在滕尼斯的版本里还有点儿感伤,充满难于经验证实的个人评判。④ 对现代历史的其他二分表达碰上了类似的困难时期,理由很充分:因为历史更复杂。可是我想,我们拒绝这个塑造了社会学的现代性视景的对比,或许一如当初的对比本身那样已变得绝对和简单化。我们所需要的,是构想测量传统性和共同体的一簇变量。⑤ 这样一些变

---

① Eric Hobsbawm,"Should the Poor Organize?" p.48.
② 霍布斯鲍姆对断裂的强调远超汤普森,后者强调了"形成"英国工人阶级的漫长过程里的连续性。我想霍布斯鲍姆对断裂的看法是恰当的,但他错在臆断越现代就表示越激进。当他认为民族主义必定是虚假意识,会(暂时)妨碍工人们实现他们的真正阶级利益时,他是一以贯之的,但我还是觉得他错了。参见 Hobsbawm, *Nations and Nationalism since 1780*。
③ Hobsbawm, *Primitive Rebels*, pp. xi-xii.
④ Tönnies, *Community and Association*(*Gemeinschaft und Gesellschaft*).
⑤ 习惯上,让"传统性"(traditionality)指示一种社会组织模式而非"传统主义"所表明的意识形态价值。也请参见 Calhoun,"Community: Toward a Variable Conception for Comparative Research"。

量不但会把我们带离错误的二元对立,还会允许我们直接处理变异,而不是透过常常是欺骗性的历史日期指示符来处理。我们可以看到,无论在什么时代,不同社会群体都可能多少较为传统地、多少有几分共同体色彩地组织起来,我们不必视之为多少有些标新立异。这会避免"共同体"概念的浪漫主义。再者,我们可以承认,紧密结合的关系可能浸透了冲突。正如阿拉伯谚语所说,"我跟我兄弟作对,我和我兄弟跟我堂兄弟作对,我、我兄弟和堂兄弟跟整个世界作对"。

团结不同于和谐。虽然乡村英格兰绝不曾以和和美美为特征,但它的确提供了某些形式的相互支持,也的确把甚至是许多敌人都联合进来成为内部人,他们深知他们与外人的区别。若要质疑传统共同体这个概念的适用性,那大概需要拿出更多的证据,而不仅仅说什么哪怕在部落或小村落里人也是自私的或者彼此敌对的之类。

我们须得将传统看作不只是代代相传的一堆观念或人工制品。希尔斯强调传统(*traditum*)的基本语源学意义,即"从过去传到现在"的任何东西①,但他在书里讨论了远超这一用法的各种意义上的传统。我建议,为了充分理解传统,我们得把传递行为视如一切社会互动,而传统观念或实践的有效性不但源自其年深日久,也源自其用途上的一致性和普遍性因素。我们应当专注于作为一种社会行动组织模式的传统性,而不仅着眼于作为崇奉过去的一种抽象意识形态的传统主义。这种语言是韦伯式的,但我想的不是韦伯的传统概念,而是韦伯的社会行动概念,它指的是顾及他人行为从而在行动进程中受其引导的有意义行为。② 传统行为则被韦伯看作是"决定于根深蒂固的习惯",认为它非常接近于理应称之为有意义取向的行动的边界。③ 像启蒙运动以来的大多数思想家那样,韦伯将传统主义当作仅仅是无意识的反射或未经权衡的继承,对立于作为自觉、明智行动的理性。对韦伯来说,传统主义是"对真正、据说或可能存在过的东西的虔敬"。④ 这样的概念化

---

① Shils, *Tradition*, p.12.
② Weber, *Economy and Society*, p.4.
③ 同上书,第25页。(中译本参见马克斯·韦伯:《经济与社会》第一卷,阎克文译,上海人民出版社2010年版。——译者注)
④ Max Weber,"The Social Psychology of World Religions", p.296.

把传统和历史紧绑在一起。① 我建议,我们应当少从古老和跨代交流方面看待传统,多从实际的、日常的社会活动角度看待它。当处于多面互动中的人们生产和再生产对其行为的共享见解之时,社会现实的传统建构就发生了。如希尔斯所言:

> 一个社会要生存,就必须不断地重复行动和反复地交流思想。引导行动和话语重复的是社会个体成员记忆中关于他们自己过去的言行,以及他们知觉和记忆中他人的期望和要求;他们所记忆的对他人的期待和要求,以及他们有资格行使的权利也同样指导着行动和话语的重复;他们之所以有这种资格,是因为他们具有诸如技能、头衔、职位、财产等条件,这些东西渗透在他们的记忆里,记录在文字材料和他人相应地登记下来的资格条件中。这些特有的资格条件起着变化,引导人们对变化做出反应的是对那些资格条件的所有者的正当要求和权利的回忆。②

这一点不错,但我们需要更多注目于发生在特定的物质需求和社会环境中的实际活动,以此补充希尔斯对记忆的强调。固然它会涉及习惯,但那是受社会调节的习惯。传统是让人得以参与社会生活的默会知识。③ 这样的话它简直不会是僵死的。相反,传统必定经常被阐释和重塑以适应当代形势的迫切需求。④ 对"自古如此的东西"⑤加以策略性重新解释是很常见的。然而这些并不证明传统不重要或是自利的个人主义所在多有。

---

① 它也假定了近乎"无传统的"思想和行动的可能性,未能虑及在某种程度上一切活动都扎根于共享的和/或承袭的"前见"(prejudice)——用伽达默尔《真理与方法》中的措辞来说。合理思想逃不掉预断。

② Shils, *Tradition*, pp. 166-167.(中译本参见 E. 希尔斯:《论传统》,傅铿、吕乐译,上海人民出版社 1991 年版,第 223—224 页。——译者注)

③ Michael Polanyi, *Personal Knowledge: Towards a Post-critical Philosophy*.

④ 人类学家们时常提到这一点,或许是因为将口述传统的完全连续性的主张去神秘化,比将真正传下来不变的书面文献的传统的连续性主张去神秘化要容易些。参见 Pierre Bourdieu, *Outline of a Theory of Practice*, chap. 2; Nur Yalman, "Some Observations on Secularism in Islam: The Cultural Revolution in Turkey," esp. p. 139; and E. Colson, *Tradition and Contract*, p. 76.

⑤ Weber, *Economy and Society*, p. 36.

传统的持续再生产必然造成许多小修改和一些大修改。有迹象显示,传统依然生气勃勃,并未变成仪式性教诲的纯粹外壳。但这样的重新解释不是自我意识很强地开展行动的分立个体的产物,而是由认为这样的社会建构物具有物质实在性的人们生成或默认的集体解释。借助于涂尔干的思想(但有所修订),我并非暗示社会在本体论上先于个人,是某种绝对意义上的自成一体的现象;我认为社会的成员多大程度上视之为"自然"给定的(而不是偶然构建起来、可由人的选择加以改造的),各社会间存在差别。① 传统社会属于它的成员们必须视之为"自然"的那种社会。

　　人们应当将其社会环境看得像其物质环境一样永远"真实",这根源于那些社会环境对他们拥有的特别权力。个人被紧密编织进共同体关系网中,注重对他们的活动做长远考虑,这一点蕴含在道德责任概念中。② 他们仍然要做出选择,但他们必须认真考虑社会关系。传统是互动发生的媒介。它像语言一样,既通过使用在个体间传递,又由它的特定使用场合赋予它实质性意义。社会或自然环境的变化常常需要行动者即兴发挥。但这些即兴发挥也是遵照传统的规则构造出来的,它们从现实环境,也从它们相对于活跃着的传统的余下部分的关系中取得意义,由共同体的接受确认生效。③

---

　　① Emile Durkheim, *Elementary Forms of Religious Life*;亦见 T. M. S. Evens, "Logic and the Efficacy of the Nuer Incest Prohibition"。

　　② Marc Bloch, "The Long Term and the Short Term: The Economic and Political Significance of the Morality of Kinship"。

　　③ 参见布迪厄对"积习"(habitus)——文化即兴发挥的源头——的探讨(*Theory of Practice*, pp.78-87)。布迪厄所称的"古代社会"(archaic societies)的一个关键特点就是可接受的自觉、明显的权变和革新的狭窄范围(至少与资本主义社会相比,可能与更宽广的、划界更不明晰的现代性相比)。积习起到了给社会行动者提供"游戏感"的作用,那种游戏感是正式规则的必要补充,但不能明说。因此古代社会确实存在的许多权变和即兴发挥一定是"被误认"了。即便它是随性的、新颖的,也被当成是必定合乎规矩、始终遵守规矩。然而这种误认的需要也是一种约束。它禁止即兴发挥的自由表演,便于既存的、集体理解的行动策略和模式的再生产。引申开去,我们可以把这一主张解释成是在表明资本主义社会的特点即某些大规模社会关系形式(商品生产、资本积累)的再生产,这使得较为直接的关系模式中的不断变异和技术中的不断创新成为必要。注意到历史的和跨文化的差异,提醒我们这一概念化是社会学的命题,不是心理学的普遍命题。不过它符合个人力求保持其思想、情感和行为的一致性的社会心理学观点。参见 Leon Festinger, *A Theory of Cognitive Dissonance*, *and Conflict*, *Decision and Dissonance*; and Fritz Heider, *The Psychology of Interpersonal Relations*。根据戴维·海斯对个人"控制系统"的根本要素和暂时要素的区分(David Heise, *Understanding Events*),我认为大多数"根本要素"(也许精神病理学除外)是传统文化的产物。

传统反映过去不如它们反映当前社会生活之多。① 仅当这样的社会生活在既定社会或子社会的成员间连贯一致的时候,传统才可能有效地整饬人们的行动。② 再者,正是在涉及重要他人时反复、实际地运用传统,才给予传统深刻的心理重要性。因而共同体是传递传统和很大部分关乎传统之物的核心媒介。这样的观点清楚蕴含了一种特别的共同体定义。本质上,我把共同性(community)看作测量人们被直接社会关系结合起来的程度的一个复合变量。③ 所以提到"共同体"(a community)就只是指称以可观的共同性程度为特征的一个人群的简略表达。共同性类型或程度的变异由以下三方面的差异确立起来:(1)人们中间的关系类型;(2)那些关系网络的特点;(3)自主社会控制的程度。简单地说,关系或强或弱,网络被编织起来的紧密和对称性或高或低,人群不受外部干涉地管理自身事务的能力或大或小。④ 共同体使个人投身于特殊的长期的社会关系,从而限制了他们的自由选择范围。这样的投入使共同体成员有可能以较大的确定性按照他们同伴将要做的事情采取行动。相关联地,由于共同体成员的活动大体上保持在既定关系领域之内,他们时时能够再生产传统文化而不引出相差甚远的解释变异。所以传统共同体就是紧密交织、总体自主的集体,分享着一种

---

① 不妨想想人们所讲的祖先故事;首要条件是后裔的存在。而且即便是在按家系组织起来、有"祖先崇拜"之风的社会里,有的祖先标志着当代社会生活的重要向度(比如被称为特定群体的共祖),那么他们尤其有可能被人缅怀(参见 Calhoun,"The Authority of Ancestors")。一般地,传统就像这样,它让过去的特殊面相鲜活如新,不是一部中立、全面的历史。

② 因此,尽管希尔斯认为19世纪的自由主义者"把传统看成对人类自由的限制"是正当的,我们或许准确领会到一种"鸡和蛋"的局面。一方面,"传统束缚了个人;它限定了个人活动的条件;决定了他的文化资源,甚至决定了他生来的身份"(Shils, Tradition, p.197)。另一方面,改变现实环境需要传统内的创新,有些社会组织比另一些社会组织更支持稳定的传统,而个人在他们对传统的阐释的新奇性和破坏性上是因人而异的。资本主义创造出一个总体,由此不利于许多传统社会组织;那个总体的再生产要求在生产技术和众多社会互动上不断翻新。

③ 直接关系不但包括极其亲近和亲密的关系,还包括社会学家有时所称的"次属关系"。它们不包括通过官僚机构的中间作用或者(很大程度上)穿越空间的通讯技术构建起来的那些关系。缺乏私人性承认和面对面质素的关系,我会称之为"间接的"(Calhoun,"Computer Technology, Large-Scale Social Integration and the Local Community")。

④ Calhoun,"Community:Toward a Variable Conceptualization for Comparative Research"。共同体也可能在界定其成员身份的边界清晰度上各各不一。与他者相对照的"我们"是谁的这种清晰性,在某些环境下可能是集体行动的重要诱因(见第七章)。

生生不息的共同文化。

传统共同体是激进动员的重要基础。共同性构成一种先在的组织方式,可以确保个人参与集体行动。共同体提供了动员的社会组织基础,因为亲属关系和朋友关系网络、共享的手艺或娱乐提供了沟通和忠诚的边界线。生活在完备整合的共同体里的人无须煞费苦心的正式组织就能发动一场抗议。而且他们知道谁可信赖谁不可信赖。共同体关系本身就是重要资源,可以"动员"来支持任何叛乱(虽然它们往往被"资源动员"分析所忽视)。部分出于这个缘由,农民、工匠和其他民众的反叛通常在地方层次比全国层次凶猛得多。甚至当这样的运动扩张到远超直接的、面对面的共同体范围之外时,它们常常四分五裂,要不然就被特殊利益集团收编了。在革命法国(不管是第一共和国还是第二共和国)提到反叛的农民(举例来说)的时候,我们可以描述外在特征相似的一个阶级,但我们最好别下结论说农民行动起来是个阶级。他们在众多地方共同体的基础上采取行动,自然地在地方性策略、需求和势力上有差异。① 他们也许可以成为自在的阶级,但那时他们只是自为的共同体。②

传统共同体给予人们许多"利益",他们将为之舍命相护:家庭,朋友,习惯的手艺,宗教信仰,还有生活方式。只有当加在依然融贯的生活方式上的外来压力有摧毁它之虞,或者新的发展机会使旧目标触手可及的时候,民众叛乱才会发生。因此传统本身并非叛逆的,反倒是一股保守力量。

共同体也大致可作如是观。平时传统认知和共同体关系的根深蒂固使之显得保守,给文化和社会关系的再生产准备了条件。但在剧变时代,恰是这种保守主义可能让传统共同体在政治上变得激进乃至革

---

① Maurice Agulhon, *La république au village*, pp. 305-406; and Price, *French Second Republic*, esp. p. 121.

② 对农民的这种见解暗含在马克思的描述中,他说农民像袋子里的马铃薯(*Eighteenth Brumaire*, p. 239)。马克思抓住了社会基础对集体行动的重要性(比如 *Poverty of Philosophy*, p. 211),即便他未能准确识别出不同社会基础的蕴意。

命。① 比如,英法的手工纺织工和其他工匠对资本主义工业的侵入做出反应,试图保卫他们的传统手艺和共同体不受破坏。手工纺织业在工业化(它降低了这门手艺的地位)早年吸纳了数千新人(尤其是在英国),这无济于事。工业化在生产过程的瓶颈处不断地扩大或创造手工艺,不料后来却毁了它们。② 虽然相比于许多收入更丰厚的组织更有序的手工业群体来说,这些手工工人较为卑弱,但他们的卑弱不会改变这一中心事实:他们经常是在传统共同体中生活、工作和反叛。③ 我已说过,界定社会和文化的这样一种组织模式的,不是年深日久。既然织工们拼命保卫他们已有的东西,那他们就跟地位更优越的工匠们相仿。如休厄尔所表明的,工匠们的辩护语言从旧制度发展到 1848 年之时,在传统要素当中涵纳了新观念。④

然而传统的法团主义依旧是一种核心的组织化主题。新的更易辨识的社会主义思想或者从法团主义中生发出来,或者在它们能够适应思想和行动的传统结构的限度内被吸收进去。变化多不在传统本身,而在它们的背景。随着新技术和资本主义经济组织的新模式的引入,18 世纪尚很保守的东西变得激进起来。很大程度上正是资本主义的这些新模式转变了有些工人的视角,从捍卫相对于其他工人的特殊群体权利转向日益瞩目所有劳动者的相似处境。

并非所有劳动者都同等关注对资本主义的这种激进反应。有的工人是直接受益的。于是在 1848 年法国革命中,工厂和现代资本主义机构的雇员往往作壁上观。⑤ 青年工人被排斥在工匠社团之外,他们常常一马当先地参加国民别动队(*Garde Mobile*),在那里为镇压 1848 年 6 月

---

① 巴林顿·摩尔详细描写了传统共同体在造成对不公正的容忍上的作用,但也表明了 1848 年德意志革命期间民众动员中的保守主义的重要意义(Moore, *Injustice: The Social Bases of Obedience and Revolt*, chap. 8, pp. 126-133, p. 158)。

② R. Samuel, "Workshop of the World"。

③ 参见 Calhoun, *Question of Class Struggle*, pp. 43-48, 78-83, 195-198。

④ Sewell, *Work and Revolution in France*。

⑤ Price, *French Second Republic*; Tilly and Lees, "The People of June, 1948"; and Traugott, "Determinants of Political Organization" and *Armies of the Poor*.

的工人起义发挥了主要作用。①

农民在取向上跟城市工匠也有点差别。一方面,众所周知,正是农民给予波拿巴政权最强大的民众支持。他们观点守旧,拥护秩序党和权威。但波拿巴政权最初也仍是共和主义的变体;农民并不敌视一切变革。相反,当二月革命显示了政府镇压的外强中干时,农民立即行动起来试图矫正传统的委屈、实现传统的目标。如西奥多·泽尔丁所说:"革命后最初的日子里,他们只是意识到政府完蛋了。他们的第一反应不是政治性的。他们涌入公地和森林,宣称索回他们输给富人的传统权利:他们将抵制他们的人的宅子洗劫一空,将收税人和警察赶得无影无踪,拒不纳税缴费。"②泽尔丁接着把农民的这一集体行动描绘得类似于发生在镇上的那种:"那儿纺织业的手纺工人砸烂了机器,是它们威胁到他们的生计;那儿马车夫和船夫烧掉了火车站,撬掉了这种正让他们濒于破产的新发明的轨道。"③

但是农民和城镇工人间不但有很多相似之处,也有一些重大差异。农民不只是防卫性地行动的卢德分子。④ 新的税收和约束性义务让他们焦心;他们是旧仇宿怨的承载者;不过他们也怀揣着古老的渴望而行动。他们追求更多土地使用权的物质收益,和在共同体内独立尤其是独立于外人的社会收益。他们追求传统价值的新实现。由此他们愿意采纳切合其既存文化和共同体的新政治思想,红色共和党人(选举时指赖特律-洛兰的支持者,但广义地指坐在国民议会左侧的激进共和党人)俘获了人数可观的农民的心。尽管1848年那时农民因票选路易·拿破仑而传名,但很多人在1849年就转向了赖特律-洛兰、共和党人和社

---

① Theodore Zeldin, *France 1848-1945*: *Politics and Anger*, p. 125; 亦见 Agulhon, *La république*; J. M. Merriman, *The Agony of the Republic*: *The Repression of the Left in Revolutionary France*, *1848-1851*; and T. R. Forstenzer, *French Provincial Police and the Fall of the Second Republic*: *Social Fear and Counterrevolution*。

② Zeldin, *France 1848-1945*, p. 127.

③ Ibid.

④ 当然可以争辩说,1811年英国的卢德分子本身也不"仅仅是卢德分子"。他们防卫性地行动,但不止针对新机器的蔓延,还慧眼识奸地针对有些雇主,后者通过废除固定价格改变了劳工工资。参见 Thompson, *The Making of the English Working Class*, 第14章。

会主义者。①

我所认为基于传统共同体的这两类激进主义之间并无矛盾。要紧的是承认无论是捍卫传统惯例还是要求传统目标的付诸实施都久成虚话。注意到后者有助于解释,为什么如埃里克·沃尔夫所见,20 世纪较为富裕的"中产"农民不成比例地卷入激进活动。② 这样的农民投身于潜在革命性的斗争,不是因为他们对世界应当如何运转有全新的观念,而是因为他们对自己的生活应当如何运转有旧式的观念。③ 这些农民像城乡的工匠们一样是遒健的激进势力,因为(1)他们经常拥有参加斗争的资源;(2)在叛乱和国家机器弱不禁风之际,他们有一种感觉,他们祖先为之奋斗了几百年的目标几乎计日程功;(3)假如他们掌控不了自身命运,他们所失去的远远多于早已贫困潦倒的人,或者被迫离开传统共同体、进入早期工业的工资劳动者那较少团结互助的群体的人。

我已说明,传统共同体赋予它们的成员持久作战的社会力量、保证充分的集体参与的"选择性诱因"和所奋争者既是同享的又是根本的那种感觉。这区分开了传统共同体和现代工人阶级。④ 这种传统共同体的团结也会给予其成员识别集体公敌的更优能力。恰是它们那种封闭性,它们对外人的排拒,在我们看来显得"落后",却是它们间或发生的极端保守的激进主义的部分基础。共同体组织为相当程度的自我调控做好了准备。就小地方和专业化手艺而言(就像旧制度欧洲的大部区域和今日第三世界的很多区域那样),共同体的边界清清楚楚,边界内的社会关系基本上是自主、自律的。蒂利借用哈里森·怀特的"种类网络"(CATNET)概念,表明了既在种类上区别于外人,又内在地密合于

---

① 马尔加当曾表明,农民共同体的政治依地区而变,(法国)西南地区要为农民卷入 1851 年叛乱的大多数情况负责(T. Margadant, *French Peasants in Revolt: The Insurrection of 1851*)。
② Eric R. Wolf, *Peasant Wars of the Twentieth Century*, p.292.
③ 也许对这些观念的最重要描述是"道义经济学"概念,汤普森把这个概念推上显要位置;请参见 E. P. Thompson, "The Moral Economy of the English Crowd in the Eighteenth Century"。亦见 J. Scott, *The Moral Economy of the Peasant*,他把这个概念运用到近期的亚洲农民运动。法国"得民心的征税"(*taxation populaire*)的悠久传统揭示了类似的关怀。
④ 现代工人阶级的有些部分也可能聚合在传统共同体里——族裔聚居区,比如该族群密集在某单一产业中,就像美国钢铁业中的波兰人——但这不是整个阶级的团结的基础,不是马克思主义的现代工人阶级观念的枢要。

社会网络中的重要性。① 他认为这样的群体更易动员。

从四个重要方面来看,这是传统共同体的典型特征,有助于解释它们直接动员的能力,而不是通过对现代工人阶级至为紧要的正式组织来动员。第一,这种共同体的成员将发现,辨认集体公敌比较容易。如果像世界许多地方在工业化和中心国家形成的过程中所发生的那样,精英们选择自绝于地方共同体,他们就变成外人,潜在地被树为敌人。相反,精英融入地方共同体则降低了反精英行动的可能性。第二,大体上自我调控的系统可能被任何形式的侵入搅乱。故而即便改善穷人生活的用心良苦之举也可能危及工匠、农民等人的共同体生活。这样的举措如果任其延续,会通过提供资源的新源头抽掉共同体的自主性。然而司空见惯的是,共同体抗拒一切扰乱,包括"好心人"的扰乱。第三,就共同体是自我调控的而言,人们有充足理由设想一个社会,在那里,共同体和类似共同体的其他群落完全自治,不受精英的干涉和剥削。因而工匠和农民对劳动过程的传统控制照应着共同体对社会生活的控制——与此相对的是现代工人阶级成员的经验,他们在工作和私人生活中都服从正规训练的"专家"的不时干预。② 第四,共同体的自治使它们在集体行动的预期攻击目标的视界外有一个强大的动员基础,一个自由的社会空间。通过非共同体的正式组织开展活动的需要意味着现代工人运动必定始终暴露在意识形态反击之下。

激进集体行动的社会基础

人们早就注意到,发达资本主义国家的工人阶级往往追求多方面

---

① Charles Tilly, *From Mobilization to Revolution*, pp. 62-64. 亦见 Roger Gould, *Insurgent Identities: Class, Community, and Protest in Paris from 1848 to the Commune*, 他分析了网络动员如何将 1848 年法国革命与巴黎公社联系起来,扩展了此处呈现的这种分析。

② 参见 G. Palm, *The Flight from Work*; David Stark, "Class Struggle and the Transformation of the Labor Process: A Relational Approach"; and Christopher Lasch, "Democracy and 'The Crisis of Confidence'"。

的改良,而不是"自发"组织起来革资本主义的命。① 这种现象当然与马克思的预期相抵触。不过真正的问题是如何从理论上调和证据。革命尚未在主要工业国家发生当然并不证明它不会发生;作为对马克思主义的反驳,革命的延迟缺乏理论力量,不管它实际上可能多么中肯。我们想知道的是,哪些决定因素是无效的,必须从马克思理论中丢弃掉,或者哪些中介变量或基本变量必须加进去。本章目前已考虑过从前被忽略的传统和共同体在为激进运动准备条件上的重要意义。现在我只希望表明现代工人阶级在各类极端保守的激进分子映衬下突显出来的几个社会特征。特别是从革命热情、革命利益和革命能力的混淆中冒出来一些问题。

在知识分子和总体上隔离于工人主力的其他群体中间,革命热忱比工人阶级中间澎湃得多。在发生过的革命里,这些群体起了关键作用,尤其是在旧制度的权威被破坏之后,他们是国家构建和中央组织的能动力量。这些知识分子极少是缔造革命运动的首要原动力,纵然是他们给予运动以主要意识形态取向。这一观察引出的中心问题是,革命意向是不是革命行动的可靠预测器。这个问题包含两方面。首先,许多革命思想融入并不寻求革命的那些群体的意识形态中——甚至有许多威权主义国家的领导人都声称是革命的。其次,革命起义中的关键行动者常常寻求简单的纠错或改良;正是精英们平息其怨愤的客观无能导致叛乱者的日趋激进化及其要求的革命性冲击。更一般地说,需要质疑的是,参加革命的意向甚或变得特别激进的意向,是不是造就

---

① 在世纪之交的第二国际和20世纪初的马克思主义运动中,关于修正主义、左倾、机会主义等的争论为这一评断提供了权威章句。爱德华·伯恩斯坦(《进化社会主义》,第221页)认为,工人的生存状况排除了对社会主义转变的直接要求,而使改良主义成为必要。列宁(《怎么办?》,第609页)同意工人不会自发超越改良主义的"工会意识"的说法,但执意认为一个先锋政党能够引导阶级意识本身。罗莎·卢森堡(《群众罢工、党和工会》,特别是第15—16,63页)否认工人不能直接制造革命这一命题;她觉得哪怕没有先锋政党的介入,直接的群众集体行动也会培养工人的革命性阶级意识。安东尼奥·葛兰西(《狱中札记选》)区分了"阵地战"和"运动战",由此弥合了这一对立,暗示在更直接的革命行动的机会降临之前,反霸权斗争可能必须持续多年,但他也说这样平和的斗争未必是改良主义的。无政府主义者同时争辩说,革命压根不需依靠工人;他们在某些"第三世界马克思主义"那里产生了当代的回声。像派文和克洛沃德(《穷人运动》)之类的民粹主义悲观论者也拒绝了为了激进变革依赖改良主义工人,转而强调穷人的打破稳定的作用及其可以赢得的让步,尽管他俩并不很看好革命转变的前景。

第三章 传统激进主义:共同体力量还是庄严的伪装和借来的语言?

激进动员所必需的。传统主义的和资本主义的要求都可能以极温和的改良主义方式提出来,却仍然因精英们不能做出有意义的让步而与之对垒。

在论及发达资本主义国家的工人需求的现代化和现实革命中前资本主义诸阶级的优势地位时,马克思主义者提出了各种主张。列宁既强调了帝国主义,尤其是自发的工人阶级意识和行动的局限性,又强调了知识分子从外部进行领导以超越单纯工联主义的必要性。① 稍晚一点,一组重要文献讨论了潜在革命的无产阶级这个定义中的问题。这些述及阶级结构的作者们意在:(1)指出有些工人和小资产阶级成员的利益在现代资本主义内部可能是矛盾的;(2)证明严格说来不创造剩余价值的那些工人(比如销售人员和办事人员)的无产阶级斗争具有潜在重要性。② 这条分析思路的一个核心假设是,工人跟其他人一样,理性地应对其客观利益。阶级利益被断然地跟无产阶级的特殊成员的经验关切甚或整个无产阶级区别开来。③ 尽管这一取向有效说明了现代资本主义阶级结构的复杂性和马克思主义范畴在研究该结构上的适用性,但由这种分析引出革命的政治结论却意味着痴心妄想和对经验证据的蓄意阻抗的结合。它的倡言者们采纳了一种非常理性主义的立场,该立场无视实际工人的具体意识形态取向和集体行动的组织困境,或将之贬到不相关的次要问题的地位上去。④

面对工人不去追逐其客观界定的利益的事实,这些作者被迫退守虚假意识概念。在这样的论证中,直接生存状况和精英的主动意识形态努力都被认为阻碍了真正阶级利益的承认。照 E. O. 赖特说来:

> 资本主义社会的阶级利益是在不存在资本主义关系的神秘化和扭曲之时会成为实际斗争目标的那些潜在目标。因此某种意义上阶级利益是假说:它们是涉及斗争目标的假说,如

---

① Lenin, "What Is to Be Done?", p. 24.
② 比如参见 S. Mallet, *La nouvelle classe ouvrière*; Andre Gorz, *A Strategy for Labor*; N. M. Poulantzas, *Classes in Contemporary Capitalism*; and E. O. Wright, *Class, Crisis and the State* and *Classes*。
③ 亦见 Marx, *Holy Family*, p. 37。
④ 这一点的极大例外是 Adam Przeworski 的著作,尤其是 *Capitalism and Social Democracy*, 第二章,下文将会论及。

果斗争中的行动者对其处境有着科学、正确的理解,就会发现那些目标。①

相对于虚假阶级利益的真实阶级利益概念本身就是成问题的。②经常被人留意到的多是其专断性,客观目标的外部分析由此被授予优先地位,高于行动者对其自身利益所具有的主观意识。③ 对戈兰·瑟伯恩来说,

> 采用了阶级利益概念的马克思主义者遇上了大麻烦,他们很难给它精确的经验定义……在理性行动理论中,"利益"可能作为一场确定博弈的一部分被指定准确意思,运用到若干界限分明的社会情境下,包括市场和别的地方。但是当它用于更复杂的背景中,指谓"长期""客观"或"真实"的利益(也就是不同于事实偏好的某种东西)时,这个概念似乎给本质上是意识形态的评价提供了一种伪客观性。④

---

① Wright, *Class, Crisis, and the State*, p.89. 在《阶级》(*Classes*,尤其第一、三章)一书里,赖特主要受了约翰·罗默的影响,对这个观点多少做了些更正。他更微妙的新概念化承认了阶级利益的多样性,它们不止服从于科学真理价值基础上的排序,还把非阶级利益视为真实的,而不仅是神秘化的结果(虽然赖特仍对它们不知所措)。

② 在非列宁主义的马克思主义者中间,时髦的做法是运用葛兰西的"霸权"概念而不是虚假意识概念去解释工人的注意力何以从"终极理性"目标转移开去。在此语境下差异微乎其微,主要在于更突出造成错误理解的是精英的意识形态力量,而不是工人意识的内在局限。

③ 工人阶级的现实成员可能想什么或者曾经想过什么,对这样的"经验主义"关切点的辩护一直是马克思主义社会史的中心,后者至少与马克思主义理论的结构主义变种相对立。在汤普森《理论的贫困》一文中它是反对阿尔都塞的论辩的一部分。汤普森愿意考虑现实工人关心的问题,这引导他承认彼此竞争的众多利益的存在所具有的某些改良主义含义和"工人阶级组织叠盖在现状之上":

> 我们不一定同意赖特·米尔斯(C. Wright Mills, "The New Left", p.256)的意见,以为这说明工人阶级只有在其形成年代才可能是革命阶级;但我想我们必须承认,一旦某个高潮时刻过去了,适合某种革命运动的机会也就无可挽回地过去了——与其说是因为"强弩之末",不如说是因为更受限制的、改良主义的压力从稳固的组织基础冒出来,导致显著的退潮。(Thompson, "The Peculiarities of the English", p.281)

我赞成汤普森关于现代政治的论点,但我在此认为这起因于工人史上比汤普森《英国工人阶级的形成》所体认的更要为深远的不连续性。亦见 Calhoun, *The Question of Class Struggle*。

④ G. Therborn, *Science, Class, and Society*, p.146. 很明显,这不只是对表面客观的利益的马克思主义分析的问题,而是一切马克思主义分析的问题。

赖特把革命阶级意识与认清真实利益相等同,在这当中使用的利益概念是基于极度苛刻而不切实际的假设。特别是他假定,对无产阶级成员来说,真实利益中间不存在任何冲突,即使他承认有些人处于矛盾的阶级地位上。① 而且与集体行动理论的最佳指点相反,他假定利益的理性承认直接意味着追逐那些利益的行动的理性。② 这后一问题,即便在他较近的论述(它弱化了先前的关怀)中,也依旧是个争论点。③

当马克思提出革命是唯一合理的无产阶级行动进程时,他同时在坚持认为工人失去的只有锁链。换句话说,革命在马克思的叙述里是合理的,是因为工人没有更温和、少冒险的办法改善他们的处境。要成功论证革命的合理性,这个条件必须保持住。说唯有通过革命才能实现的社会主义社会可能优于因缺乏革命而留存下来的资本主义社会,这还不够。潜在好处的这种定量差别压不过成本和风险上的(定量和定性的)差别。为了证明理性主义的利益理论是革命行动的基础,人们必须以某种方式主张,要么潜在革命阶级成员找不到任何替代方案,要么可得的替代方案是不相关的。

在此关联下,马克思详细描述了他认为会使资本主义社会两极分化并使工人贫困化以致他们别无合理选择的种种条件。直面这同一问题,赖特简单地相信阶级利益不可化约为个人利益,从而坚信替代方案的存在对个人是不相关的。④ 虚假意识大体上变成个人意识凌驾于阶级意识之上,但我们很难明白赖特如何能避免将阶级实体化。问题在于,对阶级结构的有效叙述,如果说到底要关联于阶级形成的政治分析的话,就应当表明结构具有某些确定的影响。但若是谁假定结构地位是阶级形成的必要也通常充分的条件,那么他就被逼做出一系列特设的、依情况而定的解释,以便处理阶级形成明显未能如预期般进展的问题。

亚当·普热沃尔斯基批评了赖特"矛盾阶级地位"(把人置于纯粹

---

① Wright, *Class, Crisis and the State*, pp. 61-87.

② 参见 Mancur Olson, *Logic of Collective Action*; and Terry M. Moe, *Organization of Interests*。

③ Wright, *Classes*.

④ Wright, *Class, Crisis and the State*, pp. 87-90; and E. O. Wright and A. Levine, "Rationality and Class Struggle", esp. pp. 56-58.

无产阶级和纯粹资产阶级的极化概念之间的几乎所有地位)的主张,他就根据这些术语来批评:

> 客观定义的阶级和作为历史行动者的阶级之间的关系问题,靠任何分类方法都解决不了,无论是分成两个或多个客观阶级,再加上或不加上若干矛盾地位。这个问题一直存在着,因为这样的分类不管是政党总部或是学术圈所为,都要不断地经受生活——更准确点说,政治实践——的检验。赖特的"矛盾地位"仅在这样的意义上是矛盾的:他的"真正利益在社会主义"的那些断言,不是由据说拥有这种利益的人的意识和组织来印证。理论上我们可以把人随心所欲地归入任何类别,但在政治实践中我们遇到的是真实的人,他们有着自身的利益和利益意识。①

在"分析马克思主义者"中间,普热沃尔斯基因专注于历史分析而显得非比寻常。然而,他对阶级理论的起源和无产阶级化问题的叙述被他的假定损害了。他假定:

> 1848年人们朴素地知道谁是无产阶级。这是因为全部标准——与生产工具的关系,体力劳动特点,生产性就业,贫困和落魄——共同提供了一致的形象……无产者是按照与生产工具相分离来定义的,这个概念的理论内涵十分符合被设想为体力(主要是工业)劳动者的无产者的直观概念。②

换句话说,他没想过某种程度上马克思的无产阶级概念自始即体现了一种混淆:一边是基于对社会运动的观察的政治激进主义期望,无产者在那些运动中是较为次要的力量,另一边是恰当预见了无财产劳动者的与日俱增的一种经济理论,两者混为一谈了。普热沃尔斯基看到模糊性在上升,仅仅因为历史状况开始偏离与理论十分相符的19世纪中期的模式。不过,他对历史趋势的主要看法是言之成理的:工人与

---

① Przeworski, *Capitalism and Social Democracy*, pp. 65-66.(中译本参见亚当·普热沃尔斯基:《资本主义与社会民主》,丁韶彬译,中国人民大学出版社2012年版,第66页。——译者注)

② 同上书,第54—55页。(中译本参见第56—57页。——译者注)

生产工具相脱离不同于产业工人岗位的创造,因此无产阶级化的这两种意义就背道而驰了。① 阶级形成甚至从来不是已完结的过程,因为资本主义继续在变,也改变着阶级形成的底层结构状况。再说,为什么只有符合狭窄的无产阶级结构定义的那些人才应当要么"像无产者那么生活、思考和行动",要么是社会主义的或其他类型的激进动员的一部分,这也无理可说。② 阶级不是激进集体行动的唯一解释,也不是被生产体系中的地位结构唯一决定的。在普热沃尔斯基那里,毋宁说阶级是占据这样的位置的个人的种类与集体行动的具体事件之间的关系。③ 阶级的形成是斗争的结果,阶级也是资本主义时代的大规模社会—政治斗争所从事的活动的很大部分。但是最终,不论这样的阐发多么合情合理,普热沃尔斯基没有提出一种理论的或具体而历史的解释,说明"生产体系中的地位"、文化或意识形态认同、过往政治经验和当前社会关系如何凑泊而成某些集体性,它们能够从事冒险却协调的集体行动以追求不可能的结果和遥远的目标。由于他的旨趣在社会民主史和资本主义民主的运作上,他反而将注意力转向工人政党之类的正式组织。在检视它们的时候,他阐明了争取资本主义的改革和民主社会主义的创造的持续斗争,但没有阐明革命。

当赖特运用罗默的博弈理论模型(剥削界定了阶级,只要"社会博弈的行动者"的一个联盟有意退出博弈)修正他的表述时,他似乎滑向远不那么整体主义的阶级概念,视之为个人的汇集。④ 此时阶级被直接根据利益——若是没有让人糊涂的状况,就会带来特定的集群行动的那些利益——来界定,而不是当成利益的基础。个人在剥削关系结构中所处的位置决定了他们的利益,可能包括非阶级性的利益。当然,这仍是受结构地位决定的利益的抽象分析,因而虚假意识还可能被抬出来解释为什么有人不按正确方式行动。

不管对行动的内容或导向可能依然存有怎样的疑问,赖特的新阐

---

① Przeworski, *Capitalism and Social Democracy*, pp.65-66.(中译本参见《资本主义与社会民主》,丁韶彬译,中国人民大学出版社2012年版,第60页。——译者注)
② 同上书,第63—64、79—80页。
③ Przeworski, *Capitalism and Social Democracy*, pp.65-66.(中译本参见《资本主义与社会民主》,丁韶彬译,中国人民大学出版社2012年版,第81页。——译者注)
④ Wright, *Classes*, chap.3; and John Roemer, *A General Theory of Exploitation and Class*.

述确实提出了集体行动(虽然这不是他操心的)问题分析的必要性。一般而言,如果谁拒不承认阶级利益的绝对不可化约性,不承认阶级利益的存在与组成阶级的个人的任何利益或表现出来的偏好有鸿沟相隔,那么他必须直面成问题的集体行动。奥尔森的论证提出了根本问题加以讨论。他假定完全理性和完全信息,因此神秘化不是他对人们未能集体采取行动的解释。相反他认为,"除非一个集团中人数很少,或者除非存在强制或其他特别手段以使个人按照他们的共同利益行事,有理性的、寻求自我利益的个人将不会采取行动去实现他们共同的或集团的利益"①。

这一发现乍见之下令人惊异,道理其实很简单。奥尔森相信,个人不全然笼罩于集体之下,也不被单一利益所规定。他们有无数利益,其中仅少量与人共享。理性的行动进程是个别地追逐可实现的、令人心怡的利益,因为在不加强制的情况下,个人不可能依赖他的同伴,而在大集团里,若无高参与率,人们的行动收益份额与其本人贡献的成本可能不相称。特里·莫曾表明,奥尔森的理论低估了直接政治诱因的重要性,换言之,人们比奥尔森所想的更感兴趣于关乎经济价值的政治价值。② 但是莫的分析并未消除从个人利益进至集体行动的问题,反倒是引入了看待个人利益的一种更普泛态度,它更合乎利益集团政治学的目标。马克思主义分析以理性地承认客观利益为基础,却没有提出实质证据证明它们声称的阶级利益对个人利益的彻底优先性。赖特那种科学主义的马克思主义是这样,卢卡奇那种历史主义的马克思主义也是这样。③

我要说的是,奥尔森提出的那些问题,很大程度上可由我的传统共同体分析来对付。不但共享的传统预先使得个人倾向于对其情境的相似分析,而且嵌入在共同体关系中也造成个人间的利益相依。认真对待个人(相对于把阶级实体化)并不意味着视个人为一模一样、普遍理

---

① Olson, *Logic of Collective Action*, p. 2. (中译本参见曼瑟尔·奥尔森:《集体行动的逻辑》,陈郁等译,格致出版社 2014 年版,第 2 页。——译者注)

② Moe, *Organization of Interests*.

③ Georg Lukács, *History and Class Consciousness*. 确切说来,卢卡奇有一种强力论证支持"无产阶级立场"的分析力,但对无产阶级作为阶级行动者的社会学形成未予论证。

性的行动者,不如说是只是承认:(1)人与人间的质的变异,尤其是(2)个人不是孤立、自在地存在的,而是存在于社会—文化关系中,那些关系正是他们个性的条件。共同体未必是高于其他自私利益的额外好处,很多情况下就是其成员的持续自我身份的条件。比如在手工织工的村落里,少量的非织工——如菜贩、酒店老板、商店店主等——很可能有赖于纺织业才能兴旺发达,一如织工们依赖纺织业那样。债务网络也许和情感网络同样重要,在这两者之间,似乎颇可理解的是,每人都应使他或她的利益与全体利益一致。

对于这种社会组织在造就集体行动基础上可能发挥的作用,当然有一些限制。规模限制是最一目了然的。① 大群体不仅模糊了特定个体的贡献(或其阙如),将行动收益撒播到更大一群受益者中间,还使得高密度的共同体关系不太可能形成。有关群体规模与集体行动能力的论点是奥尔森原创理论的核心。他表明,超出极小群体(12人左右)的范围,某一形式的正规组织和强制就是确保理性行动者当中的集体行动参与所必需的,他们单靠自己没有充足资源和兴趣提供集体物品。在此我尽力说明,群体规模论点对不同类型社会组织在制造集体行动上的效力可以有些推论。②

"阶级"概念根本上是个人主义的概念——或者起码马克思主义的"自在阶级"概念是这样。根据共同的属性或地位,许多个人被归为一类。然而设想这样的阶级是个集体行动者就需要修正这种个人主义起

---

① 也应当很显然的是,实现一套共享利益所需的策略越复杂,以传统共同体为基础的动员成功概率就越小。尽管如此,传统共同体优势明确。仅举一个领域为例,奥尔森和莫都发现最初加入利益集团的决定需要在他们的理论里加以解释。但他们(尤其是莫)都主要关注正式组织,它们是其成员自觉地创立和参加的。传统共同体在为某套特殊利益进行某种特殊动员之前就存在着。它们的成员不会因创建组织而蒙受损失,反而获得一种主要资源,它正好展现为那种社会组织和他们正设法保护的共享价值观。

② 群体规模论点可溯源至孟德斯鸠,古典的基石可在米歇尔斯(《政党》)和齐美尔(《群体的定量层面》)那里觅得,但关键的现代根源在彼得·布劳(《不平等和异质性》)。下文的讨论中,我不光接受了布劳的方法论个人主义和理性行动假设,还接受了他撇开文化进行论证的尝试。尽管这每一点都给一种一般理论提出了潜在问题(而我宁愿否认每一点是一条确定命题),我不相信它们严重削弱了我此处的论证。某种意义上它们可能加强了它。传统共同体重要性的论点很容易被说成是支持情感纽带、反对理性利益的论点。我希望表明,共同体关系实际上可以服务于理性利益(虽然对于按照个人主义理性选择理论归于每个人的那种无根方式思考和行动的人,它们可能不起那样的作用)。

点。说阶级各成员与另一阶级或与劳动过程中的资本处于相同关系中,这还不够。个人必须彼此联系起来。这种交互的社会关系可能被当作是本体论上给定的,或者被看成个人社会行动的结果。不管人们有没有兴趣保留方法论个人主义,这一取向有个便利之处:它提示我们分析阶级内的整合或团结的可变程度。

譬如,要是我们假定一个恒定的或随机的相互关系率,再假定人们彼此交往的一个随机倾向值和机会值,那么显而易见,在其他条件不变的情况下,人群内的关系密度是规模的递减函数。人群内人数越多,其中某人与另一人或另一组人有关联的概率越小,总的可能关系被实现的比例越低。不止净密度递减,密度均匀性也递减。群体越大,越可能被切分成团。当人们的相互关系被鼓励群内联合的各种结构模式——如同享工作地——所形塑时,这种趋势就越强烈。即便是在这相当简单的形式化陈述的限度以内,这一主张也有三条重要蕴涵。

第一,人群(比如阶级)人数越大,其成员间关系就越是丛集为子群体。换言之,很难想象阶级全体成员会彼此关联,相互关系也不大可能均匀散布在整个阶级中。假若关系均匀分布的话,阶级的集体行动潜能会被削弱。那将不会有什么强力集团,它们小得可以把人直接连成一体,并完全由更大的阶级的成员组成。故而阶级范围的集体行动可以仰仗阶级内的强力中间团体。若无这样的中间团体,阶级行动的可能性就代之以顶多是分享共同外部特征的众多暴民的同步行动而已。① 这样的中间团体可能是正式组织起来的,或者是社群性的,但一个阶级(或别的类似的人口大群)缺了它们,将只会为其成员提供参与集体行动的极微弱基础。② 因而阶级内的子群体对其集体行动很要紧,纵使它们可能是分裂之源。

整个阶级的集体行动不能靠直接让每个成员认同于全体而轻松实现,而是依赖于不那么普遍、专一地认同整个阶级的中间团体。机器纺

---

① 照旧假定一个随机的或恒定的社会关联率,阶级内关系的均匀分布不但将丧失各类中间团体,还使阶级成员被编织进去的那种较小的直接关系群组(如共同体)有可能在非阶级认同的基础上形成,包括很大比例的其他阶级成员。只有缺少稳定的朋友群、亲属群或同志群的人才能同时避免阶级内宗派主义和主要是非阶级网络中的成员身份。

② Calhoun, "Democracy, Autocracy and Intermediate Associations".

纱工经由成为机器纺纱工而是工人阶级的成员,管道工经由成为管道工而是工人阶级成员。当然,职业类别也许是"原型工人阶级",却不是唯一的一类可能很重要的中间团体。空间上的共同体、宗教社团和共济会等都可能构成了对工人阶级成员的集体行动很重要的中间团体。每个团体的内部组成和意识形态使之多少有益于阶级范围的动员,多少有悖于潜在地团结阶级成员的那些利益。把这些宗派认同和组群简缩到最低限度,可能在有些方面不利于阶级团结。所以阶级领导人的任务不是尽量淡化派系认同,而是调动这样的中间团体为共同事业所用。当然这需要更小的群体间的交错联结(中间团体的层层包容或许也是个优势,每一层都融合了低于它的小群体)。19世纪初期,试图采取阶级行动的英国工人就在这点上遇到麻烦,不仅有常常为人注意的行业排他问题,还有无力有效超越地方共同体纽带的问题。于是,卢德派在他们的共同体里很强大,却不能发动哪怕是区域性的协调行动,更别说作为全国工人阶级而行动,无论他们的意图原本多么富于政治性(或聚焦国家)。兰开夏的"负毯者"(Blanketeers)怀着(日渐消沉的)期望进军,希望在每个转弯的路口碰上起义同志。同样,彭特里奇起义者被奸细奥利弗骗得相信他们是全国性举事的一部分,假如他们有超出其左近范围的强大社会关系,他们本来是会怀疑那种讯息的。① 一面强调动机或态度,另一面强调在生产关系中的地位,却不肯考虑社会人际关系结构,这样一种解释的局限应当很明显。

第二,大人口集群里的社会关系聚团的趋势,有些情形下会有助于将非工人融入中间团体,后者可以动员起来追求工人利益。简单地说,如果一个人口集群被分成规模不等的两个群体,任何给定的跨界关系率对较小群体来说将成比例放大。比方说一个西赖丁村落由200个手工织工和10个店主组成,有50对跨越群体界线的(某特定类型)关系(如私交、亲戚或教友),那么店主人均有5对关系,而织工人均0.25对关系。在织工占主导但也有几个矿工、店主或其他人的村子里,后几个群体会比织工联系他们更密集地联系织工。在工业革命期间的村落和

---

① 当然,跨共同体关系如此薄弱的一个关键原因不能不涉及交通和通讯基础设施的低度发展。当负毯者进军时,从曼彻斯特到伦敦,在最佳路况下,最快的马车还得花两天时间。参见第六章。

小镇上,这个因素对保证共同体范围内的行动一致格外重要。

第三,聚团会影响到群内的权力和控制。正如形式上可证明的那样,任意给定相互关联度,则关系密度——进而大概还有参与集体行动的可能性——是群体规模的递减函数,所以反过来说,寡头控制的狭隘度是规模的递增函数。这对工人贵族在平息潜在的英国民众革命上的作用的论题,对阶级之类庞大集团中的集体行动的组织性质问题,都有着重要推论。集体越大越可能集权。① 而且如果集体的最低层级的比例规模随最高层级的规模削减而增大,那么总集体内的净不平等提高了。② 虽然这符合马克思对资本主义社会总体内财富日趋集中的预期,它也提出了以前未加审查的问题:一个特权阶层形式上可能从工人阶级内部浮现出来。这逐渐被看做是工人贵族问题,他们的利益背离了余下部分工人阶级的利益。

工人阶级行动有可能被较狭小的精英层组织起来吗,要不然它可能是工人群众的直接行动? 单单从当前的规模论证基础上看,前者似乎更可能。就正在谈论的工人阶级是外在地根据生产关系中的共同地位界定的从而是由个人所组成的而论,它表现出易遭寡头控制的大弱点。这种控制可以采取多种形式。米歇尔斯的"寡头政治铁律"最为家喻户晓。③ 列宁主义的替代主义形式上相似。分化极小的一大群人易受煽惑性领导操纵,这是另一种版本。19世纪初期,每逢民众活动延伸到地方共同体和行业层次以外,煽动家就变得对领导层很重要——有时和敦促更审慎分析的作者关系紧张。替代物——正规组织——要到19世纪20年代尤其是30年代才开始重要起来(即便那时依然相当不成熟,几十年如此)。正规组织本身并不解决寡头控制问题。它一般的所作所为,以及在19世纪三四十年代的英国很大程度上开始做的,是

---

① B. H. Mayhew and T. Levinger, "On the Emergence of Oligarchy in Human Interaction". 这与期望有点出入,原本人们预期工人阶级运动应该是彻底民主主义和平等参与的,它应该引领"随着国家的消亡"而寡头制日衰、自组织日盛的新时代的到来。这样的看法只有在下述前提下才可能成立:大规模社会组织多数情况下要被抛弃了(就它必须依赖正规组织而言),余下部分要通过直接人际关系的无数社会控制网来有序安排。这种控制的非正规性不会使它的密切性或约束性稍减,却会让参与度扩大到极致。

② Blau, *Inequality and Heterogeneity*, pp. 107-111.

③ Michels, *Political Parties*.

用能操控组织的人代替不羁的煽动家。宪章运动期间,这些人还常常是魅力型人物,因为组织尚未强大到全然不依人而立。宪章运动领袖不得不将滔滔雄辩与工联主义里占上风的更官僚化技巧结合起来。寡头制趋势主要是被强大的中间团体缓解的。比如一个政党或工会有强势的区域性或地方性组织,可能在全国层面上被视为由子群而非个人组成。行动者数量是推进寡头制的正式支柱;像地方支部这样的法人行动者必定少于个人行动者。①

简言之,对整个阶级甚或其中任一庞大部分来说,要动员起来从事集体行动,中间团体的层级结构是极其宝贵的社会基础,便于在寡头制(甚至独裁)和全然无序的极端之间引导动员。这样的中间团体可能是地方共同体、特定的手工业群类或全国性正规组织的主管部门。不过在最后这种情形下,重要的是那样的集团能够博得其成员的可观承诺,行动上有较高的自治、自律。假如它们不满足这些条件(强大的、先在的共同体一般是满足的),那它们将无力在个人私利和寡头的特殊利益或目标间有效斡旋。这种组织里的民主,与其说依靠消灭寡头,不如说依靠给普通成员提供手段,让他们透过中间团体采取行动,选择和/或控制寡头本身。若是这样的团体缺席,在缺乏强劲组织的庞大人口集群(比如阶级)里,谁都无法充分控制事态发展,或者充分相信结局如意,值得拼上他或她的诸多物质资源、时间、努力或安全。为了冒如此风险,个人需要别人也会出一份力的某种担保和相信行动成功的某种理由。

如本章开头评论的,革命的阶级行动尤其成问题。它的成功仰赖众多人的参与和铤而走险。弥赛亚热狂颇可令潜在的参与者相信成功

---

① 相反,变化的社会组织规模可以使一个贵族集团范围更狭窄更寡头化,同时与人口集群余下部分联系更疏淡,从而促成革命运动。如各家作者所表明的,在前工业时期后段,控制群众主要依靠地方精英人物的权威,他们作为个人认识所面对的群众当中的许多成员,还跟政府官员有私人关系。比如参见 J. Bohstedt, *Riots and Community Politics in England and Wales, 1790-1810*; and Calhoun, *Question of Class Struggle*, pp.161-174。首都的权力集中和各地变化的人口集群规模意味着传统地方权威颓坏了,因为它依赖跨越社会等级制各层级的人际关系。造成精英和普罗大众间的极严重分裂的那些政权有一种容易招致革命的倾向,对此我们可以给出类似的解释。也许极端的例子就是那样一些环境,其中社会革命动员和民族解放运动紧密相连,反对外国占领者和与之勾结的国内精英。

可期,从而使他们甘冒身家性命之险。弥赛亚热狂也可能令人人深信其他所有人很快将同心赴义。然而它不是马克思和大多数马克思主义者所考虑的革命的理性基础,也不是马克思主义重心所在,后者强调对自我觉醒和革命同志团结的承诺。① 但若这些因素缺席,那么个人不愿参与就入情入理了。为了使高风险参与合乎工具理性,一个人要么必定走投无路,什么后果都比现状的延续可取,要么必定相信成功有几分合理的可能性。如果我们假定精英和政府的压迫力量(和内部团结)不是无条件地足可防止革命,那么关键问题就变成革命者能否驱策足够的参与。让我重述该问题:卷入 1817 年流产的彭特里奇"夷平革命"("Levellution")的 200 来位德比郡人有理由相信他们真能推翻英国政府吗? 他们绝望得什么都不妨一试,还是在非理性地行动? 我的答案是,他们地方共同体中的显著的绝望情绪和相对孤立使这些人愿意相信他们最终会成功的糟糕预测。他们并不那么非理性,倒不如说是孤陋寡闻。但是有时候知道胜算渺茫会打消集体行动的念头。

让我们对这个案例审视片刻,不从彭特里奇起义未能发现与之呼应的全国起义的观点去看,而是从个人参与者的观点去看。这个人有理由相信他所认识的每个人都会参加起义。而且透过复杂的社会关系网,他和这些人同舟共济。这既给了他一颗定心丸,确信别人不会背叛他,也给了他很大压力,要跟他们协调行动,不反对他们。

这样的外力将不得不施加于反叛的个人身上,等于共同体引诱其成员从事集体行动的力道,想必势大力沉。实际上,共同体甚至可以动员人们长期进行集体行动,以极高的个人代价追求极不确定的目标。这是游击战的本质力量,就像一个又一个的西方军事指挥官艰难地、悔恨地了解到的那样。但是游击战的最大弱点是缺乏"终局游戏"(end game),从传统共同体汲取其动摇力量的那些革命也是如此。它们可以规定共享利益,提供遵循该利益行事的能力,至少在地方层面上。但是旧制度垮台后,它们不给成员提供直接控制政府(大多数情况下甚或是他们自己的生活)的手段。

---

① 我曾探讨过这些因素,见 "The Problem of Identity in Collective Action" and *Neither Gods nor Emperors: Students and the Struggle for Democracy in China*。亦见 Doug McAdam, "Recruitment to High-Risk Activism"。

非激进工人阶级

前一节瞩目于传统共同体为潜在集体行动提供的社会力量。但是现代工人阶级主要凭借工会和政党这样的正规组织,也能从事集体行动,有时候是更强的行动。现在我们需要阐明,为什么极端保守的激进分子的集体行动,比现代工人阶级更可能趋于激进。

第一个原因是,极端保守的激进分子所追寻的那类目标(至少像此处检视的那些情况下),与现存趋向如工业资本主义的崛起根本不相容。他们并非骨子里抽象地激进,而是相对于其他人正在追求的目标、政府或特权集团准备做出的让步,他们是激进的。因此,18世纪晚期欧洲的某种激进分子寻求汤普森所谓的"道义经济"①:出售产品而非出卖劳力的权利②,市场上的"公平价格"特别是粮食价格③,养妻育子的权利,在家或小作坊而非在工厂劳动的权利,继续靠手和手艺制作产品而不是被机器替代或被迫生产粗劣商品、向在上者请愿要求改过迁善的权利,用公地放牧或拾柴的权利,用铸币而非纸币付酬的权利。

这几乎不是马克思主义的理性主义者的阶级利益清单,甚至有几个更理性主义的、工人阶级或普通人的当代坚定支持者,对民众传统主义灰心绝望。比如约翰·韦德抱怨说:

> 有件事是肯定的,这些古代法是妨碍改革者的真正的绊脚石;它们是没完没了的无意义争吵的主题;它们拿胡说八道充塞人民的头脑,用轻蔑和讥讽使他们的支持者蒙羞。说我们的领袖应当继续坚持这些傻话,这令人生气也令人吃惊。难道他们除了发霉的羊皮纸、黑花体字和拉丁引文之外,对这老朽的市镇议席买卖体系一筹莫展吗?④

尽管有这种传统主义,尽管有很少超越模糊的民粹主义的一种意

---

① 参见 Thompson, "Moral Economy of the English Crowd",该文论述了发动一场粮食暴动——就其本身而论简直不算一场运动——需要些什么。
② Reddy, "Skeins, Scales, Discounts, Steam".
③ Charles Tilly, "Food Supply and Public Order in Modern Europe".
④ *Gorgon*, June 20, 1818, p.35.

识形态,传统共同体成员们的那些要求其实是激进的。不制止技术革新和资本积累的前进步伐,手工织工不可能获准继续平静地存在下去。当巴黎工匠抵制劳动分工时,他们是在攻击工业革命本身。资本主义工业化并不单单意味着这些工人的较低生活水平,还意味着要铲除他们的共同体和传统,他们在这些共同体中、借助那些传统生活和工作着。资本主义能回报他们的东西少得可怜。没有任何向善的改革或福利体系会为这些叛乱者的根本疾苦而疾呼。这样的让步本来可以讨人欢心的(而富人和权贵对舒缓穷人的苦命简直无所作为),但是它们仍未触动民粹主义者的生活的经济和社会基础——传统手艺和共同体——跟新秩序的根本不相容性。

因此无论极端保守的激进分子的意图多么温和平静,他们向公共秩序和新生的资本主义提出了猛峻的挑战。19世纪初他们在现代工业劳动力中的阶级兄弟已经能够组织工会追求自身利益,而无须造成如此挑战了。他们生于资本主义,能够在它之内竞逐各种分配性收益,不必根本威胁新秩序。

传统共同体成员从事大多数现代工人不会从事的激进行动的第二个原因,在于他们的行动能力。19世纪早期法国和英国的工人们当然落败了。① 但是他们比现代资本主义的工人更类似在其他时地参与了成功革命的那些人(不管他们喜不喜欢由此产生的国家)。斯考契波注意到,与中国革命的情况相比,法国和俄国更强大、更自主的农民共同体的存在是它们的农民革命进展更快的关键原因。她与查尔斯·蒂利、路易丝·蒂利和理查德·蒂利恰当强调了国家权力式微对革命成功的重要性,也强调了强化国家机器的长期趋势。② 这种渐增的权力及其对政府镇压革命的能力的提高,确实有助于解释最近西方历史上改良主义运动的优势地位。但是蒂利等人的另一项发现揭示了动员本身的力量变化。他们查明,随着城市无产阶级代替工匠和乡村共同体成

---

① 讲述英国这种故事的有 Thompson, *Making of the English Working Class*; Iorwerth Prothero, *Artisans and Politics*(亦见 Calhoun, *Question of Class Struggle*);讲述法国故事的有 Price, *French Second Republic*; and Sewell, *Work and Revolution in France*。

② Skocpol, *States and Social Revolutions*, pp. 148-149; Charles Tilly, Louise Tilly, and Richard Tilly, *The Rebellious Century: 1830-1930*.

为活动要角,1830—1930年间暴力抗议越来越多,越来越"采取主动"。但是它们也变得越来越短暂,越来越难以持久和协调一致。我认为从传统共同体向个体工人的正式组织的社会基础改变是主因。① 传统共同体被动员起来的时候,它们能够直面困乏长时间保持动员状态。就像费斯廷格、里肯和沙赫特在千禧年运动核心所发现的"真正信徒"那样②,极端保守的激进分子被整合到可以维持其信仰和志向于不坠的一种社会组织里。正如前文提到过的,他们无须为操持有特定目的的组织付出高昂代价。要想改善处境,他们也没什么别的方向可以趋赴。③

共同体未将潜在的反叛者联络起来的情况下,正规组织就变得更加重要。这本身就给真正激进的民众行动施加了压力。严密护持的正规组织可能对列宁主义理论和实践十分要紧,但它恰是大众革命动员的一种替代物,尽管若非后者,它大概永远成不了事。尤其是皮文和克洛沃德注意到,正规组织的存在常常让人感到别人在承担抗议的重负,人们不必牺牲自己的资源。④ 再说此前米歇尔斯提到过,正规组织容易引起寡头控制的问题。⑤ 组织(或有待组织的人口)越大,这个问题越尖锐。⑥ 这样的寡头制使组织领导人对维护组织本身而非服务组织成员感兴趣,切断了领导层和更大人群的联系,从而极大降低了广泛参与的可能性。即便对组织的精英层之外的人而言,对组织的投入使成员们关心维护组织甚于拿它在革命行动中犯险。⑦

最后,通过正规组织运转的需要造成组织间竞争的可能性。诚然,共同体纽带也能造成居住社区的亚群体间的竞争,那些社区在亲属团

---

① 这一论点契合于蒂利等人的《反叛世纪》,虽然它不是在他们的分析中提出来的。Tilly,"Did the Cake of Custom Break"(第38页)暗示了某种相似的东西,亦见本书第七章对20世纪中叶英法民众斗争的比较。
② Leon Festinger, H. W. Riecken, and S. Schachter, *When Prophecy Fails*.
③ 移民(特别是移往美国)大概是主要的替代之计;这在欧洲大陆1848年那代人中间为数众多。参见 A. Whitridge, *Men in Crisis: The Revolutions of 1848*, pp.238-326。
④ Piven and Cloward, *Poor People's Movements*.
⑤ Michels, *Political Parties*.
⑥ Mayhew and Levinger, "Emergence of Oligarchy".
⑦ 汤普森评论说"投入点滴改革策略中的堪称天文数字的人力资本总和"("Peculiarities of the English", p.281)。Albert O. Hirschman, *Exit, Voice and Loyalty: Responses to Decline in Firms, Organizations, and States*, 率先做出总体尝试,描述如此投入和奉献的组织成员所面临的选择。

体和独特行业之间的较量中分裂,而那些行业又被竞争组织(比如旧制度法国的各种同业团体)间的争斗所撕裂。① 然而这样的情况不会同等概率地带来正规化所能带来的按意识形态定界的集团之间的派系分裂。18世纪的手工业行会兴许是与非正式的手艺共同体重叠的正式组织。它们很正规的结构部分是它们衰落的根由,因为面对社会经济变迁时它一直很僵化,牺牲人数越来越多的满师学徒工的利益,给予师傅无根据的、简直世袭的特权。很大程度上是互惠和劳动价值的传统与以手艺为基础的共同体遗留到第二共和国的新生社会主义中,而不是正规组织。

尽管构建组织与激进行动并不对立,甚至是保证持久收益所必需的,但正规组织的确妨碍了往往予以旧制度最初的革命性破坏的那些类型的激进运动。西方资本主义大国的多数工人缺少激进主义的社会文化基础,而传统共同体给19世纪初期的工匠们提供了那种基础。这不是说现代工人是保守的,反而说明他们尚未保守到被逼着彻底反对社会变革的程度。他们或许是极左派,但是既然激进策略似乎风险高得离谱,对他们来说改良主义策略几乎总是合理的。

虽然许多社会科学家强调工人阶级共同体并未全然消融于大众社会,可是连他们的工作也表明在共同体的性质和广度上有一些重要差别。比如威廉·科恩布鲁姆证明蓝领工人密切关注共同体政治,并透过初级群体和地方工会发挥影响。② 他的南芝加哥研究展示了一组形形色色的族群聚居区,但他发现竞争群体借助有些过程也在"共同体"层次上构筑某种整合。不过他们这么做多是通过一些正规组织,其中很多组织都是远非他们所能充分掌控的,有些组织(比如民主党机构)的特殊目标是要确保分得由别处发放的资源。他们工作的炼钢厂为远方公司所有,对抗这种雇主的集体行动需要大大超出面对面关系层次的组织活动。这些工人对其活计的工艺控制程度通常微不足道,他们所能获得的政治自我调控程度也受限于他们向上整合于更广大的社会乃至国际经济。

---

① 参见 Sewell, *Work and Revolution in France*。
② William Kornblum, *Blue Collar Community*.

这不是否认共同体的存在;我甚至愿意表明,在我们的共同体意象中,城市族群聚居区起码应当和乡村村落一样重要。但是尽管初级关系仍然存在并对个人很要紧,在许多地方它们却不复能够组织多方面的公共生活。换言之,它们与其说是被根除了,不如说是权限被分割了。早期工业欧洲的共同体处于转型之中,不代表传统性的极端——或许通过亲属和血缘关系结构而成的部落社会可以代表。但是19世纪初英法的传统共同体——还有1917年俄国的、1949年中国的共同体——有别于南芝加哥的。它们更小,结合得更紧密,更自主,更能经由其日常互动生产和再生产它们社会团结的文化媒介。它们知悉其共同的过往,发展对未来的梦想,这么做不是在学校或借由电视,而是在家庭中互相学习。

　　在资本主义社会,共同体生活受到资本积累的总体性压力的驱动,很大程度上被商品和官僚制的间接关系和抽象中介所整合,它不是自成一体的小世界,而是一个隔间。集中化和个人主义——托克维尔硬币的两面——居于支配地位。① 大型组织可能是也可能不是扎根于地方共同体,或者有利于内部的共同体和其他中间团体。然而在最广远的层次上,纽带不可能单单是共同体的。② 这个问题,今天那些构建新的激进民粹主义动员的举动有时疏于面对。无论经济还是国家都不能单单通过直接人际关系来运作。新技术只是增添资本主义公司和政府机器的能力而已。用卡斯特的话说:

　　　　所以当人们发觉自己控制不了世界时,他们干脆把世界缩小到他们的共同体那么大。因此城市运动的确触及我们时代的真实问题,虽然在规模和措辞上都不胜任这项任务。③

　　疏于正视地方共同体和大型组织间的差异,其实是右翼民粹主义

---

① Alexis de Tocqueville, *Democracy in America*.
② 譬如,俄国和中国的宏伟社会革命,明显将超出地方共同体范围的巨量人口聚合起来了。不过,很多环境下地方共同体为最终证明是撼天震地的反叛提供了社会基础。革命不是仅由脱离直接共同体的个人的组织造就的,尽管高居等级之巅的干部们可能有点儿符合这个模式。
③ Manuel Castells, *The City and the Grassroots: A Cross-Cultural Theory of Urban Social Movements*, p.331.

的一个核心要素。它使里根总统之类的人物得以赢得有些人的拥护，那些人既担心地方共同体的退化，又支持造成那种退化的跨国资本主义经济组织。它将共同体形象投射到不存在足以支撑它们的紧密编织的关系网的地方，实际上就像民族主义的修辞使用共同体语言那样。即便在它宣告权力分散的优越性的时候，它也强化了国家权力，特别是因为它无助于培育中间团体，普通人在挑战中央政府时本可借助那些团体组织集体行动。然而，正是右翼民粹主义能够轻叩的情绪的力量，揭示了某些传统价值和愿景依然保持的潜能，和许多人即便无力维持共同体的诸多东西却仍赋予它的重要性。无论是共同体的构筑，还是共同体基础上的民粹主义动员，真的都可以在抵抗中心权力上发挥关键作用。它们与复兴潜在地具有反抗性的传统的那些举措一道，可能是对当代社会组织和政治经济权力的最终归于激进的挑战中顶重要的那种。但是它们不可能是成功挑战的全部。①

现代资本主义社会中，日常生活规模更大而组织性更弱，使得正规组织成为必要。凭借这样的组织从事活动，更可能产生改良主义，因为那既造成动机问题，又阻碍过分激进的——特别是大众民主的——行动。如今存在的那种工人阶级缺乏集体行动的凝聚人心的社会基础，而共同体结构过去(有些情况下继续在)为想要抵制资本主义生产关系和社会形态四处扩张的人们提供那种基础。为了在现代国家和/或资本主义经济的层次上实现有效动员，工人们需要的不仅是正规组织，还有交通和通讯的精巧基础结构。不过，资本精英和当前政治精英在运用基础结构的每种新技术上都一再先行一步。工人斗争依赖这样的基础结构，但是再一次地，正是它的那些条件预先就让工人偏向改良主义

---

① 尤其必须认识到，振兴共同体并不直接表示复兴公共话语。共同体是对直接社会参与和集体行动的关键支撑，但在大规模社会里，公共生活有赖于陌生人——不同共同体的成员——彼此畅所欲言、在缺少共同体纽带的情况下一起决定事务的能力。它主要依凭"次级关系"，这种关系不够亲密，很少是多向度的，常常是片断的或短促的。而且当共同体很大程度上依然在空间上受限于较为亲近的面对面互动的需要时，公共生活(更别说官僚制和其他形式的大型组织)已随着超越空间的新通信技术而大变了(参见 Calhoun,"New Information Technology")。共同体对社会、传统对现代的二元对立把握不了变迁的各种向度，那些向度也许有几分是共变的，但不应混为一谈。

和低度承诺。① 或许最重要的是，现代工人阶级有潜力可以确保资本主义社会之内的良性改革。这丝毫未改变工人可能具有的对社会主义甚或社会主义革命的兴趣，但它意味着革命或其他激进行动不是必需的，而仅是选项之一。我们甚至不必认为，资本主义的对头们更容易分化工人队伍或者拿意识形态迷惑他们，尽管那也可能属实。纵然这些事情都不是实情，现代工人赖以行动的社会文化基础也让真正激进的动员不再是理性的或有效的，就像向资本主义过渡阶段传统共同体使之对工匠和农民显得合理奏效那样。

结 论

马克思以为革命大概毫无风险，毋宁是绝望的产物，那时工人除了锁链一无可失。② 我已论证过，事情恰好相反，当人们确实有某种需加捍卫的东西，确实具备某种社会力量，面临着威胁要把那一切全盘剥夺从而使他们一无可失的社会转型的时候，革命和其他激进动员才会发生。我坚信传统共同体是这种激进动员的一个关键源头。我没有主张传统共同体始终是激进的，或者甚至在意识形态上是非常前瞻进取的。相反，多数情况下它们是现存秩序的堡垒，是顺从和沉默的社会基础。在现存秩序似乎岌岌可危的时代里，尤其是在工业革命这样的大转型时期，这种共同体可能感到唯激进可保传统。它们的激进动员是否导向革命取决于别的许多事情——比如它们所面对的国家的力量，饱学的精英和正规组织是否做好准备将叛乱转变成真正的社会改造和新型的国家权力。极端保守的激进分子很少——如果有过的话——能在革命中占得上风。但是与此同时，名副其实的革命断断缺之不可。

---

① 参见第六章。
② 汤普森绝妙地察觉到过去斗争的收获的重要意义，它们让后来的工人有很多可失去的。参见 Thompson, "Peculiarities of the English"。

第四章　权力场的公共领域

在18世纪的英国,舆论日渐被承认为一股重要力量:政府需要对付它,而政客有义务听取它。它不仅被看成是"人民"之所思的反映,还被看作展现精英之所为的镜子。什么思想该主导公共领域,谁可以发言、可以说什么:这些方面斗争四起。

这一斗争部分是以议会为中心的。美洲的口号"无代表不纳税"不只是殖民地抗拒统治的一种表现,也是一场更广泛的英国人斗争的表现,涉及支持政治行政机关的义务与分享政治权威的机会相配的程度问题。类似的争议导致法国三级会议的召开,促成1789年革命骤然发作。但在每一情况下,这个问题都不限于物质利益或正式代表的非此即彼。它是关系到舆论形成的一场斗争,背后是作为人民、民族的声音的公众的形成。

对公共声音的权利要求根源于宗教改革和与之关联的政治斗争,比如英国内战。18世纪启蒙运动期间,理性、透明和公开辩论这些理想被越来越多地加以理论阐释。这带来了变幻莫测的公共领域概念,它能超越社会身份和地位的差别,造就渗透着理性批判话语的舆论。但是公共领域理想的一个成问题的特点是,它意味着公共领域能在一个纯粹理性化辩论的界域——不但超拔于差异之上,而且以某种方式运作于社会之外——内获得。物质必需品的界域被这种理想的许多表述排除在外,从而将物质不平等问题拒于合法论证的门外。理性的理想化牵涉超脱"纯然自利"的这种观念,进而暗示谈论工匠和小业主所面对的困境这类事情的人是在表达"特殊利益"。普遍利益日益被等同于一边是国家一边是市场,亦即政治权力和经济繁荣。

正是参照这一语境,哈贝马斯名噪一时地假定公共领域是中产阶级社会的一个类型。虽然从来不会完美实现,但这依然承认了某些人组成的一个领域,他们的私人生活条件——自主和教养——显然使他们可以超迈那些条件加诸他们的偏见。公共领域向参与者开放,不问其社会身份,言论按照其逻辑和说服力来进行判断,不依说者的地位。

公共领域必然依赖社会基础——在18世纪晚期尤其依赖俱乐部、咖啡屋和报纸。这些既提供了支持,也提供了限制。报纸用本尼迪克特·安德森的话说是"印刷资本主义"的产物。① 它们是大批量生产的早期典范,有可能触及无量受众。它们的开放是沙龙文化不可企及的。它们也将面对面谈话的优点——包括比较而言的时效性——与书面论证的优点(包括有时候作者的匿名性)结合起来了。② 可是,如果公共场所的开放性部分基于市场的话,这就使它局限于囊中多金的人,并交给政府一根杠杆,它可以用来加强公共领域的阶级界线。当然,英国干过这个,对大众报纸双管齐下,又是起诉、骚扰,又是课税,企图将它可能带给公共领域的大众参与的广度降到最低。

公共领域也依赖一种雄健的社会想象。我以此表示对社会世界如何运作的理解方式,它也形塑了社会世界的运作方式。③ 具体说来,社会与国家的区分是近代早期自由主义发展的基石。公共领域观念被理解成居间调和二者。

人们相信社会本身进一步分化成几个领域:家庭、宗教、经济等。④ 尽管它们彼此关联,却被视为大体自主的。没有哪个领域可以完全支配其他领域。这既是社会分化的实际过程,又是对社会应当如何组织的一种支配性认识。分化的意象渗透到确保现实分化的政策中,但它也引导人们(包括理论家)设想那些领域比实际上更自主,低估每一领

---

① Benedict Anderson, *Imagined Communities*.
② 沃纳强调了这个主题,参见 Michael Warner, *The Letters of the Republic: Publication and the Public Sphere in Eighteenth-Century America*。
③ 参见 Charles Taylor, *Modern Social Imaginaries* 的讨论,虽然 Anderson, *Imagined Communities* 同样根本地贯穿了这一思想。亦见 Cornelius Castoriadis, *The Imaginary Institution of Society*。
④ 马克斯·韦伯后来对"价值领域"的分化的详尽阐发将会成为这个概念影响最大的一般性表述。参见 Weber, *Economy and Society*。

域受其他领域活动的影响的程度,并忽略这种分化的措辞被文化和社会结构所形塑、受国家保护和左右、遭遇社会运动挑战的程度。

将公共领域观念置于这一情境中是有启发性的。这让哈贝马斯烜赫一时的叙述显得哀婉动人:公共领域作为公民社会的一部分而兴起,它吸收了在公民社会的另一部分即家庭里已变得成熟和思想独立的成年人。它被引导去就公民普遍利益的事情形成理性批判的意见,借此贯通到政府政策中。但是当国家/社会的畛域之别在20世纪的官僚化、有组织的利益集团政治和大众社会中瓦解时,它就贬值和败坏了。①

在哈贝马斯的叙述中,政治公共领域作为挂撑民主制的一种制度形态(和理想),具有与众不同的重要性。② 它跟政治权力的实际行使、跟其他话语竞技场、跟经济和兴许被视为"功能性的"社会再生产之间判然有别。因而政治公共领域是个人间理性批判话语的竞技场,不同于继承地位基础上的优越权利的动用、强加于人的政党忠诚、挥洒钞票以影响舆论和社会运动的动员,也不同于公民在其中可以发展出有效公共话语才能的其他公共领域。哈贝马斯突出了塑造文化的文学公共领域,另一些人则恰当地强调了着眼于宗教的公共话语的重要性。

但是尽管别的这些公共领域或许便于人们有效参与政治公共领域,哈贝马斯把后者概念化为别具一格的。它致力于关乎公共福祉问题理性批判的公共话语,从而独特地认同于国家,这个国家既帮着确认和限定民族是那一福祉的集体受益者,又表明了追求那一福祉的自觉集体行动的可能性。它也被理解成严格依照它的自主兼开放运转着——原则上向所有人开放,不按社会地位判定主张。

---

① Jürgen Habermas, *The Structural Transformation of the Public Sphere: An Inquiry into a Category of Bourgeois Society*.

② 很显然,哈贝马斯并不严守公共领域(public sphere)这个术语。他在该书1962年初版中考虑了它的德文对等词,但更常使用 *öffentlichkeit*,直译成英文相当于 publicness(公共性),也时时被翻译为"public space"(公共空间,尤其在哈贝马斯那书的法译本里)。参见 Habermas, "Public Space and Political Public Sphere—Biographical Roots of Two Motifs in My Thought," in *Between Naturalism and Religion: Philosophical Essays*. 尽管如此,哈贝马斯一直信守社会组织的现代分化的普遍观念,认为那种分化是定位和限制规范的沟通理性的角色的一种必要背景条件。例如,他借用帕森斯和卢曼,将国家和经济被非语言操控媒介(分别是权力和金钱)所构成的方式,区别于沟通行动在生活世界和公民社会中的角色。参见 Habermas, *Theory and Communicative Action*, 2 vols。

这个理想真是鼓舞人心大有可为,但是问题重重盘根错节。尽管表面上它是开放的,却似乎排除了很多类型的声音、论辩和观点的参与,它们不是以被严控为合规的理性批判的论证形式表达出来的。正如奥斯卡·内格特和亚历山大·克鲁格在哈贝马斯的书问世不久后所论,这包括反映了工人和其他次属群体的经验的诸多潜在言说。① 这个主题后来发展开去,尤其牵连到性别偏见,但也广涉种族、族群、性取向、宗教、文化风尚等方面。这激发人们信赖"反公共领域"(counterpublics)观念,它与主流公共领域的霸权构建一争高下。虽然这些主张多是盯着20世纪60年代及以后的社会运动和参与政治发展起来的,其中也有许多倾力反思对塑造了哈贝马斯原初论述的18世纪末19世纪初公共生活的认知。

本章我要进一步考察这些问题,既有一般理论性的思考,也有对18世纪末19世纪初的英国的凝思。特别说来,我提了四个问题:(1)早期资产阶级公共领域赖以结构化的方式——恰好就是靠排斥——是否对考察它日后的发展有启迪作用;(2)对公共生活社会基础的思考如何质疑了将公共生活当成逃离社会决定而进入话语理性之域的法门的那些抽象阐述;(3)在何种程度上,"反公共领域"可以为更大公共领域的失灵提供有益的调节,而不必变为魅力无穷的替代物;(4)在何种程度上,把公共领域的组织视为一个场域或可证明有助于分析分化的公共领域,而不是简单地认为它们是类似的,只不过各自基于互不关联的条件。

公共领域和貌似中立的理性

政治公共领域概念围绕着一个想法:个人可以聚到一起,通过合乎理智的沟通,思考公共议题并渗入公共政策。由于沟通各方应该是见多识广的个人,也因为他们的话语应该是理性的、批判的,由此生成的舆论就应该是指引社会的一种富有成效的资源,而不是民众激情的最小公分母。这种意义上的公共领域决定性地依赖于它被视为公民社会

---

① Oscar Negt and Alexander Kluge, *The Public Sphere and Experience: Toward an Analysis of the Bourgeois and Proletarian Public Sphere*.

而非国家的一部分。它将私人萃集一堂,至少从理论上说也给参与者提供了克服地位差异的手段,不然那些差异会分裂他们,使他们的意见各私其私,而不是真正公共的。如哈贝马斯在很有影响地阐述18世纪理想的一部书里所言,最优形式的公共领域建基于"一种社会交往,它完全不预设地位的平等,而是干脆无视地位",它的运转靠的是"彼此愿意接纳既定角色,同时暂缓把它们付诸实现",以便考虑公共福祉本身。①

整个现代时期,公共话语的新思想被新传播媒介的发展、识字率和教育水平的提高、国家的扩大和民众政治参与的扩张所补充。在这个过程中,公共和私人的区分具有了新的重要性和复杂性。首先,公共互动的范围扩大了;城市是这种互动的首要场所,尤其是世界性的商贸和资本城市。公共空间写实性地随着咖啡屋、公园、剧院和其他场所而出现,不为私人关系所拘限的人们聚在那里,相互交流。它们也隐喻性地随着用本地话书写的印刷的布道词、小册子、报纸和图书、对之加以评论的杂志以及其他公共沟通媒介而壮大。其次,国家也扩大了,公共事务/事物(res publica)的范围亦随之扩大,包括共有的财产和全政治体都关心的事情。公共性有了双重含义,既指进入和互动的开放性,又指由政府掌管的集体事务。"the public"既指民主制的集体主体,即被组织成对话的、决策的公众的"人民",又指民主制的客体,即公共福祉。

这两个方面结合进了一个观念:负责的公民之间的政治辩论是达成对共同事务的健全理解的途径。这一理念不但在政治里,也在科学、宗教和文学里发扬光大。② 理性批判辩论的过程据信形成了雅正的舆

---

① Habermas, *Structural Transformation*, p.131. 故而公共领域理想预示了罗尔斯从无知之幕背后评价社会安排的想法,评价者不知自己将被置于哪种安排下。参见 Rawls, *A Theory of Justice*.

② 参见 Yaron Ezrahi, *The Descent of Icarus: Science and the Transformation of Contemporary Democracy*; David Zaret, *The Origins of Democratic Culture: Printing, Petitions, and the Public Sphere in Early Modern England*; Peter Uwe Hohendahl, *The Institution of Criticism*; and James van Horn Melton, *The Rise of the Public in Enlightenment Europe*. 科学和宗教都令人诧异地无缘哈贝马斯的叙述。哈氏也提出了一个历史序列,其中文学公共性先于政治公共性;这符合他的想法:个人在资产阶级家庭内部发展出公共生活的能力,然后冒险外扩。梅尔顿指出这像是错了。的确,17世纪的时候,政治辩论紧靠着、密切关联着文学和其他形式的公共辩论而欣欣向荣。出版与批判性辩论的联系似乎也在宗教主题上和直接在政治里形成,其程度不亚于在文学中。再者,以印刷品为中介的政治讨论先于小品文批评和感伤小说(比如塞缪尔·理查森的《帕梅拉》)的兴起,哈贝马斯认为后者造成了个人和社会的必要并置。

论,不同于其他形式的舆论,比如现身臣民面前的君王的"代表型公共领域"或无知大众的"井蛙之见"。对这种舆论的兴趣依傍着作为社会关系的自组织领域的公民社会,特别是随着民主制的兴起而渐渐成长。但是就在这几个世纪里,还有第三种扩大,即国家以外的市场和正规组织所完成的社会组织规模和强度的扩大。这些变化,不管你是把他们理解成资本积累的结构,由金钱而非话语控驭的经济体系,还是一场组织革命也好,都割裂了公民社会概念。① "社会性"(the "social")开始包含(1)有意义话语的表达,以便共建生活关系;(2)社会关系的生产和再生产,凭借的是非个人性的市场;和(3)大型组织的创立,它以程度不等的权力和资源插足话语和市场。

公民社会的这一转变不出意外地使公共领域观念复杂化了,它作为公民社会的组成部分,肆力于就公众关心的问题开放地、表面上中立地、理性批判地形成意见。哈贝马斯论述了这一点,他叙述了因公私区分瓦解和大型组织干预所造成的公共领域的蜕化。另一些人争辩说,哈贝马斯的理想是有缺陷的,因为(1)它没有虑及公共领域——有时是反公共领域——的多样性,这种多样性反映了不同的社会环境、集体认同和政治选择;(2)它过分依照搁置迥异的社会身份和经验来构想,而不是依照作为公共话语基础的那些身份和经验的主题化。职是之故,批评家们表明,哈贝马斯是将其实蕴藏着新机遇的后来的发展视为蜕化。

我在本章证明,批评家们所言大致不差,要另当别论的是(1)他们像哈贝马斯一样,根据后来的发展构想公共领域,而不是照"古典"公共领域的概念看待它;(2)他们认为对平行公共领域或反公共领域的强调是一种令人满意的替代品,可以替代直接处理更普遍公共领域的包容问题;(3)他们看待这个问题仅仅根据以不同私人环境为基础的经验或利益的公共表达角度,没有同时视为政治和公共生活中认同的塑造和再塑。

从一开始就与公共领域的成长相辅相成的是私人性的新含义。就

---

① 当公民社会观念在20世纪80年代末期和20世纪90年代再度流行时,人们不断援引18世纪末19世纪初的文献,尤其是从苏格兰的伦理学家到黑格尔,借此了解和熟悉它。但是常常不知何故,20世纪末的作者们一般不同于先辈,把公民社会当作国家和经济之外的志愿行动领域。这恰是社会向度自成一格的权利主张。

"私有财产"和家庭生活的"私密性"而言,新用法赋予私密性正面的意义,取代了表示因被逐于公共生活之外而遭剥夺的旧观念。① 私人家庭生活的美德在小说、宗教和道德议论及对下层阶级的"问题"的社会调查中得到肯定。但是它们也反映在公共领域的性别化特征中。妇女和儿童日益被圈隔于私家宅院里,尤其是在资产阶级中间(也恰是在这样一个时代里,童工大概彰显了阶级差异,对有些人来说也彰显了社会的道德失败)。哈贝马斯的公共领域叙述融入了个人在私人领域受教养、为公共领域活动做准备的现代观念。但此处的问题不仅是起初这只适用于男性,而是它将参与公共领域说成是完整、成熟个人的活动,他们的认同和搁置私利的理性能力是预先获得的。这反复成为排斥的基础,不但根据性别来排斥,也根据教育和工人及其他非精英群体缺乏克制的形象(他们总在遭受纪律处分)。

与此同时,经济活动日益迁出家户之外。因此在一种意义上,上班意味着外出进入公共空间,暴露在公共注视之下。可是在另一种意义上,财产关系仍被当成私人性的,因为是个人而非国家在管理。② 商业公司、政党、工会和其他大型组织的最终崛起进一步让这区分复杂化了。哈贝马斯着重探讨了它们如何利用对资源的控制和一定程度上对其成员的控制,去影响公共舆论从而扭曲理性辩论。关于商业公司,我想补充一点:对它们的主流认识内在地质疑了公私区分。那些见解认为财产权是私人法人,却作为集体的、公共的行动者在经营,尤其当股权可以在市场上公开获取而不是紧握在家庭手中的时候。

---

① 参见阿伦特对旧用法的辩护,Hannah Arendt, *The Human Condition*;和卡尔霍恩的讨论,Calhoun, "Private," in T. Bennett and L. Grossberg, eds., *New Keywords*。

② 哈贝马斯的叙述严重依赖公私的最初区分及其后来的崩解。这些范畴在现代性的自我理解中的确发挥了构成性作用,但哈贝马斯将资产阶级私人性和家庭生活理想化了。这一直是正当的女性主义批评的基础,在南茜·弗雷泽看来那批评属于重要的早期声音。参见Fraser, "What's Critical about Critical Theory? The Case of Habermas and Gender"。许多历史学家也研究过这个问题,不过有些含糊的是,究竟他们是在表明那一区分从未强烈到哈贝马斯暗指的程度,还是真的很强烈却不正当,背离别的自由主义理想。比如参见 Anna Clark, *The Struggle for the Breeches*: *Gender and the Making of the British Working Class*; Dena Goodman, "Public Sphere and Private Life: Toward a Synthesis of Current Historiographical Approaches to the Old Regime"; Joan Landes, *Women and the Pubic Sphere in the Age of the French Revolution*; and Mary Ryan, "Gender and Public Access: Women's Politics in Nineteenth-Century America"。

正如公司和私人产权的例子所示,公私之分有时难于维持。这削弱了公共领域的古典概念,至少如哈贝马斯所描述的那种:"资产阶级公共领域模型预先假定,公私领域这样严格分离,以致公共领域——由聚集成公众的个人组成,表达了相对于国家的社会的需求——本身被认为是私人领域的一部分。"① 公司变成了公共行动者,虽然仍声称拥有私产的地位。同时国家开始更多介入公民社会乃至私生活。这些趋势外加大众传媒的兴起,尤其是致力于借势大众传媒操纵舆论的那些专业和机构(广告业,公共关系),一起削弱了作为雅正舆论的源泉的公共领域有效运作的条件。

这是对下迄20世纪50年代的现代史的叙述。这种叙述让哈贝马斯在书末灰心丧气,在后来的作品里倾向于到沟通行动和人类心理潜能中查探理性学习过程的潜力,而不是到特定历史、特定制度的状况中查探。② 60年代及之后,公共生活出现了新气象,它包含了女性的更大参与,对国内合法多样性的更大承认,以及社会运动重新获得的万众瞩目。说它们是关联着特殊认同声称的"新社会运动",引出了民主斗争一体化方面的某些问题。这导致对反公共领域概念的热情,也导致对更综合的公共领域观念的怀疑。

20世纪60年代及之后的新社会运动并非史无前例的。19世纪初,宗教的、精神的、性别的、性的、道德的、种族的等形形色色的认同也推进了社会运动。③ 乔恩·克兰彻尔指出了18世纪末英国公共领域的类似"分裂"。④ 我们应当记得,这是为汤姆·潘恩也为威廉·布莱克、为玛丽·沃斯通克拉夫特以女人的名义对潘恩的答复也为她女儿在《弗兰肯斯坦》里对进步的反思留下空间的公共领域。抽离特殊地位以形成公共领域的理想参与者这种观念总是成问题的。

---

① Habermas, *Structural Transformation*, pp.175-176.
② 尽管哈贝马斯的理论著作转向他途,他不曾放弃公共领域的希望。在《事实与规范之间》,他从法律方面回归公共领域,在某些近期作品里他从宗教和世俗主义问题方面回归,比如"Religion in the Public Sphere," in *Between Naturalism and Religion*。
③ 参见本书第九章。
④ Jon B. Klancher, *The Making of English Reading Audiences, 1790-1832*.

"古典"公共领域及其限度

哈贝马斯在18世纪末的英国所看到的,不是公共生活的尽善尽美,毋宁说是将公共领域的理想付诸实践的坚定努力。这些理想建议调停国家和社会,由此回应了现代生活价值领域的分离。[①] 因其在公民社会中的地位和调教而变得自主有教养的那些人,会运用相互间的辩论,理性应对公共关心的问题,进而将理性灌注到政府政策之中。公共领域不应是国家机关,毋宁说是公民社会渗透进政府的一种能力。

哈贝马斯所瞩目的18世纪那些作者认为自主必定基于财产。他称公共领域是"资产阶级社会的一个类型",部分意思即在此。但是这种资产阶级概念化并不单独构成18世纪末的公共领域的本质,否则像托马斯·潘恩之类在里边就没有容身之地了。事实上,从前的胸衣制造的学徒如潘恩者流,与一位侯爵的私人秘书如柏克之流,乃至与罗金汉侯爵本人,通过印刷品共处于同一公共领域里。潘恩不仅是民主主义的,还是平民的。但他是非常——甚至恼人地——独立的声音。

公共领域的"古典"概念的主要局限不是渴求独立,而是根据私有财产将这种渴望操作化。其实被这"可敬的"公共领域排斥在外的劳动者毫不逊色地奉守自主观念,也许更为出色。他们再三重申独立的价值,厉斥精英的作家和议员们仰赖恩庇。说到底柏克简直不是什么独立知识人,他只是一位贵族的领薪水雇员而已。[②] 更一般地说,民粹激进主义中至少持续一个世纪之久的绝大主题,大概是恢复或实现小所有者社会的尝试,那种小所有者包括农夫和工匠,但尤其包括商店店主,他们的资本可能部分就是他们的技艺。民粹主义者和工匠激进分子珍视自主。他们自己欠缺它,认为它被资本主义社会夺走了,因为资

---

① 这里的"社会"即哈贝马斯所说的"公民社会",也是18世纪末的公民社会,虽然不具有最新的、会让志愿团体"部门"与社会其余部分相隔绝的那种含义。
② 柏克本人不强调财产,而强调文化,认为那是像他这样的人跟他称之为"猪猡似的群众"的首要区别。

本主义企业和投资的规模越来越大,社会不平等趋于极致。①

民众激进分子同样信奉教育是参与公共领域的必要基础这一观念。但是他们不把教育等同于大学学历或任何类型的正规学校教育。许多人是自学成才者,甚至是自我教育的狂热信徒。② 主日学校运动在英国如火如荼发展起来,这不仅表现了大众的宗教虔诚,也是获得不单用于圣经文本的读写能力的一种安排。③ 成年后继续接受教育被视为思想独立的根源,也是理性的基础。

长远看来,公共领域——乃至投票权和言论权——愈益向没有财产的人开放(正规教育到底有多重要仍是争议点)。但是英国精英们对18世纪末的激进主义和19世纪初可感知的革命威胁做出直接反应,试图关闭先前越来越开放的公共领域。他们利用经济和其他手段来干这件事。结果他们使公共领域愈趋明显地显出资产阶级性。

当然,即便在18世纪时,公共领域也必然依赖社会基础——俱乐部、咖啡屋、报纸甚至城市本身,而这些不是可以平等进入的。公共领域的开放性部分建基于市场,在那里面商品交换不受限于世俗规定的身份。不过,市场基础暗中将进入权限定在有钱人。这一直是市场资本主义社会的公共领域当中的紧张关系。

哈贝马斯最初的阐述强调开放的规范性,它深嵌在公共领域的理想和开放性赖以成长的长期模式中:

> 无论公众在某一既定场合有多么排外,它绝不可能彻底自闭,固结得像一个朋党;因为它始终懂得并发觉自己沉浸在

---

① 自主当然既表示更大的公共发言权,也表示更高的物质安全。参见 Jacques Rancière, *The Nights of Labor*; *The Workers' Dream in Nineteenth-Century France*; Christopher Lasch, *The True and Only Heaven*; and Calhoun, *The Question of Class Struggle: Social Foundations of Popular Radicalism in Industrial England*。

② 这是汤普森的重要主题,参见 E. P. Thompson, *The Making of the English Working Class*; see also Thompson, *Witness against the Beast*。朗西埃在《劳动之夜》里强调了这点。绝非偶然的是,为全部儿童提供公立学校的免费教育是《共产党宣言》的十大要求之一;这的确牵连着结束童工的思想(造福成人,也造福儿童),但不属于通过把工人子女变为店员实现向上流动的计划。它是对教育作为社会参与条件的重要性的一种承认(社会主义的和劳工的群体遵此行动,它们在整个19世纪和20世纪初创设了种种教育项目)。

③ Thomas Walter Laqueur, *Religion and Respectability: Sunday Schools and Working-Class Culture*, 1780-1850.

由所有私人组成的更具包容性的公共领域中,那些人——如果有财产、教育良好的话——是读者、听众和观众,可以从需加讨论的对象的市场获益匪浅。①

哈贝马斯最初主要把公共领域当成资产阶级社会的一个类别来处理,忽视了平民的或无产阶级的公共领域的并行发展:对这种批评哈贝马斯虚衷采纳。② 在他的叙述中,19 世纪的民主转型将更多"大众"带进从前属于精英的公共领域里。哈贝马斯从这一扩大中探查到公共领域结构转型的关键源头,因为它的理性话语能力遭到规模扩张的挑战,随之而来的是对官僚组织的依赖,"公共关系"和大众传媒的操纵。哈贝马斯并未大变前说,承认开放的理想和封闭的现实间的紧张是资产阶级公共领域的流行病:

> 如果我们自始即承认被主导公共领域排斥在外的那些沟通过程的共存,一幅不同的图景就浮现出来……文化和政治上被动员起来的社会下层的受排斥,引起公共领域在兴起过程中即趋向多元化。紧挨着霸权的公共领域,一个平民公共领域成型了,并与前者纠结相连。③

这与汤普森的论点一致,他说有一个"连绵不绝的隐秘传统,连接着 18 世纪 90 年代的雅各宾党人和 1816—1820 年的社会运动"④。汤普森着意于为 19 世纪初的社会运动复原现实政治感,表明对工业化的反应并非"仅仅是社会性的",更有政治性。而且照汤普森讲来,这种传统至今仍保持着连续性,尽管政府和精英想方设法破坏它。对汤普森的论点很关键的是,政治对抗的多多少少连续不断的消息传播到广泛得多的人群那里,他们是"英国工人阶级的形成"的一部分。我在别处强调过,这带来事关重大的社会间断(social discontinuity),尤其是在手

---

① Habermas, *Structural Transformation*, p. 37.
② 这点上最有影响的早期批评家是 Negt and Kluge, 参见他们的 *Public Sphere and Experience*。如书名所示,他们的观点不只是说存在着无产阶级的公共领域,还认为它贯串着独特的经验,相比于哈贝马斯专心致志的理性批判辩论模型,从经验中学习非常重要。术语上的平民对无产阶级之分意识到,18 世纪没钱没政治特权的那些人未必构成资本主义工人阶级。
③ Habermas, "Further Reflections on the Public Sphere," p. 425.
④ E. P. Thompson, *The Making of the English Working Class*, p. 923.

工工人和工业工人之间。但是此处的要点在于,资产阶级公共领域不存在什么逐步开放的简单过程。相反地,虽然18世纪末的公共领域有个特点,即千方百计压制被认为是革命性的声音(特别是1795年的"禁口法"),但它比拿破仑战争刚刚结束后出现的公共领域更向"平民的"声音敞开胸怀。

两个并行领域的意象甚至可能是误导性的——不仅误导哈贝马斯,还误导他的批评者。他们要求多关注平民公共生活,但多半满足于两个并行公共领域的想法。有人愿意把第二个唤作"反公共领域",所有人都愿意强调两者间的争竞。① 然而这掩盖了18世纪末公共领域事实上向各色参与者开放的程度。比方说它既向柏克开放也向潘恩开放;"禁口法"是后来要加强的封锁举措的一部分。这某种程度上是对激进分子的排斥,但也是对阶级边界的强化,尤其当1797年和1815年税收被用来抬高报纸售价、降低其发行量的时候。换句话说,先前较为多样和包容的公共领域变得资产阶级化,这与其说是靠把贵族分割出去,不如说是靠把缺少足够财产(一定程度上还有正规教育和品味,或是对统治性社会秩序的谨遵)的人排挤出去。

恰是回应始于18世纪90年代、紧跟着得到加强的封锁法案,为包容于英国公共领域而斗争对激进分子变得重要起来,即便——自相矛盾地——当许多人发现自己是在反公共领域的架构下活动的时候。尽管18世纪末的很多民主思想同样重要,但并非简单延续到19世纪。如马克·菲尔普所论,"激进议程是18世纪90年代政治斗争的肇因,也同样是其结果"②。这部分因为激进分子吸取了惨痛教训,也因为他们找到了新的读者和盟友。

资产阶级公共领域经排斥而形成,这似乎也牵涉性别。正如南

---

① 这个术语出自 Nancy Fraser, "Rethinking the Public Sphere: A Contribution to the Critique of Actually Existing Democracy",众多寻求将18世纪末19世纪初的政治概念化的历史学家争相沿用。比如参见 Kevin Gilmartin, *Print Politics: The Press and the Radical Opposition in Early Nineteenth-Century England*; Clark, *The Struggle for the Breeches*; James Epstein, *Radical Expression: Political Language, Ritual, and Symbol in England, 1790-1850*; Andrew McCann, *Cultural Politics in the 1790s*; and essays in Alex Benchimol and Willy Maley, eds., *Spheres of Influence: Intellectual and Cultural Publics from Shakespeare to Habermas*。

② Mark Philp, "The Fragmented Ideology of Reform", p.51.

茜·弗雷泽所主张的:"我们不再可以假定资产阶级的公共领域概念仅仅是未实现的乌托邦理想;它也是一种男权主义的意识形态观念,其功能是证明新兴的阶级统治形态是正当的。"①"也"字是这段话的关键词,因为性别和阶级排斥的事实并不使更包容的理想全归无效,尽管它的确质疑了该理想的资产阶级实例展示。实际上,公共领域理想的存在鼓舞了促其实现的努力。这些努力不光来自内部,尤其来自被霸权公共领域排斥、往往被宰制的那些人。虽然弗雷泽强调女人、工人和其他屈从的社会群体常常发现"创建他择性的公共领域很有利",但我们应当明白,他们这么做常常满心失望,立下恒久之志要改造主导公共领域,或创造势必更具包容性的新公共领域。

在内格特和克鲁格的基础上,弗雷泽把这些他择性公共领域称为"庶民反公共领域"(subaltern counterpublics):"旨在表示它们是并行的话语竞技场,屈从的社会群体的成员们在那里发明和传播反话语,阐述对他们的认同、利益和需要的对立解释。"②反公共领域的观念与公共领域的核心观念相结合,激发了对18世纪末19世纪初的英国的新一波历史分析,那个背景在哈贝马斯最初的阐释中非常关键。③甚至在凝思于争竞和抵抗的历史编纂学中,几乎有几分为反公共领域额手称庆的意思。④ 这不应让我们忘记,一定程度上反公共领域的倡导者时常争取融入更普遍的公共领域,也不应忘记哈贝马斯的研究所提出的更大理论问题——是否有可能以理性、批判和开放的方式形成舆论,从而不但影响直接的政府政策,还影响集体机构的形态。反公共领域的观念已经表现出累累硕果,但它通常仍旧扎根于"并行公共领域"的表述中(就像前文的弗雷泽引文那样)。纵使目标是要彰显争竞,这却比历史

---

① Frazer,"What's Critical about Critical Theory?" p. 142;亦见 Frazer, "Rethinking the Public Sphere"。有历史叙述证明,妇女在前资产阶级公共领域的参与至少超过在资产阶级公共领域初年的参与,参见 Landes, *Women and the Public Sphere*。

② Fraser,"Rethinking the Public Sphere", p. 123。

③ 尤请参见 Gilmartin, *Print Politics*; Clark, *The Struggle for the Breeches*; Epstein, *Radical Expression*; McCann, *Cultural Politics in the 1790s*; and Klancher, *Making of English Reading Audiences, 1790-1832*。

④ 参见 Orrin Wang, "Romancing the Counter-Public Sphere: A Response to Romanticism and its Publics", p.579。王的答复是针对《浪漫主义研究》的一期特辑,其中刊载的文章,许多出自(本章)本页注释③以上引用过的那些图书作者之手。

所揭示的暗含了更多自主和更少斗争。

出于这种考虑,杰夫·埃利点出了从霸权角度思考的长处。① 霸权公共领域总是忙迫着力争永久维持脆弱的统治权,适应新的环境。并非只有反公共领域才是抗争性的或不那么普遍的。如埃利所言:"哈贝马斯……疏忽了,一定程度上公共领域始终是由冲突构成的。资产阶级公共领域的浮现绝非单由反对专制的、传统的权威的斗争标定范围的。"② 不同的政治公共领域不是井水不犯河水地发展起来的,而是在争竞场域里发展的。实际上在 18 世纪 90 年代和 19 世纪初,开放的争竞很充沛,以致霸权的概念及其由文化渗透而非物质力量所维系的权力的含义可能都不尽恰切。阶级分化十分重要,而政府运用物质力量将激进作者及其读者从公共领域排除出去使之愈加重要。在这种背景下,社会运动给许多人提供了社会基础,恰如咖啡屋和沙龙给另一些人提供社会基础一样。

资产阶级知识分子和政治行动者拼力从贵族支配下赢得社会空间,但也从他们协助创建的公共领域中排斥平民和无产阶级的声音。这不只是排斥"群氓"("流民"(the mobility),如精英看待被动员起来从事公共行动、明显无根的非精英那样,多数人对他们充其量始终是好恶交加的)的问题,还要排斥更激进的知识分子、商店店主和手工工人。后面这许多人活跃在 18 世纪特别是 60—90 年代的公共论辩中。③ 精英总是爱恨交集的,常常心怀恶意。④ 但是一种新的封闭出现在法国大革命和拿破仑战争引发的变动的政治环境中。这种封闭正是针对民主要求的,就像伦敦通讯协会以其"我们的会员人数无限制"的原则所表

---

① Geoff Eley, "Nations, Publics, and Political Cultures: Placing Habermas in the Nineteenth Century".
② 同上书,第 306 页。
③ 如约翰·布鲁尔指出的,从"威尔克斯和自由"的时代经美国革命到英国雅各宾派的崛起,政治从来没有什么简单的发展"主流",有的总是可供替代的结构和框架。参见 Brewer, *Party Ideology and Popular Politics at the Accession of George III* and "English Radicalism in the Age of George III".
④ 比如参见 George Rudé, *Wilkes and Liberty*; and Peter D. G. Thomas, *John Wilkes: A Friend to Liberty*.

示的那种要求。① 没有足够财产、关系或对现存制度的尊奉的那些人受了排斥,这导致"合法的"公共领域在意识形态和阶级基础上的定界。靠了这种排斥,也同样靠了资产阶级在反对贵族的地位主张的斗争中的领导权,它成了专属资产阶级的公共领域。

这可能反映了资产阶级的自信:民众的声音不再需要借以抗击贵族统治了。它无疑反映了对激进声音和民众集体行动的焦虑。这不只是有钱男人害怕暴民的问题,尽管它的确充塞着那种不加掩饰的恐惧。它也不仅是法国大革命血流成渠后产生的焦虑。害怕群众径直涌入政治的也不光是保守分子。不少精英激进分子同样担心民众集体行动的"无纪律"作风。自由放任主义的激进分子、无政府主义的创始理论家葛德文因而坚持说,对"迥异于我们如今所目睹的社会秩序的一种社会秩序"的思辨,应当是"仅限少数特选心灵的特权之一",部分因为改革需要"步伐缓慢甚至不知不觉地积渐"行进。他通过共同体谋求启蒙的协调、渐进展开。② 强调预先启蒙和渐进改革的一个原因在于,18 世纪末的精英们业已觉知到宗教狂热的危险性,那种狂热建立在直达启示真理这一观念基础上,而不受学问、深思和批判话语(对有些人而言当然还有财产)的克制。③

总之,后来大概像是柏克那种"保守主义"的一些思想,实际上在 18 世纪末的公共领域里被引领民众的声音广为共享,包括将会被尊为对立的"自由主义"传统鼻祖的另一些人。保守主义和自由主义阵营的分化——在更涵容广大的自由主义之内——其实部分是在这个背景下产生的(也保证了 19 世纪的斗争)。但是从很早起规训的理想就融合到开明公共论辩的精英观念中,也纳入哈贝马斯的叙述中——部分包裹在这一观念里:个人在私人生活(包括资产阶级家庭)中养成,这是他

---

① 汤普森在《英国工人阶级的形成》里的叙述仍是经典。亦见 Albert Goodwin, *The Friends of Liberty: The English Democratic Movement in the Age of the French Revolution*。

② 参见 Paul Keen, "When Is a Public Sphere Not a Public Sphere?" pp. 151-174;葛德文的两句引文都取自基恩的论文。诚如基恩强调的那样,葛德文算不上对民众行动的精英焦虑的极端案例,他旁边还站着约翰·塞尔沃等人,他们比他本人更激进也更积极行动。

③ 参见 Alex Benchimol, "Cultural Historiography and the Scottish Enlightenment Public Sphere: Placing Habermas in Eighteenth-Century Edinburgh", pp. 105-150, 以及其中讨论过的最近几项苏格兰启蒙思想研究。

们打算进入公共领域的必要准备。

关于启蒙如何可能催生社会变迁和关于渐进主义的优点的种种蕴蓄已久的思想,随着对法国事变和战事将至的更直接恐慌结合起来,促成了一种新的"安全机制",借此采取手段将激进的和大众的声音从公共领域中逐出。强施这一机制既靠直接压制性的手段,从审查制度、搜查印刷所、销毁库存到合法的恫吓,也靠征税以提高出版物价格从而操纵市场,造成恰好符合阶级分界线的排斥。正是这种排斥造就了一种环境,几个激进的记者和知识分子在那里边树立了与工匠、工人和有产精英之外的其他人的新联系,也造就了集体行动本身的新取向。①

这造成"被授予权利的"公共领域与被剥夺权利的或庶民的、往往是反叛的公共领域间的分隔。这种分隔至少同被授权的公共领域内部的自由主义和保守主义立场的分化一样重要,而它没有准确映射到自由主义/保守主义光谱上。诚然,主导公共领域里存在着较为一贯的自由主义者的被许可的声音,他们不但仍然支持更大自由的理想,还支持被排斥的激进分子的现实作为。边沁就是新闻自由的一贯倡导者和伍勒之类被排斥的激进分子的同盟者,因此享有盛名。② 但总的说来,将资产阶级公共领域看成毫不含糊地由开放性所规定,这是个错误。相反,它成为专属资产阶级的公共领域恰是仰仗它的大多数主要人物串通一气的排斥之功。

也许并不令人惊讶的是,资产阶级和政府死命排斥的那些人常常更有力地表达了开放的理想。正如伍勒在《黑矮人》中所说:"唯有数字的合并,意见的集中,才有制约邪恶政府的有害观点的某种分量。"③像发觉自己的读者主要是工匠和工人的其他激进记者一样,他没有当即赞同无产阶级的或平民的公共领域这种想法。相反他提倡信奉民族是一个整体的公共沟通,把"人民"等同于合法的公共领域。如埃利所论:"古典模型甫一形成即遭破坏,因为下层阶级的行动威胁着重新规定

---

① 参见本书第五章。
② 譬如,边沁授权伍勒出版他的《议会改革计划》的廉价版(伍勒版发行于1818年,就在初版一年之后)。在梓行他著名的《论新闻自由与公共讨论》(1820年先出西语版,1821年出英文版)之前,很多年里他一直是新闻自由的公开鼓吹者。
③ T. J. Wooler, "Warning to the People", *Black Dwarf* 3 (October 27, 1819), pp. 693-699 (695).

'公民'的意义和范围。"①比如伍勒在1817年受审时,将多半是中产阶级的陪审团成员们称为"共同体的成员——国家的国民",拉拢他们进入他的兼收并蓄的公民想象中,那种公民有能力"充任普遍政策问题的法官"。②实际上,民族主义表达在民众激进分子对所有英国人的权利的吁求中,不光表达在"教会与国王"暴徒的更保守(也往往受人摆布)的标语中。他们或许发现自己在帮着建构一个反公共领域,但只是无可奈何地这么做。③再者,他们的受斥于更精英的公共领域,也是拜政府政策和经济限制所赐:审查制度、报纸税收、库存查封,还有抓人。它显示了将国家和社会划为分立领域的自由主义意识形态的局限性。为什么社会运动(不单是习见的政治演说)可能是民主制必不可缺的东西,这提示了某些道理。

精英激进主义的局限

精英激进派在18世纪末更为激进,那时自由问题纯被当作政治(间或宗教)问题来处理,不大跟工业化和阶级不平等扯上关系。哈贝马斯解释中的基本叙事将法国大革命后的变迁呈现为公共领域理想构划的堕落之始,因为长期的结构转型使它更开放却更乏理性。哈贝马斯表明,这个过程揭示了开放理想和理性理想之间的矛盾。虽则哈氏那本书以对20世纪50年代的悲观主义叙述收尾,但总的述行态度(performative stance)是乐观主义的。他重提公共领域的理想恰是为了鼓励复兴关于国家事务的开放公共话语,以此应对德国阿登纳时期的万马齐喑,更一般地应对战后政治的封闭。④

有鉴于这种乐观主义的读解,我们可以发问:18世纪末19世纪初

---

① Eley, "Nations, Publics, and Political Cultures", p.306.
② *A Verbatim Report of the Two Trials of Mr. T. J. Wooler*(London 1817), discussed in Epstein, *Radical Expression*, p.44.
③ 参见本书第五章。
④ 在这种意义上,霍克海默正确地把哈贝马斯读解成是在鼓励民众政治活动的复苏,老一辈人基于法西斯主义中的大众参与经验,对之感到惊恐。20世纪60年代的激进分子把哈氏读解成是在鼓励重新开放公共领域的种种努力,尽管他们很快突破了哈氏认为对这一目标适当的那些手段的藩篱,尤其突破了它在理性批判话语上的克制。

公共领域的封闭是否真的不过是一种辩证法的运行，照此辩证法，开放与大型组织的兴起削弱了理性，而不是政治失灵模式的一个早期实例吗？最近有些理论家争辩说，由于大规模传播沿着商业路线常常跨国界地受到重组，公共领域的第二次转型已尾随媒体政体的分离而至。①这里不是加入有关政治媒介或非政治公共沟通的性质和角色之争的地方，却是质疑开放与扩容削弱了理性这种简朴辩证法观念的地方。如果公共领域并非简单地以渐进的开放性向前推进，而是在意识形态和阶级基础上经历封闭性的一再复发，这就提示我们，应当把它的历史重新构想成政治斗争的历史。

事实上，科贝特在展现"开放"一词的歧义上扮演了很特殊的角色。一方面，古典的哈贝马斯式观点认为，让理性向公共批评开放会使之更有效。另一方面，它又认为让公共领域向更多的、教育程度较低的参与者开放长远来看会败坏理性批判辩论。不过正是科贝特迎着表面上理性批判的合法公共领域的大多数精英成员的强大阻力，出版了英国国会的会议记录。第一种意义的开放被第二种意义的开放（尽管有争议）所引致。②

与其将公共领域看成最初就是资产阶级的，我们理应认为是持异议的声音的被排斥造成它的资产阶级性。而且如此一来，排斥既是由于它们的政治激进主义，也是由于它们的阶级地位。公共领域的封闭支撑着一个合法却亦有限的政治领域的特性。

我们可以根据潘恩的思想和名望的命运来领会这个问题。潘恩的著述引领政治激进主义的风骚达数十年之久。他支持民主制，一心想

---

① "第二次转型"思想有种种不同阐述。关于较早的、影响较大的一种，参见 Klaus Eder, "The Institutionalisation of Environmentalism: Ecological Discourse and the Second Transformation of the Public Sphere"。稍稍有别的用法贯穿在 Pam Morris, *Imagining Inclusive Society in Nineteenth-Century Novels: The Code of Sincerity in the Public Sphere*；对莫里斯而言，关键问题在于引入了政治和文化公共领域的划分。政治特有的公共领域和其他公共领域的区分，理性批判话语和其他沟通向度的区分，这方面的争论不限于对某种可能的"第二次转型"的探索；尤请参见 Calhoun, ed., *Habermas and the Public Sphere* and "Civil Society and the Public Sphere"; and Michael Warner, *Publics and Counterpublics*。

② 所以科贝特重振了威尔克斯激进主义的一个方面。1801—1812 年他出版了"英国国会议事录"丛书，最后政治迫害造成的经济拮据使他把这一丛书卖给他的印刷商托马斯·汉萨德，后者再接再厉，将这套丛书树立为令人肃然起敬的品牌。

着必定挑战宗教的理性时代。他断断不是精英们总体上闻之怡然的发言人。但在18世纪英国的公共领域里,精英的政治激进分子——还有不那么激进的柏克一类人——读其书,结交其人。反倒是许多"民粹主义者"(比如科贝特,以彼得·箭猪的笔名写作)在18世纪末抨击潘恩,只是到19世纪初才摇身一变,成了他的信徒。①

紧随法国大革命之后,潘恩(和科贝特)的追随者在主导(或合格)公共领域所排斥者中间旗鼓大张,这在拿破仑战争期间愈演愈烈。它反映了针对政治激进主义的封闭,特别因为潘恩拥抱法国革命者,法国革命者也拥抱潘恩;也反映了阶级基础上的封闭。换言之,它是辜负了开放的理想,不是提高开放性的结果,那种提高带来了公共领域的首次转型,也让一系列斗争开动起来,在斗争过程中,对开放(和激进声音)的政治抗拒破坏了广泛参与和理性话语间的理想关系,其影响大概不亚于规模的扩大。正是透过排斥作为个性化声音的政治激进分子,"合法政治"使自己成为一种应得权利的政治,把那些政治激进分子推去跟有组织的社会运动的发展结盟。② 是主导公共领域的政治封闭让社会运动成为将新的挑战性议题置于议政日程之中的必要途径。运动也许依旧独独聚焦于话语,抑或可能利用物质性力量施加影响,博取精英或政府的注意。这是——比方说——宪章运动里长期讨论道德力量对身体力量的意义之一。身体力量也许不表示暴力反叛,但即便就罢工而言,它也将非话语成分导入营求公共关注的斗争里来。

话语和行动间的张力由来已久。比如在18世纪90年代,英国一位杰出的反雅各宾分子约翰·鲍尔斯争辩说,潘恩的著述不应躲在"公正坦率的讨论"这个观念下:"以讨论为掩护,它们其实指向行动。"③这是塞尔沃审判中的问题,他是伦敦通讯协会的创始人之一,被控叛国和煽动暴乱。塞尔沃恰是依据话语和行动的二元对立,试图自别于罗伯斯庇尔和其他法国革命者:"刀剑和断头台不是论证;屠杀和处决不是

---

① 关于潘恩与科贝特的关系,尤其在美国的关系,参见 David Wilson, *Paine and Cobbett: The Transatlantic Connection*。

② 参见 Charles Tilly, *Popular Contention in Great Britain, 1758-1834*。

③ John Bowles, "A Protest against T. Paine's Rights of Man," 转引自 Paul Keen, "When Is a Public Sphere Not a Public Sphere", p.168。更一般地论及反雅各宾分子的,参见 Don Herzog, *Poisoning the Minds of the Lower Orders*。

论证,"他写道,"除非自由建基于人类知识和精神自由的增长,否则世上不可能有什么自由。"①塞尔沃坚持说:"平和的讨论,而非狂乱的暴力,才是匡救国民怨苦之道。"②政府宣称塞尔沃的著作仍是煽动暴力,不过令反雅各宾派惊愕不已的是,他被无罪释放了。尽管控罪未遂,但政府和反雅各宾派成功地对设法公然表达挑战性思想——而且向着非精英的读者和听众——的激进分子施加了高压。"跨立在文学世界和民变世界之上"几乎是被禁止的。③

问题不止关乎暴力,还在于合法公共领域的两种意象之间的差别。一种想象了由分散个人组成的阅读大众,人人都在他的书房的私密空间里阅读,或许还参加——但冷静地——咖啡屋讨论。另一种突出了更主动的公众概念,比如聚集在大会上的公众。意料之中的是,对于哪些人可以合法参与公共生活,后者也带来了更宽松的看法。

在精英层的许多人看来,民众集会从定义上说就是乌合之众,不是公众。激进分子不这么看。这一定程度上和赢得没受过多少教育的受众有关,更能打动那些人的是演说而非文本。正因激进的新闻从业者被斥逐到"得到授权的"公共领域之外,他们有了额外动力去寻找别的受众。但若说这是策略的需要,对许多激进分子而言也是一种长处。实际上,很多人开始视之为长处,恰是因为他们在19世纪初进一步同工人和其他人群的社会运动接上了头。

比如伍勒永远首先是作家。他起初着眼于阅读大众,一直坚称文本和阅读的重要性。但是他日益开始体察到公共集会的长处。公共集会创造出一种特别的大众表演,从而形成人民的形象。聚在庞大的人丛里却井然有序地行动的经验,有助于塑造适于民主社会的"公众即人民"的意识。伍勒(和别的激进作者)指明了庞大人群能够借以聚集的严整、稳重和纪律。固然有过抗议的盛大露天历史剧,但也有证据表

---

① Gregory Claeys, ed., *The Politics of English Jacobinism: Writings of John Thelwall*, p. 95 and p. 368(original spelling). 参见克莱斯在本书导言中的讨论,以及基恩文章的讨论:Keen,"When is a Public Sphere Not a Public Sphere"。

② Thelwall, *Peaceful Discussion, and Not Tumultuary Violence, the Means of Redressing National Grievance* (London, 1795;转引自 Keen, "When is a Public Sphere Not a Public Sphere", p. 172)。

③ E. P. Thompson, *The Romantics*, p. 163.

明,无产者的集会不应被简单认作没头脑的暴民。① 在伍勒看来,人民在群众大会之类的集体行动中将自身构建为公众:

> 只有在公共聚会里,人民的真实声音才听得见。这样的场合下,见利忘义是可耻的,畏首畏尾失去了影响力,党同伐异不见容于讨论。聚合起来的群众目无私利,人人的心只为公益跳动。爱国主义的火花电光石火般传遍每一生命,直到全体大众和谐共振。②

依伍勒之见,聚结的经验帮助人民构成公众。手工业者组织、教派和社会运动所提供的,不只是思想和物质性的社会基础,还有熔炼了学问和创造性适应力的经验。③ 因而当激进分子筑造和再造他们自己的公共领域以响应新环境时,这不单是选择新策略的问题,也是在从先前行动积累而得的知识——往往是默会的或具体的,不全是散漫的——基础上即兴创造的问题。这个即兴创造和具体化学习的过程远非标志着受社会条件或物质目标的单一决定,它恰是政治演说社会性地实现目的的方式。

这种和平的集体行动变得必要,是由政治公共领域排斥民众激进分子及其政治主张的无理举动所致。英国人民有权在没有政府干涉的情况下阅读他们想读的任何东西,有权公开集会讨论公益问题。如果公共领域被扭曲了,那正是由于政府的行为。政府利用税收、起诉和恐吓等,靠物质力量给公共领域划界。它顽固坚持专断地选举议会成员,拒不给予人民公平的代表权。对人民来说,凭借引人注目的公共集会

---

① 塞缪尔·班福德详述了为彼得卢集会所做的准备工作,突出了大会如何被安排得展现出井然得体的面貌,如何布置妇女作为和平意图的标志,又如何不顾大会之前日甚一日的紧张而徒手抵达现场。参见 Bamford, *Passages in the Life of a Radical*。《黑矮人》和其他同时代出版物里的叙述提出了相似看法,激进分子的亲历再现描绘了相似图像:大而有序的人群,在被义勇骑兵队捕杀之前,和平地展示他们的改革议程。实际上,彼得卢的象征意义不仅在于自耕农轻骑兵屠杀和平集会者,还在于是骑兵队而非人民感情冲动不顾理智地行事,让本来秩序井然的一个场合变得狼奔豕突。

② T. J. Wooler, "Warning to the People," *Black Dwarf* 3 (October 27, 1819), pp. 693-699 (695).

③ 参见 Negt and Kluge, *Public Sphere and Experience*,其中讨论了参与公共生活如何既反映了经验,也常常包含了表达性方面,还有哈贝马斯所强调的理性批判方面。

做出应答,是敦促更理性、更开放、更包容的公共领域的适宜方式。

精英们总是在动员非精英的举措中看到暴力的威胁。当然,民众激进分子与"合法"公共领域对他们的排斥行为进行抗争,其举措包括罢工和(至少是)以武装起义相威胁。就这一点而论,19世纪初的民众激进分子已经在让有组织行动闯入公共领域,这种事情哈贝马斯在20世纪50年代发现已成主流,因为有利益集团间的谈判,还有公司和工会的公共关系机构间的竞争。但随后精英也这么干,政府也这么干。起点恰是在以政治权力为后援的经济排斥基础上的"资产阶级"公共领域的构成。

不过试图加入和帮着领导民众叛乱的那些知识分子的处境也有令人扼腕之处。当初,他们许多人与顺着传统共同体的界线进行动员的人所具有的共同点,不少于和更"体面的"公共话语的参与者所具有的共同点。假如他们不被精英的公共领域驱赶出来——由于他们的意见和铤而走险的意愿,同样由于他们的经济地位或家庭背景——他们或许不会变成有些分离的平民公共领域的首倡者。① 形成公共领域和反公共领域之分的关键阶级界线,不在向上流动的从前的工匠如普雷斯和韦德与穷困潦倒不能自拔者如卡莱尔和伍勒之间,而在能订阅《威斯敏斯特评论》的特殊人士与阅读大众之间,后者不大可能负担得起贴着印花的、"合法"杂志的费用,而且他们并非巧合地深深关注当下的物质利益一如关心政治。边沁和普雷斯做了可敬的努力要弥合差别,尤其是创立了大学学院和机械学院来弥合,但是对于被工业革命逼得无处安身立命的激进分子而言,没有任何较为渐进的自我改善议程足可济事。

经过19世纪初期,工业化和资本主义种种问题分裂了宣称同尊潘

---

① 卡莱尔和普雷斯关系亲近,不时能够携手合作。但是为了了解细微差异如何要紧,请考虑下面这段论卡莱尔的话,出自 George Holyoake, *John Stuart Mill: As Some of the Working Classes Knew Him*, p.24:"理查德·卡莱尔是个大无畏的人,以勇于承担公共事业著称,但一点品味也没有——迫害让他失去了那种感觉。他着手处理这个问题,在单行本里把它庸俗化了,对此普雷斯认为很丢丑,而密尔先生一定掩鼻疾走。此外,卡莱尔的作品售价为18便士,配送一本的运费是四分之一便士。一位功利主义哲学家,在物美价廉的纸张绰绰有余的时候,却流通着质次价昂的纸张,这不能取信于人。"所提及的出版物是"致已婚劳动者",提倡节育的一本小册子。

恩的那些人。中产阶级和贵族阶层的成员在不直接触及英国内部的经济权力的问题上更易趋于激进,比如议会改革、对革命美洲的政策,或者威尔伯福斯的反奴隶制运动等。激进思想使得亨利·布鲁厄姆这样的精英人物同情从传统的议会公共领域中被排斥出去的那些人。布鲁厄姆是位很厉害的律师,也是一位国会议员,为激进对抗政府的许多人当过辩护律师。但是他的正当激进主义的观念是以议会和法院为轴心,不是大街上的动员或者对雇主财产权的挑战。19世纪越发常见的是,旧的激进派(the Radicals)变成了温和派,新中产阶级的支持者,也是促进经济增长的更高效政府的鼓吹者。他们在维多利亚时代可能支持赋了某些工人选举权的改革法案,但不会支持19世纪初更反叛的民众抗议。很大程度上他们也不愿将共和制扩展成民主制。

少数人——最有名者如密尔——的确采纳了非常左倾的立场。密尔信奉某种形式的社会主义,甚或一度更激进地采取支持女权的坚定立场。尽管如此,他以温和的腔调为有理性的转型而非激进的反叛代言。有些老激进派是费边社会主义的始祖,也是个人主义的自由主义的始祖。不过直截了当地说,激进派帮着激发了英国自由党的创生("Radical"的相同用法也在欧陆好几个自由党的名称中延续下来)。

倘若这种用法始终占优,边沁(也许还有哈耶克)大概会被认作激进政治思想的现代巨擘,而不是潘恩和马克思。事实上,边沁在某些重要方面真的很激进,不过他的很多追随者逐渐退缩了。宗教事务上他们尤其谨小慎微。詹姆斯·密尔想法阻止边沁发表《英国国教会》。当约翰·包令出版边沁选集时,他不但遗漏了那本书,还遗漏了《不是保罗,而是耶稣》。激进派传统正被融入新的自由主义主流,在这过程中受到驯化。

然而,就在老的精英激进派正在变为自由主义者之际,"激进主义"的小写体用法更广泛地传播开来,以指称以下各群体的抗议和造反:寻求政治发言权的伦敦工匠,来自英格兰西北、设法停用削减了其技术市场的机器的外包织工,要求完全公民权的爱尔兰天主教徒,反君主制的共和主义者,廉价报刊的出版人,想法组建工会的工厂工人,以及希望恢复传统英格兰的自由和村庄的反对工业化与大政府的人。精英激进派偶尔试图把自己描绘成替政府阻挡这些激进挑战的"安全"方式,其他时候又认为民众激进分子讨厌地分散了对他们更理性的改革计划的注意力,要不认为那些人就是彻头彻尾的危险分子。

激进政治场域里的公共领域和反公共领域

18世纪末其实已然存在多重的话语共同体——你要愿意的话,也可说多重的公共领域,它们对英国的过去、现在和未来各怀异见。它们绝非截然分别的,而是程度不等地彼此重叠。布莱克和斯维登堡新教会会员、边沁和潘恩、柏克和葛德文,都有交叉的读者群。代表人人、向着人人说话的那些人——不论是牧师、记者还是艺术家,在多大程度上追求影响更广泛、更兼蓄地把他们结合在内的公众,是各各不同的。有些人将他们的文化产品瞄准宗教共同体或政治运动的同道参与者的较为"有限的市场";另一些人试图变成更大(或更广获认可)的世界的声音,在那个世界里,像《泰晤士报》或《纪事晨报》(最后还有《爱丁堡评论》和《威斯敏斯特评论》这种精英杂志)占据主导地位。①

在拿破仑战争期间和之后,对公共领域的竞争性权利主张之间的冲突加剧了。这首先是由于排斥——不仅基于政治忠诚的分界线,也基于财产——加强了。再者,政治迫害和限制让那些不得不靠写作为生的人更难维持他们的杂志,甚至难以维持在印刷业等相关生意中的生计。纵使他们真的为更温和开通的特殊人群生产产品,他们也难免处于那一人群里的被宰制地位。不过许多作家力争既为社会运动的读者群写作,也为更温和开通的、"经认可的"特殊人群写作。

这始终是一项挑战,常常令人挫败。19世纪初,分界线越来越分明,重叠处越来越稀少。不仅财产,还有教育和为公共话语做好"适当"准备的其他标记,都形塑了合法公共领域与反公共领域(它们被指派了这种角色)的区隔。风格上的习惯和缺乏个人关系导致"被授权的"公

---

① 关于为有限市场生产的概念,参见 Pierre Bourdieu, *Homo Academicus* and *The Rules of Art: The Genesis and Structure of the Literary Field*。布迪厄主要以此区分两种生产:一是为多少比较自主的文化场域(如艺术家或科学家同道的场域)的生产,它可以明确贬低名声和大销量的重要性;一是为更广大的经济市场的生产。不过,在纯粹性或自主性与试图赢得更多公众之间的类似权衡折中,在社会运动里也有重要意义,哪怕经济市场不是那里的中心关切。

共领域排斥了许多人。这些屏障尤其阻挠了自学成才者的参与,比如寻求公共发声的众多工匠和小企业主。但它们并不是不可逾越的,就像普雷斯和韦德的例子所表明的那样。

普雷斯从穷皮匠和裁缝的地位上有所改善,变成富裕的布料商人。他也是一位重要的边沁主义激进派,很多年里在他的店铺背后经营着一家有影响力的书店。这里他遇到了韦德,韦德原来是个拣羊毛工,后来成了他的门徒。普雷斯劝说边沁帮着筹措韦德的激进派报纸《戈耳工》的经费。① 韦德支持1818年曼彻斯特棉纺工人罢工和1819年约翰·盖斯特的伦敦码头工人组织。② 不过久而久之,他和普雷斯在经济尤其是阶级问题上日趋保守。韦德加入了《旁观者》编委会,最终从巴麦尊政府领受一份养老金。普雷斯自始即非难工会,支持撤销"结社法",相信这将加速工会的消亡——当然这引起了它们的增长。他继续作为有"道德力量"的宪章派倡导普选权,但他最富争议的姿态是鼓吹避孕。③

普雷斯和韦德都熟知民众激进主义,对它的民粹主义领导人怒目切齿。韦德称科贝特是"傻瓜",称卡特赖特是"疯子",亨利·亨特是"死皮赖脸的蠢货"。普雷斯和韦德都一丝不苟地尽力维持他们的体面和较为"理性的"分析。如果说某种程度上他们跨越了比较大众的激进派和比较精英的激进派之间的分界线,他们(和别的很多人)显然停留在"体面"政治的轨道上,为抗议和抵制工业革命进程的那些人出谋划策(特别是在19世纪20年代后),却不真是他们的合作伙伴。他们关心工业资本主义里面工人的公平待遇和他们的提升机会。譬如,20年

---

① 《戈耳工》现在很方便到手利用,它成了 Paul Keen, ed., *The Popular Radical Press in Britain 1817-1821* 的第3卷。引文出自一版本第385页(1819年4月17日)。

② 有关韦德与盖斯特和码头工人的联系,参见 Iowerth Prothero, *Artisans and Politics in Early Nineteenth Century London: John Gast and His Times*。

③ 像19世纪初激进主义的其他诸多老手一样,普雷斯后来专注于人口和生育控制问题——它们让人联想到理查德·卡莱尔,比19世纪初两人立场之歧异更让人生此联想。所以他并非在一切事务上都变得保守。实际上,保守与自由或激进的对立已被揭示出是过度简单化而引人入歧途的。个人主义的自由至上理性主义与起源于传统的思想、价值和共同体的那些抗议之间的分裂或许更为根本。而且普雷斯被归入保守一类(或者有时干脆被归入"温和派",言外之意是抵制激进主义,倾向保守主义),这反映了后世史家所认为的劳工政治相对于(比方说)性别和性的首要性。

代普雷斯非常重视机械学院这类项目,它们设法鼓励自我改进,让更多工人有机会像他本人那样向上流动。他倡导节育,把它当作消灭贫困化的一种手段,就是因为有太多子女要养活,劳动力供给过剩,才造成那种贫困。科贝特和亨特推动的不是向上流动的议程,而是为原地不动的人们——既是从阶级方面说,又是从共同体方面说——创造更大繁荣的议程。科贝特非但不支持普雷斯的人口控制努力,还特地争辩说,照他看来英国的人口下降似乎才真是威胁;在《政治纪闻》和后来的《骑马乡行记》中,他描述了曾经繁荣的村庄,如今丧失了它们的经济基础和太多人口。当然,科贝特和亨特都没有进入精英激进派公共领域的抱负,各自觉得自己有资格作为名流贤达受到尊敬,却认同英国的传统宪法甚于理性主义批评。

卡莱尔和伍勒情况有所不同。他俩或许是继科贝特和亨特之后的两位最重要的民众激进主义发言人,在19世纪10年代末20年代初甚至声越前贤。然而他们的意识形态取向、他们在公共领域的发展轨迹以及他们的社会根基都不一样。一则他们是城市的。他俩都原籍外省,却都毅然变得立足伦敦。卡莱尔是一个鞋匠的儿子,迁往伦敦前在普利茅斯做马口铁匠的学徒。短期的工作有助于把他领向激进集会,然后又成为出版商。卡莱尔可以说是向下流动的,他的出版生意从来没给他提供经济保障,更别说财富了。他以小册子而非图书的形式——一种新方法,既利于销售,也利于逃避审查——出版了潘恩的《人权》和其他著作,后来创办了《共和党人》杂志。卡莱尔成了一位顶呱呱的激进出版商,有时赚了不少钱,开始觉得有保障了,但同样经常地由于政府起诉(和经营不善)而赔钱。伍勒出身约克郡的下中产阶级背景,在伦敦做印刷工的学徒。这是进入出版业的跳板,但伍勒甚至正相反,也向下流动了,虽然是更为有意的,因为他放弃了靠纯粹的政治承诺就能获得的更舒适生活。像卡莱尔一样,他遭遇了让他耗尽钱财的反反复复的起诉,尽管他曾红极一时。伍勒编辑了《政治家》杂志,然后在传统主义激进分子约翰·卡特赖特少校的支持下,于1817年创办了报纸《黑矮人》。这是那时最重要、有创意、受欢迎的期刊之一,也填补了《禁言法》通过后科贝特远遁美洲、他的《政治纪闻》停刊留下的缺口。

卡莱尔和伍勒都有严肃的理论立场和明显理性主义的视野。[1] 他们寻求被都城的资产阶级精英主宰的公共领域所涵容。不过他们也把手伸向更大的读者群(都仰食于销售收入)。从很多方面看这两人都是模糊难辨的人,有时以群众集会和人民宪政主义的民粹主义调门说话,有时又作为潘恩的理性主义信徒说话。卡莱尔在意识形态上更条理化些,更忠于潘恩主义。伍勒会转换视角以因应所考虑的冲突,仅在偏爱自由与积极的公共辩论上是一贯的。两人都信奉更理性社会的构想,尽管他们怀疑精英们所谓已追逐理性直达其必然而根本的结论这些宣称。两人都有志于在更广阔的公共领域里呼风唤雨,也渴望看到在无阶级之别的自主个人中间根据理智论辩而构成的一个公共领域;他俩都被不稳定的经济地位和政府起诉所困,也都体会到19世纪初的种种排斥是对理性和正义的苦涩背叛,并给个人造成伤害。

伍勒经边沁许可,编辑和再版了边沁的《国会改革计划》。他认为这说明了激进改革的必要性,而不是边沁的很多自由主义信徒准备勉强接受的仅仅温和的改良。但是,如果说伍勒是个在边沁那里觅得他喜欢的很多东西的理性主义者,他也钟爱书信之类的象征手法,并发现它们引起民众共鸣,比如《黑矮人》与"日本杏黄人"就英国可悲状态的通信。这效法了著名的文学先例,比如孟德斯鸠的《波斯人信札》。伍勒也创造了跟过去一些自由先哲进行的想象性讨论,如约翰·汉普登、约翰·洛克、詹姆斯·哈林登和威廉·布莱克斯通等人。大多数激进分子诘责柏克的激起感情共鸣的文风——太过花俏,太过催人泪下,同时也太过依赖想象而非事实,他们追求朴素直白的散文。可是伍勒热衷于修辞富丽、添枝加叶、有想象力的虚构和戏仿。他延续了创造性的非正统象征生产的传统,那在整个18世纪翻新着花样地蓬勃发展,比如在约翰·威尔克斯的戏仿中,也许最重要地在布莱克全部神秘异象的建构中。这植根于一种"另类的启蒙运动",在那里,反对建制宗教不一定采取无宗教或敌视灵性的特点,而理性—批判的成分与神话制造

---

[1] 参见 James Epstein, "'Bred as a Mechanic': Plebian Intellectuals and Popular Politics in Early Nineteenth-Century England"。亦见 Epstein, *Radical Expression*; Gilmartin, *Print Politics*; Joel Wiener, *Radicalism and Freethought in Nineteenth-Century Britain: The Life of Richard Carlile*; 以及本书第五章。

和道德传统的重铸纠缠在一起。与之对照，卡莱尔更一贯地对有组织的宗教怀着敌意，在他的散文风格里更少嬉戏顽皮。

无论卡莱尔还是伍勒都不是反现代的，但都断然质疑这样的观念：要在科学、技术甚或人类自由和福祉的进步方面跟上时代，就需要通盘接受主导精英们包装好的现代性模式。某种意义上卡莱尔和伍勒是一种另类现代性的崇尚者。比如他们挑战为了获得市场扩张之利就必须野蛮地向市场过渡这种想法；他认为或许可以保护工人们在技艺上的投资，就像当权者保护资本家在机器上的投资一样。他们怀疑"科学"或"理性"完全决定了生产过程的性质这一观念，指出其他种种思想和强加的权力也充塞到特定技术之内。因而他们设想了另外一种可供选择的现代性，其中某些传统价值可以补共和主义和其他"改良"之不足，值得同知识的进步与交换或生产的效率一起被人追求。

在较为广大的英国公共领域里，工人阶级和向上流动的激进分子一概处于被支配地位。普雷斯和韦德虽是与边沁和其他名人的直接关系的受惠者，但即便他们也还不在边沁本人所处的那种自主地位上。而在更大的政治权力场域里，哪怕是边沁，他的像詹姆斯·密尔和大卫·李嘉图这样身居高位的追随者和同僚，甚至像柏克这样的对手，都是布迪厄所称的统治阶级中的被统治部分的成员。① 统治部分控制着大资本，或者占据了政府或议会反对派的高级职位。

跟随布迪厄，我们会想到一系列场域，较特殊地嵌套在较普遍的里面，随着一个人向高层次提升或向低层次坠落，它们有着颠倒的评价准则。② 如果财富和政治关系主宰着公共领域以外，那么重要的是，在它之内公正无私和独立不倚应当被推崇——因为它们标志着它的特有的

---

① 参见 Bourdieu, *Distinction and Homo Academicus*。不过请注意，"统治阶级"这个概念在指涉18世纪末时有点意义不明，那时候阶级统治还不稳定。

② 因而每个场域的构造，不但按照高和低的层级对立，也按照规定了场域内斗争的特殊赌注的一种对立——在现代资本主义社会里，通常根据至少部分相应于经济资本和文化资本间的对立。于是，文学场域就被艺术和新闻报道的对立（或者更准确点说，为其他文化生产者的有限市场写作相对于为更大众的市场写作，求名相对于图利）所形塑，也被成功的大小等级所形塑。参见 Bourdieu, *Rules of Art*。在这向19世纪初的简短拓展里，我是在改写而非复写布迪厄的分析图式。我很想强调的是布迪厄所采用的关系视角，而不是他对特定场域的某一分析的细节。

主张和贡献。故而这新兴的、很快将要内部分裂的公共领域并非简单地是"自由漂浮的",而是本身处在和其他场域的关系中,处在更大的权力场中。照布迪厄的用法,后者是囊括其他一切场域的场域,在他的理论里被现代国家的崛起决定性地形成。

18 世纪期间,英国国家及其治下的权力场日渐统一,在内战的断裂和使不列颠国成为现实的合并内部殖民地之后重归一体化。① 18 世纪末它仍在贵族统治下,进入 19 世纪后贵族阶层还继续掌权很长时间。然而在这段时期里,工商业财富越来越重要,非贵族的政治领导人亦然。当然还有所谓的辉格党和托利党(不像今天的政治组织那么正式),它们松散地牵连着城市与国家、豪族与士绅的进一步对立。我们不说这些是不相干的,或是可以被其他一些因素解释掉的,我们可以辨识出一种关系到公共领域兴起的独特对立。这让两类人针锋相对,一类人能够经由他们受到正式承认的地位、财富或直接人际关系——家族、宗派、友谊或党派——确保政治影响力,另一类人不得不靠公共沟通劝服相关的陌生人。改革者多属后一群体。他们对公共领域的"超然"承诺与他们对政治影响力的兴趣适相吻合。

在政治场域内,公共领域本身是安排有序、近乎自主的场域。但是尽管更大的场域里是物质权力最大者称雄,公共领域之内却是一种文化权力当道。按照哈贝马斯为他所称的资产阶级公共领域重建的那些理想来说,公共领域里除了理性—批判论证的说服性权力外别无权力。不过理想归理想,实际存在的公共领域既非如此平等亦非如此理性。有些参与者有证书,有名声,发表过作品,或者在修辞艺术与引用拉丁文和希腊文的章句支持其论证的能力上训练有素,他们就得益于这些形式的文化资本。不必惊讶(也并非绝对),这些"天赋"与社会阶级背景息息相关。其他人没有这些优势,总在极力使公共领域恪遵它的理想。

---

① 这个事件进程,多大程度上存在着整合过程,以及多大程度上"不列颠"或"英格兰"在任何时点都是恰当的分析单位,都是浩如烟海的文献的主题,而且仍然争论不已。关于最佳的最新指南之一,可参见 J. C. D. Clark, *English Society*, 1660-1832。大多数争论点都不直接关联到眼下的讨论,我不妄称提供了对英国社会或政治的结构的一般性分析,哪怕是我所研究的这段时期。

尽管不够完美,公共领域的确在很大程度上是以参与者提出有说服力的论点或令人叹服的文化创新的能力为基础赋予他们权力的。为了进入公共领域,在它里边寻求打动人心,人们不得不依照它的理性论证规则行事,从这个意义上说它是自主的。当然,有物质资本的人就用它来尽力影响公共领域——比如负担出版物的费用,或者阻挠其他出版物;雇用写手表达他们的利益和观点;或者要求政府审查其他作者。但它足够自主,以致没有彻底沦陷,丧失它的场域特有的对理性话语的投入。18世纪末19世纪初,一直存在着政府支持的报刊和政府付酬的作者。这些影响了辩论,但从未处于支配地位。这就是为什么政府还得诉诸印花税、公然的审查制度与起诉诽谤罪、煽动罪和亵渎神明罪。

物质权力和文化权力——最具体地讲,言说能力——的对立,粗略类似于布迪厄采用的经济资本和文化资本的对立。正如布迪厄的理论会揭示的那样,这种对立与另一种对立交错,后者建立在公共辩论的不同发言者占有的资本总量基础上,被认为是截然有别的。比如自学成才者相比于受过正规教育的人始终处于劣势,哪怕专注于最超然的理性或文化创造性之时亦然。与皇家艺术院的艺术家和上过大学的诗人相较,布莱克处于劣势;与边沁相较,韦德、普雷斯、伍勒和卡莱尔全处于劣势,纵然边沁有时与他们每个人结交,为他们辩护。这不表示布莱克的诗画要低劣些,而是说他起步时缺乏别人具有的优势。就此而言,做个局外人或许促进了他的创造力,让他从压抑人的常规中解放出来。但是谁也不能担保自学成才和没有庇护会产生这种效果;它可能让文化生产者寻求顺应和谋求接纳。如果说家庭和教育优势给了边沁骋骛于他的使命的机会,他的才智或思想独立却不归因于它们。富足者仍可能庸庸碌碌(而且往往如此)。①

在被设想成一个场域的公共领域里,成功取决于是(或至少看似)超然而独立的。这对携高阶资本——包括财政资源,有了它就无须恩主或付费用户了——进入场域的那些人来说比较容易。被人知道是为物质收益而发的言论内在地受人怀疑。这造成一个"反转的经济世界"

---

① 布迪厄厉声非难不经社会场域动力学居中调整、直接从阶级背景或个人特征推断个人思想取向的尝试,参见 Bourdieu, "The Field of Cultural Production, or: The Economic World Reversed", pp.29-73。

的形象,类似于布迪厄在艺术生产场域观察到的那种。在这个场域的成功往往有赖于逃避财政方面的成功。最名高望重的诗人只为其他诗人的"有限市场"作诗,不是为了大众市场。同样的,在科学场域里,仅一小撮其他专家会读的玄奥研究或理论的生产是弥足珍贵的——假如其他专家重视它的话,远超可以卖给几百万学生的教科书的编写。

靠出书谋生的作者们,相较于不需如此的作者,处在有疑问的位置上。继承而得的财产所给予的独立性或许是虚幻的——既然富人的抚养教育方式通常要保证阶级忠诚,或者至少要保证与财产不平等兼容的世界观。不过,像卡莱尔和伍勒——某种程度上还有科贝特——这样的激进作者,敏锐地感到需要让人承认他们的独立性。这是他们发表的他们所受审判和监禁的叙事里的一种潜台词——证明他们提出的思想和论证不是为了他们的私利。这里一定程度上存在着吊诡:拥有物质财富和社会地位的人会采纳非个人性作为公共领域所需的超然性的担保,而卖文为生的人却被迫戏剧性地表现自己以证明其独立性。伍勒写道:"假如有钱可赚,即使不过四分之一便士,他们也将炮制议会法案来抓住它。假如有报道说某个角落出现了一星诚实的火花,他们将制定议会法案来扑灭它。他们恨独立,因为他们知道独立恨他们。"①科贝特是个极端例子,从来不可说他把他的身份丢到一边,好单单诉诸客观理性。正相反,他的本真性证书,对博特利的威廉·科贝特的个人认可,嵌入在对他的独立的不断述说中,从他的童年说到他现在跟腐败权威的斗争。他简单假定,他的读者关心他对家乡村庄或亲自栽种的树木的回忆,也关心他对政治事务的看法(如果销量是一个指征——看上去像是这样,表明大众政治不止关乎政策,还格外关乎个人)。部分由于他总在自我呈现,科贝特这种人绝不能在精英公共领域博取真正的承认。他像个暴发户,认识不到若是他想进入尊贵绅士的俱乐部,就不该穿花里胡哨的衣服引人注目(在服装偏于素淡的19世纪是这样,早些时候要艳丽些)。但这不是他理论上可以靠裁缝的或修辞的好建议加以克服的风格选择问题。相反,科贝特的积习(habitus)和自我戏剧化的叙述风格不但非常投合他的读者,也符合他在更大公

---

① Wooler, *Black Dwarf* 1(March 12, 1817), pp.97-98.

共领域里的地位。他和居于被统治地位的其他人一道,只能选择他所用的那种方法。①

与此同时,公共领域表现出一个矛盾。一方面,为辨识出公共利益(而不仅是私利的妥协)的理性辩论竞技场这个观念,赋予独立和超然论辩以至高价值。这往往贬低了激进的新闻记者,他们可能总被指控是在力求"特殊利益",拣他们的大众读者想听的话说。然而另一方面,公共领域概念本身也使得关闭参与的举措不相宜——特别是在物质性社会地位的外在基础上关闭。一面信守最高品质的理性批判话语,一面信守最大数量的公民的开放参与,其实正是这二者间的矛盾,哈贝马斯认为驱动了公共领域的结构转型。

但是把公共领域当作布迪厄意义上的场域看待,我们领会到这不是思想领域里的"中立"矛盾。它反而密切关联着资本分配——更大权力场中的物质资本和公共领域内的文化资本。在19世纪初英国的特定背景下,这种矛盾紧随拿破仑战争达到尖锐化。它沿着阶级边界分裂了公共领域。

浮现出来的是一个主导的、被授权的精英公共领域,它在哪些观念可以表达上显著地戒慎节制——决定温和应成为文雅的表达方式。与之相对,一个激进的反公共领域也形成了,不光与精英作者争夺话题,还迎合明显有别的读者群,越来越将书面论证同民众大会和大游行结合成一体。

这个激进读者群包含不是(或首先不是)文化生产者或知识分子的许多人,也包含知识分子。它包含蓄谋推翻政府的准革命者(那些阴谋无一接近成功),也包含另一些人,他们相信大众请愿会说服国王承认他的大臣们犯了错,从而导致重建正义。这里的奖品就是政治的奖品,主要是效能感。政治群众喜欢花言巧语、批评性分析和文化创造力。他们也想获胜。再者,工人和精英层之外的其他人主要通过像手工行会这样的共同体和休戚相关的群体动员起来的。他们的资本显著地是物质性的——社会关系网中的地位、满师学徒的应享权利等,不是符号

---

① 某种意义上,科贝特开了一种本真性表述的先河,那在世纪末的法国、当左拉写下"我控诉"时声名鹊起。作者作为自成一格的个人,宣称有权控诉腐败权力。

生产的能力。他们对不同领导人的忠心不总是独独基于理性论证的质量。

在此我们懂得了何以韦德对科贝特和亨特那么失望。他俩循循善诱,但在他看来其根据是非理性的。他对工人斗争感到欣慰,能够在对社会整体的更高利益的边沁主义分析之内理解他们的利益——一般而言,他试图让资本主义变得对工人公平些。但是科贝特和亨特没有任何分析堪与边沁或密尔对英国政治经济学总体问题的分析相提并论。他们具有的是表现许多人的挫折感、焦虑感和积极价值的令人叹服的能力,那些人正被政治经济变迁进程放逐和贬抑。用布迪厄的话说,他们的"资本"——于工技艺或地方共同体关系的资本——正在贬值。

在此我们也能更准确地理解伍勒和卡莱尔这些激进分子的处境和困境。他们埋头于公共领域和激进政治。这两种献身至少有些时候好像把人拉往不同方向,因此他们勉力调和。潘恩是他们的北极星,却是不充分的指南,因为他的18世纪理性主义适合他们的共和理想,但不适应他们联络民众激进主义的现实需要,后者主要依据传统和英格兰宪法来自我表述。而且无论卡莱尔或是伍勒都需要读者才能存活。他们不能将注意力和志向单单集中在他们的文化生产者和政治思想者同伴的"有限市场"(或有限公共领域)上——就像(比如说)边沁和变得更有经济保障后的普雷斯能做的那样。

十分明显地把卡莱尔和伍勒同科贝特和亨特那种更传统主义的激进分子联结起来的主题是批评腐败。这是职业的记者、活动家和理论家的共性。不管他们是在英格兰统治者更为圣明的黄金时代的背景衬托下看待腐败,还是在理性压过自利君临天下的未来愿景衬托下看待腐败,腐败都是苦难之源。它不止意味着假公济私。腐败或是运用到"腐败选区"(rotten boroughs)——那里一个选举人或几个亲信就可确定一个国会议员,抑或运用到税收结构上——它从勉强糊口的劳动者和勉强苟活的小商人那里征税,用来支撑宫廷的浮华、海外军事行动和数量日增的尸位素餐者和官僚;无论哪种情况,它始终使人想到不但腐朽而且依靠欺骗以自肥的体制。腐败所表明的不仅是(甚或主要不是)非法性,它表明了富足对共和美德的影响与只消费不生产的道德过失。闻闻它的气味,腐败就可以测出来,那是密闭空间里腐烂的气味。它招架不住的东西是真正公开的明火。这对科贝特很重要,这位出版商出版了国会想要审查的议会辩论记录;对卡莱尔等人也同样重要,他们像潘恩和哈贝马斯原型那样坚称,公共辩论是提升理智的途径。伍勒的《黑矮人》设法具体表现公共话语,卡特赖特少校、塞缪尔·班福德和查尔斯·沃尔斯利爵士全都加入它的卷册中的辩论。所有人都忙于培植——甚至创造——自英格兰内战和长期国会以来不曾存在过的一种大规模政治公共领域。① 纵然是18世纪末纷乱的伦敦政治,也没有制造出可堪媲美的遍及全国的力量的回响,或者通俗报刊的大众读者群的那种规模。

结　论

关于公共领域的很多著述都把它处理成逃脱政治和社会生活的惯常决定因素的出口。它尤其被哈贝马斯说成是自主个人间的辩论竞技场,那里不理会身份,促进趋向普遍性的学习过程。哈贝马斯明白,公共领域既依赖物质支持又依赖文化支持,所以是有限制的。但是他的用法为启蒙时代的一些观念所塑造:理性的普遍性和充分性,作为更世俗的利益世界的逃遁地的理性—批判话语等。它也被领域的分化和分立的观念所影响。部分出于此故,利益、运动动员和正规组织的侵入只能呈现为公共领域的腐化,并引起哈贝马斯经典著作第二部分的悲观主义转向。

然而,喜迎反公共领域不是这个问题的解决之道,简单描述未定的争夺也不是。这回避了一个问题:不同公共领域是否(或多大程度上)能够促成更综合的舆论形成,它的规模足可影响政府和其他社会机构。我们反倒需要重新考虑领域分立的观念,认识到简单视之为半自主而各具一格的就忽略了它们一定程度上正在互相构成。探讨公共领域和社会运动之间的关系也很重要。

将公共领域置于更大的权力场——就共享机构包括国家的形成进

---

① 参见 Zaret, *Origins of Democratic Culture*, 其中论及17世纪公共生活的重要性,以及哈贝马斯和探讨公共领域兴起的晚近理论家们对这一较早繁荣(显然与宗教相关)的忽视。

行较量——当中,会对此有所助益。我们可以承认公共领域的"半自主性",但也承认它始终受到"社会"其他方面与竞争性的政治和/或经济构划的影响。这样一来,我们就不把它看成竖立在社会斗争之外以便给出普遍性观点的享有特权的优势位置,也不仅看成个人间理性—批判论辩的产物。我们反而可以将这些总是多元却未必分离的公共领域看成社会斗争、制度形成和文化的产物。

第五章　不情愿的反公共领域

（与迈克尔·麦夸里合写）

自由主义理论人所共知地建基于私有财产和政治独立之间的假定关联。这种关联内置在古典的、18 世纪的公共领域观念里，暗示根源于私人存在的独立使人能对公共事务进行客观超然的推衍论辩。这种"资产阶级"思维尤其遭到马克思的取笑，一则因为它将工人被褫夺公民权合法化了，二则因为它未能认识到，所谓"自由的"资产阶级思维其实在一定程度上受制于资本主义的范畴和约束。马克思提倡一种革命的阶级斗争取而代之，那将超越个人意见的任何政治，开创一个结束资本私人占有、从而为真正更加自由的公共生活做好安排的新时代。实际上，马克思争辩说，只要私有财产强化了私人生活和公共生活的深刻分割，就不可能存在什么集体自由，什么有效民主。嗣后马克思主义者常常对资产阶级民主嗤之以鼻。

20 世纪 60 年代初，哈贝马斯挑战了马克思主义立场，认为在资产阶级民主范畴里实际上还有未完成的激进、进步的潜力，包括 18 世纪资产阶级的公共领域思想，它是剖辨整个社会的事务、对国家施加影响的诸多私人组成的领域。哈贝马斯的主张立即惊世震俗，在 1989 年姗姗来迟的英译本问世后声誉更上层楼。① 近来它鼓舞了一波重要的历史研究，它们探讨了哈贝马斯当作他的理想类型叙述基础的那些 18 世纪末 19 世纪初的案例。

---

① Jürgen Habermas, *The Structural Transformation of the the Public Sphere: An Inquiry Into a Category of Bourgeois Society*.

对哈氏著作的最初接受和新近争论中,有两种批评格外重要。一是认为哈贝马斯忽略了无产阶级,一是认为他赋予理性远超经验的地位,作为政治判断的特选源泉。它们在内格特和克鲁格的很有影响的早期回应中惹人注目,那种回应预示了后来一系列批判性论辩。① 内格特和克鲁格提出,无产阶级公共领域与资产阶级公共领域并行运转,但是它拥有多得多的来自经验的知识学问,因而具备一种与众不同的能力,可以彻底超越资产阶级理性那些禁锢心智的范畴。类似思想在女性主义理论中发展起来,它们突出体现在南茜·弗雷泽对"反公共领域"重要性的叙述里。② 像内格特和克鲁格一样,弗雷泽欣赏哈贝马斯的研究,赞成他创辟更进步的民主理论形式的努力。但是她认为,尽管哈贝马斯承认现实的资产阶级公共领域并非始终无愧于它开放进入权的理想,却没有充分注意到它所依赖的各式排斥:比如排斥女性和无产阶级。③ 弗雷泽宣明,其实下层社会群体常感到"构建另类的公共领域很有利"。她称之为"庶民的反公共领域","以此表示它们是并行的话语竞技场,下层社会群体的成员在那里发明和传播反话语,来表述对他们的认同、利益和需求的相反解释"④。哈贝马斯本人承认这种种批评击中要害:"文化和政治上被动员起来的社会下层的受排斥,引起公共领域在兴起过程中即趋向多元化。紧挨着霸权的公共领域,一个平民公共领域成型了,并与前者纠结相连。"⑤ 也许是迈克尔·沃纳最圆备地将反公共领域概念理论化,它时兴起来,然后重新被倾力贯注到对18

---

① Oskar Negt and Alexander Kluge, *The Public Sphere and Experience: Toward an Analysis of the Bourgeois Society*.

② Nancy Fraser, "Rethinking the Public Sphere: A Contribution to the Critique of Actually Existing Democracy." 亦见 Geoff Eley, "Nations, Publics, and Political Culture: Placing Habermas in the Nineteenth Century"; and Michael Warner, *Publics and Counterpublics*.

③ 弗雷泽的论证吸收了研究公共生活的修正派历史学家的较早著述,比如 Joan Landes, *Women and the Public Sphere in the Age of the French Revolution*; Mary Ryan, *Women in Public: Between Banners and Ballots, 1825-1880* and "Gender and Public Access: Women's Politics in Nineteenth-Century America"; and Eley, "Nations, Publics and Political Cultures"。

④ Fraser, "Rethinking the Public Sphere", p.123.

⑤ Jürgen Habermas, "Further Reflections on the Public Sphere".

世纪末19 世纪初的英国的历史分析中。①

由此产生的学术成果大大扩展了我们对这一时期公共生活的理解。不过,虽然反公共领域概念显然很重要,它的用法却可能是误导人的。假如分析者急于讲述庶民反公共领域的故事,对于它们到底多大程度上无非是与主导的或许属于资产阶级的公共领域并行相类,而不是后者多少有些暴力的驱逐所造成的,做了过高估计,那就尤其是这样。"驱逐"是个妥切的词,因为18 世纪的公共领域比它19 世纪的后继者在许多方面更包容、更开放。潘恩和柏克处在同一个话语公共领域,不论他们对法国大革命的看法多么方凿圆枘。但是紧跟着那场革命以及英国与革命法国的战争之后,激进的声音被从主导公共领域赶出去了。这不是简单反映不同利益的一个"有利的"反公共领域的自愿构建。它是主导公共领域在财产和顺从政权的新基础上建构为资产阶级性的。

合法公共性的范域的这一新定义对激进新闻记者尤为不利。诸如科贝特、卡莱尔和伍勒这等人全都自视为英国公共领域里的重要而体面的发言人,不只是这个国家多重公共领域之一里的发言人。尤其卡莱尔和伍勒多少算是潘恩的嫡系传人(甚至科贝特晚年也向他早年托利党时期攻击过的那人致敬)。然而,潘恩无论是在美国还是在他的母国英格兰,都可以是受人尊重——即便引人争议——的发言人,他的继承者却不能。差别不在于阶级(虽然一定程度上手艺人在18 世纪更受尊敬)。潘恩这位从前的胸衣制造学徒不因财富而受优待,卡莱尔和伍勒也不因贫穷而受排斥。相反,他们都为了坚持自己的政治原则放弃了富贵前程(尽管谁也没放弃对那前程的渴念)。科贝特亦然,虽然他从来不是忠忱的潘恩式理性主义者。征税、煽动和渎神的审判、粗野的恐吓、没收财产等,全被用来阻止他们参与公共领域。然而他们强烈认同于那个公共领域,全英国唯一的公共领域,寻求在那里面发声,直到

---

① Kevin Gilmartin, *Print Politics*: *The Press and Radical Opposition in Early Nineteenth-Century England*; Anna Clark, *The Struggle for the Breeches*; James Epstein, *Radical Expression*: *Political Language, Ritual, and Symbol in England, 1790-1850*; Andrew McCann, *Cultural Politics in the 1790s* and Alex Benchimol and Willy Maley, eds., *Spheres of Influence*: *Intellectual and Cultural Publics from Shakespeare to Habermas*.

那变得绝无可能为止。他们不寻求一种替代性的无产阶级公共领域；如果说他们相助造就了一个反公共领域，那是对他们所谴责的现状的反应，是他们所青睐的包容性公共领域的开放话语的次优备选。

自由主义理想与马克思主义对资产阶级现实的揭露之间的对立，让人很难恰如其分地看待伍勒、卡莱尔和科贝特这些激进分子，也很难懂得某种程度上他们是为统合的公共领域而奋斗，退向反公共领域的政治只是情非得已。从反面来说，重要的是懂得他们的被逐是资产阶级公共领域本身的构建的一部分。这一章里我们不能面面俱到地讲这个故事，但会重点论及伍勒，鼎鼎有名的《黑矮人》杂志的出版人。伍勒是19世纪初极为重要的激进知识分子，也极有趣味。1817年初他创办《黑矮人》，甚至在人身保护权暂时失效让科贝特远走美利坚以后也未间断出版；尤其在这刊物里，他将政治论辩与想象文学融合起来。他告诉爱尔兰的绿魔人，过去压迫那个国家的这同一个政权，如今在国内压迫自己的人民。伍勒的政治学是被潘恩、边沁和激进立宪主义形塑而成。但是它超越了这些源头，我们将表明，这种超越恰恰在于伍勒想象公共领域的方式和以之作为政治基础的经验。纵然不是"典型的"，他在英国民众激进主义里也是深得人心从而至关重要的一个声音。

伍勒例示了19世纪早期的激进知识分子所面临的关键问题，他们被从首要的全国性公共领域里驱赶出来，决心与在那里边从无代表的劳动者同命运。尤其是伍勒越来越投身于民众集会和抗议活动，这迫使他思考从政治经验学习的问题，单凭书面作品是得不到那种知识的。工匠共同体、阶级不平等和文化传统都影响到民众激进分子的态度，但它们是通过共同行动的经验才变成政治性的，而不是通过不平等、不公平或理性分析的经验。

靠驱逐创造资产阶级公共领域

人们常常拿经济怨苦和社会脱序来解释工人激进主义。然而至少在19世纪初的英国，它也是一种政治要求。民众激进分子在出版物、大众集会和他们借以构成手工行会、共同体和运动组织的无数途径中将公共政治参与放在他们思想和实践的中心位置。即便部分是被极深重的物质关切动员起来的,他们仍吁求更理性的议会代表结构、更高的政府透明度和消灭腐败。

激进分子们的修辞偏好各有不同。有的选择聚焦于个人权利和自由的一种理性时代的政治语言。另一些人则保持宪法改革、共同体责任和公民美德的旧传统。少数人开始发展以政治经济学为依据的激进批判和主张。许多人乐意三者兼用,而不必担心连贯协调问题。但是他们都渴求开放自由的公共沟通,坚称人民的声音需被听取,在这点上他们团结一致。这一共享立场将19世纪初的民众激进分子定位在起码回溯到内战时期的英国传统里,也将他们置于民众声音和激进异见日益从公共领域排斥出去的更特殊背景下,那个公共领域在18世纪末一直更笑脸迎人。他们不但遭到政府排斥,还遭到中产阶级知识分子的排斥,后者并不比工人或工匠更有资格自命为启蒙运动的传承者。在拿破仑战争期间及随后最初五年的国际和平(国内可不十分太平)中,关键变革来了。

18世纪80年代末90年代初,政治公共领域跨越了阶级分界线,其幅度之大远超另一个世纪。在这一时期里,出自各种社会经济地位的活动分子和思想者,就当时的重要问题进行了非常开放的参与式对话。他们使用差不多共同的表达方式,向广大政治公众呼吁。使这一公共领域的发展成为可能的,是通讯工具的变革,变化中的交往习惯,以及处在国会大门之外、愿意讨论国会问题和国会本来以为它才有权讨论的种种问题的一个政治民族的发展。① 这不是无阶级的公共领域,而是逾越阶级界线应对政治议题的公共领域,来自各别的社会位置的发言者会被出身背景很不一样的听者听到。

然而,有资产阶级特色的政治主张差不多刚一露头,将资产阶级的主张区别于平民和手工业者政治的种种举动也浮现出来。② 这种区分

---

① Eugene Black, *The Association: British Extraparliamentary Political Organization, 1769-1793*; Habermas, *Structural Transformation*; John Brewer, *Party Ideology and Popular Politics at the Accession of George III*; and Peter Clark, *British Clubs and Societies: The Origins of an Associational World*.

② Brewer, *Party Ideology and Popular Politics*; Isaac Kramnick, *Republicanism and Bourgeois Radicalism: Political Ideology in Late Eighteenth-Century England and America*; and John Smail, *The Origins of Middle Class Culture: Halifax, Yorkshire, 1660-1780*.

的修辞集中在"独立"上,虽然"独立"常被转换成拥有私人财产,有时被转换成接受正规教育和外语翻译练习。贵族和中产阶级的成员越来越认为工匠和平民容易被操纵,被激情和基本利益所打动,而不是服膺理性。① 他们有时简直太过激进,不合精英口味,特别是在18世纪90年代的热狂中。结果就是1795年推出压制性立法,工匠领袖们既遭到地方治安官的侵扰,又遭到反对共和主义者和平等派成员的保护自由与财产协会的侵扰,后者是反潘恩的亲政府法官约翰·里维斯创立的。这导致政治公共领域的显著社会收缩,它开始沿着阶级界线破裂。② 这个定界过程被英国所陷入的25年战争推进了一步,那场大战横跨全球,使爱国主义成为反面动员、诋毁激进分子是法国同情者并通过其他压制性立法的一种强大基础。

由此产生的累积效果是政治公共领域的三重驱逐。其一,试图获得进入权的工匠和工人被驱逐出去,理由是据称他们没有能力超越物质需求,理性能力成疑,有一种靠群众行动而非个人著述或谈话进行沟通的倾向。但请注意紧要之处:这种驱逐主要是通过税收和代价很高的起诉布局安排的,出版激进报刊的小商人由此变为身陷囹圄的债务人——从而在财富基础上实现了排斥。

其二,各种潘恩派政治人物、民主主义者和一些空想社会主义者因触犯有关体面的或特许的政治演说的许多限制之一而被排斥。这些限制不仅包括煽动叛乱,还包括诽谤(一个任人摆布的法律范畴)和渎神。不但官员还有各色中产阶级的和更精英的卫道士们将编者和主笔们告上法庭,因为他们批评国教、力主自由思想,甚或仅仅因为印刷了潘恩的《理性时代》。这些就是主要的指控,这一点显示了精英们对权威感

---

① 对目前脉络里的这个问题的特别讨论,参见 John Mee, "Policing Enthusiasm in the Romantic Period: Literary Periodicals and the 'Rational' Public Sphere"; and Paul Keen, "When is a Public Sphere Not a Public Sphere?" 亦见基恩的更全面探讨:Keen, *The Crisis of Literature in the 1790s*.

② E. P. Thompson, *The Making of the English Working Class*; Albert Goodwin, *The Friends of Liberty: The English Democratic Movement in the Age of the French Revolution*; Smail, *Origins of Middle Class Culture*; and Keen, *Crisis of Literature*.

到的防御心态,也显示了资产阶级公共领域最低限度地奉行理性主义。① 布置好驱逐的还有审查或事先控制出版物和演说的政治内容的种种努力,而不止是对流通或出版本身的限制或打击。

驱逐的第三个方面远不那么涉及法律和政府的正式运转,但仍被许多激进知识分子强烈地感受到了。这就是还占据着资产阶级公共领域的特权位置、他们认为是其同侪——或即便是其下僚——的那些人的鄙视。因为遭遇排斥的许多激进分子都是手工业者,他们从不自疑有权参与伦敦咖啡屋或报刊的辩论。而且他们经常争辩说,他们已经展现出远胜如今嘲笑他们的那众多人等的独立乃至智力。他们往往是自学成才者,不是白丁;他们为生计而劳作,但通常是自主劳动,一定不进工厂。他们觉得公共领域里实施的新阶级分划对个人不公,也是一种政治失当。如果他们表达同这一阶级等级的被统治层里其他人的团结之情,以此作为回应,那并非没有他们自身的分划意义。②

民众激进分子被从选举中,也从几乎一切特许的政治演讲场所中逐出,他们开拓了自己的讲坛、政治实践和话语架构。他们这么做是有创意有锐气的,但也绝非了无遗憾。民众"反公共领域"的创造毕竟不单是自愿的规划,也不是表达一种政治理想,毋宁说是对排斥的必要的策略性反应。平民或民众激进主义的诸多卓越领导人追求在更广大的公共领域里作为独立发言人讲话——精英们也在里边讲话。他们理想的公共领域本应跨越阶级边界。

科贝特、卡莱尔和伍勒这种激进新闻人加入了一种民众公共领域,它依赖自由帽、街头剧和壮观场面之类的视觉象征。但是他们也将手工业者、外包工和其他非精英的关切传达给广泛的阅读大众,当然还传达给明确而激进的反公共领域的成员们。他们从不把他们的工作简单等同于物质利益或需要的表达。虽然每人都因其激进主义在个人财务上吃亏,他们也都声称拥有体面的商人身份。他们诉诸"人民"这个变动不居的范畴,它包括全体英格兰公民,日渐包括全不列颠的公民。但

---

① 当然,审判是权威的一种爱捣蛋的工具,1817 年伍勒因煽动性诽谤而被起诉,既给他提供了一个政治剧场,又让他有机会把审判文本当作政治文献来出版。参见 James Epstein, "Narrating Liberty's Defense," in Epstein, *Radical Expression*, pp.29-69。

② 吉尔马丁在其《印刷政治》里对这一动力有着妙趣横生的探讨。

是他们突出了诚实谋生的那些人,从出卖劳力的工厂工人到出售手工产品的工匠再到像他们自己那样卖文卖思想的作家。"人民"涵括了商人和中产阶级的其他生产性成员。部分出于此故,这些激进分子不愿接受工人和资产阶级间的尖锐区别,而认同全体生产者和贵族寄生虫间的区别。比如在1817年伍勒受审时,他特别称陪审员为"共同体的成员——国家的国民";他们多属中产阶级,但伍勒不做阶级区分,坚守包容性的公民观念,那种公民有能力"充任普遍政策问题的法官"。①

科贝特、卡莱尔和伍勒全都一再强调他们的独立性,认为当政府起诉他们、对报刊加税和悉数没收印制品时,这正属于政府想要压制的东西。他们是公共领域里的独立思想声音,在酒馆、客栈和报刊上提出与众不同的论点,并帮着鼓舞和活跃肯定涉及物质状况但绝不仅限于此的公共辩论,在这里,予以发言者的敬重不但反映了他们的社会地位,也反映了他们的主张。

独立观念是关键。精英理论家们确认私有财产是独立的根源,但民众激进主义的批判翻来覆去地展示现实的公共领域被恩庇和政府的恩惠分配败坏了。伍勒写道:

> 假如有钱可赚,即使不过四分之一便士,他们也将炮制议会法案来抓住它。假如有报道说某个角落出现了一星诚实的火花,他们将制定议会法案来扑灭它。他们恨独立,因为他们知道独立恨他们。②

领军的激进知识分子强调他们自身的更大独立性——不仅在著作和演讲中,也在他们被政府送上公堂、想把他们的声音挡在公共辩论之外时所展开的辩护中。为坚持原则甘愿财务受损,这比拥有私人财产更能证明思想和政治的独立。

尽管激进知识分子各各不同,他们却共同信奉加入公共话语的独立声音。伍勒展现了民众激进主义如何在18世纪的基础上发展起来,

---

① *A Verbatim Report of the Two Trials of Mr. T. J. Wooler*(London 1817), discussed in Epstein,"Narrating Liberty's Defense," in Epstein, *Radical Expression*, p. 44. 陪审团当然富有公众权威的象征、它的理性能力与捍卫其自由的需要。

② Wooler, *Black Dwarf* 1(March 12, 1817).

如何介入英国公共领域本身,又如何在法国大革命后发觉自己惨遭斥逐。不但托利党人再次维护国家权力(逮住一个机会反对某些辉格党精英),而且在议会公共领域里与贵族共事的新生精英和"中产阶级"也宣称有权根据财产闭门不纳平头百姓。伍勒——和许多同行——奋力寻找一种不同形式的公共领域,它将避开阶级的限制,避开国家和教会的建制权威的限制。它将是好辩而富于创造力的。揆诸20世纪的理论,伍勒预示了阿伦特的观点甚于哈贝马斯。他不仅奉守理性论辩,也奉守政治演说的创造世界的潜力。①

因而伍勒的经历牵涉"反公共领域"的产生,但也揭示了那个术语中的一些复杂性和紧张。平民公共领域——19世纪晚期之前,它在任何清晰意义上都不是无产阶级的——不光是与资产阶级公共领域并行发展的。倒不如说,资产阶级的和平民的公共领域双双经由排斥过程及其带来的特定政治经验而成形,借助那个过程,精英们将民众声音从过去不那么阶级化的公共领域中排斥出去。② 民众激进分子过去一直是——只要可能就设法继续是——更普遍公共领域里的重要声音,他们敦促它的主角们践行透明、诚实和开放沟通的崇高理想。因而将资产阶级公共领域理想化,视19世纪晚期更广泛参与的开启为线性扩大过程的一部分,这是大谬不然的。③ 19世纪初的资产阶级公共领域标志着贵族政治向中产阶级成员的持续开放,但也标志着对更平民化、更激进的声音的新排斥。激进的反公共领域是为回应这种排斥而形成的,也总是受到构造或改造合法公共领域的热望的形塑。

尽管是因排斥而起,这个激进的反公共领域是被主动创设的,不是

---

① Hannah Arendt, *The Human Condition*. 将公共领域理论移用到18世纪末19世纪初的历史编纂学,一直是紧紧围绕哈贝马斯的。无论是阿伦特的替代性观念,还是理查德·桑内特和约翰·杜威一干人等的观念,都埋声晦迹。简短的评论可参见 Calhoun, "Civil Society/Public Sphere: History of the Concept(s)" and "Public Sphere: Nineteenth and Twentieth Century History"(12595-12599), 均载 *International Encyclopedia of the Social and Behavioral Sciences*。

② 对资产阶级而言,参与精英公共领域尤其变成区隔(依照布迪厄的意义,见 Pierre Bourdieu, *Distinction*)的标记;参见 Eley, "Nations, Publics, and Political Culture"。与此同时,自由主义者将他们合法政治的观念与现政权的安全和正当性更紧密地结合起来。

③ 哈贝马斯对公共领域结构转型的叙述集中在渐进的扩大——尤其是在选举民主制的背景下——如何造成给早期公共领域赋形的开放和理性—批判话语两种理想之间的冲突,最终为公私之分的"堕落的"崩解与受官僚操控的舆论的兴起铺平了道路。

前政治的无产者经验的直接表现。虽然它以印刷媒体为中心,有些作者和出版商将他们的书面探讨跟民众集会结合起来——提倡集会,传播集会的报道,写作相当于集会辩论要点摘录的东西。从众多意义上说,辩论——有来有往的意见交锋——只在较小聚会上才行得通,于是政治俱乐部和酒馆会议变得很重要。相比之下,大型集会往往走向"代表型公共领域",更趋于单向沟通。但是激进知识分子要求集会成为以演说和象征沟通为中心的有组织的事件,那种象征沟通靠的是旗帜、歌曲乃至服装款式——尤其包括帽圈上的桂枝和妇女的一袭白衣。因此集会尤其提供了肯定参与者认同的一种大众体验:他们不只是工人、激进分子或政府政策的批评者,也是一个公共领域的成员。所以,与激进的新闻界一道参加这样的公共事件,就牵涉一种文化创造的要素;它作为经验和表演、不光作为理性—批判讨论而事关重大。

政治不单指涉权力的行使或政府决策的制定,它更基本地指涉透过公共演说创造社会秩序。这种宽泛的亚里士多德式政治观渗透在阿伦特和哈贝马斯的公共生活叙述中,虽然寻觅理论的史学家们更多借用了哈贝马斯,借用之际有时忽略了他的思想的这一向度。① 政治公共领域概念将民主的关键基础定在公共话语上——还有支撑这种公共话语的社会制度和共同文化。

伍勒与政治创制

作为风靡一时的《黑矮人》杂志的编者和主要撰稿人,伍勒是后拿破仑战争时期民众激进运动的卓异发言人,也是那个时代光彩夺目、极富创造性的激进知识分子。② 他比大多数同侪都更直接地介入政治公共领域和反公共领域的问题。伍勒发展了一个计划,政治创制(political

---

① 阿伦特比哈贝马斯更严格地属于亚里士多德传统,将她的公共生活叙述主要扎根于修辞中,更多强调政治演说的"创造世界"层面。即便在《公共领域的结构转型》里,哈贝马斯也明显更重视公共话语的理性—批判层面,他还在晚出著述里发展了一种强烈的程序主义。参见 Habermas, *Structural Transformation*; and Arendt, *Human Condition*。

② Epstein, *Radical Expression*; Gilmartin, *Print Politics*; Peter Linebaugh and Marcus Rediker, *The Many-Headed Hydra: Sailors, Slaves, Commoners, and the Hidden History of the Revolutionary Atlantic*; Thompson, *Making of the English Working Class*; and Michael McQuarrie, "Language and Protest: T. J. Wooler, Popular Radical Ideology and Forms of Activism"。

poiesis)的计划,它有赖于经由公共行动创造性地形塑社会世界。就这一点来说,伍勒不是民众激进分子的典型;他非比寻常,但也非比寻常地民众化。

当滑铁卢之后英国摆脱了 25 年连绵战火的时候,民众激进分子不得不与正在构建起来排斥他们的越发周延的话语、文化和法律边界搏斗。并非一切政治障碍都是政府所为。贵族阶层仍然掌控着政府,可想而知会消减它自身内部的争论和派系分裂以维持这种局面。① 资产阶级的主要代表们争取承认,但也赢得了日增的权力份额,他们强调本阶层与不配政治包容的那些人的区别:乡村劳动者、田间劳动者、无产者、水手、奴隶、熟练工匠、下品工匠和工资劳动者。② 这是汤普森所说的愈益被共同的文化、政治和阶级意识联合起来的一个群体。然而排斥不仅基于阶级,也基于过分激进的共和主义。尽管有些被排斥者扎根于世界主义的世俗环境中,另一些人则极端特殊主义和地方性。有些人有着新闻公众的开阔眼界,而另一些人则孤陋寡闻。有些人把认同建立在共同体上,有的建在民族上,有的建在宗教上,有的建在酒馆上,有的建在行业上,有的建在意识形态上。用这种多样性构造出一个公共领域,需要有政治想象力的创造世界的行动,不能仅仅表现一种先有的统一。这样的事情并非在大西洋世界没有先例,但要实现它对激进领导人也是一项政治挑战,他们本人在应当为什么世界而奋斗的看法上几乎尚未达成一致。

在这种背景下,伍勒等激进分子贡献了动员民众抗议的源源不断的信息、理性—批判辩论和助力,也帮着重振和扩展了一种社会想象(social imaginary)。我用这个术语表示对世界如何运转的理解方式,它们给行动中的人们定向——这是文化的特别有效而重要的一个方面。譬如查尔斯·泰勒描绘了对于市场和公民的现代社会想象,每一种想象都依赖自主个人的观念,每一种都不同于从前将个人嵌入在等级关

---

① J. C. D. Clark, *English Society*, 1660-1832.
② Leonore Davidoff and Catherine Hill, *Family Fortunes: Men and Women of the English Middle Class*, 1780-1850; and Smail, *Origins of Middle Class Culture*.

系中的那些识解。① 伍勒致力于形塑他的读者理解市场、公民身份和公共领域的种种方式,他们借此运用这些范畴了解他们在社会生活中的位置及向他们敞开的选择。社会想象概念指出了修辞的重要性,修辞不仅是劝导性的言说,还是文化和个人创造力借以构成社会生活文字表达的一种方式。

19世纪初的激进社会想象最打动人心的源泉之一是人民宪政主义。② 像卡特赖特少校所例示的那样,这种话语形构强化了激进政治主张。它调动了传统的约束力,在那传统里,往昔被设想成更自由的时光,英格兰人从而有更大的潜力遵美德而行。卡特赖特将他的理想政体建立在神话化的撒克逊人民主先例上,用大众讨论对抗导致"均衡政府"的各种冲突和妥协。③ 这样的想象不单是承袭的理想,它们还利用了当代的实践和斗争。比如,宪政主义不只是靠政治话语延续生命,也靠人们去充当陪审员,拿椅子抬着当选后的国会议员(高高抬起四处游行)和认可人身保护权。在这点上,人民宪政主义是那种"活文化",靠汤普森和威廉斯都阐发过的"选择性传统"维系着。④

无论人民宪政主义抑或民众激进主义的其他源泉,都不是一贯进步的。它们提供了表达权利主张的方式,却并不决定那一切主张的内容。但是说它们是"想象"不意味着它们是虚假的,毋宁说它指出,关于世界实际上或应当如何运转的任何声称,某种程度上都取决于使思考和沟通成为可能的语言与理解形式。这对古代宪法观念与对独立和理性观念一样真确;对如此想象世界的政治经济学是真的,对如彼想象世界的民众道义经济学也是真的。政治部分是为哪种想象应该享有更大影响进行的一场斗争。比如,民众激进主义的政治想象是在这样的背景下发展起来的:新兴的工业资本主义的经济后果引起许多人努力捍

---

① Charles Taylor, "Modern Social Imaginaries" and *Modern Social Imaginaries*. 参照 Arthur Lovejoy, *The Great Chain of Being: A Study in the History of an Idea*。亦见 Cornelius Castoriadis, *The Imaginary Institution of Society*。

② Epstein, *Radical Expression*; Thompson, *Making of the English Working Class*; Gareth Steman Jones, *Languages of Class: Studies in English Working-Class History, 1832-1982*; and James Vernon, *Politics and the People: A Study in English Political Culture, 1815-1867*.

③ John Cartwright, *Take Your Choice*!

④ Thompson, *Making of the English Working Class*; and Raymond Williams, *The Long Revolution*.

卫更传统的生活方式。①

除了持续捍卫传统生活方式和组织经济外,激进分子和平民还得对付他们受到的政治排斥。人民宪政主义和道义经济学是整个这一时期大多数激进分子所背负的文化遗产。② 另一些人试图破除传统,盼望以他们看到在发展中的公共领域里运行的那些实践为基础构建新政体。例如潘恩的许多信徒期待建立理性王国,社会差别可能在那里溶解于理性的溶剂中——这种努力常常因人们必须弄清何为理性或什么标准支撑着它而触礁搁浅。边沁、密尔和普雷斯的哲学激进主义提供了一个答案,或者也许是一批可能答案,但是还有别的答案。

公民共和主义、千禧年主义、人民宪政主义、社会契约和普世权利的洛克学说、道义经济学、潘恩式共和主义连同哲学激进主义都在19世纪初影响广远。伍勒在阐述一种特殊的社会想象时对这些悉加利用,那种想象源于排斥的环境和质疑排斥的民众激进举措。这表现了他的调和主义与作为巧匠,甚至也许是魔术师的能耐。③ 大多数激进分子动用了以这些承续的政治习语为根据的论点,因为它们要么是在排斥他们的举措中所用的语言的根源,从而一旦重新发挥就立竿见影,要么是在应对这种排斥时专门发展起来的。这一时期里,所有激进分子都对抗来自上层的阶级分析,它断定他们及支持他们的民众没有美德或理性能力,因为他们贫寒而乏独立性。这种分析不能不反击,因为它将政治排斥和压迫性立法正当化了,包括《印花税法》《反结社法》及各种组合的压迫性立法,如1817年的《两项法案》和1819年的《六项法案》。④

---

① Calhoun, *The Question of Class Struggle: Social Foundations of Popular Radicalism during the Industrial Revolution*.
② Thompson, *Making of the English Working Class*; Calhoun, *Question of Class Struggle*; Epstein, *Radical Expression*; and Noel Thompson, *The Real Rights of Man: Political Economies for the Working Class*.
③ Gilmartin, *Print Politics*; and Linebaugh and Rediker, *Many-Headed Hydra*.
④ 《印花税法》对印刷品征税。科贝特改变了他的《政治纪事》的版式,以《两便士废物报》来规避该法令。《六项法案》在彼得卢大屠杀之后接踵而至,因预料有一场反叛而被通过,堵住了科贝钻的漏洞,把大幅单面印刷品(broadsheet)变成杂志(magazine),提高了税收。《反结社法》宣布以谈判工资和工作条件为名的集体行动为非法。在战时通胀的背景下,它的负面后果可想而知。该法案被广泛认为是阶级压迫的纯粹形式,因为如伍勒所指出的,人民之敌在他们四面八方"集结成队"。

伍勒长于利用出于各种政治传统的论点,实际上,这经常让人难以确定伍勒相对于其他激进分子的位置。然而,对承袭的政治语言的强调使得我们忽视了伍勒透过他的政治活动试图主动创造的那个世界。伍勒争辩说,生产性的人可以在创造世界的意义上,不但在物质制造领域也在政治领域里成为生产者。某种程度上,一切民众激进分子同享这一观点,赞成劳动者创造世界,结束贵族统治。科贝特对"旧腐败"的不懈痛责深嵌在民众的社会想象中,鼓励人们相应地假定,在反转的二元对立里,美德毫无疑义地属于人民。"人民"从事生产性活动只让他们比贵族"寄生虫"更适合公共行动。大多数激进知识分子想方设法创设一个新政治体,那里公共领域将得以运用协商的、凝聚民心的技巧再造国家和社会。①

然而伍勒走得更远,他培育了设想人民与公众/公共领域完全统一的一种社会想象。这一取向立即取消了精英公共领域的正当性,将所有排斥法案描绘成反人民、反公共领域的,也含蓄肯定了人民的力量和可敬地位。换句话说,他重点强调,存在唯一正当的公共领域,它由本国全部生产者组成。中产阶级并排着工人置身其中。如果他们企图否认这一点,站到贵族那边排斥非精英的话,他们就是投身于宗派政治而非公共话语,他们是叛国者,往好里说也是谬妄的。

伍勒试图将这一社会想象贯彻、体现在一些集体行动里,譬如选举立法律师,在出版物和俱乐部里创造辩论的论坛,组织群众集会,后者代表可能的公共领域的缩影。代表型公共领域对公众很重要,就像它曾对君主制很重要一样,但它陪侍着更理性—批判的话语,对普通人而言也更有能动性。② 集会不仅事关教育或讨论,而必然关系到代表性,尤其因为人民与公共领域同在一条边界之内。一个人会感到他处在大而有序的人群里。

伍勒的杂志《黑矮人》提供了将人民表现为公共领域的媒介,这凭

---

① 参见 Cobbett, "To the Journeymen and Labourers of England, Wales, Scotland and Ireland," *Cobbett's Weekly Political Register* 31(November 2, 1816), pp.545-576。

② Habermas, *Structural Transformation*, 尤其第二章,正确地看到代表型公共领域随着君主制让位给共和制而日趋衰落。但是在共和主义、民主主义的政治表演中当然仍有很多舞台技巧。

借的是它的论说、它的想象,就像(比如说)黑矮人向杏黄人解释时那样——他解释说,"有些地方的惯例是先惩处后审判",但在英国的"自由国土"上,"他们改进了规则,无须审判直接惩处"。① 与此同时,伍勒还通过群众集会的报道,用《黑矮人》反映广大公众的活动。这些旨在说明公众的意见如他们的行为一样是有序、理性和一致的,不是精英们所恐惧的那种炽烈情绪的混乱发作。② 这种大规模行动帮着构建了公众/公共领域,而伍勒在参与组织它们。由此我们可以领略到他想象的政治体,也领悟到让他超越调和主义进抵原创之境的其中一个方面。展现公众/公共领域的这一表征性——也是构成性——的方法,是伍勒作为激进领袖极为与众不同之处。

尽管也许不难理解伍勒之所欲为当中的逻辑,他承担这一计划的抉择并非明显出自他的社会经济背景。他是个本可功成名就——也更平平安安——的熟练印刷工,不必在民众激进运动里追求更大的读者群。他跟自由主义和哲学激进主义眉来眼去,但以拒绝欧文计划的相同理由拒绝了它们——它们没有预想根源于生产者的公众创造世界的可能前景。③ 伍勒的构想可能不曾受制于阶级,但它的确被建立在手工生产基础上的自我理解所影响。伍勒本人是个生产者,不只是印刷品生产者,还是社会想象、拥戴者和——他希望——更优政体的生产者。他对政治创制的献身可能预示了阿伦特,但他大概会嗔怪她在制作器物的制造者(homo faber)与更完整的行动人之间的区分,后者会公开地通过符号行动表述和创造政治秩序。④ 他坚称他及其读者两者都是,甚至还由于是前者所以是后者。他是工匠的佼佼者,肯定可以做个独立印刷商谋生,这一点影响了他对生产性公民身份的认识——它作为普遍社会想象的一部分深入人心。他的性情和取向的社会根基渗透却未决定伍勒的文化生产和政治创新行为。

---

① *Black Dwarf* 1(February 4, 1818).
② Wooler, "Public Meeting at Birmingham," *Black Dwarf* 2(March 18, 1818), pp.145-150 (150) and "Warning to the People", *Black Dwarf* 3(October 27, 1819), pp.693-699(695). 亦见 Samuel Bamford, *Passages in the Life of a Radical*.
③ Wooler, "Mr. Owen's Plan for the Growth of Paupers," *The Black Dwarf* 1(August 20, 1817), pp.465-476.
④ Arendt, *Human Condition*.

伍勒确定政治合法性在于人民,这本身没有真正使他区别于政治激进主义的无数"绅士领袖"。① 那种主张可能建基于人类理性普遍性的假说,或者将社会契约论的语言加诸寡头政治上演变而成;就此而论,它是所有民众激进分子的合法性根源。这些激进分子间的关键区别另有所在。伍勒吸收了潘恩学说和对人类政治理性能力的更一般声称,但他还利用了手工业者源于自我调节的生产工作的社会想象,以及古典共和主义的公民美德和公民联合体的种种观念。② 具体地说,伍勒表述"人民的"权利要求时,他不单是为他的拥戴者们争取平等地位;他主张政治德行不看有无土地甚或动产——就像公民共和主义往往显示的那样了。不如说伍勒重新定位了德行,认为"一切德行均源自民主的基层",即生产者。他说:

> 一切大革命的肇因都可以从大人物的行为中找到。人民不倾向于改变——他们热爱恬静——他们追求安居乐业。他们与世界相连的纽带太可贵,不能莽撞地置之危地。他们不是贪婪或野心的奴隶。他们不指望王公贵族的施舍——他们不愿牺牲宗教和荣誉换取荣华富贵——他们对诚实劳动的回报很知足,如果那种劳动带给他们生活必需品他们就开心了。③

对伍勒而言,利害攸关的问题不是阶级问题,而是生产者和寄生虫之间的政治问题。对生产性的有德之人的排斥所具有的政治性只使它愈加骇人。虽然伍勒受排斥是政治性的,他在因阶级关系遭排斥的工匠和工人那里找到了天然的拥护者。民众激进领导人的一条共同主张是,贵族利用战争和统治特权来证明通过税收榨取生产性人口的劳动

---

① 吉姆·爱泼斯坦和约翰·贝尔彻姆用"绅士领袖"一词来描述出身贵族或乡绅家庭的许多激进领导人。他们考察了这些领导人,质疑对激进主义的连续性、从激进主义变成格莱斯顿的民众自由主义的连续性的简单说明。虽然"绅士领袖"保持着一种共性,但围绕他们所组织起来的实践活动却千差万别。James Epstein, *In Practice: Studies in the Language and Culture of Popular Politics in Modern Britain*, pp. 126-146.

② J. G. A. Pocock, *The Machiavellian Moment: Florentine Political Thought and the Atlantic Republican Tradition*.

③ Wooler, "Nature of Government," *Black Dwarf* 1 (September 17, 1817), pp. 559-571 (566) and "Robbery of the Poor," *Black Dwarf* 2 (September 30, 1818), pp. 609-615 (610).

成果是正当的,在这种活动里他们跟贷款给政府的"金主们"(moneycrat)串通一气。伍勒主张,那些共同创造了国家财富的生产者们——师傅和出师学徒,工人和所有者——联合起来反抗这些社会经济的寄生虫。当生产者各阶层内部冒出争议的时候,伍勒认为运用理性会产生皆大欢喜的解决办法。① 这点上与科贝特相似,伍勒确认经济问题在于税负,而税收也是政治性的代表问题——就像美国革命者们认为的那样。② 激进派争辩说,这个问题的解决办法是议会改革。任凭他们的要求具有政治性,激进派的努力遭到无声冷对,这反映在议会忽视他们的请愿上。③ 伍勒对这种反应怒不可遏:"假如请愿书得到公正讨论,那些要求被否决对请愿者造成的伤痛大概不及现在的一半。但是看着他们的请愿书被投进尊敬的议事堂,然后被清扫出去,就像裁缝店里对待细碎布条那样毫不客气,这是忘不掉也不可原谅的侮辱。"④

伍勒不止于抽象地提出这种政体想象,它建立在公众/公共领域与生产者合一的基础上。他还积极着手创造它。《黑矮人》是个议事的论坛,也同样是伍勒领导地位的助推器。那里意见纷呈,各种人物——有名的无名的都有——的来信被重印。《黑矮人》通过起连通作用的空间和它的言说方式,令人得以想象人民是一个公共领域并再生产这种想象,在那个领域里,人们被期待运用他们的理性正派地行事。伍勒也推进了俱乐部的形成,组织各式行动,创设针对各种弊害的委员会(比如解救政治犯,为陪审团审案辩护)。这些活动不仅想要成为利于伍勒的名望和领导地位的平台,他还号召人民在创造这种政体中发挥主动、枢纽的作用。例如就在1817年《两项法案》之后,伍勒区分了贤德之人

---

① 这表现在伍勒对出师学徒和师傅间的不绝争论的回应上。他认为他们应当将各自的要求提交给公众,让公众来裁决。他觉得问题在于压在师傅头上的税负太重,他们想转嫁给出师学徒。*Black Dwarf* 2(August 19, 1818).

② 伍勒说,正是税收掠夺了国民的自然财富:"(它是)贫困日增的主要乃至唯一原因——造成劳动工资微薄和勤劳的各阶级如今深受其害的其他一切苦难。税收从我们这里抢走了瓦特、阿克莱特和韦奇伍德的天才和发现原本要给予他们国家的几乎一切好处。"伍勒认为商人、制造者和工匠都遭了"得寸进尺的国库豪夺"的殃。(Wooler, "Progress of Public Opinion," *Black Dwarf* 4(Februry 2, 1820), pp.129-133(132))

③ Olivia Smith, *Politics of Language*, *1791—1819*.

④ Wooler, "Proceedings of the People," *Black Dwarf* 3(February 24, 1819), pp.113-118(117).

(他会有所为)与恭顺消极之人:"要抵御这些奸计,只有靠我们自己!如果我们是自己决心的主人,我们就是自己命运的主人。"政府已经向英国人的自由宣战,"谁要犹犹豫豫不敢应战,不敢要求解散现任内阁,谁就活该死为叛贼,或生为奴才。"①简言之,与排斥相抗争需要人民的主动参与,那以一种纸面上只可想象不曾实现过的方式使政治创制成为可能。

然而必要的是,政治活动应当建立在人民全体的理性协商基础上,不是个体的有限理性能力上。协商同时要支撑运动参与者中间的社会团结。为了能够凭借理性言说实现这种创制,伍勒积极入手扶持"政治抗议者"俱乐部的创立。这里的假设是,运动不是支持它的民众的某种自然的政治表达,它必须被建构起来,纵使我们一开始就具备最佳原材料:主动有为的公民。从这层意义上说,伍勒有一种非常哈贝马斯化的、根源于理性协商的创制观念。譬如,在同其他激进领导人进行的一场辩论中,伍勒评论说:

> 有些作家喜欢躲开俱乐部和集会,宅在家里读书。观点或许在家里比别处更能圆满形成,但只有在社会上才可付之一试。一个人唯有与朋辈融契,才能臻于存在的完足价值。偏见和夙习严重阻碍了理性的完全施用,但是意见交锋的氛围是真理的适宜环境,行动的舞台独自就能造就理性的发展。②

更重要的是,面对政治排斥,许多激进分子意识到,运用抽象理性能够实现的东西分明有限。伍勒知道,他们需发展其他策略和想象方式来对付这种局限。事实证明,与哈贝马斯认为依靠抽象理性足矣的假设有点相反,单以抽象理性为基础的公共领域在民众激进经验中是实现不了的,尽管伍勒和卡莱尔都固持它的重要性。由此而论,在理性辩论中实现的创造世界的言论力量须得补充以作为公众的人民的经

---

① Wooler,"The Suspension of the Habeas Corpus," *Black Dwarf* 1(March 5, 1817), pp. 81-88(88).
② Wooler,"Black Dwarf to the Society of the York Political Protestants," *Black Dwarf* 3(April 21, 1819), pp. 247-250(248).

验,以及这一点的某种制度化,它能不顾反对维持下去。很多人争辩说大众集会不遵从协商,但到1819年,伍勒声称大众集会对构成统一的人民十分要紧。而且大众集会展现了人民的守序、讲理、得体和遵纪——这是在有人正企图以他们据说容易成为没头没脑的暴民为由排斥无产之人的时候提出的关键点。① 对伍勒而言,作为公众的人民在民众集会这类集体行动中将自身构成为、表征为公共领域:

> 只有在公共聚会里,人民的真实声音才听得见。这样的场合下,见利忘义是可耻的,畏首畏尾失去了影响力,党同伐异不见容于讨论。聚合起来的群众目无私利,人人的心只为公益跳动。爱国主义的火花电光石火般传遍每一生命,直到全体大众和谐共振。②

再者,民众集会是力量之源,能成功地将"公众即人民"制度化:

> 人们总会发现,有人英勇地顶着专断的律法,无惧惩处地发表真理……但公共集会一旦被镇压,或者被人民拱手放弃,那么国民的自由才真是到头了。(因为)唯有数字的合并,意见的集中,才有制约邪恶政府的有害观点的某种分量。③

在伍勒看来,将民众激进分子及其政治主张从实际上由国会代表的政治公共领域里不合理地斥逐,这使透过集体行动将人民构建为一个公共领域成为必要。伍勒是在回顾首次成功选出一位"立法律师"(这次是伍勒的朋友查尔斯·沃尔斯利爵士)以代表高速发展的伯明翰城向国会陈词时表达这个想法的:

> 尊贵的议院把要求改革的所有请愿书轻飘飘地扔在桌上,因此靠着避而不谈摆脱了(议会改革)问题。伯明翰的居

---

① 这点的证据有各种出处。塞缪尔·班福德对彼得卢集会的事前准备的叙述尤为有用。大会被安排得展现出井然得体的面貌,布置妇女作为和平意图的标志,又不顾大会之前日甚一日的紧张而徒手抵达现场。另外,有些视觉表征刻画了类似的形象:大而有序的人群在被义勇骑兵队撞倒之前和平地展示他们的改良主义议程。参见 Bamford, *Passages in the Life of a Radical*。

② T. J. Wooler, "Warning to the People," *Black Dwarf* 3 (October 27, 1819), pp. 693-699 (695).

③ Ibid.

民如今不请愿了,为了解决这个权利问题,他们选出了一位代表,再要把他搁在桌上或丢到桌下,这样来摆脱他是不可能了。他将迫使他们辩论或判决;若是其他人多而无代表的市镇出手相助,他将打开一扇侧门,让少许诚实正直进入议院——没有哪个地方比议院更缺那种东西了,也没有任何地方比议院更不可能靠别的手段输入那种东西了。①

立法律师的法律地位不太可靠,但逻辑很清楚:因腐败的选举体制而缺乏正式代表的市镇,索性自成一选区,凭自身权威而非国王权威选出代表。那不但是一出好戏,也是通过公共参与进行的有益政治学习。

概括起来,伍勒的"人民即公共领域"的观念有三个要素。首先,"人民"是指主动的人民,在生产性工作(理想地说,有一定自主性)里见到的人民,他们会采取行动捍卫其"自由",因而他们不是"奴隶"。其次,伍勒重视公开的理性协商,那将有可能为激进运动的创造世界活动辨识出最优行动路线。最后,把人民构建为公共领域,需要筑造团结一致的关系、将人民表征为公共领域、当这个公共领域体现在民众集会之类集体行动上时体验到个人是它的一部分。

这种积极的人民观和集体行动观被认为是构建公共领域所必不可少的,伍勒由此区别于其他诸多激进领导人。伍勒无意将人民具体化或者为制造者代言。毋宁说他想构建一个公共领域,人民在里边可以自为地行动。正是像协商会议和民众集会这些活动在伍勒的想象——不是他的调和百家或《黑矮人》杂志——中把人民构建为公共领域。就此而论,他相信他自己关于和生产者同在的德行的修辞。结果他同科贝特就俱乐部的重要性和作用、普选的必要性以及激进领导人的角色争辩不休。伍勒的视角与其他的人民想象形成鲜明对比,后者认为人民是受经济决定的大众——这是资产阶级、贵族乃至像普雷斯和欧文之类的某些手工业者领袖和原型社会主义者的共同看法。不幸的是,正是这样把生产者想象成齐一而能创制的,惹来精英的种种反应,它们造成激进的想象——特别是伍勒的想象——势将受到一些事件的严峻

---

① Wooler, "Election of Sir C. Worseley as Representative for Birmingham," *Black Dwarf* 3 (July 14, 1819), pp. 460-461(461).

挑战和动摇。

面对民众论坛岁月里的最重大事件即彼得卢事件,伍勒的想象及其所调用的策略库双双失灵。1819年8月在曼彻斯特圣彼得广场举行的盛大而重要的集会是一系列民众集会的高潮,它们有两大目标。第一,对伍勒和别的一些人来说,这些集会是要把人民构建和表征为公共领域。这是个新观念。在这一系列集会之前,群众集会被视为败坏理性,因为人们觉得审慎势必被情绪淹没——伍勒本人早先也有这样的担忧。① 然而,在组织和见证以彼得卢为顶峰的激进集会过程中,伍勒修正了他的观点。最为要紧的是,他逐渐认为这些集会是在构建多样性中的统一。在伍勒想把政体建基其上的"制造者"——同时是物质产品和符号产品的创造者——意义上,人民在这些集会的行动中构建自身。第二个目标是推举立法律师来代表英格兰中部、北部地区蹿升的制造业市镇,那种策略是要彰显和质疑正式的议会代表制的不合法和排斥性。然而,彼得卢集会开始不久,它就遭到曼彻斯特义勇骑兵队未加预警的冲击,八人遇害,还有一些人后来因伤不治而亡。群众逃散了,几个激进领袖以重叛逆罪被捕,包括"演说家"亨利·亨特、塞缪尔·班福德和伍勒本人。

集会的目标——把人民构建为公共领域的尝试——和对国家代议结构的直接挑战,都是令人热血沸腾的。让伍勒比较烦恼的是,群众受到攻击不是遵政府之令而为。义勇骑兵队是地方募集的某种后备队,由曼彻斯特的工厂主、商店店主与负担得起一套制服和养马费的其他人组成。简而言之,是曼彻斯特资产阶级在猛攻群众,而不是掌管国家的腐败贵族。这对伍勒这样的激进领袖来说是个问题,他可是将他的社会想象和创造世界的计划寄托在生产者身上。群众被生产者攻击了——尽管是富裕的生产者。

彼得卢是给民众激进主义带来可怕后果的一起事变,但它给伍勒带来尤其可骇的后果。他的想象的独到之处在于它看重生产者的创造

---

① Wooler, "The Black Dwarf to Mr. Cobbett," *Black Dwarf* 1 (March 5, 1817), pp. 89-92 (91-92)。

世界的潜力。在推进这一愿景之时,伍勒隐饰了愈演愈烈的师徒冲突。① 然而,彼得卢之后这两个群体间的冲突不可能视而不见了,伍勒值得赞许地看清了这一形势。此后他在生产者的核心探明了一种基本社会冲突:出师学徒的剩余劳动价值被师傅侵吞了。② 这里是向阶级分析转变。生产者变得分裂了,问题不再能够堆砌在贪婪贵族的门口。伍勒那建基于生产者的德行和团结之上创造世界的构想因此坍塌了。于是乎,他越来越仰赖讽刺以安放他的批评(他偶或对此感到遗憾),也越来越情迷诸如边沁的哲学激进主义等其他视角。③

伍勒没打算开拓一个独特而自主的反公共领域,他宣布生产者拥有唯一的公共领域。他所提出的许多实践不过是在不同社会环境里存在过一段时间的实践的适用性更改。对于我们理解伍勒及其拥戴者如何看待公共领域重要得多的是,伍勒希望人民承担起创造世界的工程。对他而言,主动的人民是唯一合法的公共领域。这不只是在既存的资产阶级公共领域内声称拥有合法性,也不是支持建立自主反公共领域的理据。这种主张是要将政治创制寄托在众人异口同声认定无力从事这类活动的那个群体上——即人民,其他场合被称作"乌合之众"或"猪一般的群众"。譬如伍勒论证说:

> 在理性之光照耀下,偏见之云正迅速消散。人民开始自为地思想,拒绝再做派系的傀儡或愚昧的奴隶。政治知识传播得那么普及,连我们的压迫者的代理人也被迫坦承,底层社会(如他们所称)懂得的政治科学,远远超过一个世纪前的顶层社会。从这一立场出发必可推定,如果底层社会知道得跟一个世纪前自命优越者同样多,那么今天他们完全具备判断的资格,一如过去时代的上层社会。或许可以进一步说,他们作为一个整群知道得跟当今上层社会一样多,说不定更多;因

---

① 伍勒相信理性协商的效力,这使他认为师傅和出师学徒应将他们的冲突提交舆论裁断。Wooler, "State of the Manufacturing Districts," *Black Dwarf* 3 (August 19, 1818), pp. 513-515 (514).

② Wooler, "An Enquiry into the Prospects of the Whigs, Tories, and the Reformers," *Black Dwarf* 3 (November 3, 1819), pp. 709-716 (714).

③ 在卡洛琳女王韵事的高峰时期,伍勒在《黑矮人》上边说,对于激进分子们不顾大好的嘲讽机会,殷殷谈论女王的辩护,"德谟克利特大概会笑得死去活来"。

为虽然穷人一直在压迫和绝望的旷野中漫游着追寻学问,富人却在赌窟妓院里大肆挥霍掉财富的一切合理优势,又以暴行、无知和愚不可及填补空虚。因而设若知识是政治权利的基础,那富人和穷人很可能交换了位置,不该排斥穷人,而该遏制当前富人篡夺的基础。①

就在富人腐化堕落之际,穷人获得了知识。伍勒提出这一宣称,不仅接过了柏克及其精英同胞引出的诘问——很容易被忙于应对困扰着现代性的"社会问题"的那许多人遗忘的一个诘问,还执意相信,凭双手工作挣一份薪水的人民也能凭头脑和公共言说成为创造世界的人。②

"资产阶级"公共领域

资产阶级的和无产阶级的公共领域不是简单并行的,而是互相构成的。民众激进挑战敦迫资产阶级主导(尽管有些贵族气息)的公共领域表达、践行强烈的公共性理念。上一章提到过,正是科贝特而非某个更有资格的资产阶级议员出版了《国会议事录》,并奋不顾身地一直出版下去。这延续了对更大的政府透明度——公共领域的一个信息来源——的热烈追求,那在18世纪各种形式的激进主义——尤其包括以约翰·威尔克斯为轴心的18世纪70年代抗议——那里也很关键。威尔克斯的追随者当中有贵族激进分子和资产阶级行动分子,也有很典型的伦敦平民,但是到19世纪,新兴资产阶级公共领域的要角们设法压制对他们辩论的公开报道,排斥无财产阶级的代表人物。虽然像边沁这样的老派激进主义者在19世纪初也许还赞成能带来更高的政府透明度(与合理性)的任何措施,他的诸多信徒却疏远了民众激进主义。③ 这种疏远本身是资产阶级设想公共领域、包括在主张参与者的体

---

① Wooler,"Universal Suffrage: Westminster Meeting," *Black Dwarf* 2 (March 25, 1818), pp. 177-184(177).

② 参见 Habermas, *Structural Transformation*; Arendt, *Human Condition*; and Negt and Kluge, *Public Sphere and the Experience of Politics*, 其中论及作为创造世界的创制之源的人民。

③ 参见 Jeremy Bentham, *A Plan of Parliamentary Reform*, 该书经边沁同意由伍勒重新出版。

面地位时设想他们自己的卓异的基本方式。不过,来自下层的压力收获了一些民主果实,鼓舞了理性—批判的公共话语(后来资产阶级会说那属于它的,这还得到一些政治哲学家的支持)。

在关乎公共领域边界的这些早期战斗中,资产阶级的修辞是误导性的。威胁公共领域的,不是手工业政治的固有局限,也不是工匠知识分子的独立或理性能力的任何欠缺。不如说,向如此深透的政治纷争开放的公共领域威胁到了许多中产阶级成员(包括许多中产阶级知识分子)所想望的经过渐进改革实现阶级提升的计划。正是政治形势和社会冲突提高了公共领域确立界线的赌注,使之成为值得一搏的战利品。就此而论,迫使开放公共领域并促其对自身准则负责的,往往是平民和工匠的激进分子。面对这一要求,政治活跃的多数资产阶级抛弃了基于普遍理性的公民身份主张,日趋选择赞成将公共参与限制在有钱人。他们这么做,不但是要自别于愈见主动而独立的手艺人,也是由于他们自身的殖财事业和博取老派精英承认的计划正可计日奏功。他们会接受政治参与的财产资格,既因他们有财产,也因主导的政治精英同意了一种变通标准,使财产包括地产也包括动产——工商业资本乃至政府闲职和顾问费。①

完成这种排斥既靠立法,如《印花税法》《取缔暴动法》《禁止结社法》等,也靠周期性地中止人身保护法。此外,它的实现还靠了将诽谤罪、煽动罪和渎神罪适用于各种政治主张,特别是潘恩式共和主义。也有些措施被拿来与激进主张公然较量,比如汉娜·莫尔的宗教小册子,或者资助瞄准普通受众的保皇派报刊,如反伍勒的《白矮人》。最后,只有在阻止平民提出要求的其他办法失效的时候,这些正式的排斥之举才会被动用起来。譬如,支持议会改革的请愿书经常会以所用的语言、请愿书的征集方式和它们的表达风格为由被拒纳。② 这些规矩和限界不全是较不开放的政治时代的遗留物。相反,这些规矩和惯例是在与合法参与公共领域的权利主张(先是中产阶级的,后是平民的)做斗争的过程中阐发、树立的。

---

① Goodwin, *Friends of Liberty*; Brewer, *Party Ideology and Popular Politics*; and Smail, *Origins of Middle Class Culture*.
② Smith, *Politics of Language*, 1791-1815.

如果说这一变化有某个关键时期,那就是拿破仑滑铁卢败北后的五年。这种冲突在18世纪90年代正清晰浮现。然而在1819年之前,公共领域会不会顺着这些界线分裂尚不清楚。是1819年圣彼得广场的大屠杀,由主要是中产阶级的地方治安官和义勇骑兵队对和平而有组织的群众实施的这场杀戮,才使得有一点变得明晰起来:限制公共领域的进入权不是贵族的独享目标,它也成了中产阶级的目标。称之为"彼得卢"(Peterloo)大屠杀是一种颖慧的修辞雕饰;最近的滑铁卢战役和威灵顿公爵以反改革的姿态重返英国政坛,以及战争年间政府和政治一定程度上让人觉得已经易辙,这些都使它意味深长。

与此同时,激进分子们统一起来坚持要求一种普遍的公民身份观。这么做的时候,他们依靠18世纪末已经发明的一些新事物。不过,他们无力强使公共领域开放,这昭示了包容需要的不只是资产阶级公开性惯例的再生产和一种理性能力。事实上,这种局面给各门各派的激进分子提出了一个定界问题。

针对这种形势,有四种容易辨别的反应。普雷斯和韦德放弃了政治场域,转向众多英国劳动者所直面的问题的经济解决方案。于是产生了大量调查,其结论取决于边沁功利主义标准的运用。结果,普雷斯最后成了诸如废除《禁止结社法》和实施节育等立场的鼓吹者。① 相关联地,欧文基于他的新拉纳克的经验,开始阐述、宣扬家长式空想社会主义的计划。② 其他激进分子还不准备将政治场域让与可能排斥他们的那些人。许多"绅士领袖"争辩说,依据他们自己的托利党家长主义和神秘的《英格兰宪法》的历史先例,他们代表了英国人民。例如科贝特不太关心作为辩争论坛的公共领域,他更愿寻求这样一种论坛,在那里他可以表达人民的正当、正确的观点,同时嘲弄英国的腐败统治者。"演说家"亨利·亨特始终对舆论的公开展示感兴趣,但正是他和他的

---

① Mary Thale, ed., *The Autobiography of Francis Place*; Elie Halévy, *The Growth of Philosophic Radicalism*; and Iowerth Prothero, *Artisans and Politics in Early Nineteenth-Century London: John Gast and His Times* and *Radical Artisans in England and France, 1830-1870*.

② Robert Owen, "Address Delivered at the City of London Tavern on Thursday, August 14th, 1817," in Gregory Claeys, ed., *Robert Owen: A New View of Society and Other Writings*, pp.170-185.

白帽子在民众激进集会上象征了为自由而斗争。① 伍勒和卡莱尔都是编者,最初持有一种更加潘恩主义、理性主义的政治主张。他们都非常仰赖以公共领域而非古代宪法为中心的政治观念,仰赖论证而非宣告。我们应谨记,这些潜在地误导人的分类类别间多有重合。尽管如此,所有这些类别的一致之处在于,针对政治排斥,它们全都提供了需要超越既定传统和理想型的资产阶级公共领域观念的特定创新与反应。②

整个18世纪末19世纪初,资产阶级在英国公共领域里对之有着太大影响力。它基本上是他们的文化产品。③ 但它从来不是他们独有的,而且这不仅由于残存的贵族参与。首先,它的许多理想——如透明政府和公道独立的政治声音等——虽是18世纪资产阶级所首倡,到19世纪更经常地被庶民参与者鞭策着落实。其次,就是因为庶民被斥逐,资产阶级公共领域才构建成这样子。正如哈贝马斯承认的,让资产阶级公共领域向越来越多的民众参与者开放,的确将会挑战它的某些话语规范。而他没有充分承认的是,任何扩展之前必有矛盾出现,"合法"公共领域——若是它真的存在的话——之内无视相对地位差别的意愿建立在排斥基础上:不仅排斥没有财产的人,也排斥要求更高标准的话语开放、诚实和独立的人。

诚如许多批评者所论,资产阶级公共领域不但只有不完备的解放

---

① Thompson, *Making of the English Working Class*; and Epstein, *In Practice: Studies in the Language and Culture of Popular Politics in Modern Britain*.

② 伍勒被放在宪政主义和潘恩主义两个阵营。他早先的新闻工作堂而皇之地是潘恩主义的,当他在《黑矮人》中开始使用多得多的宪政主义语言时,有些人(如卡莱尔)以为他不过是意在操纵。另一方面,这一时期伍勒同极端宪政主义者卡特赖特少校走得很近。可是哪怕他在《黑矮人》上的论说方式也往往重视理性胜过传统的称许。上一章强调过,这些区分可能是误导性的。不但伍勒受到知名宪政主义者卡特赖特的支持,在致力于恢复以不同社会阶级之间的相互义务为基础的田园诗般的社会时,科贝特有效地将原本会被排斥的数千人拖入到专为他们而设的出版物上的公开政治辩论上去。参见 Epstein, *Radical Expression*; Ian Dyck, *William Cobbett and Rural Popular Culture*; and Thompson, *Making of the English Working Class*。

③ Roy Porter, *The Creation of the Modern World: The Untold Story of the British Enlightenment*; Brewer, *Party Ideology and Popular Politics*; and Kramnick, *Republicanism and Bourgeois Radicalism*.

性,还是阶级霸权的工具。① 但这绝非故事的全部,部分原因在于,构造一个公共领域使之忠于资产阶级的声音和价值的支配地位,这样的举措本身刺激了一个激进的反公共领域的形成。而且这个激进的反公共领域不只是安于外部对抗的一个并行或另类的空间,它提出反诉,声称它才应该是更包罗万民、更合法的英国公共领域。因而哈贝马斯在透明和论辩的诚实与向更广泛的参与开放之间察探出的辩证紧张不是资产阶级公共领域的内在特征。诚实和开放都是更大的跨阶级公共领域——它遭到阶级化的资产阶级公共领域的侵害——里的异议声音驱策资产阶级领袖们践行的。

资产阶级公共领域不是简单扩展先前的贵族公共领域而构成的,它是对早先更包容的公共领域的收缩,后者给了激进分子和非精英更多发言权与合法性,至少在伦敦是这样。许多民众激进分子断断不是为了无产者地位或者分立的工人公共领域自愿效命,他们索要他们认为是他们在英国公共领域里的基本权利的东西,其中包括异议的权利,创造新媒介和新沟通网络、使之分离于精英所支配者的权利,以及公开集会的权利。但是对民众激进分子而言,成为一个反公共领域不是一种选择策略,而是对压迫的承认。② 他们本来宁愿成为某个共享公共领域内的挑战者——也让那个公共领域更名实相副地践履它自己的尊重最优论证而不是论者地位的那些理想。③

民众激进分子正是被他们在资产阶级公共领域内的边缘化——和最后的逐客令——所迫,去努力克服它的边界限制,也克服他们的经验的特异性和拥戴他们的民众的特异性。他们还被迫将印刷文字和口述传统、报纸和民众集会、他们自己的激进文人角色和平民主义演说家的美誉联系起来。他们被迫直面斗争形式和意识形态内容的关系——恰是由于他们寻求对之讲话的公共领域必须时时克服阻力展现和表征出来。他们不能依靠财产的隐性支承给他们的公共领域赋形,只好不断

---

① Karl Marx, "On the Jewish Question", pp. 26-52; Fraser, "Rethinking the Public Sphere"; Eley, "Nations, Publics, and Political Culture"; and Negt and Kluge, *Public Sphere and Experience*.
② Fraser, "Rethinking the Public Sphere".
③ Habermas, *Structural Transformation*.

设法创造新支承结构。虽然他们可以赞述公民身份或另类的财产观,但居于他们举动的中心的,是人民概念本身,以及这群人民——这个公共领域——借以集体地表征自身的大众集会、辩论、游行和传媒等公共现象。① 在发展他们的新见解——贯穿着传统、历史、他们本人的政治活动和他们的民众运动的成长的见解——的过程中,民众激进分子大大超越了必然性的语言和拥戴他们的民众的经济社会需求。如此一来,他们推进了公共领域何为的一种替代性认知,它强调创造性和制造("制造者"意义上的"制造")远过于经济公平,后者一般被假定为民主政治的一项成果。尽管这些声称面对彼得卢之类的事变时的脆弱性无疑标明了它们的限度,但它也表明我们理解公共领域的发展时需要超逾许多分析家的经济决定论的简单范畴,尽力理解更广大的业已存在的可能性界域。

面对排斥,民众激进分子的确构建了反公共领域。这利用了他们与资产阶级作家和政治家部分共享的一种思想遗产。它也成就了对英国的当代事态与更广世界上社会组织和变迁诸模式的新文化见解。它尤其造就了规范性的新论证、惯例和理想。把这点想象成真实反映了相对于物质状况和社会认同的独立性,就是栽倒在资产阶级公共领域的误导性自我理解下了——它以为自己纯属理性之域。无论这个理想在资产阶级公共领域的特定辩论中表现得是多是寡,它依赖于含蓄地——习得地、具体地——接受公共领域的边界。这些边界不但排斥了民众激进分子,也排斥了作为合法知识的基础的关联着地位的经验本身。

伍勒等人试图发挥资产阶级的公开性惯例时,意识到他们从属的、受排斥的政治立场需要修正承袭的惯例,才能不顾决然的反对建立他们想象的世界。创新的过程不是简单地从一种民众政治向另一种民众政治的目的论进展。② 相反地,伍勒等民众激进分子根据他们特殊社会位置的逻辑进行革新、创造。在强调公共性和公开性时,他们坚持他们

---

① Emile Durkheim, *The Elementary Forms of Religious Life*.
② Charles Tilly, *Popular Contention in Great Britain, 1758-1834*, 就是转变的这种目的论解释的一个例子。

自己的社会位置与这一切创新的、革新的举措都应当敞开任人看。① 这是激进主义文献里十分醒目的准自传式自我报告的用意之一(尽管确实自我主义也突显出来)。民众激进分子争论着新颖的操术之含义,包括政治俱乐部、大众集会、立法律师计划、自卫武装和规避《印花税法》的法门。这一过程中的成绩是反思成百上千的其他有意举措和成千上万的无意举动的结果,很像公共领域的边界及其自身之内的边界是成千上万各别的社会、政治冲突的结果那样。伍勒之类民众激进分子的创造性的创制既是要努力建构更公平、更能立人的政治体,也是要发展新的公开性观念,好与压制公开性的企图相抗争。

如汤普森、爱泼斯坦、吉尔马丁和克拉埃斯等人所表明的,这种民众公开辩论渗透着各式各样的思想主题和传统。② 它常常是调和的或者修辞上机会主义的——利用了古代宪法和英格兰人的自由、潘恩《人权论》和潘恩式理性主义方面的文献,还有林林总总的其他思想资料来源。如果说哲学一致性不是民众激进分子的首要关怀,它也不是资产阶级公共领域的大多数参与者的首要关怀。每一情形下,总有某些思想家认为这是更要紧的议程,比如完善功利主义并将它与政治经济学相连的边沁主义者,或者倾其一生宣扬一种纯粹的潘恩学说的卡莱尔。但关键是要注意,地方性的酒吧辩论和全国性的激进报刊都渗透着包括宪政改革在内的广泛混融的政治议程,这些议程决不可还原为特殊人群或社会位置的物质性经济利益问题。此外如克拉克所表明的,这些非还原论的思想和政治举措并不总是正面的。③ 公共会话在称颂工人权利的同时也在称颂男性气概。依靠地方性团结意味着接受与之俱来的偏见。

---

① 这种视角贯穿于 Pierre Bourdieu, *Rules of Art: The Genesis and Structure of the Literary Field*。

② Thompson, *Making of the English Working Class*; Epstein, *Radical Expression*; Gilmartin, *Print Politics*; and Claeys, *Citizens and Saints: Politics and Anti-Politics in Early British Socialism* and *Machinery, Money, and the Millennium: From Moral Economy to Socialism, 1815-1860*.

③ Clark, *Struggle for the Breeches*.

结　论

哈贝马斯经常被指责忽视了无产阶级公共领域,但这话不准确。他不是完全忘了无产者或平民,也不是对他们从事公共话语懵然无知,他本人扼要地提到过平民公共领域。① 可是他认为平民的公共沟通本质上是另一种问题,因为照哈贝马斯说来,它没有体现深嵌在资产阶级公共领域里的特定的自我转型逻辑,它是物质利益的更直接反映。哈贝马斯解释清楚了,在分析作为资产阶级社会的构成性类别的公共领域时,他相信自由主义意识形态所表达的理想和资产阶级生活的社会状况是结合在公共领域概念中的——也结合在它的结构转型过程浮现出来的内部矛盾中。②

许多人简单地把工人添加到公共领域里,或者承认据说是并行的非精英公共领域,想以此"修正"公共领域叙述,他们疏忽了这一点的理论意义。哈贝马斯像很多人一样,未能充分注意无产者的或平民的公共言说,因为他以为它基本上是由工人的经济和其他物质利益决定的。在马克思主义模型里无产阶级可能对资本主义转型很重要,但不是出于它的言说的原创性。哈贝马斯没有遗忘马克思,但他是在选择不赋予无产阶级言说以冲破社会决定的藩篱的特别能力时信从马克思的——那种能力是它以亚里士多德意指的方式在政治上有所建树所需要的。因为马克思说过:"问题不在于某个无产者或者甚至整个无产阶级暂时**提出**什么样的目标,问题在于**无产阶级究竟是什么**,无产阶级由于其**身为无产阶级**而不得不在历史上有什么作为。"③那些要"找回平民公共领域"的人报告说,工人们运用公共沟通直接鼓动争取物质性目标;若是如此,那么他们就肯定了哈贝马斯乃至马克思主义诸理论的隐含假设。讽刺的是,这也是19世纪初精英们放出的论调,他们想把劳

---

① Habermas, *Structural Transformation*, xviii, and "Further Reflections on the Public Sphere", p.425.
② Habermas, *Structural Transformation*, 第二章(第56页)。
③ Marx, *The Holy Family*, 4:37.(中译本参见《马克思恩格斯文集》第1卷,人民出版社2009年版,第262页。——译者注)

动阶级从英国政治公共领域里排斥出去。

同样的,说无产阶级的或平民的公共领域大体上是平行话语的范域,这在历史上和理论上都同时误解了它与资产阶级公共领域。民众激进分子——包括许多工匠和其他工人——作为更富包容性的英格兰(日趋于不列颠)公共领域的参与者发展了他们的公共言说。他们没有根据不同的物质条件或者出于自愿直接创辟一种无产阶级公共领域,而是设法继续参与更普遍的公共领域,提升他们在其中的影响力。在19世纪初,拿破仑战争期间及之后,随着公共领域结构转变的决定性出现,他们被从中赶出去了。《六项法案》之类立法使排斥昭然若揭,但推动排斥行为的不只是依然构成内阁大半壁江山的贵族,或者支持托利党内阁的绅士,还有资产阶级,他们把没有足够私产的人逐出公共领域,从而将它重建为他们之所有。许多工匠激进分子徒然地试图让人把他们积累的技艺视为一种个人资产,使他们有权利在公共领域里占有合法地位。很大程度上他们接受了洛克式的独立是政治之本的观念(它本身是以希腊哲学为据)。但是他们企图在一种生产方式的基础上保持独立,那种生产方式既遭到资本主义的破坏,又遭到政治上强制执行的保护其他财产形式而非这一传统形式的一种新法律制度的破坏。

使用"反公共领域"这个术语有时暗指下层群体无非更喜欢他们自有的公共领域,宁愿只在他们自身中间组织公共沟通。这也许时或是真的,也许时或可以作为一场斗争的一个阶段,去实现反对派的团结和思想的清晰。但它不是18世纪末19世纪初大多数激进知识分子看待这个问题的方式。他们形成反公共领域只是出于不得已,基于受排斥的境遇。不是说先有资产阶级公共领域,然后无产阶级针锋相对,组织了属于自己的一个公共领域。更"名正言顺"的公共领域和更"不平则鸣"的公共领域是在斗争中割裂的——"公共"可能意味着什么、公共沟通可能怎样贯穿着政治等观念上的斗争。这与物质状况的斗争有重合,但不可还原为它。

同样,公开的沟通是阶级形成的重要部分;阶级并非先行被作成,对后来的公共沟通完全是一种形塑作用。它是在经济的生产和交换,也是在社会和政治的冲突中获得定界的。在这些冲突里,文化不仅是一种资源,一种预先存在的共性基础。它是一个创造性场域,因为行动者引入和依靠合用的习语、策略和惯例,把它们改造得适于当下的形势:一种"另类的报纸现象学","大众平台","传统激进主义",或者对公共领域的新想象和实践表达——譬如伍勒那种。① 这些文化过程帮助勾画了新的差异线,最终成为不同的边界定义的基础。② 因而平民的反公共领域的发展就像资产阶级公共领域的发展一样,部分体现在它自身内部的独特的沟通形式上,部分体现在有心跨越初生的阶级边界、争取更大公共领域的地位问题的沟通上。③ 汤普森说得对,阶级是造出来的,不是简单找出来的——但是反过来说,单单阶级本身不是造为的基础。

政治冲突越来越表现为中产阶级(本身愈发统一)与工匠、平民和工资工人之间的冲撞。资产阶级知识分子继续表达一种普世的参与性公共领域的理念,特别是在寻求消除仍居主导地位的贵族阶层(这本身很少依靠公共沟通、更多仰仗私人关系维持其权力)的特权时。但是由于中产阶级知识分子也被迫同工匠和平民的权利主张相竞争,他们普遍赞成进入公共领域需有资格限制。这些限制有时是经济的(比如选举的财产要求,或者支付报纸印花税的能力),常常是文化的(比如坚守规范的英语语法,以及一种从经验和寓言中抽取出来的政治论证形式),有时索性是政治的(表现在效忠宣誓和起诉"法国腔"的共和主义上)。这时候,真正开放的公共领域的最一致的提倡者是民众激进主义

---

① Gilmartin, *Print Politics*; John Belchem, "Henry Hunt and the Evolution of the Mass Platform"; Epstein, *Radical Expression*; and Calhoun, *Question and Class Struggle*.

② Smith, *Politics of Language*; Smail, *Origins of Middle Class Culture*; Thompson, *Making of the English Working Class*; Marc Steinberg, *Fighting Words: Working Class Formation, Collective Action, and Discourse in Early Nineteenth-Century England*; Vernon, *Politics and the People*; Jones, *Languages of Class*; Iain McCalman, *Radical Underworld: Prophets, Revolutionaries, and Pornographers in London, 1795-1840*; and David Worrall, *Radical Culture: Discourse, Resistance and Surveillance, 1790-1820*.

③ Negt and Kluge, *Public Sphere and Experience*; Fraser, "Rethinking the Public Sphere"; Eley, "Nations, Publics and Political Culture"; Gilmartin, *Print Politics*; Epstein, *Radical Expression*; and Warner, *Publics and Counterpublics*.

第五章 不情愿的反公共领域

的自学成才的工匠领袖。①

伍勒之类的作家和活动家试图在公共领域里培育文化,而不是仅仅介入理性—批判话语;他们试图形塑政治本身,而不是单单补救社会经济的弊害,尽管那很严重。他们的政治创制构想更为恢宏。他们认为政治创制的最大潜能在于生产者的创造力,而不是社会寄生虫和有闲者的抽象思辨。

这一点和不止希求一个分立领域的原初想望,是他们老把激进公共领域表征为唯一合法的公共领域的背景。这也是激进分子发展新创的和革新的公共领域实践的环境。不同社会行动者的社会经济处境在18世纪末19世纪初的英国仍然起着重大作用。它们会引出重要后果,但仅凭它们自身也不会自动决定所有权利主张——这本身就是反对精英们指控的一条关键性激进主张,他们说恰是民众的物质依赖性让他们不适合公共领域。实际上,劳动者能够超越他们的社会经济环境,以便从事创造世界的计划。

---

① 须知他们在这方面不是尽善尽美的。鼓吹开放公共领域甚或普遍公共领域的人极少乐意把公民权延及妇女——尽管出现了一些有根有据的权利主张,它们类似于为了被排斥的男性而提出的那些。有一段时间妇女是民众激进主义(后来又是欧文主义)的踊跃参与者。像卡莱尔这样的男作家非他人可比地支持妇女的权利主张。然而总体说来,工匠激进分子采纳了一种分立领域的意识形态来界定女性地位,哪怕这跟看上去是他们要求包容的其他主张的逻辑相抵触。参见 Clark, *Struggle for the Breeches*; Barbara Taylor, *Eve and the New Jerusalem: Socialism and Feminism in the Nineteenth Century*。

第六章　阶级、地方与工业革命

近来许多社会史家考察了古典工业革命时期——在英国大约是1780—1840年间,美国和欧洲大陆稍晚一点,已经注意到地方共同体关系对于他们所谓阶级斗争的重要性。① 与之相比,我试图指出两种不同类型的社会关系攸关利害,由此进一步详述这一历史过程。共同体是由直接关系建立的;反之,只有通过间接关系的大型体系的发展,阶级才有机会成为一种社会团结形式。尤其是在马克思主义理论中,阶级指的是这样一种社会集合体,它并非在地方场景里偶然形成,而是在整个社会形构层面上根据主导性生产方式所决定的地位关系构筑而成。存在等级制的地方,阶级不是什么争议问题;工人挑战老板或雇主权威的地方,阶级斗争也是如此。为了在资本主义酿成的阶级斗争中翘然秀出,阶级——资产阶级和无产阶级——必须在资本积累的同一水平上被组织起来。由于精英(包含资产阶级成员)人数更少而资源更多,他们可能先于阶级或大众达到这样的组织程度。说陷在地方边界之内——譬如仅限于奥尔德姆,或者哪怕是整个兰开夏东南部——的工人斗争构成了阶级斗争,这不令人信服,正如说地方工业组织构成了资本主义一样(不是反映了资本主义或受其形塑)。阶级斗争和资本主义都必须根据更大规模、更复杂的整合方式来理解。

---

① 尤请参见 E. P. Thompson, *The Making of the English Working Class*; J. Foster, *Class Struggle in the Industrial Revolution*; Ronald Aminzade, *Class, Politics, and Early Industrial Capitalism: A Study of Mid-Nineteenth Century Toulouse, France*;以及 D. Smith, *Conflict and Compromise: Class Formation in English Society, 1830-1914: A Comparative Study of Birmingham and Sheffield*。

那么我的观点如下:

1. 有必要区别开阶级斗争与建立在共同体或其他直接人际关系基础上的民众动员。
2. 有必要认识到,即使在资本主义层面上,阶级也不是物(things),而必是由人际关系构成的。这些关系是间接的,不是直接的。①
3. 通讯与交通基础设施是阶级斗争(和其他大规模集体行动)的物质基础的必要组成部分,但是只有当资本主义的持续工业革命超越了它在19世纪前30来年甚至上半叶达到的水平时,它们才会充分发展得适合这一目的。②
4. 阶级斗争容易受困于资本主义和资本主义民主施加的某些限制,而基于直接社会关系(自由社会空间)的运动更有可能避免抽象、间接的社会关系的物化,从而形成另类的、有时激进的愿景。我的阐述偏于理论而非经验;我谈到的历史案例多是英国的。

---

① 问题是要避免将社会关系物化为实体。(参看 Georg Lukàcs, *History and Class Consciousness*(中译本见卢卡奇:《历史与阶级意识》,杜章智、任立、燕宏远译,商务印书馆1992年版。——译者注))如戈兰·瑟伯恩所写的:"阶级不是个人、群体或者组织那种意义上的行动者,不是那种做决定的行动者,他们会引发事件或者'丰碑',比如纲领、法典等。阶级绝不可能作为阶级来做决定……阶级通过个人、群体和组织的行动而行动。"(Therborn, *What Does the Ruling Class Do When it Rules?* p.190)

试比较阿伯克龙比和厄里如何拒斥暗含在结构主义视角中的物化,不料却意外接受了作为实体的阶级概念:"我们应该将阶级场所作为真实实体即阶级的要素,然而那些实体的因果力却尤其是阶级形成过程激发起来的。"(Abercrombie and Urry, *Capital, Labour, and the Middle Classes*, p.109)为了理解并超越物化的阶级,我们需要区分直接关系和间接关系。直接关系包括社会学家所说的初级关系(以多维关系把整个人黏结在一起)与次级关系(仅通过特定角色产生联系)。与之相对,间接关系是靠复杂组织并常靠不带个人感情的长距离通讯手段居间连接的;虽然最终由个人表现出来,但是它们将关系的透明度最小化了。个人或许从来不碰面,甚至像在市场中那样,他们或许从未意识到对方的特定存在,尽管他们当然会知道有人买他们的产品。

② 即是说,(a)资本主义获得一种更大范围的内部整合,并且(b)工人阶级行动所需的基础结构发展落后于那些使精英间的协调与资本主义企业和资本主义民主制的成功管理成为可能的基础结构。类似地,虽然我在此不予讨论,今天很多甚至大多数第三世界国家的基础结构不合阶级斗争(就国内或国际上互相协调的运动这种意义而言)之需。

阶级与对地方性的超越

资本主义的本质就是创造一种巨大而总在扩张的商品生产和分配体系:

> 由于开拓了世界市场,使一切国家的生产和消费都成为世界性的……过去那种地方的和民族的自给自足和闭关自守状态,被各民族的各方面的互相往来和各方面的互相依赖所代替了……由于所有生产工具的迅速改进,交通工具的极其便利,把一切民族甚至最野蛮的民族都卷到文明中来了。①

马克思希望工人阶级达到规模上可与资本和资本主义企业的国际组织比肩的国际团结。但是,资本主义的势力蔓延伴随着大规模整合与各种直接关系的地方体系之间断裂的开始。虽然资本主义社会里人们的工作几乎总是让他们陷在间接关系的这种大型体系中,但是他们的情感与相互支持的纽带或许依然是地方性的。

在新的阶级隔离的共同体中,个人和家庭用心于市场上。鉴于前资本主义的共同体因新形式市场的侵入而破败,资本主义共同体是被市场关系构造出来的。② 马克斯·韦伯强调,"家庭和职业变得生态性地分离,而且家庭不再是一个共同消费单元"③。

---

① Karl Marx and Friedrich Engels, "Manifesto of the Communist Party," p. 488(中译本参考:马克思、恩格斯:《共产党宣言》,中共中央马克思恩格斯列宁斯大林著作编译局译,人民出版社1997年版,第31页。——译者注)。参见 D. R. Headrick, *The Tools of Empire: Technology and European Imperialism in the Nineteenth Century*,这一现代分析说明了科技创新(包括通讯和交通)对于欧洲帝国权力渗透、有效管理和剥削其全世界的殖民地的能力的重要性。

② 市场被意识形态化地说成是"自由的",但其实是在国家保护下运行。拉什在 *Haven in a Heartless World* 中强调非市场、非国家的机构(包括家庭)的作用域在收缩。然而,恰如费尔南·布罗代尔在 *Capitalism and Material Life* 中指出的,牢记一对差别很重要:一面是商品和服务的较小规模市场,那是人与人之间的交易实际上明明白白的市场,一面是大规模的资本主义,它在金融方面最为明显,被直接组织成国家与资本的合作社。(中译本见布罗代尔:《15至18世纪的物质文明、经济和资本主义》,顾良、施康强译,生活·读书·新知三联书店2002年版。——译者注)

③ Marx Weber, *Economy and Society*, p. 375(中译本见韦伯:《经济与社会》,阎克文译,上海人民出版社2010年版。——译者注);也参见 Ira Katznelson, "Community, Capitalist Development and the Emergence of Class", p. 230。

生产和消费、工作和共同体成为大体上可以区别的现象,透过各自有别的一套套关系去完成。而且消费的组织不再必然把比邻而居的人们团结起来,正如生产的组织不再必然把在同一行业或为同一雇主工作的那些人团结起来一样。不但生产和消费产生交叉的交往模式,而且它们各自仅为团结赋予一种脆弱性格。这将新的组织问题摆在以生产关系内部的位置为基础建立团结的尝试面前。随着资本主义体系的发展,任何工人阶级斗争的对象都远离了直接关系和直接的地方性。无论工作场所还是居住区都不包含要对抗的"敌人",也都不是由宽广得足可延伸到一切相关者的关系网络组成的。间接关系的大规模组织变得必不可少。①

是马克思提出阶级斗争应当被理解为如此大规模发生的,他将工人阶级看成与资本家的剥削紧密相连。② 认为阶级无处不在无时不有,致使该术语成为一种抽象的分类工具,缺乏具体的历史内涵。这样宽泛地使用阶级语言并没有内在错误,只是我们不应认为这样的用法和马克思主义理论息息相关,后者强调受历史限定的抽象概念,它主要关心的是资本主义阶级关系。在发展社会行动的理论时,如果我们让有

---

① 对于阶级斗争的任何纯粹地方主义说明必须直面这一问题(例如 J. Foster 在 *Class Struggle in the Industrial Revolution* 中就回避了它):纯粹地方性的运动到底如何可以被说成是以国内或国际资本主义所造就的工人阶级为基础的? 从福斯特的情况看,这种解释往往自相矛盾地变成唯意志论的,阶级概念也往往丢失了全部的独特分析性价值。哈罗德·珀金分析了"自立阶级社会的兴起",这种分析的一个优点是,不像汤普森和福斯特的阶级斗争解释,它阐明了阶级团结在全国范围内出现的重要性:"阶级的本质不仅是对抗另外一个或多个阶级,而且是对一个广泛的社会层级的所有成员有着全国性吸引力的组织化对抗。"(Perkins, *The Origin Modern English Society, 1790-1880*, p. 209)马克思主义者当然会把"广泛的社会层级"概念看成是对阶级基础的不精确说明,然而马克思主义史学家不幸走到了相反的极端,忘记了马克思设想阶级关系和阶级斗争建基其上的规模的重要性。

② 这是生产关系的根本观念——资产阶级和无产阶级是根据他们之间的相互关系(前者对于后者的必然剥削)加以界定的(Marx and Engels, "Manifesto of the Communist Party", sec. I; Marx, *Capital* 1:717-718, 2:33 and *German Ideology*)。然而也可参见普热沃尔斯基的评论:"对于科学社会主义的奠基人而言,无产阶级的概念似乎已是不证自明的。"(Przeworski, "Proletariat into a Class: The Process of Class Formation from Karl Katsky's *The Class Struggle* to Recent Controversies", p. 353)可是有人必会质疑普热沃尔斯基认为这是因为阶级认同在 19 世纪中期非常明确的这一信念;虽然辩论并不那么深奥,但是那时对界限划分的争论很常见,甚至连"无产者"也算不上轮廓分明。关于普热沃尔斯基选择的 1848 年法国的例子,参见第七章及其参考文献。

些概念单单指涉集体或者作为全面、大型整合的"系统"层面上的关系，那我们会更加受益良多。① 就此而言，阶级概念特异地（虽然不是唯一地）与现代时期相关联。阶级不是指称区区某一利益集团，而是指一种特殊类型的集体，它影响我们的行动超过我们祖先的行动。的确，它的主导地位只有借助现代技术和社会组织才能实现。② 但是，马克思和他的大多数追随者未能考虑到这种规模的工人阶级组织的组织难题，它对正式组织的依赖，以及发达的通讯与交通设施的存在。

19世纪早期，阶级斗争——至少马克思所说的无产阶级反抗资产阶级的斗争——是不可能的。它不仅仅是不明朗、不成熟或注定失败的。从一种重要意义上说，它是不可能的。问题不在于阶级分析的不充分，而在于基础结构的不适合。资本主义的社会尚未建起使阶级层次上的活动协调成为可能的交通和通讯系统。

到19世纪末期，这种状况在欧洲大部分地区改观了。正当资本主义在一个新水平上国际化，联合股份公司开始占据主导地位的时候，阶级斗争也成为一种可选之举。股份公司是对大规模社会经济整合的一种组织反应，它利用了新的控制和协调技术，也利用了使间接关系系统更易实现的新的社会安排，恰恰与此相似，以阶级为基础的组织也是一种尝试，要在相当规模上赋予工人以斗争动员能力。③ 阶级斗争和有限

---

① 关于"阶级"（class）一词的某种谱系学，包括逐步偏离指称任何分类的用法的新发展，参见 P. Calvert, *The Concept of Class*。马克思自己在等级化和关系化的阶级概念之间游移，尽管他的解释重心落在后者之上。因此无产阶级并非仅仅"低于"或"穷于"资产阶级，它是放在受资产阶级剥削、与资产阶级斗争的关系中得到定义的。在马克思的《1848年至1850年法兰西阶级斗争》和《路易·波拿巴的雾月十八日》中，几乎每一个有着特殊的"客观"利益的群体都被当作阶级。在这种弱意义上，农民尽管"像一袋马铃薯"，也是一个阶级。但是在《资本论》的强意义上，农民既缺乏内在团结，又缺乏相对于另一阶级的独特关系，工人阶级则因参与"总体化"的资本主义体系而具有那种关系。

② 在马克思主义理论中，资产阶级与无产阶级是两个轴心阶级，但是另一种理论或许认为主要由间接关系联合起来的其他阶级是大规模社会整合与冲突系统中的首要集体行动者。在18世纪的英国，一般说来也在前工业资本主义的城市和小型区域经济中，有那么一些工人群体和集体行动或许可以合理地用阶级语言加以描述（参看 R. S Neale, *History and Class*, pp. 292-294）。尽管这些与后来的工人阶级组织和动员共其某些"取向"要素，但是它们有着决定性差别，因为它们的小型规模（数量上和地理上）允许它们几乎全靠直接关系实现内聚。

③ 珀金（*Modern English Society*, pp. 107-124）探讨了社会组织上的革命，包括规模上的剧增，从而清楚显示了这种间断性（其他历史学家有时令人惊讶地极力轻看它）。

第六章　阶级、地方与工业革命

公司都不是仅有的可行选项;它们并非科学探索可以预测的必然之物,而是新出的实践选项。工业革命间断性的这一面相很有趣,不仅出于历史编年的目的,也是因为它可以告诉我们关于现代阶级斗争和其他大众政治模式的本质的一些东西。

资本主义与大规模社会整合

马克思论及资本主义的极重要的观点是,它创造了从某种意义上说是前所未有的社会"总体性"。① 这种总体性就是将各种间接关系整合成单一体系。这没有废除在资本主义之前占主导地位的那些直接人际关系;它们继续与之共存,新型的间接关系也在资本主义社会中创生。卡茨纳尔逊敏锐地察觉到,现代社会不是以共同体和社会间的对比为特征,而是以两种社会间的对比为特征,在一种社会里,共同体与社会水乳交融,另一种社会则割裂了它们。② 对卡茨纳尔逊来说,工作和共同体的分裂就像阶级间的分裂那样是命中注定的:

> 新兴的竞争性阶级的能力如今(亦即随资本主义一道)开始依赖于以下三方面的特性:资本主义积累活动中间形成的联系,这些联系渗透到工作、社区与公民身份的社会关系中

---

① 我们不必对总体性做出极端、绝对的假设,而只需接受资本主义的总体化趋势。变量比先验假设管用。也就是说,资本主义倾向于创造一种单一的"整体",这在一定程度上不是封建社会和许多部落社会之类分节社会形式的特征。这一见解与涂尔干的机械团结和有机团结的区别有关(参见Durkheim, *The Division of Labor in Society*),尽管马克思对造成整体性(资本主义整合)的因果机制的明确说明完全超出了社会劳动分工(有机团结)。涂尔干的概念白璧微瑕,因为他没意识到,他在分析机械和有机团结群体时采用了不同的团结标准。有机团结群体只有通过间接关系才更为团结,一般说来它们通过直接关系获得的团结较少。职是之故,它们很是缺乏机械团结社会中的构成性群体的社会心理亲密性。涂尔干未能哪怕稍稍重视一下规模或者人口规模的意义。有意思的是,马克思有一个以通讯和交通技术为基础的相对人口密度的概念,它几乎可以连接上涂尔干的"动态密度"(dynamic density)概念:"人口较少但交通工具发达的国家,比人口较多但交通工具不发达的国家有更加密集的人口。从这种意义上说,例如,美国北部各州的人口比印度的人口更加稠密。"(*Capital*, p.473(中译本见《资本论》(第一卷),人民出版社2004年版,第409页。——译者注))但是,马克思把这个概念主要用于商品流通和生产中的劳动分工,而不是用于政治关系或社会团结本身。不过马克思和恩格斯的确使通讯和交通工具集中在国家手中成为《共产党宣言》提出的一般措施之一。

② Katznelson, "Community, Capitalist Development and the Emergence of Class", p.206.

去的方式,以及这三个分化的社会生活领域间形成的意识形态和组织的联结。①

价值和商品、劳动和资本的动力把更大范围的经济活动结合起来,消除了各种地方特异性和自主性,而支持通过占有剩余价值实现资本积累的这个单一主导性整合原则。正如恩格斯写道:

> (在资本主义之前)交换是有限的,市场是狭小的,生产方式是稳定的,地方和外界是隔绝的,地方内部是统一的;农村中有马尔克,城市中有行会。
>
> 但是,随着商品生产的扩展,特别是随着资本主义生产方式的出现,以前潜伏着的商品生产规律也就越来越公开、越来越有力地发挥作用了。旧日的束缚已经松弛,旧日的壁障已经突破,生产者日益变为独立的、分散的商品生产者了。社会生产的无政府状态已经表现出来,并且越来越走向极端。但是,资本主义生产方式用来加剧社会生产中的这种无政府状态的主要工具正是无政府状态的直接对立物:每一单个生产企业中的生产作为社会化生产所具有的日益加强的组织性。资本主义生产方式利用这一杠杆结束了旧日的和平的稳定状态……地方性的斗争又发展为全国性的……
>
> 最后,大工业和世界市场的形成使这个斗争成为普遍的。②

在考察具体工作场所时,马克思和恩格斯强调了众多厂商为其先导、查尔斯·巴比奇和安德鲁·尤尔终其一生都在加以分析和宣传的那种社会性生产组织的重要性。然而除工厂之外,他们几乎不大关注社会组织模式本身。实际上,他们往往假定资本主义不允许协调一致

---

① Katznelson, "Community, Capitalist Development and the Emergence of Class", p.299.
② Friedrich Engels, "Socialism: Utopian and Scientific", pp.96-97(中译本参见恩格斯:《社会主义从空想到科学的发展》,《马克思恩格斯文集》第3卷,人民出版社2009年版,第553页。——译者注)。

的全国性或国际性经济组织,或者如我们所知的国家组织。① 他们的经济分析几乎完全专注于通过价值和资本系统在人们之间建立的间接关系。

相比之下,马恩生前的关键政治群体与运动——它们构成他们的工人阶级激进主义思想的基础——主要基于直接关系。至少直到1871年巴黎公社期间的法兰西斗争是如此(请注意苦命的红色共和冒险的地方特殊性),在英格兰,宪章运动之前的全部、宪章运动的大部斗争,在德意志,直到社会民主党早期的那些动员,也尽皆如此。恩格斯只在晚年才不得不动手解决复杂政党组织的发展问题,那种组织想要在一场真正大规模的工人阶级运动的成员中间协调关系、整合行动(包括选举参与)。

虽然如此,马克思的商品拜物教分析仍是渐渐把握间接社会关系本质的极重要基础。商品形式是物化分析的样板,包括社会关系的物化。商品拜物教的产生是因为:

> 商品形式在人们面前把人们本身劳动的性质反映成劳动产品本身的物的性质,反映成这些物的天然的社会属性,从而把生产者同总劳动的社会关系反映成存在于生产者之外的物与物之间的社会关系……这只是人们自己的一定的社会关系,但它在人们面前采取了物与物的关系的虚幻形式。②

商品生产和流通中形成的关系是思考各种间接关系的潜在物化的基础模型。然而,马克思与恩格斯并未相应地考虑对组织拜物教的分析:比如,法庭上将资本主义企业看成法人,或者马克思—列宁主义理论中将无产阶级作为单一实体。他们也没有尝试稍微深入点探究直接

---

① 参见普热沃尔斯基("Proletariat into a Class", p. 395),然而有人必定会问,在多大程度上马克思与恩格斯是凭借对资本主义的寸步不让(普热沃尔斯基的暗示)的精确理解而不是由于未能领悟(甚至是他们生前的)资本主义发展方向,从而发展出他们的观点。确实,马克思在别的地方乐得拿来当做那时的资本家思维典型的一些政治经济学家,就是诸多国家建设创新举措的鼓吹者,要反击那些举措,马克思预料对抗会比实际上持续得更久更猛烈。马恩没有预见到资本主义国家的急剧增长,这无疑跟他们预计国家会在社会主义时期逐步消亡有关。

② Marx, *Capital*, p. 77. (中译本参见《资本论》第一卷,人民出版社2004年版,第89—90页。——译者注)

和间接社会关系在政治行动中的地位。因此,马克思和恩格斯的任何著作都没有关于社会组织本身的有力说明。这导致的一个结果是,由于阶级是从经济理论推演而来,阶级的集体行动就被假定为仅仅是遵循对共同利益的理性认知。马克思和恩格斯零星地评论过城市里的人口集中、大工厂里的组织或者地方斗争的经验如何帮助培育阶级意识。但是对于究竟是什么类型的关系造就了能够在资本主义内部或者针对资本主义进行斗争的各阶级,他们当作难题留给了后几代马克思主义者。①

正如普热沃尔斯基表明的,阶级不是先于具体斗争史的固定数据:

> 阶级是作为持续斗争的结果组织起来或瓦解掉的。自定为代表各类阶级利益的各家各派与自称代表普遍利益的各家各派,如工会、报纸、学校、公共部门、公民与文化组织、工厂、军队和教会等,它们全部在根本上涉及社会愿景的斗争过程中参与了阶级形成进程……意识形态斗争在成为阶级间的斗争之前,是纵议阶级的一场斗争。②

当社会通过间接关系的大规模体系黏结起来时,阶级成了集体行动的重要社会基础。工人阶级与资产阶级是参照生产关系来划分的最广泛(但不是唯一)的阶级。但是阶级形成的所有条件不尽是经济的、意识形态的甚或政治的。社会组织条件促进了阶级形成的一些方向,阻碍了另一些方向。普热沃尔斯基提到的那各家各派的中心性恰恰部分是由这些组织条件赋予的。实现阶级团结须得有某种构架。任何集体行动进程,越是持久一贯,越是与现存制度化安排相反,就将需要越大的阶级内社会团结。

共同体提供了先在关系作为集体斗争的潜在基础。在欧洲大部分地区,共同体与阶级组织之间的重叠,一直是阶级斗争的一种关键力量资源。越少可资利用的先在社会团结,阶级就越弱。阶级基础的"纯

---

① E. O. 赖特("Varieties of Marxist Conceptions of Class Structure")指出 G. A. 科恩(*Karl Marx's Theory of History: A Defense*)对马克思技术决定论的强力重构如何精确复制了这一"阶级能力"问题。

② Przeworski,"Proletariat into a Class", p.371.

第六章 阶级、地方与工业革命

度"或许根本不是社会力量的预测指标。不像通过直接人际关系形成的共同体等集体,阶级主要透过创立某种形式的复杂组织而具有主观存在性;这些组织居间调和了阶级成员彼此间的关系。单凭直接关系不能给予阶级集体能动力。阶级斗争的组织——从工会到工党——替代(或说补充)了共同体及相关的非正式社团,就像公司(尤其是所有权和经营权分离的那些)替代了合伙企业和私人经营企业。

事实上,这两个进程的原型是现代国家的发展。① 在长达数百年的时期中,绝对主义的、最后是议会制的国家的发展减弱了个人控制与协调的作用,而有利于政治组织结构。支配的直接、个人关系是封建制度与中世纪晚期欧洲成长起来的城市的特征,它们被官僚机构的间接关系所取代。虽然中世城市在社会方面迥异于它们周围乡村的环境,但是匠人、商人和其他城市居民的关系与封建主义本身共享了一种对直接人际关系的依赖。在封建主义的条块框架内,城市成为自给自足的、大体自治的整体。卡茨纳尔逊指出,当扩大的市场关系与绝对主义国家的兴起相交叉时,"市民身份怎样开始让位于阶级,后者成了城市生活的规定性关系":

> 虽然就在地方层面的市场关系攀缘上日益增长的绝对主义国家的政治权力的时候,它们脱离了市民身份的共同体含义,但是改变了晚期中世纪城市的社会结构特征的理性的(其实就是国际的)和地方的进程共享着同一枢轴点——市场关系的扩大了的决定性作用。②

国家不仅是公司和阶级组织的样板,还是造就它们的过程的一部分。它不仅使更大范围内的市场组织成为可能,还切断了城市生活在经济和政治领域保持着的自治和统一。这导致国家职能行使的规模有可能转变——内容上的差别姑且不论。国家同时变得更稳固、高效、强大。马克思对此多有所见,也多次申明自那以来渐渐被称之为国家机

---

① 参见 E. H. Kantorowicz, *The King's Two Bodies*,它讨论了公司在中世纪晚期国家的法学理论中的起源。
② Katznelson,"Community, Capitalist Development and the Emergence of Class", p. 219.

器的相对自主性的重要性。① 也就是说,虽然他依然坚持国家代表统治阶级进行统治,却限定了《共产党宣言》中相当粗犷的主张,即国家不过是管理统治阶级利益的委员会。自此以后马克思主义者进一步采纳这种理路②,在某种程度上吸收了韦伯关于现代国家机器发展的精妙分析。

同样的,马克思和恩格斯注意到了新兴的联合股份公司的重要性,视之为资本主义企业的更纯粹形式和通向生产社会化的台阶。③ 但是在这一主题上,马克思几乎没说什么实质性内容,主要因为他过世后股份制企业才盛行起来。对于怎样将公司的增生纳入马克思主义的资本主义理论当中这个问题,几代思想家熟思已深。或许最有名的问题是,所有者不再直接经营公司,管理人员阶层产生了,这是否根本改变了企业性质或者阶级结构。④ 如同国家机器的情形那样,建成于间接关系之上的公司比起它们更个人化的前身,事实上更稳固、高效和强大。同国家一样,公司也在各自的运营范围内大大提升了社会整合的规模。

人们或许希望马克思主义思想家将同一原理稍稍运用于阶级和阶级斗争的概念。事实上他们没这么做,主要因为两种观念间的持久淆乱:一边是出于马克思主义的资本主义理论的剥削阶级和被剥削阶级的关系性概念,一边是马克思取自黑格尔的自在阶级转变为超验理性的自为阶级这种观念;也因为现实的激进运动展现出反叛乃至革命性转变的潜能,它们甚至偶尔还说着阶级语言,但不是建立在阶级基础之

---

① 尤请参见 Marx, "The Civil War in France"; N. M. Poulantzas, *Political Power and Social Classes*, sec. IV。

② Poulantzas, *Political Power*; Perry Anderson, *Lineages of the Absolutist State*, 仅举此书为例。

③ Marx, *Capital*, vol. 2; Engels, *Socialism: Utopian and Scientific*, pp. 380-381.

④ 参见 A. A Berle and G. C. Means, *The Modern Corporation and Private Property*; Berle 晚期作品 *Power without Poverty*; J. Burnham, *The Managerial Revolution* 及之后其他很多著述。关于这如何影响马克思主义阶级结构理论的争论概要,可见之于 Abercrombie and Urry, *Capital, Labour and the Middle Classes*。这场争论多是对谁有什么阶级利益的无用的分类学争吵。马克思主义者们很少关注使这类资本主义企业成为可能的组织力量(不过近来有些例外,参见 E. Mandel, *Late Capitalism*; J. Scott, *Corporations, Classes and Capitalism*; M. Burawoy, "Between the Labour Process and the State: The Changing Face of Factory Regimes under Advanced Capitalism")。

第六章 阶级、地方与工业革命

上。① 无论什么原因,虽然马克思主义者细致地讨论了政党和阶级之间的关系,他们却没有想过,也许这种关系很像国家和公民之间的关系,或者公司管理层和星散的所有者之间的关系。

阶级——至少马克思主义的无产阶级和其他"群众"或大众阶级(普热沃尔斯基也论及这种类别)——太庞大太分散,不能在直接人际关系的基础上动员起来。这些集体若要为持续、有效的反叛提供基础,它们的成员必须通过某种中介机构彼此联络。工会就是这样为其成员效劳,因此和阶级斗争(如马克思所认为的)的发展一脉相承,不必区别于一种更革命的阶级意识(如列宁所表明的)。工会和工人阶级政党的确在代表支持它们的松散的民众或者组织组织那些民众直接参与行动上程度有别(后者远为接近马克思对阶级斗争的概念化)。无论是工会还是工党,这类动员与基于直接关系(比如地方共同体的关系)的动员有显著差异。此外,它依赖于一定水平的通讯和交通基础设施,1840年之前尚未发展到那种水平,如果说后来确实已充分发展的话。

对民众政治运动的这种重新概念化开启了一种认识,就是工业革命在19世纪中期远未大功告成。相反,如马克思和恩格斯在《共产党宣言》中高瞻远瞩地评论的,工业革命是对资本主义必不可缺的一种不间断进程:"资产阶级除非对生产工具,从而对生产关系,从而对全部社会关系不断地进行革命,否则就不能生存下去。"②

这一定不止包含物质技术,还有劳动的社会组织——工厂本身和流水线,如同蒸汽机和珍尼纺纱机一样。在马克思《1848年至1850年法兰西阶级斗争》的1895年新版导言里,恩格斯评论说,他和马克思曾经认为1848年革命标志着反资本主义的政治斗争中的一个顶峰或者哪怕是近乎顶峰,那是多么大错特错啊。理由在于,他和马克思远未目睹"资本主义的临终之苦",却一直在见证它的难产之痛。19世纪后半程(直到今天),资本主义继续发展,彻底变革着欧洲和世界经济。只有在这一发展过程中,资本主义才创造了阶级社会和以整个阶级为基础

---

① Calhoun, *The Question of Class Struggle: Social Foundations of Popular Radicalism in Industrial England*.

② Marx and Engels, *Manifesto of the Communist Party*, p. 487. (中译本参见《共产党宣言》,《马克思恩格斯文集》第2卷,人民出版社2009年版,第34页。——译者注)

的集体行动所必需的社会条件。即便如此,阶级定义问题仍悬而未决,遭受着持续的工业革命进程中的不断斗争:

> 到19世纪末为止,无产者未能彻底形成一个阶级,因为资本主义的发展继续改变着资本的生产和营利体系中的位置结构,也改变着逐渐受资本主义控制的其他生产方式中的位置结构。①

基础设施与阶级形成

恰恰不是在工业化早期,而是在19世纪中期以来它的全盛期,阶级斗争的组织与它们依赖的基础设施开始在发达的西方社会趋于成熟。传统共同体的强固关系为大多数针对资本主义的激进反应——那是19世纪早期欧洲的失败反叛所必有的——提供了基础,也为大多数成功的社会革命提供了基础。19世纪中期以后,有着超越地方的行政和技术能力的正式组织,作为标志着"成熟"资本主义的特征的这种阶级斗争的基础,逐渐以不同速度占据主导地位。② 这种斗争与铁路和电报一同发展,但使之成为可能的技术也使得镇压它更容易。它也与快速帆船和蒸汽动力并驱发展,不过这些交通技术使逃亡变得更行得通,于是移民成了持续斗争的可行替代方案。然而即便是被迫移民,也可以联合新型高效的邮政服务、廉价的印刷机和基础设施的一切新技术,传播阶级斗争的理论与实践。工会与工人的政党通过扩散而不仅是并行的始创得以壮大。虽然欧洲的社会主义理念从未在美国获胜,但是

---

① 普热沃尔斯基("Proletariat into a Class", p.358)继续思考一个重要问题(超出了本章范围),那就是日益提升的劳动生产率是否缩小了传统无产阶级的规模并制造了一种新分裂:有两种无产阶级化进程背道而驰了,一种无产阶级化是指工人与生产工具相分离,另一种是指生产工人位置的创设。这种背离产生了在资本主义生产方式的阶级术语中含混不定的社会关系,因为它正好导致人们与社会性地组织起来的生产过程相分离(同上书,p.359)。

② 直接关系在多大程度上弥补了间接关系的不足,是自我标榜的阶级运动——比如社会党或工党——的政治实力的主要预测指标,阶级和共同体之间这种接合的弱点则是摆脱欧洲社会主义模式的"美国例外论"的主要原因。参见我在"Populistische politik in der klassengesellschaft"中的简要讨论。我们可以指出的阶级斗争实例只是体现在马克思理论中的"纯粹"的团结集体行动幻象的近似物。

第六章 阶级、地方与工业革命

欧洲人和他们的理念在几代美国激进主义和工人斗争中发挥了重大作用。1926年英国大罢工的意识形态或许已无新意,但是它的组织力量几乎不可能在百年前获得。

想一想,整个19世纪基础设施技术的进步究竟是何等重要,它们对协调大规模集体行动(比如全英国的行动)的能力造成了何等改变。① 在18世纪50年代中期,从伦敦到爱丁堡要花10—12天时间;到1836年,只要不到两天。② 迟至1751年,快速大马车在牛津与伦敦间要走2天;1828年长途公车可6小时走完全程;到19世纪晚期铁路才将旅程缩减到2小时以下。现代道路修建、河道改善、运河挖造和汽船运输直到1830年都在进行之中,1870年之前一直在加强。③ 快速帆船和其他改良帆船在1830—1860年间享受了它们片刻的荣耀。最早的利物浦-曼彻斯特铁路线铺成于1830年。就全国而言,运营里程尤其是客运直到19世纪中期仍可忽略不计。仅仅在此后,铁路才腾飞成为一种重要的旅行手段(而且在1870年左右之前也只是相当平缓地发展的)。④ 同样值得注意的是一个渐变过程,正如巴格韦尔的数据揭示的那样,乘坐火车不再是一种奢侈,而变成更多工人和其他三等乘客的日

---

① 马克思在考虑商品流通时(如果不是在他的政治著作中),清楚意识到新的基础设施技术的重要性:"缩短流通时间的主要方法是改进交通。近50年来,交通方面已经发生了革命,只有18世纪下半叶的工业革命才能与这一革命相比。在陆地上,碎石路已经被铁路排挤到次要地位,在海上,缓慢的不定期的帆船已经被快捷的定期的轮船航线排挤到次要地位,并且整个地球布满了电报网。"(Marx, *Capital*, 3:71(中译本参见《资本论》第三卷,人民出版社2004年版,第84页。——译者注))当然,新的交通通讯技术也允许创立更大的公司,进行国际劳动分工。然后这通过造成穷国与富国的工人之间的利益冲突,可以用来操控工人的集体行动。全球电讯革命,与交通系统的急剧改进相结合,使得资产阶级在全球范围内组织资本主义生产变得容易得多,可以在第三世界的"世界市场的工厂"内生产消费品的零部件。这也意味着资产阶级更便于操纵工人阶级内部的国内国际分工,将技术协调与直接生产绝缘(E. O. Wright and A. Levine, "Rationality and Class Struggle", p. 66;亦见 Mandel, *Late Capitalism*; B. Bluestone and B. Harrison, *Deindustrializing America*)。但是须记得,这些发展尽管技术新颖,仍不过延续了一种趋势,即资本主义组织的整合比工人阶级的整合总是领先一步。关于19世纪的模式,参见 D. Gregory, *Regional Transformation and Industrial Revolution: A Geography of the Yorkshire Woollen Industry*。

② P. S. Bagwell, *The Transport Revolution from 1770*, p. 42.

③ 参见 Herbert Heaton, *The Yorkshire Woollen and Worsted Industries* and Bagwell, *Transport Revolution*,里面有交通发展的全面文献。

④ P. S. Bagwell, *Transport Revolution*, p. 110.

常生活的一部分。1871年,大约售出了2亿张三等车票;到20世纪前十年,这个数字超过了12亿。相比之下,这一时期一等和二等乘客的数量变化微不足道,保持在1亿以下。

通讯技术并未发展得迅捷许多。虽然印刷期刊在18世纪末很常见,到19世纪初民众的期刊消费还具有政治重要性,但是大众流行出版物的全盛期要到19世纪二三十年代才姗姗来迟。① 建立在统一的、相对低价基础上的邮政服务于1840年引入英国(1874年国际邮政联盟随之成立)。1851年,多佛-加莱电报开始直接远距离通信。

总之,在18世纪大部分时间里,英国是非常地方化的,交通和通讯都无法促成全英的(经济和政治)行动的即时协调。虽然当时的精英有相反的担忧,但18世纪的政治骚乱是基于这种地方主义的,随着国家整合及总人口规模的增大,它作为一种政治策略就江河日下了。② 骚乱在19世纪的城市中当然发生过,但是压迫和笼络的新手段可以用来遏制它们,并且共同体关系的缺乏最大限度地降低了骚乱者与精英之间出现有效的讨价还价的可能性。然而,基础设施的发展花掉了19世纪的大半时间,才真正让大多数英国人有效超越了地方性。③ 货物运输与市场开拓为更大的人口流动、沟通和全国性社会整合创造条件。但是,我们一定不要被那个时代的人的很多忘乎所以的叙述误导了,他们以为快速客车甚或第一条铁路表明了交通工具的绝佳状况。直到进入19世纪很久以后,这类全国性整合都是有限的,并且密切集中在少数精英之上,他们负担得起旅行的花费和时间。在这种整合之前,工人阶级的任何全国性团结纽带只能是最松散的那种。因此我们必须假定,对于19世纪中晚期之前的工人阶级行动的叙述指的是地方性群体,不是马克思《资本论》所定义的全国性或国际性的阶级。

事实上,民众运动编年史很好地佐证了这种关联。19世纪初农村交通的改善帮助促成了宪章运动。这是一场过渡性的运动,主要从正

---

① Patricia Hollis, *The Pauper Press: A Study in Working-Class Radicalism in the 1830s*; Harold Perkin, "The Origin of the Popular Press"; and R. K. Webb, *The British Working-Class Reader, 1790-1848*.

② J. Bohstedt, *Riots and Community Politics in England and Wales, 1790-1810*.

③ 法国的故事写出来大同小异,只是时间稍晚一点,有其他少量限制条件,特别建立在巴黎中心的基础上;参见 Roger Price, *The Economic Modernization of France, 1730-1880*.

在衰落、有灭绝之忧的手工共同体的成员那里获取支持,但也为工业工人阶级的大规模全国政治参与提供了首次机会。从19世纪30年代起,工会开始获得稳定发展,最终带来持久的全国性组织。多尔蒂的纺织工人联合会始于1829年;建筑工人工会始于1831年,1833年的全国产业工会大联盟(Grand National Consolidated Trades Union)为各行业间的全国总工会提供了原型。所有这些工会都依靠紧密结合的地方群体和关键人物,尽管它们开启了苦心经营正式组织的过程。1851年,"新模范工会"加入到它们里面,它是工程师联合会领导的;整个19世纪五六十年代它们取得一系列小而重要的政治胜利,给工会组织奠定了明确的法律基础(例如《友好协会法》《工人干扰法案》以及《主仆修正案》)。60年代末,英国总工会有了进展,不过它没有任何常设机构,直到1871年它的议会委员会成立。70年代也是极度地方性的、戒备地以手工业为基础的旧工会的垂死挣扎时期。①

从此以后,劳动组织因经久不衰而为人熟知。他们能够历久,部分是因为他们能够建立起永久性的组织结构,后者的基础是相对稳定地受雇于资本主义工业所培植的那些职业的工人的贡献,不是资本主义工业不断或反复地打击的那些人的贡献(同理,它们自20世纪70年代之后零落衰败是因为就业结构变了)。英国的工会从未取得过别的有些国家那种水平的全国性工业协调,手工业和地方传统依旧比较强大。不过,它们直到19世纪80年代都是持之以恒的全国行动者,立足于代表一大群一大群的工人的各种组织之上,那些工人本身仅仅松散地结合在一起,实际上主要透过共同的工会会员身份的间接关系产生联系。独立工党(成立于1893年)及其支与流裔类似地建立在这些基础上,汇入了现代工党的潮流中。

阶级斗争的限制

在英国,阶级斗争发端于宪章运动,并在19世纪剩余时间里壮大。它在其他大多数资本主义民主国家里遵循着相似的轨迹,只是起步稍

---

① 关于建筑工人,参见 W. Postgate, *The Builders' History*, 第十四章。

晚。阶级斗争发展成了资本主义的组成部分,却并非由于剥削或苦难变本加厉的缘故。它的壮大是因为资本主义产业组织内部工人数目日增(相对于在传统或转变中的手工业共同体和工作结构中生活和就业的那些人)①;也是因为政治制度安排在资本主义民主国家搭建了阶级妥协的舞台,从而认可了它②;还因为新的基础设施技术让人有可能创建现实可行的大规模组织结构。

这给予我们洞察阶级(和相关)斗争的本质的关键卓识。经常在政治斗争和经济斗争间树立的对偶起源于资本主义民主制对工作和共同体的割裂。它不是社会运动成熟阶段的问题。特别说来,它也并非"工会"与"阶级"意识之间、改革主义与革命激进主义之间的分界基础。相反,至少在较为开放、民主的英国社会,工联主义和工人阶级政治一般都是改革主义的。③ 这不是偶然的局限,也不是意识形态的畸变,而是(至少部分)源于借由间接关系的大规模集体动员和组织的特性。

在始终透过间接关系的集中化体系极大规模地组织起来的社会里,不利用复杂组织从事大众斗争是难以置信的。但若认识不到(1)这种斗争典型地是受到限制的;(2)基于共同体等直接关系的更直接的民主斗争存在着一种持久作用,那将是个错误。

对阶级斗争和以间接关系为基础的其他行动的限制,主要来自大型正式组织所要发挥的必要作用。对于协调资本权力和政治权力被集中化的那同一层次上的行动,这些组织是必要的。然而它们与其代表的阶级并不相同。它们的成员可能渐渐据以行事的利益,是有别于甚

---

① 这属于对"自立的阶级社会"如何能够在19世纪英国发展起来的那些解释(比如Perkin, *Modern English Society*)的物质基础部分。当然,资本主义产业组织中就业比例的下降正在极大地改变阶级斗争的条件,尽管未必改变了它的本质属性——至少就斗争定义了"工人阶级"集体而言。

② 在"资本主义民主国家",谈判和斗争大受资本主义社会组织和有领导权的文化的形塑,以至于满足真实的、可感知的利益的非革命性机会向工人和其他群体(它们可能重合或包含工人利益)敞开。参见 Przeworski, "Material Interest, Class Compromise and the Transition to Socialism" and "Social Democracy as a Historical Phenomenon"; A. Przeworski and Michel Wallerstein, "The Structure of Class Conflict in Democratic Capitalist Societies",还有 Thompson, "Peculiarities of the English",其中论及工人们对非革命性改革的机构做出的巨大投入。

③ 新模范工会和现代工人阶级机构的成长所产生的部分影响,就是先前尚未实现的政治组织与经济组织间的分离。参见 Gareth Stedman, "Rethinking Chartism",其中谈到本质上是政治性的宪章运动释义。

至时或冲突于他们的委托民众的利益的。这些委托民众被诱使将这种组织提供的"物品"看成仅仅是系列选项中的一部分;这样的大型组织很大程度上依赖于成员的财政捐助而非个人参与,从而加重了那一看法。因为这种组织一般隔离于地方共同体生活,只对人数不多的积极分子构成一种替代性的共同体,所以它们表现为非必需的消费品而不是生活的必要部分。而且这种组织必须在角逐各种短期收益的资本主义民主框架内,也有可能更为根本的社会组织变迁中运转。这些议题甚至适用于这类组织的领导层尽心工作、笃信可以避免米歇尔斯的"寡头统治铁律"的那种情况。①

在大多数支持者所具有的对阶级导向组织或其他类似组织——如工会和政党——的日常经验中,也没有什么东西可以用来构筑一种替代性社会愿景。成员们的确可能阅读提倡或鼓励另类观点的理论、历史或文学作品,但是成员身份本身的活动是组织生活、商品和服务的购买、间接社会关系与集中化协调体系的活动,它们更像资本主义组织和传统政党的那些活动。这并不是可以避免的缺陷,而是这种规模下持续组织的集体行动的必要部分。

相比之下,参与以直接社会关系为基础的运动提供了异类社会组织的强烈体验。它更可能使整个人卷入其中,而不是单一角色、时间片段或者简单的捐钱。无论这样一种群体的意识形态或传统是什么,它那社会关系就提示了一种另类社会愿景。尤其是当这些运动利用了先在共同体的时候,它们似乎也是日常生活所必需的关系的延伸,而非精挑细选的消费品。这赋予他们一种力量和一种潜在的激进主义,那是基于间接关系的大多数组织,因而也是大多数阶级斗争所欠缺的。

---

① Robert Michels, *Political Parties*(中译本见罗伯特·米歇尔斯:《寡头统治铁律》,任军锋等译,天津人民出版社 2003 年版。——译者注).更大的集团规模内在地趋向更大的寡头政治(B. H. Mayhew and T. Levinger,"On the Emergence of Oligarchy in Human Interaction")。规模也通常关联着亚群体的更多分裂(Peter M. Blau, *Inequality and Heterogeneity*(中译本见彼得·布劳:《不平等与异质性》,王春光、谢圣赞译,社会科学文献出版社 1991 年版。——译者注))。不过,我们应当注意布劳的推演涉及人际互动(直接关系)的频率。假如直接关系全无,任何团体都不能被有效动员起来。但是仍然待定的问题是,何种程度上由直接关系联结起来的个人的中间团体可以被并入(并助成其成员并入)更大的整体。我在别处论证过,这是大型组织的民主参与所不可或缺的(Calhoun,"Democracy, Autocracy and Intermediate Associations in Organizations")。

"平民主义"运动和其他基于直接关系的运动当然有其自身的内在局限。也许最明显的是,它们无力维持可与资本精英或当权政治精英相提并论的水平上的哪怕短时的行动整合与协调。正式组织兴起恰好迎接了这一挑战。但是不那么正式的平民主义动员有时带来了正式组织黯然衰歇的热力和激情。而且分散的共同体动员依靠(它们很少控制)媒体,也常常依靠煽动者,将地方反抗织入全国运动。① 与此紧密相关的是它们缺少一种组织架构,假如它们成功废黜了当政者就可以凭此执掌政府。即便革命(而不是温和斗争)胜利,他们也不可能成为统治者。这种潜在叛乱也受到多方面的限制:资本主义破坏地方共同体和其他直接关系网络的程度,共同体和工作的分离,以及我们大多数人在现代资本主义社会中的生活的不同部分的分割。

由于资本主义制造了范围空前的社会整合、集中化以及高度的协调,资本主义民主制就须首先通过间接关系的各种组织发挥作用。另外,一种现实可行的社会主义,可以接过资本主义的物质财富,却不要它的大规模社会整合模式,这是希望渺茫的;将一种更为碎片化的往昔理想化也有些理屈。但是这也不是说直接民主完全过时,或者局限于最狭隘的地方事务。本来,一场平民主义政治运动(与阶级斗争不同)有可能成功地为地方夺得更多的政府角色,使地方政府机构参与性更强。这进而或许有助于为将来的斗争筑就社会团结,在其中一些斗争中,直接的共同体关系可能为依循阶级分界线的参与提供关键支持。除此而外,基于直接社会关系的社会运动——无论其外显目标为何——是直接民主制的演练。正如各种劳动法、公民自由保障及类似条文将资本主义民主中的阶级斗争合法化并为其提供部分基础一样,共同体层面的机构的扶植也为直接民主营造了至关重要的"自由社会空间"。②

阶级斗争的社会主义是建立在间接关系基础上的,通常倾向于改

---

① 同样的特征使这种动员易受间谍和密探之害,他们号称代表纯属子虚的中央领导。1817 年英国的"特务奥利弗"(Oliver the Spy)是这一点的著名例证,参见 Thompson, *The Making*, 第十五章。

② 参见 Sara M. Evans and Harry C. Boyte, *Free Spaces*, 其中阐明了"自由社会空间"思想。在美国民权运动中黑人教堂的作用是其典型例子。这一观念超越了免受现政权侵害的自由,而进抵发展社会力量的自由。

第六章　阶级、地方与工业革命

革,不会挑战资本主义带来的这种关系的绝对优势地位。如果更大更稳的位置已经为直接社会关系腾出来,某种社会主义必须补充以直接民主。阶级斗争是大规模社会整合领域内的必要行动手段,但它既不是对社会整合的彻底挑战,也不是追求工人(和其他人)的真正利益的民主集体行动的全部基础。因为阶级斗争是资本主义——或者至少是资本主义民主制——的一部分,它共享了资本主义超越直接关系(包括地方上那些)的趋向。它有赖于通讯技术和交流的社会组织上的进步,以便获得它那超越空间的集体行动协调。

第七章　工业化与社会激进主义：英法工人运动与 19 世纪中叶的危机

19 世纪的法国受到连番革命的震荡，工人在革命中扮演了主要角色，但是从未夺得并执掌国家政权。直到最近，历史学家往往去寻找他们在法国的"落后"中"失败"的原因。这种落后有时被看成是政治成熟的阻碍因素。例如，蒂代似乎认为 1848 年法国尚未做好民主的准备，人民在本质上是保守的，许多人更渴求权威和秩序，而不是自由和自治。① 其他时候，评论家们把这个问题看成是经济问题。很多人步马克思的后尘，认为现代资本主义工业太发达了点，让很大比重的人口成了无产阶级，而且满大街的无产阶级简直没几个意识到他们的真正利益。② 近来更多学者认识到马克思将所有工人归为无产阶级一类的混淆，他们强调在革命斗争中匠人和其他前工业工人比工厂工人更出彩。比如，普赖斯在包括这点在内的很多观点上不同意马克思，最终却归于更极端形式的马克思论点：法国还没有先进得足以令社会革命成功。③ 所有这些法国落后论作为对法国革命尤其是 1848 年革命的失败的一种解释，内中含有一丝反讽。法国正被拿来同更先进的英国对比，而工业化的英国压根没有革命。

19 世纪和 20 世纪初的主要革命典范发生在被经济转型、通常是资

---

① A. J. Tudesq, *L'election presidentielle de Louis-Napoleon Bonaparte*, 10 décembre 1848.

② Karl Marx, *The Class Struggle in France*, 1848 to 1850 以及 *Eighteenth Brumaire of Louis Bonaparte*。

③ Roger Price, *The French Second Republic: A Social History*.

本主义工业化转型所毁坏的国家。后来的大部分——假如不是全部——革命遵循了这种模式。发达资本主义（和社会主义）社会固然也经历过斗争，但没经历革命。我在本章证明，有关19世纪的英国和法国的或明或暗的比较一直在误导我们。我批评了法国经济发展滞缓、工业化失败的主张，也批评了有关激进动员的根源和结果的一些观点。我提出，与前工业社会组织的连续性对1848—1851年间创建"民主的社会共和国"的斗争极具重要意义。我还认为，在引导法国走一种比英国更加渐进、更加独行其是的发展道路，一种比跟着英国亦步亦趋更为人道也更优胜的经济战略道路上，工人的政治斗争扮演了重要角色。在我的比较中，背景是对英国平民激进主义历史的误解的批评，前景是法兰西第二共和国的社会斗争，尽管我并不打算展开一种非常详尽或全面的叙述。

法国与英国的经济变迁

自从成为最富有、最庞大的欧洲经济体之一后，19世纪的法国在增长速度，最后在财富总量上都落后了。据卡梅伦说，"整个19世纪上半叶，或许迟至1860年，法国还是世界上最富有的国家"[1]，但是到该世纪末英国取代它成为欧洲最具生产力、最强大的经济体，德国紧随其后。法国的"滞缓"似乎需要解释，而工业化的失败是首选的理由。英国的实例压制了经济和历史的想象力；法国总是在对比中接受裁判。尽管现代第三世界的研究使直线发展理论失宠了，那样一些观念还是被应用于法国经济史。然而最近奥布莱恩和凯德对这整套理路大加质疑。他们认为，我们应该"对通向20世纪的英国道路的优越性多几分怀疑，而着意于在法国经验中看出一种更人道或许效率也不逊分毫地迈向工业社会的转型"[2]。他们的观点主要基于两项发现。首先，虽然19世纪大部分时间里，英国经济总体上比法国增长得快了不少，但人均商品

---

[1] R. E. Cameron, *Banking and Economic Development: Some Lessons of History*, p.429.
[2] P. K. O'Brien and C. Keyder, *Economic Growth in Britain and France, 1780-1914: Two Paths to the Twentieth Century*, pp.197-198.

产量的差距要小得多。① 法国的人口低增长是它持续繁荣的重要条件。② 其次,该世纪大部分时间里,法国的工业生产率都超过英国,尽管它向工厂生产的转型慢了好多。法国恰是在农业方面远远落后了(见表7-1)。英国的商品消费增长至少同样跟资本主义农业相关,而且随着英国执国际贸易的牛耳,它也牵涉国内工业生产率(尽管这三者当然是相互联系的)。③

表 7-1 农业与工业的劳动生产率(英镑)

时　期	农业生产率			工业生产率		
	英国	法国*		英国	法国*	
		(a)	(b)		(a)	(b)
1781—1790	24.7	25.6	25.2	22.3	77.3	53.2
1803—1812	52.2	44.8	39.4	38.4	111.2	48.3
1815—1824	45.6	32.9	31.3	38.4	56.8	41.2
1825—1834	44.3	34.2	32.2	39.2	54.6	42.8
1835—1844	50.3	29.9	28.8	44.5	61.6	49.7
1845—1854	53.0	29.7	28.9	44.3	64.8	53.5
1855—1864	58.4	36.7	36.0	50.7	71.2	60.1
1865—1874	67.0	41.9	43.3	62.3	96.5	86.7
1875—1884	67.0	33.4	33.8	68.5	85.1	76.4
1885—1894	68.8	31.5	31.2	75.0	82.6	74.3
1895—1904	64.6	27.3	26.6	83.7	70.0	73.1
1905—1913	64.3	41.6	44.1	90.4	85.2	88.3

资料来源:P. K. O'Brien and C. Keyder, *Economic Growth in Britain and France, 1780-1914: Two Paths to the Twentieth Century* (London: Allen and Unwin), p. 91。

*(a)列和(b)列代表分别以英国和法国的产量加权,按照不同汇率将法郎折算成英镑。

---

① P. K. O'Brien and C. Keyder, *Economic Growth in Britain and France, 1780-1914: Two Paths to the Twentieth Century*, pp. 58-61.

② 有些经济学家和人口学家可能争辩说,失去土地的大量人口构成了创新的推动力,因而或许理应认为法国的低人口增长率是它工业化失败的一个原因。参见 J. R. Roumasset and J. Smith, "Population, Technological Change and the Evolution of Labor Markets"。

③ O'Brien and C. Keyder, *Economic Growth*, pp. 62-68, pp. 137-139.

英国在整个19世纪维持着贸易逆差,这让它能够增加约12%的可用于国内消费的商品流通量。法国在峰值年里也只增加了5%。1815—1864年间,法国在商品贸易上实际显示净赤字,法国人消费的不如生产的多(见表7-2)。没考虑国际贸易和国际投资收益的不同条件的这种影响,导致19世纪中期法国的工业化看起来更好更顺利。"工业化"某种程度上令人想起一些高度机械化的工厂景象,但我们最好还是该记得,就算是在英国,这类工业生产的增长也是比较平缓的,而众多工人依然在从事家庭和小作坊的生产。生产率靠不断的劳动分工和对劳动力施压而提高。① 不过与法国的比较显示这些措施并未大幅提升生产力,无论它们多么有助于资本积累和净产量;是雇用的产业工人数量赋予英国工业实力。仅在世纪末英国的工业生产率才反超法国。整个19世纪,法国的工业比英国更趋资本密集,尽管利润率递减。②

表7-2 贸易逆差占国内商品产量的比例

时期	英国	法国
1781—1790	9.8	0.8
1803—1812	6.7	0.5
1815—1824	3.8	-0.3
1825—1834	9.3	-0.6
1835—1844	8.1	-0.6
1845—1854	9.3	-1.2
1855—1864	13.8	-0.7
1865—1874	12.4	0.0
1875—1884	22.6	5.0
1885—1894	18.2	4.7
1895—1904	22.8	2.2
1905—1913	16.4	3.5

来源:P. K. O' Brien and C. Keyder, *Economic Growth in Britain and France, 1780-1914: Two Path to the Twentieth Century*(London: Allen and Unwin), p.67。

---

① R. Samuel,"Workshop of the World: Steam Power and Hand Technology in Mid-Victorian Britain".

② O' Brien and C. Keyder, *Economic Growth*, p.91, p.148, p.150.

19世纪中叶英国产业劳动力的人均产出只有农业劳动力的84%。同一时期法国产业劳动力的人均产出是农业工人的2.5倍多。① 这也许就容易理解为何当时的观察家和经济史家异口同声批评法国"未能成功"转移更多人到工业生产上,忍耐着小农农业的落后与低效。② 有点难以理解,为什么有的作者会暗示这是法国工业资本化的失败。③ 诚然,更多的投资或许会带来更多的工作岗位,但法国工业资本的回报显著高于英国。④ 甚至还不如说该受指责的是资本主义农业上的投资失败。

但是我们不妨想想,资本主义农业大概意味着剥夺数以百万计的农民的土地,将失去土地的无数劳力转移到工业中。大量增加法国工业劳动力而不大大降低生产率,这无法保证,甚或不现实。供养城市人口比供养更自给自足的农村人口要昂贵得多,尤其是在缺少本身建造起来也很昂贵的强大国内交通网的情况下。法国农业区的自然条件未必比得上英国农业区。英国迈向资本主义农业无论如何是始于工业革命前,像一波波圈地运动这些关键步骤既残忍又惹非议;要是法国在19世纪企图强制快速实施它们,那将更是如此,正如农民反对没收公地和林地行动所显示的。英国圈地运动上的早期举措与重视畜牧业有关,后者仍是它在19世纪保持较高农业生产力的枢纽。⑤

英法两国增长模式的根本差异在18世纪已然确立,那是在两国启动大量采用工厂和机械化的工业化以前。英国有煤炭和其他重要原材料的优越禀赋,到1800年颇已树起在重工业和大批量生产方面具有历史名声的专业化。另一方面,法国闻名于世的是它的工匠打造的产品质量,是引领全欧时尚的极富专长的工艺与独具匠心的设计。法国最

---

① O'Brien and C. Keyder, *Economic Growth*, p. 95.
② T. Kemp, *Economic Forces in French History*,第一章。
③ W. O. Henderson, *The Industrial Revolution on the Continent: Germany, France, Russia, 1800-1914*, pp. 91-95.
④ O'Brien and C. Keyder, *Economic Growth*, p. 148.
⑤ O'Brien and C. Keyder(*Economic Growth*,第五章)总结了这点,也可参见 J. A. Chambers and G. E. Mingay, *The Agricultural Revolution, 1750-1880*; G. E. Mingay, *Enclosure and the Small Farmer in the Age of the Industrial Revolution*;关于更长时期的比较视角,参见 B. H. Slicher van Bath, *The Agrarian History of Western Europe*, pp. 239-324.

高水平的生产率仍在传统的高技能手工业中。将资本和劳动主要集中到工厂工业中的策略会扬英国之长而显法国之短——难称良策。法国在国际贸易中削弱英国优势的机会纵然有也少得稀奇。纺织业曾做过努力,法国这一行业的出口商品主要来自较为工业化的阿尔萨斯。但在 1827—1829 年,法国全部棉布出口量的总值仅及英国的 1/10;到 1844—1845 年下降到大约 1/15。① 法国若不能在纺织工业化上赶超英国以利出口,那它几乎不可能克服自身核心资源匮乏的困境,也克服不了英国在基础金属或其他大规模工业生产的重要部门占得的先机。法国能够成功出口的是高品质消费品——比如丝织品、精美印花布和缎带都是最好的纺织外销品。②

根据法国最具竞争力的市场与生产率最高的行业,它最好保留众多的工匠和小作坊生产。19 世纪 40 年代,在主要的大众化市场行业里,法国仅食品和化学品的工业生产力超过英国。在采矿、金属、皮革和木材方面,法国远远落在后头。纺织业和造纸业多少也是如此。③ 然而当英国这些主要行业的生产率超过全国各行业平均水平时,法国具备最高生产率的却不是这些主要行业,而是各种更小、更专业化的行业。专业化而非效颦英国对法国的持续繁荣十分重要。但英国榜样是一种强大的政治经济力量,就像在较低程度上(但是可能更令人难堪)的比利时榜样那样。谢尔曼记述了公共辩论明显重视较为现代的生产部门(比如纺织和冶金),而没有意识到诸如葡萄酒和丝织品等奢侈品的重要性,法国在那上面本来更具比较优势。④ 但是,谢尔曼假定对法国来说自由贸易政策是进步的立场:

> 官员通常没有完全领会古典经济自由主义的较微妙观点,那些观点力陈,拿法国以比较效率生产的一种制成品交换

---

① A. S. Milward and S. B. Saul, *The Economic Development of Continental Europe, 1780-1870*, pp. 317-318.

② A. L. Dunham, *The Industrial Revolution in France, 1815-1848*, pp. 378-381;亦见 Phyllis Deane and W. A. Cole, *British Economic Growth, 1688-1959: Trends and Structure*, pp. 208-209,其中论及法国在丝织品上的挑战的实效性。

③ O'Brien and C. Keyder, *Economic Growth*, p. 157.

④ D. M. Sherman, "Governmental Attitudes toward Economic Modernization in France during the July Monarchy, 1830-1848", p. 198.

他国更廉价地生产的另一种制成品,利多弊少。他们倾向于将国家分为拥有制造业经济或者非制造业经济的两类。①

随便扫一眼现代第三世界国家,就可以表明这种分类的似真性,也表明贸易不是法国的唯一发展途径。不管贸易保护主义跟古典经济自由主义怎样水火不容,它也是如我们所见的在商品交易中显出净亏损的国家的合理战略。法国官员争辩说,自由主义政策适合英国不适合法国,他们不傻。② 实际上,法国国内市场那种规模正好是支持贸易保护主义的可信理由。本国中心的发展至少在一定程度上是一种合理选择。

19世纪20—60年代间,资本主义工业攻克了英国。③ 新的资本被引入一个又一个行业,常常伴随着机械化或工厂建设。到19世纪40年代,棉纺织业里手工织机基本被淘汰了,出现了工厂建设的两大浪潮。④ 蒸汽动力越来越普及,生产单位越来越大。⑤ 铁路建设飞速推进;外加前一时期数千英里运河的竣工,它使英国成为比法国统一得多的市场。这一切并不意味着地方市场或者手工业消失了。毋宁说,一种平衡被打破了,至少很长一段时间里,现代资本主义生产和分配的扩张有进无退。

拉斐尔·塞缪尔强调淘汰手工生产的渐进性,但我们应记住,到19世纪中叶经济主导部门已是机器的天地了。⑥ 塞缪尔提醒我们,机械化本身制造了新的手工艺,或者扩充了旧工艺的队伍,不料当它在特定生产过程中克服了最后的瓶颈时却很快摧毁了它们。19世纪20年代以前,对资本主义工业的扩散及小规模(尤其是手工业)工作的被破坏的

---

① D. M. Sherman, "Governmental Attitudes toward Economic Modernization in France during the July Monarchy, 1830-1848", p.80.
② 同上书,第86页。
③ 关于一般叙述,参见 Deane and Cole, *British Economic Growth*; and J. H. Clapham, *The Economic Development of France and Germany, 1815-1914*。
④ B. R. Mitchell and P. Deane, *Abstract of British Historical Statistics*, p.187; and A. S. Gayer, W. W. Rostow, and A. J. Schwartz, *The Growth and Fluctuation of the British Economy, 1790-1850*, p.198.
⑤ A. E. Musson, "Industrial Motive Power in the United Kingdom, 1800-1870".
⑥ Samuel, "Workshop of the World".

反抗要强烈得多。从18世纪80年代工业化的第一声轰鸣直到1820年,平民对新体制的攻击日盛。这延续到19世纪二三十年代,对宪章运动的孕育很重要。但在有些人眼里,工厂是生计来源而不是对生活方式的威胁,这种人的增多大大削弱了抵抗活动。工业罢工取代了捣毁机器和对精英腐败的民众抨击,不是因为同一些人在观念上越来越现代,而是因为新的工人阶级取代了前工业英国的更老、更异质的行业那些成员。到该世纪中叶,多数英国人急切盼望着他们预计会随资本主义工业的进一步发展而来的繁荣。一些农村手工业和更多高技能的城市工匠行业带着些许繁荣存续到19世纪末叶。不过从19世纪20年代起,它们一个接一个地消亡了。机械化的渐进性恰恰可能使反抗更困难;不像影响每个人的周期性萧条,它是一种要被机器替代的孤立经验。纺织工业化的早年更大地威胁到统一的工匠共同体。手工业者汇聚在像奔宁山的村庄一样的聚落里,他们在那里占主导地位。在维多利亚时代,工匠和手艺人在更大的经济体和人口总量中所占份额不断缩小。重压之下,很多手工业无非渐归湮灭,它们不足以养育曾经很自豪的能工巧匠们的后代。

在法国,工厂来得慢得多,最后也不彻底得多。部分原因在于法国资本家更喜欢政府财政而不是工业投资。大卫·兰德斯注意到,经济机构的小规模、谨慎的家族企业的优势和公司融资的迟延一直维持到19世纪五六十年代的大繁荣之时。① 大多数古老的手工业留存下来,很多甚至找到了适应部分机械化的路径。当工厂真的落地法国时,它们往往比英国的小。② 此外,在法国,以小型企业为特征的行业是生产率最高的,这赋予它们更强的应变力。③ 新的交通与通讯产业在法国也发展得相对迟缓。运河时代几乎被绕过,铁路系统也难望英国项背。④ 事实上这是1846—1847年法国北部发生严重农业危机的原因之一。最重要的是,法国人继续留在土地上。上文我们看到英法两国工农业

---

① D. Landes, "Family Enterprise".
② O'Brien and C. Keyder, *Economic Growth*, pp.170-171.
③ 不过值得记住的是,即便在同期的英国,大型纺织厂也显示出低于全国平均水平的生产率(O'Brien and C. Keyder, *Economic Growth*, p.157)。不管经济学家怎么说,规模扩大常常更多牵涉势力,而不是效率或规模经济。
④ Dunham, *Industrial Revolution in France, 1815-1848*, pp.14-84.

的生产率比的巨大差异。事情的另一面是,在该世纪中期,当67%的英国劳动力受雇于工业领域时,同样比例的法国劳动力还在务农。① 而且绝大多数人是拥有几公顷土地的自耕农——农业工人人均土地比英国少40%。不但土地匮乏,法国农业使用的畜力也少得多,数量和质量大概都只及英国的一半。② 确实,法国甚至比小农农业的主导地位所暗示的更加乡村化,因为乡村手工业很常见。这些工人一般很穷,但估算他们的工资意义不大,因为他们往往保留着小块土地,或者跟农民保持着密切的亲属关系,那些都可以补贴他们的生活开销。1847年法国的家庭纺织手工业比英国三十年前分布更广泛。

不考虑人口增长比率的巨大差异,人们就不能清楚明了地审视19世纪英法两国的经济。19世纪期间,法国人口逐渐从1800万增加到3800万,而英国人口爆炸性地从1100万增至3600万,尽管出境移民比例更高。这种差别主要归因于英国的高出生率。③ 法国人能够尽可能保存其传统手工业和共同体,关键是因为他们避免了像英国人那么快地生育。当然,或许两者互为因果。无论如何,法国人口就数量、栖所和生活方式而言,相对稳定性都很高。这是法国和英国的一项关键差别,它对理解两国的政治与经济激进主义的不同进程必不可少。

激进主义与工业化

19世纪早期以来,大量文献将工业化的进步与激进政治相联系。1848年法国革命与19世纪三四十年代兴于英国的宪章运动,在支持这种联系的论证里起了大作用。马克思与他的某些同代人一样,常常从法兰西第二共和国汲取政治激进主义和社会主义的实例,从英国提取资本主义工业化的模型。这是误导性的,因为很有理由认为越工业化的国家越不激进。这种混淆未必始于马克思或其他激进派。它至少同

---

① O' Brien and C. Keyder, *Economic Growth*, p. 94;迪恩和科尔(Deane and Cole, *British Economic Growth*, pp. 142-143)使用了更为狭义的工业定义,但展示了类似的比例分布。
② O' Brien and C. Keyder, *Economic Growth*, p. 105, p. 117, p. 127.
③ 要注意的是这与传统的人口转型观背道而驰。现代化的标准在这点上也太过依赖英国经验。19世纪法国的生育率在下降,在欧洲国家当中这跟它的缓慢工业化一样不寻常。

样可能最早出自"秩序人"(men of order)(正如法国正统派自诩的那样),他们认为民众骚乱既源于"失序"又制造"失序"。① 很长一段时间里,英法两国的有产阶级认为"下层阶级"缺乏自控能力,目无法纪,需要道德约束。他们低估了用来制造粮食暴动和政治抗议的组织程度,以为那些是秩序和纪律失效的结果。从这种悠久的观点转向工业化导致道德秩序"崩溃"的观点不过一步之遥,后者认为人民更卑劣的激情释放出来,败坏了体面生活。这种观点在19世纪中叶被派去调查工业中心的穷人生存状况的医生和其他人的报告中历历可见。② 性许可证、盗窃和社会主义表现为社会解组的可等量齐观的后果。

将工业化与激进政治骚乱相联系的这种流行的"秩序崩溃"论被纳入学术思想中,有时被称作大众社会观点。③ 它实质上假定人惯常地、典型地是保守的,只有他们中间维持道德约束的社会心理关系的崩溃,才会引发集体行动。用斯梅尔瑟的话来说,集体行动是基于常态的理性思考过程的"短路",它引入了"类似于神秘信仰的普泛信念"。④ 与其说是工业生活毋宁说是工业化进程的打断,制造了这种非理性的集体行动。斯梅尔瑟由此发现,19世纪初期英国激进主义(包括宪章运动和工厂骚乱)源于早期工厂工人以家庭为基础的道德体系的弱化。⑤ 如果我们认为暴动和政治骚乱伴随工业化进程,我们就会被引导着假定早期工厂工人是中心人物,因为是他们中间的社会组织崩溃了。

---

① 这些观点可能促成七月王朝的官员不情愿制定扶持性的政府工业化政策:"只有当经济现代化的大多数层面的经济效应与其社会、伦理和政治的后果相分离时,它们似乎才合法国官员的意。官员们在经济现代化的诸要素与众多新起的发展状况之间建立起数量不一、程度不等的联系,那些新状况包括农业生活方式的社会和道德益处遭到侵蚀、经济危机、不择手段地逐利、工人阶级的悲惨生活以及工人阶级构成的政治威胁等。"(Sherman,"Governmental Attitudes toward Economic Modernization in France", p. 204) 我的意思不是说这一切都不准确,而是说最后一条不是明显地产生自其余各条。

② 参见 William Sewell, *Work and Revolution in France: The Language of the Labor from the Old Regime to 1848*, pp. 223-232, 其中涉及维勒梅; Brian Inglis, *Poverty and the Industrial Revolution*, 其中涉及英国的对应研究。

③ 这方面的文献很多,我不打算在此评述。相关讨论参见 Charles Tilly, *From Mobilization to Revolution*。

④ Neil Smelser, *Theory of Collective Behavior*, p. 71, p. 78。

⑤ Neil Smelser, *Social Change in the Industrial Revolution* and "Sociological History: The Industrial Revolution and the British Working Class Family"。

同样的核心经验论断——工业化进程中工厂工人应当是抗议的主角——是一种马克思主义分析的结果。然而,马克思给出了不同的因果论证。马克思认为产业工人非但没有崩溃,反而拥有各种相对新生的社会力量,因为他们在城市和大工厂联合起来,更明显地共享着遭受赤裸裸剥削的相同经历,而且身处更为相似的环境中。① 因此,从这一观点来看,以工厂工人为核心的新工人阶级的激进主义将不是短暂现象,而将随资本主义的壮大而壮大,最终走向无产阶级革命。在论及1848年法国革命和法兰西第二共和国的阶级斗争各文中,马克思坚持无产阶级的中心地位,坚持它的任务的新颖性。他在《路易·波拿巴的雾月十八日》的著名起首段中,拒绝无产阶级赖以发动斗争的"久受崇敬的服装和借来的语言"。正如他两年前写道:"只有当现代革命阶级即工业无产阶级作为一种主导力量崭露头角时,革命才能取得特有的、独创的名义,也只有在此时,革命才算名副其实。"②马克思不加掩饰地轻蔑传统法国农民,"法国人民群众",他因路易·拿破仑的胜利和革命的失败谴责他们。③ 然而,近期研究的大量证据首先表明城市工匠对于法兰西第二共和国持续存在的社会主义斗争的中心作用,其次更一般地表明农民和农村手工业者在1851年起义和保卫共和国中的重要性,最后表明工厂工人对整桩事件的相对不重要。④ 此外,无论是在法国、英国或其他任何地方,以工厂为根据地的无产阶级的成长都没有为革命动员提供足够的社会基础。

我们必须明白,反资本主义革命不是基于资本主义所形成的新阶级,而是基于资本主义所威胁到的传统共同体和手工行业。深嵌入一种社会秩序的根基若是受到工业资本主义的挑战,它会让政治、经济上的反资本主义变得激进,并为共同斗争提供社会力量。当然,这些极端保守的激进分子也不总是他们为之奋战的革命的受益者,那些革命的成功依赖于其他各种因素,从国家权力的虚弱到精于管理革命后国家

---

① 我在第三章简要评述过马克思的观点。
② Marx, *Class Struggle in France*, p.74;着重号系原文所加。
③ Marx, *Eighteenth Brumaire of Louis Bonaparte*, pp.238-239.
④ 尤请参见 Price, *French Second Republic*; J. M. Merriman, *The Agony of the Republic: The Repression of the Left in Revolutionary France, 1848-1851*; T. Margadant, *French Peasants in Revolt: The Insurrection of 1851*;以及 Swell, *Work and Revolution in France*。

的组织的存在。尽管如此,这些群体对形形色色的斗争从过去到现在一直很关键,包括1848—1851年的法兰西斗争。将他们描述成工人阶级的成员,就把"工人阶级"这个术语延伸得太远,看不出与马克思主义理论有什么关联了。

蒂利在讨论19世纪中叶法国抗议的"现代化"时对此有所察知,虽然牢记横向和纵向比较的差异很重要。① 他部分吸收了马克思的观点,有效回击了崩溃论,展现了政治风潮必备的广泛的资源组织和动员。② 他也强调压制的重要性,指出不满情绪到处蔓延;行动的手段和机会恰恰是稀缺的。

顺着蒂利的路子,梅里曼从而发现了第二共和国期间的激进化。1848年的二月革命消除了国家镇压的很大威胁。因此农民、乡村手工业者和其他人得以追求长期的集体目标——比如农民对于重获林业权的渴望。但是在第二共和国期间,更多的明确政治诉求开始表达出来,混杂着传统的怨愤。先前只关心切身经济问题的农民开始担忧他们充其量只是冷淡欢迎的共和国的未来。早期的动员是传统取向的,建立在地方共同体的非正式纽带上,也是由农业危机直接引发的,然而后期显示出更正式的组织、更复杂的意识形态和对身边环境的更大独立性。但是后期的动员面临着日益加强的国家镇压,这限制了它们的效力并最终在第二帝国期间迫使不满转入地下。③

蒂利将这一局面定位在集体行动模式从防守到进攻、从"被动反应"到"主动行动"的转变中。④ 这种转变的特点在于,正式组织尤其是各自代表特殊利益的不同组织间的联盟愈加重要,相应地共同体集团退出政治。蒂利表明,反应性斗争在19世纪早期的法国大量发生,那时国家想要扩大和提升它的集权控制。当国家成功维护了它的控制权、全国市场建立起来之后,主动性斗争代替了反应性斗争;在国家权

---

① Charles Tilly, "How Protest Modernized in France, 1845-1855".
② 尤其参见 Tilly, *From Mobilization to Revolution*。
③ 福斯滕泽(T. R. Forstenzer, *French Provincial Police and the Fall of the Second Republic: Social Fear and Counterrevolution*)批评了蒂利和梅里曼的某些镇压观点。
④ Charles Tilly, Louise Tilly, and Richard Tilly, *The Rebellious Century: 1830-1930*, pp. 46-55. 蒂利也注意到集体行动的一种更早的竞争性形式,它政治性更弱,对他的或我们的讨论都更次要。共同体间的世仇和敌对便是例证。

力划定的竞技场内,主动性斗争运用更复杂地制定出来的策略,为自觉选择的利益而战。

这一取径比别的任何取径都更接近于理解所发生的事情,尽管我认为它太过重视长期发展,以致蒂利没有充分领会他提到过的间断性的含意,以及"极端保守的激进分子"的集体行动的重要性。蒂利的焦点原本是在国家形成和"平民"的集体行动(尤其是暴力行为)之间的关系上。因此他常常低估资本主义发展的重要性,以及那种关系是由主动性集体行动造成的程度。他的反应性例子包括"抗税、粮食暴动、暴力反抗征兵、捣毁机器和入侵圈封的土地"①。不过无疑地,促进这些动员的精英行动也时常符合他的主动性标准:"他们之所以是'主动的'而非'反应的',是因为至少有一个群体在对以前没有享受到的权利、特权或资源提出要求。"②这种转变主要在于平民变得主动的那种能力,它令人回想起霍布斯鲍姆的有益见解——我们不该低估人们借以在探索他们生活的最微眇琐事中行动的那些正式组织的重要性:

> 正如传统的历史编纂学所示,直到最近两个世纪前,"穷人"可能老被"地位更高的人"忽视从而在他们眼里简直恍若无物,这正是因为穷人的行动对于事件的影响是偶然的、涣散的和暂时的。③

富人变得主动的那种能力要久远得多。

反应性集体行动的某些局限是显而易见的。但是我们需要追问,主动性集体行动是不是也有某些重要限制。我要指出两点。首先是一种愿景限制。蒂利描述的那些类型的主动运动,有正式组织,有文化素养,还有合理规划,它们常常是在发达工业社会中逐渐形成的,它们的替代方案的愿景因而襟怀褊隘。马克思(和此后的许许多多自命的激进分子和渐进分子),带着典型的理性主义,将平民的诸般传统当作纯属它们未来解放的障碍加以摒弃了。④然而,情况很可能是,只有那些

---

① Charles Tilly, Louise Tilly, and Richard Tilly, *The Rebellious Century: 1830-1930*, p.50.
② 同上书,第51页。
③ Eric Hobsbawm, "Should the Poor Organize?"
④ 关于马克思和与之相关的激进主义的这一方面,参见 Christopher Lash, "Democracy and the 'Crisis of Confidence'";亦见本书第二、三章。

第七章 工业化与社会激进主义:英法工人运动与19世纪中叶的危机

拥有很强的历史感,对一个更人道、更民主、更有社会责任的社会大概是什么样子抱有当下的鲜活观念的人,才有可能设想出一种未来,它迥异于资本主义和"实际存在的社会主义"已经在造就的那种未来。

在 19 世纪最初十年的英国,40 年代的法国,面对着工业化的手工业工人和农民就有这种意识。之所以有此意识,不是因为他们读过更多历史书,而是因为他们在其行会和地方共同体内部过着另一种不同于工业资本主义的生活——记得这点对更一般的分析很重要。如果说他们是"传统的",那是由于他们日常生活里多方面的即时信息交换,不只因为历史回忆。共同体生活和家庭生活仍然可以时时为工业社会的公共生活提供另类愿景。那种愿景受到威胁时,可能构成对大社会发展趋势的激进挑战的一部分。那么,照斯梅尔瑟的观点说来,不是工厂工人家庭的破坏,而是手织机织工的家庭和共同体面临的这种破坏的危险,造成了早期工业化的兰开夏的激进动员。①

对主动型群体的集体行动的第二个限制是组织限制。传统共同体将人们紧紧编织在一起,为其成员提供现成的组织。这不仅意味着这些共同体的成员不必为创立追求自身利益的专门组织付出高昂的初始成本,也意味着他们更容易知道谁可信谁不可信。这有助于反应性动员——比如第二共和国的那些动员——在镇压中幸存下来。蒂利认识到了这点:

> 共同体群体一旦投身一场冲突,很少动员大量人员,很少有领导者有权谈判迅速妥协的协定,也很少能够敏捷高效地采取行动;但正如人们经常认为的那样,同样真实的是共同体群体有一种在逆境中不屈不挠的超凡能力。另一方面,联合会团体常常陷入暴力行动,那是并非内在暴力性的短暂而协同的大众行动的副产品。②

以联合会团体为基础的主动性斗争,行动可能缜密、灵活得多;但是照蒂利说来,它们的行动往往"规模大而历时短"。出于相关的原因,

---

① Smelser, *Social Change in the Industrial Revolution*. 参见 Calhoun, *The Question of Class Struggle: Social Foundations of Popular Radicalism in Industrial England*,第七章。
② Tilly et al., *Rebellious Century*, p.53.

比如它们在正式组织上的投入和对行动的诸多可能路径的意识,这类团体的成员——我已提示过——常常不太可能采取十分激进的行动。①这是现代工人阶级的典型改良主义的一个主因。

如果共同体群体是在为生存而战,就像英国的手织机工人与许多法国农民和一些手工业者那样,那么他们不太可能想要"谈判迅速妥协的协定"。英法掌权者都同样的顽固,极少让步,但很难看出来他们可以做点什么来根本改变竞争的条件,而不是放弃他们的掌权地位。法国资产阶级的确不得不牺牲它的共和国,确保对于"民主主义和社会主义的"备选方案的镇压。长期而言,法国的手工业者和农民比英国的手织机工人达成了远为优惠的协议,但是,短期来看,两大群体都看到了一种抉择:要么毁灭和赤贫,要么斗争。这个选择好做。

英国:从激进政治到经济改革

也许谁也不如汤普森那么透彻地懂得社团性、主动性政治的兴起所具有的政治意涵。他在一篇精彩的文章中强调了 1832 年作为英国平民斗争史的一个分水岭的重要性。② 首先,1832 年的工人不是面对一个相对模糊的精英阶级,而是一个具体的掠夺性集团(特别是一直从谷物高价中获利最丰的地主),它控制着国家机器,从而使"政府公共机构像是'统治阶级'的直接、强势而且无中介的机关"。③ 然而民众斗争的力量威胁到资产阶级和土地的利益。资产阶级没有让革命指向"旧式腐败"(Old Corruption),因为它害怕事实上的确发生于法兰西第二共和国的那种激进化——我相信它与汤普森提出的一致。结果,上层阶级内部的斗争以支持自由放任主义和现代议会改革而获解决。因为英国的地主也是资本家,这很难说是某种古老贵族制的胜利。相反,"1832 年不是换了一场游戏,而是换了游戏规则,在大为改观的阶级背景中恢复了 1688 年的灵活性。它提供了一个框架,在那里面,新旧资

---

① 参见本书第三章。
② E. P. Thompson, "The Peculiarities of the English".
③ 同上书,第 258 页。

产阶级无须诉诸武力就能调节他们的利益冲突"。① 正因为这种解决方案的达成,平民叛乱失去了达到高潮的契机,斗争的性质变了,或许永远变了。② 汤普森指出,宪章运动并未在1848年被击败,而是就在那之前从内部撕裂了。③ 汤普森在他的著作中从头到尾强调了"共有习惯"作为激进愿景和团结的源头的重要性;他还论证了捍卫"道义经济"的那些斗争的激进潜力。④ 他也认识到,"一旦某个高潮契机稍纵而逝,某种革命运动的机会就不可挽回地消逝了——与其说是因为'势穷力竭',不如说是因为来自稳当的组织基础的更受限制的改良主义压力带来了明显的收益。"⑤英国的这种革命运动契机到19世纪30年代早期就已逝去了。

始于19世纪20年代的工业机械化和工厂建设进程引起工人队伍的根本分裂,即便未必是不可克服的分裂。正如我们上文所见,在随后四十年里,资本主义工业席卷了英国。整个维多利亚时代,从传统手工艺人种群到现代产业工人(包括职员)种群的逐渐转型削弱了英国民众激进主义的组织基础。它也给这上升的"现代"群体一个机会,让它沾沾自喜地比较它的境遇和它正在取代的人群的境遇。工厂工人阶级甫一问世便被蒙上了不羁、无德和不守纪律的污名。它使自身趋于成熟的很多努力是要证明,在它自己眼中,也在它那所谓优越者的眼中,它是可敬的。

19世纪30年代期间,对"可敬"地位的这种长期追求已经起步。周日学校——宗教的和世俗的——教授读写能力和礼仪规范。⑥ 禁酒运动发动起来,要恢复道德约束,将劳动者从酒精和自身的恶魔中解救

---

① E. P. Thompson, "The Peculiarities of the English", p. 260.
② 与汤普森 *The Making of the English Working Class* 中的观点相反,我在 *Question of Class Struggle* 中认为这些人并非"工人阶级"。
③ Thompson, "The Peculiarities of the English", p. 280.
④ 尤请参见 Thompson, *Making of the English Working Class*, "Moral Economy of the English Crowd in the Eighteenth Century" and *Customs in Common*(中译本见爱德华·汤普森:《共有的习惯》,沈汉、王加丰译,上海人民出版社2002年版。——译者注)。亦见 Calhoun, "E. P. Thompson and the Discipline of Historical Context"。
⑤ Thompson, "The Peculiarities of the English", p. 281.
⑥ Thomas Walter Laqueur, *Religion and Respectability: Sunday Schools and Working Class Culture, 1780-1850*.

出来;这不尽是从外部强加的一场运动,而是在工人中有着相当强烈的共鸣。① 这种追求尊重与政治斗争重叠了。工人允许他们的组织参与政治辩论(更不要说行动)的程度有所不同。中产阶级改革者——比如作为实用知识传播会后盾的那些人——的介入,有助于提出一种反暴动的尊重定义。② 也有一些传统强调劳动的固有尊严和地位,那些传统也许在手工业者中间传播更广。③

欧洲式社会主义者透露了几分这一分裂因素。对很多成员来说,该运动主要被从消费上看待,不过是提供更廉价商品的一种经济工具;这些人即是著名的"掌柜社会主义者"。在另一些人看来,欧文主义意味着生产者合作社;这只是偶或见功,合作社往往首先吸引了四面楚歌的工匠。④ 还有一种人,对他们而言欧文主义是一场政治经济运动,在那里面,托马斯·霍吉斯金之类的人物率先基于劳动价值论阐述了阶级剥削理论。⑤ 这样的理论最直接地运用于"新工人阶级",因为它主要是依据劳动力的直接出卖而不是大多数手工业者所特有的商品和服务的售卖而构想的。

简言之,这些意识形态的拉力与受工业化威胁的工人和依赖现代工业为生的工人之间的深刻差异交叠了。如果说 19 世纪头 20 年被极端保守的激进分子对无产阶级化的抵抗所主导,第二个 20 或 50 年——一直到 1839 年的宪章派代表大会,也许直到 1842 年的暴动或罢工——是摇摆不定的岁月。工厂工人、特权工匠和落魄手工业者中间形成某种团结;正是这一团结孕育了宪章运动。但是宪章运动被这些群体间的差异撕裂了——力量的差异,利益的差异。运动在早年是

---

① B. Harrison, *Drink and the Victorians: The Temperance Question in England, 1815-1872*.
② Harold Perkin, *The Origins of Modern English Society, 1790-1880*, 第七、八章;Trygve R. Tholfsen, *Working-Class Radicalism in Mid-Victorian England*, 第七章;J. F. C. Harrison, *Learning and Living*.
③ 例如参见 William Cobbett's *Political Register* 或者 *Working Man's Guardian*。
④ J. F. C. Harrison, *Quest for the New Moral World: Robert Owen and the Owenites in Britain and America*; Sidney Pollard and John Salt, eds., *Robert Owen: Prophet of the Poor: Essays in Honour of the Two Hundredth Anniversary of His Birth*.
⑤ Thomas Hodgskin, *Labour Defended against the Claims of Capital*.

最强大的,因为极端保守的激进分子仍然人多势众,颇为乐观。① 后来的岁月见证了该运动为争斗所分裂,那些争斗涉及要不要运用暴力相威胁,该多严肃地对待费格斯·奥康纳和布朗特雷·奥布赖恩。② 于是19世纪四五十年代宪章运动走向瓦解,纵然当时有欧内斯特·琼斯(参见《寄语人民》)这样的人在提炼它的理论基础,而马克思和恩格斯在设法推动一场宪章派革命。③ 到19世纪60年代,工厂纺织业已是老产业了;棉花歉收造成很多苦难和一些反抗,但是鲜有政治行动主义。当民众政治在英国重新叱咤风云时,它大概算是劳工政治,带着占主导地位的工人阶级的典型的改良主义。而且,这不像汤普森的对手佩里·安德森和汤姆·奈仁可能认为的那样,是资本主义渗透或主宰政府未遂的结果,而是资本主义转型完成的结果。④ 在较大程度上,工人们不再拥有前工业社会组织中的"激进根源"。

从19世纪20年代起,英国的工会开始壮大。它们的进步时断时续,不均衡地利用了极端保守的激进分子(多数出自旧行业的行业工

---

① 参见 Dorothy Thompson, ed., *The Early Chartists*;这几年是威廉·洛维特如日中天的岁月。

② 参见 R. G. Gammage, *History of the Chartist Movement*; R. W. Slosson, *The Decline of the Chartist Movement*,第三、五章;F. F. Rosenblatt, *The Chartist Movement in Its Social and Economic Aspects*,第七章;以及 J. T. Ward, *Chartism*,第五至八章。

③ 参见 *Notes to the People*,这是琼斯编辑并为它撰稿很多的杂志。

④ 这些视角之间的争论贯穿20世纪60年代始终,尤其发表在《新左评论》上。汤普森是该刊的创刊主编(此处可能有误,1960年《新左评论》创立时第一任主编是斯图尔特·霍尔。——译者注),但是大约两年后在有点像政变的更迭中被年轻得多的安德森取代。他们一致认为,资本主义正遭遇令它一蹶不振的矛盾,因此彻底变革多少是指日可待。汤普森起初试图将向社会主义过渡的新策略定位在进化论社会主义的二律背反之间:它愿意坐待资本主义自身发展基础上的渐进且大体形成共识的过渡,又试图掌握国家政权,自上强加革命;参见《革命》和《二次革命!》两篇文章。汤普森的观点集中于文化尤其是工人阶级的能动性上。安德森反驳称,先前的英国马克思主义(包括汤普森在内)缺少对社会自身结构的一种理解。他的结构取向既直接受到葛兰西的影响,又受到经阿尔都塞和法国结构主义马克思主义过滤(改造)过的葛兰西的影响。一个核心主题是左派需要一种少点国家主义色彩的策略,多注意结构转型,但出于同样的原因,也要少点对工人能动性的唯意志主义依赖,多聚焦于抽象分析和正确的意识形态。公民社会本身必须转变,工人阶级要随之而变。必须跨越工人阶级和中产阶级的鸿沟。这是个意识形态问题,不单是工人阶级能动性的问题。参见"The Left in the Fifties","The Origins of the Present Crisis",以及他后来的著作,*Argument in English Marxism*。在《不列颠的崩解》(*Break-Up of Britain*)中,奈仁将这种分析扩展为一种论证:为何英国在缺少有效的社会主义策略的情况下,有可能走向新民族主义而不是社会主义?

会,比如建筑工人①;少量出自新派的工厂工人,比如纺纱工②)留下的文化遗产。但是,这些工会的一个区别性特征是它们与宪章运动保持距离。③ 首先,像多尔蒂领导的纺纱工那种群体属于得势精英的一部分,他们关心的是保持其工业生产中的特权地位。更一般地说,工联主义仅仅向"现代"产业中的工人提供一种相对低风险、可控而有效的行动战线。他们无须求助于手织工所采取的那种激进政治,因为他们既非走投无路,也不想阻止经济变迁的整体模式。由于他们控制了较为一体化的生产过程的重要环节,他们可以行之有效地罢工,即便他们不串通其他工人同志。因此他们常常坚持自我;在这些工会中他们也许是极端的,但不是完全反常的。19世纪50年代的"新模范工会"(new model unions)遵循了类似的路径。不管怎样,工厂工人倾向于追求局部利益,比如工厂改革。④ 资本主义工业和精英政治可能更容易给予他们些许让步;因而这种目标根本上说不是激进的,尽管也要苦斗才行。

纺织工业领域内的工厂工作人口的增长规模表明,极端保守的激进分子正输掉那里的战斗。19世纪20年代仍然有些暴动,也有某种秘密的组织,以回应这个十年中期纺织厂数量50%的增长和这整整十年间动力织机数量的两倍增长。⑤ 30年代早期,在另一波工厂建设期间,棉纺织业中手织工人和工厂工人的数量持平了。⑥ 前者对于宪章运动更为重要,极为活跃,在领导层中极占优势。他们的数量在1831年后急速下滑。这是汤普森将1832年动员视为这样的分水岭的原因之一。随着手工业工人逐渐消失,棉纺织工人——这个国家最庞大的工业劳动力——将遵照有别于其他行业的一套单独关怀而行动。1832—1834年一波未平一波又起的各种叛乱标志着留给旧式民众激进主义的最后一次大爆发。

工人们还击了1832年《改革法案》,他们曾以为那会带来公共事务

---

① 参见 R. W. Postgate, *The Builder's History*。
② 参见 R. G. Kirby and A. E. Musson, *The Voice of the People: John Doherty, 1789-1854*。
③ A. O. Read, "Chartism in Manchester"; H. A. Turner, *Trade Union Growth, Structure and Policy*; and A. E. Musson, "Class Struggle and the Labour Aristocracy, 1830-1860", p.342.
④ Ward, *Chartism*.
⑤ Gayer, Rostow, and Schwartz, *Growth and Fluctuation of the British Economy*, p.198.
⑥ Mitchell and Deane, *Abstract of British Historical Statistics*, p.187.

的实质民主化,结果却仅仅有利于中产阶级。他们还击了压迫性的、卑鄙的1834年《新济贫法》,它试图迫使穷人接受处在资本主义阶梯最底层的一种更守规矩的生活。① 他们还击了《谷物法》所维持的人为的食品高价。在挽救传统工艺和共同体的最后一次重要尝试中,他们还击了机械化工业的发展与全国市场统一。

在这一切反攻过程中,激进的手工业工人孕育了宪章运动,然而他们是一种日渐消亡的物类,看不到它开花结果。1842年插座暴动是最后一次将政治与反工业风潮相结合的英国骚乱(且不论规模大小)。它们是包括未遂的宪章派总罢工和某些特定工会的行动在内的怒潮的一部分。② 但是这些事件的重要性既出于它们在宪章运动和工人运动中展现的斗争,也同样出于它们的热情。宪章运动好不容易蹒跚地走过了接下来的几年。1846—1848年危机期间,该运动似乎暂时焕发了新的生机,但这只是一种假象;虽然有数百万人愿签请愿书,却没几个有兴趣冒大风险投身起义动员。奥布莱恩表现出勇敢的样子,但没有后续运动。

如果此说无误,那么马克思主义分析的一条主线就打错了目标,它试图以"工人贵族"的发展来解释19世纪中叶的平静。19世纪50年代的新模范工会成员"通过将工人贵族的生活特征和方式与普通工人进行对比",可能的确培养出一种内部团结观念。③ 也可能真确的是,工业内的工人组织新形式导致管理层延揽一些工人作为技术或准管理精英,用来控制其他人的行动。④ 甚至可能是帝国主义的"超额利润"赋予英国资产阶级更大能力将收入最高的工人跟其余的人分离开来⑤,因而"重新稳定"了英国社会。⑥

---

① Nicholas Edsall, *The Anti-Poor Law Movement*.

② F. C. Mather, "The General Strike of 1842: A Study in Leadership, Organization and the Threat of Revolution During the Plug Plot Disturbances"; and A. G. Rose, "The Plug Plot Riots of 1842 in Lancashire and Cheshire".

③ F. Hearn, *Domination, Legitimation and Resistance: The Incorporation of the Nineteenth-Century English Working Class*, p. 177.

④ J. Foster, *Class Struggle in the Industrial Revolution*, pp. 224-238.

⑤ V. I. Lenin, *Imperialism, the Highest Stage of Capitalism*; and E. J. Hobsbawm, "The Labor Aristocracy in Nineteenth Century Britain".

⑥ Foster, *Class Struggle*, p. 204.

必定依然存疑的是,这其中任何一点是不是压制某种先前存在的工人阶级激进主义所必需的。我认为恰恰相反,没有这种有待阻止的阶级斗争运动。新工人阶级背离的激进过去不是它的过去。毋宁说断裂存在于新工人阶级和受到资本主义工业化挑战的旧行业成员之间。这种断裂早于19世纪中期,可以追溯到20年代和30年代初。1832年激进运动的特殊力量很大程度上与反抗政府的压迫政治有关。正如汤普森指出的,当那个特殊时刻过去之后,英国民众斗争的性质就改变了。①

福斯特将他那种版本的工人贵族论总结如下:

> 真正扭转这场争论的是1846—1847年运动主动权的相当惊人的丢失。有史以来第一次,它在空前的工业萧条期间未能集结群众支持。更糟的是,它自身的领导权开始瓦解。诸多之前忠诚的工人阶级领导人现在转而与某些部分的资产阶级联合。正是这一点真正让运动陷入混乱,士气大挫;之所以如此,恰是因为它源于支持现存秩序的论证中的一种新似真性,而不是源于公然镇压。②

值得注意的是,这空前的工业萧条从全国来看是相对温和的一次。它在纺织业领域尤其深重,因为大批量生产的服装市场(包括欧陆市场)收缩了。作为最早的技术发达、资本密集的产业,棉纺织业与经济的其余部分失衡了,但是从19世纪40年代末起这一点在变化。③ 资本密集产业在纺织业外渐渐发展,也许最重要地从冶金业开始。这不仅将纺织业更好地整合到国民经济中,而且增加了相信在"支持现存秩序"——也就是新兴秩序——的论证中可能有"一种新似真性"的人数。

加雷思·斯特德曼·琼斯注意到,"工人贵族"这个词"常常像提供了一种什么解释似的被人使用。但是或许更确切地说,它指向了一处需要解释的空白区域"④。我认为淆乱之处甚至更为基本。分析家们

---

① Thompson,"Peculiarities of the English".
② Foster, *Class Struggle*, p.206.
③ 但是注意——就我们前面的讨论而言——福斯特错误地把它或这一账目与英国农业相比较(Foster, *Class Struggle*, p.21)。
④ Jones,"Rethinking Chartism", p.61.

一直期待在维多利亚时代的某种新现象中找到对那时的平静的解释。①实际上,这种解释要远溯到极端保守的激进主义的终结里。简言之,没有任何理由预期英国19世纪下半叶会涌现激进主义和政治骚乱,因为资本主义已经稳固了。分析家们沿着马克思的路径,简单假定了解释阶级斗争渐涨趋势突然终止的必要性。但是,如果早期的斗争并非建立在新兴的工人阶级基础上,而是基于传统共同体,那么我们应该意识到,"工人贵族"一词的频繁使用——无论是否如图绘般精确——指出了一片地带,在此我们误认为发现了某种解释的必要性。

随着英国工业资本主义的巩固,工人改良主义的巩固也出现了。稳定的正式组织可能被建立起来,开展长期的增收运动(递增的但定然不是微不足道的收益)。从事这些斗争并且承认现代工人阶级成员的共性,这很可能被称为阶级意识。可是我们始终需要记得,这是对工联主义和政治改良主义的有效性的意识,不是对激进的、变革的斗争或革命的需要。

为何19世纪中期"落后的"法国是激进革命斗争的舞台,而"先进的"英国却相对平静?现在我们才走在理解这一问题的康庄大道上。

法国: 为社会共和国而斗争,1848—1851

掀翻了七月王朝的经济危机始于马铃薯晚疫病和收成不好;这一时期的政治和经济深深扎根于传统社会中。农业危机带来工业危机,进而带来财政危机。民不聊生。起初农村地区受害最重,但是后来北部的新纺织工业损失更大,因为恰好在食品价格飞涨之时市场收缩削减了工人的收入。当收成好转后,纺织工人依旧失业。仅在这个时点上故事开始推陈出新了。危机深化成全面萧条,因为巴黎资产阶级与激进工匠和其他少许人同心协力,推翻了路易·菲利普政府。二月革命变得易如反掌,就如吹倒纸牌搭成的屋子;股票交易所依然惊慌失措,资本的短缺使工业危机雪上加霜。这种持续的萧条和政府早期的

---

① 参见 Musson,"Class Struggle and the Labour Aristocracy"。

税收政策共同推开了潜在的民众支持。① 革命呈现为不同派别的有产者之间的斗争——他们最终可能因害怕对财产特权的攻击而联合起来。

革命的意识形态是共和主义的;它专注于政治自由,容许它的追随者暂时掩饰其经济差异。② 虽然巴黎的工匠是一股关键的革命力量,但是资产阶级依然牢牢控制着临时政府。路易·勃朗只是略有影响,其他激进分子通常影响更小。在彻底资产阶级的共和主义者眼里,赖德律-洛兰是个危险的社会主义者。尽管如此,失业工人还坚守着巴黎的路障,仍然是一种威胁性存在。政府拿普选权和增加就业计划来回馈他们。

早春的团结感和手足情没有维持多久。乡村出现了对君主政府曾占据那里的权力真空的一种即刻反应。农民抢占了被贵族的财产权主张和经济生产率的新思想从他们那里夺走的森林,攻击收税员和最坏的贵族,起初对共和主义意识形态有点漠不关心。③ 外省城镇的工人(主要是工匠)公开赞扬共和国,很多情况下掌控了地方政府。他们利用机会反对雇主,增进他们的利益——通常就是捍卫传统工作条件。④

在外省和巴黎,对农民和工人来说,革命主要提供的是追求某些传统目标的一个新机会。农民当然寻求土地和免税的自由。工人们寻求对其劳动的尊重和自立门户、过体面生活的机会。正是在这些起于传统并由全共同体发动的斗争中,一如在共和主义和社会主义的抽象修辞中那样,革命变得激进了。事实上彼得·阿曼指出,社会革命是在大多数激进的巴黎俱乐部的"纯政治"关怀之外、部分是弃之不顾地成长起来的。⑤

到 1848 年 6 月,工人和资产阶级之间的团结假象破灭了。甚至大体属于中产阶级的政治社团也发现自己和政府疏远了。⑥ 巴黎发生一起叛乱,有一两个外省响应;它被粉碎了。新内阁组建起来,政府加速

---

① Price, *French Second Republic*, p. 123.
② 参见 Maurice Agulhon, *Marianne into Battle*, pp. 62-99。
③ Maurice Agulhon, *La républic au village*.
④ Merriman, *Agony of the Republic*, pp. 3-25.
⑤ P. Amann, *Revolution and Mass Democracy: The Paris Club Movement in 1848*, p. 164.
⑥ Amann, *Revolution and Mass Democracy*.

了与先前的二月盟友的分离;镇压如箭在弦。当路易·拿破仑在这一年12月10日当选总统时,镇压之力积聚起来。左派只在1849年春才开始获得全国性力量。在保守派和温和派于1848年4月的选举中轻易占得优势的地方,1849年5月红色共和党人、资产阶级社会主义者和不在少数的激进工匠被选为众议员。那些起初由于政府税收项目而敌视共和国的农民是左派集中宣传的对象。它奏效了。在1849—1850年的镇压期间,法国很多地方的农民越来越激进,政府不得不采取极端措施对付他们。波拿巴政权更关心让城镇掌握在意识形态可靠之人手中,为此它必须赢得很多斗争。不管怎样,凭借东征西讨,政府为1851年12月2日路易·拿破仑的政变铺好了路。政变之后是一场叛乱,但是只有大约17个省能够保存足够的力量发动一场真正的激进动员。①

在这节的余下部分,我打算检视保存民主共和国并使之负起社会责任的那场民众斗争的社会和文化资源。这方面要指出的第一点是,在斗争的任何阶段,马克思《资本论》里定义的那种无产阶级都不突出。在巴黎,工匠和小作坊的雇员形成民众激进主义的支柱——很大程度上也是民众保守主义的支柱。② 在其他地方,乡村手工业者、农民和城市工匠是产生了"民主主义—社会主义者"(democ-socs)的群体,它们有时由其自身成员领导,有时由资产阶级社会主义者尤其是专业人员领导。③ 梅里曼表明利摩日和诺尔的产业工人中间支持力度小,那里镇压相当彻底,激进主义只有(1)在外来领导下;(2)通过主要致力于狭隘的经济目标的工人社团,才会昌旺。④ 当马克思在他对第二共和国的分析中谈到工人阶级时,他将很多类型的工人杂并在一起了。⑤

这幅多样化的图景很重要,因为第二共和国的激进工人同时为各种特殊目标和民主社会主义的共同愿景而斗争。例如,建筑工人争取继续废止 *marchandage*(转包,带有剥削劳动力、有时骗取工人工资的后

---

① Margadant, *French Peasants in Revolt*.

② Price, *French Second Republic*, pp. 95-154; and M. Traugott, "The Mobile Guard in the French Revolution of *1848*" and "Determinants of Political Organization".

③ 马格丹特(*French Peasants in Revolt*)详细说明了这点,但也可参见 P. McPhee, "On Rural Politics in Nineteenth Century France: The Example of Rodes, *1789-1851*"。

④ Merriman, *Agony of the Republic*, pp. 138-163.

⑤ Marx, *Class Struggles in France* and *The Eighteenth Brumaire*.

果),这是他们从早期临时政府那里获得的权益。他们的斗争是老式的,直到第二共和国期间,都主要是通过更老式的法团,尤其是五彩缤纷的手工业行会一决雌雄。他们是这类斗争的一个特别显著的例子,但与其他许多技术行业并无根本差别。

休厄尔记述了19世纪早期劳动光荣和社会主义的意识形态的兴起。① 他特别强调劳动语言的连续性,那种语言和旧制度的社团传统一道激起了1848年的民主主义—社会主义党。多年来工匠们遭受着与日俱增的压力,那既源于和同行的过度竞争,也源于更资本主义化的组织的引入。出师学徒要晋升到师傅的地位,工匠要寻找稳定的工作,都变得很艰难。激进工匠利用了很久以来一直在发展的一种观念,即劳动是一切财富的源泉,要求共和国承认劳动权和劳动自主权。② 前者要求临时政府保障人人有工作。后者认为工作要在"为捍卫权利和共同利益"而团结众人的联合原则下组织起来。③ 休厄尔说:

> 正是通过发展联合思想,即个体自愿集合成某种构成性"社团",工人们最终让他们的法团组织和集体管理计划与革命传统相协调。④

七月王朝期间这种思想一直在发展,并表现为各种较小型的抗议。到1848年,它使工人的意识形态"明显具有社会主义特征"。⑤

如果巴黎和别处许多工人到1848年发展出一种比较广泛的社会主义的共性意识,那它不是对立于他们的行业认同和关切,而是借助于它们。劳动不是未分化的类型,而是形成无穷的特殊种类;工人常是以特定技能从事特定任务的工人。因此"从二月革命一开始,行业共同体就充当了革命政治的行动单位"⑥。这种特殊主义带来一种毛病,每个法团都渴望拥有自己的议会代表(工团主义的阴魂),这意味着几乎谁

---

① Sewell, *Work and Revolution in France*.
② Ibid., p.250.
③ R. T. Bezucha, *The Lyon Uprising of 1834: Social and Political Conflict in a Nineteenth Century City*, p.105.
④ Sewell, *Work and Revolution in France*, pp.201-202.
⑤ 同上书,第251页;也可参见 W. H. Sewell, Jr. "La confraternité des proletaries: Conscience de classe sous la monarchie de juillet"。
⑥ Sewell, *Work and Revolution in France*, p.252.

也不能成功当选,因为每个行业都太小了。① 但是行业共同体的确提供了重要的中介联系,使得工人的民主社会共和国的愿景可能比雅各宾派"统一的、不可分割的共和国"这种激进个人主义/极权主义更加切实可行。雅各宾派对卢梭的普遍意志的挪用是政治的不稳固基础;1848年的联邦主义观念要稳定些。它也是传统共同体和行业生活得更直接产物,因而在外省拥有更强大的基础。

法团的劳动自主权要求部分是提倡行业共同体内部的自我管理。乡村的地方自主性要求同样强烈。皮埃尔·茹瓦尼奥是山岳派运动的一位重要宣传者、金丘省(Cote d'Or)的议员,他提供了强调"村落单元的自然组织是惠及其全体成员的'社团'"的平民主义启示。② 巴黎被法团和政治俱乐部组织起来。③ 地方的酒馆和咖啡馆及其老传统和忠实成员,与互助会社、生产合作社及消费合作社一道,成为地方性组织的关键媒介。亲属关系也是政治联盟的基础。④ 地方狂欢节传统被用于激进的象征性目的;歌唱、寓意画和街头剧对于民主社会共和国的启示的长存与散播都极为重要。⑤

更明确的消息也经由传统关系而传播。这很重要,因为它独力让山岳派运动在面临镇压时延续下去;共同体将其成员紧密联系在一起,使得不可能有人愿意背叛其他成员。在阿尔比,六个蒙面人为共和国举行葬礼,在盛典中叫喊着"不要顽抗"。28 位证人拒绝透露他们的身份。⑥ 结果,这次镇压未能彻底打破激进组织在共同体层面的联系,尤其是农村很多手工业者和无产者当中的联系。⑦

山岳派运动宣传者在乡村寻找或造就民主社会共和国的支持者的那种能力有赖于"他们提供经济激励,不是提供给单独的个人,而是给

---

① Amann, *Revolution and Mass Democracy*, pp. 117-118; and Sewell, *Work and Revolution in France*, p. 261.
② Merriman, *Agony of the Republic*, p. 42.
③ Amann, *Revolution and Mass Democracy*.
④ Agulhon, *La république au village*, pp. 230-245; Merriman, *Agony of the Republic*, pp. 57-59; and McPhee, "On Rural Politics".
⑤ Agulhon, *La république au village*, pp. 407-417.
⑥ Merriman, *Agony of the Republic*, p. 87.
⑦ 同上书,第 191 页。

那些已经共享了一种集体团结意识的人群"①。正是激进分子通过既存关系展开工作的能力,起先为他们带来胜利,之后容许他们坚持反抗镇压,最终跟在政变之后发动了起义。② 激进社会组织的边界线如此紧密地遵循共同体成员身份,以致"在一些年轻人眼里,山岳派社团是他们为社会目标而参加的兄弟会;不入会就等于宣布自己是反社会生物"③。简言之,共同体既是激进分子争取和动员农民、乡村手工业者、村庄和巴黎工匠的手段,又是他们为之斗争的价值的一部分。

在巴黎,在小城镇和村庄,共同体生活和传统职业的连续性最强。只有少数较大的城镇拥有与之相当的手工业组织。如果它们真的拥有,就像鲁昂那样,那里就会发生对威胁传统生计的工厂的武力袭击。④ 马格登特表明,七月王朝期间存在从农业到农村手工业的大量流动,但是他依然强调了存在于农民中间和农村手工业者中间的强大共同体。⑤ 这点的一个关键原因是法国的手工业一般是乡村的,开办在村庄里面或附近,今天工匠的农民父母曾住在那里。可以预料,亲属和村社关系的网络能够保持。

更一般地讲,我们在此看到了法国相对稳定的人口的重要性。英国快速增长的事实既促成了它更大的人口总和,又促成了它更高水平的永久迁移。法国工人则更可能老是待在同一地方,或者迁移时保持密切联系。两种比较都使法国禀受了更大程度的共同体团结。⑥ 法国更均衡的人口分布尤其重要。⑦ 大多数法国人生活在其中的较小人口集群更有可能——根据基于规模的一种理由——紧密结合在社会关系里。⑧ 正如我们提到过的,法国人与其英国同行相比,工作在更小的作

---

① Margadant, *French Peasant in Revolt*, p.140.
② 同上书,第七章。
③ 同上书,第161页。
④ Merriman, *Agony of the Republic*, p.14.
⑤ Margadant, *French Peasant in Revolt*, 第2—4,7章。
⑥ 关于共同体的一种关系性定义,参见 Calhoun, "Community: Toward a Variable Conceptualization for Comparative Research"。
⑦ B. R. Mitchell, *European Historical Statistics*, *1750-1975*, pp.68-70, pp.81-83.
⑧ 参见 Calhoun, *Question of Class Struggle*, 其中采用了 Peter Blau, *Inequality and Heterogeneity*。

坊里;基于同一理由,这意味着动员有着更好的社会基础。①

在争取民主社会共和国的斗争中,工匠和其他弱势手工业者是最重要的参与者。他们在城市地区比非技术工人突出②,在农村地区比农民突出。③ 梅里曼发现,未充分就业和失业的农村手工业者和无产者的集中,是山岳派秘密社会成功组织起来的那些区的典型特征,他尤其屡屡提到了制陶工、伐木工、车轮工、临时工、农村仆役、泥瓦匠、石匠和采石工,以及织工和鞋匠。④ 这些手工业者并非法国最贫贱的,尽管他们十分穷困。衡之以大多数当代标准,巴黎的城市工匠相当富裕了。那他们为什么应该处于斗争的中心位置呢?斗争的首要口号提供了线索。梅里曼记录了1848年6月23日的一张巴黎海报,它界定民主社会共和国说,它是"民主的,因为所有公民都是选民……(是)社会的,因为所有公民都获准成立职业协会"。⑤ 后半句话除了适合工匠和手工业者外,还能对谁有意义?

工匠和他们的弱势同侪深植于传统手工业和地方共同体中,所以他们具有自我管理的、以共同体为基础的社会组织愿景。人人都倾向于独力承担整个劳动过程,出售他完成的产品,而不仅仅在高度细分的生产过程中出卖他的劳动力为资本家所用。这促成了作为多少有些类似的社团的联合会的社会概念,并进而表明中央政府或集中的工业控制仅具次要作用。正如我们上文所见的茹瓦尼奥之所为,这幅图景可

---

① 在兰斯,情况类似于15—20年前的兰开夏。3000名纺纱工大多在工厂工作,但是大约7500名纺织工在3500个作坊工作。他们格外活跃,尽管这里比英国有更多的跨职业联合(Merriman, *Agony of the Republic*, pp. 70-71)。我想指出织工具备更强大的共同体基础和更紧迫的经济原因去从事斗争——虽然他们的长期地位要卑弱些。蒂利与利斯("The People of June, 1848", p. 193)在研究巴黎时发现,对一个产业来说,每个老板的工人数量越小,意味着它在六月起义中的参与率越低。但是,这些差异都是平均工人数量较小的机构之间的差异,因而似乎不是对这种观点的直接反驳。在巴黎的工匠商铺中间,或许机构规模较小的行业是遭受经济变迁最小压力的那些,而机构规模较大的行业是过渡型的——处于衰退过程中的手工生产,我预料那种群体最容易被动员起来。越繁荣和稳定的传统手工业,越是为工人们提供了成为师傅的希望。

② Price, *French Second Republic*, pp. 163-166; Tilly and Lees, "The People of June, 1848", 以及 Traugott, "Determinants of Political Organization"。

③ Margadant, *French Peasant in Revolt*, p. 92, p. 98, p. 100.

④ Merriman, *Agony of the Republic*, pp. 202-203.

⑤ 同上书,第51页。

以转译成关于乡村共同体、亲属关系和公共用地的农民经验。最让农民高兴的莫过于摆脱政府干涉了——那首先意味着收税员;在很多地区,即便是牧师也只是勉强容忍的外来者。① 手工业者和农民大抵都不愿意放弃私人财产;虽然很多社团成立了(主要是在手工业者中间),但它们既是少数人的选择,一般也仅仅聚焦于经济生活部分——销售或消费。农民和手工业者本身并不抨击财产本身,而是抨击财产的资本主义新使用方式,它让大资产消灭小资产。这些群体确切说是"反应性的",但并不意味着他们只是反对革新的。他们对于资本主义——和资本主义政府——侵入他们生活的反抗十分激进,利用传统法团和共同体的生活经验,以提供一种独特的、另类的民主社会共和国愿景。

就像英国19世纪早期的极端保守的激进分子一样,第二共和国的民主社会主义者希望采用和平的说服和选举方式来施行他们的计划。如同前者力图获得男性普选权那样,后者也力图保住它。这本身并不十分激进。政治参与权开始显得像是不容置疑,以致两国出身资产阶级甚至有时出身贵族的立法者都发现自己认可它——虽然伴有矛盾心理,间或有撤销的冲动。最终,选举成为工人阶级和平民的改革的主要手段;到19、20世纪之交,一些激进分子甚至觉得它大大刺激了工人去"体制内工作"。精英们到19世纪末或至少到20世纪初之所以能够容忍男性普选权,是因为那时"人民"更充分地成了资本主义工业社会的组成部分。英国比法国更是如此,但在这两国中,即使工人可以选举社会主义的议员,他们也不会像极端保守的激进分子那样施加这种根本的极端的威胁。② 无论如何,国家已经建立起安全得多的压制基础和机构;它能够以19世纪早期的国家不能用来对付工匠和农民的一种方式对付激进的工团主义者和工会。当工匠和农民们设法保护共和国及其男性普选权的承诺时,他们想到的不只是持续改革。他们想到了人人确保拥有生产性工作权等观念——高兹意义上的一项"非改良主义的

---

① Agulhon, *La républic au village*, pp. 168-187.
② 有理由认为,20世纪欧洲十足社会主义的政府的增多,不如一个世纪前极端保守的激进分子的反叛更构成对资产阶级精英的自我利益的根本威胁。在现代工业的集体所有制下,管理人员依然能像在私有制下一样管理。是更多根植于工匠和农民传统与生产的一种社会主义威胁要将那些利益铲除净尽。

第七章　工业化与社会激进主义:英法工人运动与19世纪中叶的危机

改革",因为在不根本改变资本主义经济制度的本质的情况下,新兴的资本主义精英不会欣然承认它。① 是资本主义的发展致使某些传统要求显得非常激进。

当问及为什么欲使1848年革命激进化的努力归于失败时,人们可能首先需要提及精英们所发起的、路易·拿破仑政府所组织的镇压。普赖斯、梅里曼、马格登特和福斯特森都这么做过,揭示了重要的新历史论点。② 但是也要看到,镇压和反攻并非资产阶级一手完成。正如特劳戈特表明的,六月起义期间街垒两边的人出自相似的职业。③ 蒂利和利斯强调,很大程度上六月起义显示了法国的抗议变得愈发现代。④ 这可能有几分真实,但是他们的论文也说明,为政府而战与为反政府而战的那些工匠和工人之间的极大差异在于,后者很可能通过法团和俱乐部被动员起来。然而如休厄尔和阿曼所示,这些法团和俱乐部多以传统和共同体为基础。⑤ 用蒂利的话说(借自哈里森·怀特),这些群类组成了"种类关系网";即是说,它们既是能够清楚地将自己人同敌人区别开来的种类,又是将其成员社会性地互相结合的稠密网络。⑥ 我认为,就它们为了主动的目标、透过正式组织动员起各种类别而言,它们是新式的或"现代的"。但是这其中有些非常重要的组织本身是极其古老的。更确切点说,六月起义——或者就此而言1851年起义——的工人,并不是通过正式组织动员起来的个人的首要类型。他们是紧密相连的共同体的成员,在那些共同体的基础上受到动员,去追求与那些共同体相吻合的目标乃至守护它们。阿曼以文献证明,俱乐部很大程度上是地方团体;手工业组织同样甚至更为社团化。⑦ 它们的成员拥有一种他们是谁的新意识,这是在对抗(如马克思正确提到的)他们新的明

---

① Andre Gorz, *Strategy for Labor*.
② Price, *Economic Modernization*; Merriman, *Agony of the Republic*; Margadant, *French Peasant in Revolt*; and Forstenzer, *French Provincial Police*.
③ Mark Traugott, "The Mobile Guard in the French Revolution of 1848" and "Determinants of Political Organization: Class and Organization in the Parisian Insurrection of June 1848".
④ Tilly and Lees, "The People of June, 1848".
⑤ Sewell, *Work and Revolution in France*; Amann, *Revolution and Mass Democracy*.
⑥ Tilly, *From Mobilization to Revolution*, pp. 62-64.
⑦ Amann, *Revolution and Mass Democracy*, 尤其是第84页。

显的资产阶级敌人时形成的,但是他们依然是极端保守的激进分子。

雷米·戈塞的研究——尤其是更近的特劳戈特的研究——认为,能够在六月阵营两边的工匠和工人团体中做出的最清楚客观的区分是年龄差别。① 这个因素如此重要的原因突出点明了代表社会共和国的激进主义的社团根源的中心地位——也是核心弱点。在日增的经济压力下,这个行业自旧制度时代以来已经转型了。② 首先,师傅日益变成资本家雇主,使自己同哪怕是最熟练的工匠分离开来,对后者而言自立门户希望渺茫,假如不是幻想的话。因此,工作本身开始变得稀缺,尤其是在19世纪40年代后期的危机中。更资深的熟练工既靠政治动员又靠排斥年轻的特别是移民的工人来保护他们的位置。后者更可能失业;如果他们找到工作,也不太可能是在很高级的车间里,而是在次等车间里,那里有时劳动分工更多,几乎总在生产廉价商品。保卫手工业的荣誉对他们意义不大,社团也几乎不是他们的朋友,既然正是它们的资历规定挡了他们的工作之路。虽然激进分子对于充分就业的要求会使那些人——和他们更加贫穷的亲戚——受益,但是他们不能与后者共襄大业。激进取向的防御性恰是原因之一。

斗争的成果

假如法国工业化再快一点或者它的出生率再高一点,第二共和国的政治—经济平衡会如何转变,对此我们只能推测。出生率更高可能意味着更加年轻的工人站在街垒的政府一侧——或者也许意味着旧式共同体被削弱得不会出现街垒。但是斗争还是搏杀开来,为保卫传统手工业和共同体、支持虽发展已久却可能造就全新社会的各种目标而搏杀。即便是在剧烈的政府镇压和自六月起义以来的一系列失败两年之后,动员还强大得足可发动一场反对政变的大起义。这当然将它与后期宪章运动区别开来了。

在英国,温和的请愿与收效甚微的游行更彰显了中产阶级的意识

---

① Remi Gossez, *Les ouvriers de Paris*, *I*: *Organization*, *1848-1851*; Traugott, "Mobile Gurad" and "Determinants of Political Organizations".

② 参见 Sewell, *Work and Revolution in France*。

和力量。在1848年伦敦的宪章运动示威期间,英国政府做了看似严密的准备来维持公共秩序,但是和路易·拿破仑政府动用的镇压相比,它的举措完全不足道。英国几乎没什么先发制人的行动;那在法国却是家常便饭。当然,英国工人没有一场资产阶级革命的先期推动。

总之,无论用什么标准来衡量,法国的斗争都是重大斗争。实际上为了镇压它,资产阶级领导者——我们没有理由怀疑他们坚持反共和原则——被迫纵容第二帝国的建立。资产阶级不得不放弃它自己的共和国,以便保护它的资本,拥有一个很大程度上处于下层压力之下的更强大政府。说不清这是否让资产阶级付出了什么经济代价,但是它很可能导致帝国在推进社会经济变革上谨小慎微。无疑拿破仑三世的政府是压制性的,但它的确试图避免挑衅生事。

法兰西第二共和国的斗争可以看作是一种重要历史类型的代表。它们始于农业危机;换言之,革命是由一种"旧式"危机而不是工业生产过剩或者其他一些更"现代"的原因点燃的。然后,即便斗争是由大体上传统的群体开展的,它也受限于新的可能和新的威胁。争取民主社会共和国的激进斗争是过渡时期的产物。传统的工匠团体和地方共同体的社会基础强大得足以形成动员的基础;与此同时,资本主义的发展以及大众对其带来的威胁的认识导致这样的斗争异常激进。资本主义本身还没有强大到所向披靡的地步——不只是在1917年的俄国。既然资本主义尚未按照它那更为个人主义和官僚主义的形象再造大多数工作人口,像这样的斗争就可能是对资本主义多大程度上得以彻底摧毁传统共同体的重大限制。

法国工人在1851年后长久保持了他们的很多专门行业,包括其出众的手工技艺。有理由认为,法国与英国相比,经济的发展伴随着更多的共同体意识和现实的发展。我认为不容争辩的是,资本主义在法国较少创造了罗斯金恰当地称之为"恶障"的东西。比较肤浅的考察之下,我觉得法国也许将大得多的民众政治能力保留到了20世纪。不但1871年的巴黎公社,还有一战前20年的激进工团主义运动,都凸显了旧政治传统、手工业和共同体在法国政治中的持续重要性(在第五共和国的过度集权化之前尤其如此)。整个20世纪,法国工会一般要比英国工会更加政治化。假如法国农民有时是一股保守力量,那当然不会让我们意外,因为他们可能做了大量的保守斗争,尽其所为地保存其传统乃至他们的实际生存——或者在第二次世界大战和20世纪50年代的"戴高乐主义"现代化之前一直在尽力而为。

19世纪晚期,法国比不上英国的工资水平或者总体生活水平。这并不表示法国人——或许多外国游客——不认为法国是更宜居的地方;他们真的这么认为。显然无论过去现在,生活水平都不等同于生活质量。单凭维持城市工业社会的成本上升,就足以质疑货币收入上的细微差异。我已说过,拿法国与第一个工业国英国,甚至与拥有更多机会从头开始的美国进行比较,无论如何都不太公平。也许最公平的比较是看看德国为快速工业化付出的政治、社会和经济成本。这最好留给另外一篇论文(不过请注意,克拉潘发现它们的繁荣没有实质性差异①)。

最后我想回到经济发展的路径问题上来。到19世纪中叶,沃勒斯坦所谓的资本主义世界体系已经具备它的由工业化决定性地设定的核心条件。② 未能工业化的国家(如葡萄牙),或者发动内战反对其工业地区的国家(如西班牙),时至今日依然"欠发达"。生活是好是坏大概尚有可议,但没有疑问的是西班牙和葡萄牙丧失了它们在世界体系(它已在衰落)核心的位置,或者它们成了较穷的国家。

我想我们可能假定,法国不希望成为较穷或较弱的国家(实际上,波拿巴主义认为国家荣誉感仍是军事和经济实力激起的)。但是这并不意味着法国人应该像德国人那样,模仿他们的英国同伴,走得更快一点。因为法国是在世界体系而不是在真空中发展的,它的发展状态受制于其他国民经济。一个出口导向的法国势将与英国、德国,最后是美国正面竞争。这些全是可怕的竞争对手;某些领域——包括某些食品和工艺品——的专业化或许是比直接对抗高明得多的策略。世界体系的存在也意味着,欧洲和北美国家核心区域内的交换关系往往可能冲

---

① J. H. Clapham, *The Economic Development of France and Germany, 1815-1914*.(中译本见克拉潘:《1815—1914法国和德国的经济发展》,傅梦弼译,商务印书馆1965年版。——译者注)

② Immanuel Wallerstein, *The Modern World System* and *The Modern World System* Ⅱ.(中译本见伊曼纽尔·沃勒斯坦:《现代世界体系》第一、二卷,郭方等译,社会科学文献出版社2013年版。——译者注)

击一个重外贸的法国,除非是在它享有很高生产率的那些领域(比如高技能的手工艺品生产),和它近乎是垄断的供应商的领域(比如葡萄酒)。处在快速工业化的任何进程中,法国的庞大劳动"后备军"会压低工资,因而迫使工人以相对廉价的劳动换取昂贵的消费品(正如曼德尔、阿明和其他学者就当代的第三世界发展所揭示的)。① 很可能的是,除非进行庞大而扰乱社会的投资,法国的工业固定资本会在一段时间内一直不如英国、德国和美国,从而加剧这一趋势。

本国中心主义是一种似乎合理的战略,法国在带着偏爱明确构想过它之后,走那条路走了近一个世纪。正如谢尔曼所指出的,六月王朝期间政府官员已经认识到它的一些优势,对工业化和非工业化的贸易伙伴区别对待,那种区分继续贯穿着法国的贸易战略甚至殖民措施。② 当然,同样这些官员,有的在第二帝国期间重新掌权。在马克思主义——或罗斯托式——阶段论支持重工业化的实质中心地位之处,法国经验或许有所启迪。在更渐进——也许更人道——的经济增长和发展过程中,本国中心主义可能允许更近乎充分的就业。苏联不惜任何代价地追求工业化战略,这明智吗?也许军事上的理由在此很重要,但我认为经济理据很可疑。这种阶段论往往太过假定离散的国民经济体;它们也经常忽略发展的社会代价。

最后,让我简单指出,频发的政治斗争可能对于法国较为连续、渐进地向一种现代经济过渡至关重要。与此同时,经济"落后"或许是法国激进政治——包括对现代社会主义的发展贡献颇巨的第二共和国那些政治——的必要条件。政治和经济的关系就如鸡和蛋的关系。

---

① E. Mandel, *Late Capitalism*; and Samir Amin, *Unequal Development*.
② Sherman, "Governmental Attitudes toward Economic Modernization in France".

第八章　经典社会理论与 1848 年法国革命

对托克维尔和马克思这两位社会学方面最重要的当代观察家来说，19 世纪中期的革命似乎不仅是 1789 年革命和其他前驱的回声，也是某些新事物的先声。托克维尔在 1847—1848 年间日趋高涨的抗议中看到了对社会秩序的威胁，它不仅是革命所造成的，也是隐伏的、日甚一日的阶级间斗争的爆发造成的。1847 年 10 月，托克维尔（不像马克思）起草了一份宣言（原计划由一群国会同僚发表，实际上从未发布）。他根据潜在的经济身份辨认政治斗争中的行动者：

> 不久，将是富人和穷人间的政治斗争，大战场将是财产权，而各种主要的政治问题将围绕以多大的深刻程度改变财产所有权展开争论。于是我们又将看到社会的大动荡，出现一些大政党。①

当然，马克思也发现了阶级意义上的斗争，而且谴责资产阶级迫使工人参战。他像托克维尔一样，看到了六月起义所预兆的未来：

> 工人没有选择的余地：不是饿死，就是斗争。他们在 6 月 22 日以大规模的起义做了回答——这是分裂现代社会的两个阶级之间的第一次大规模的战斗。这是保存还是消灭资产

---

① Alexis de Tocqueville, *Recollections*, p.15.（中译本参见《托克维尔回忆录》，董果良译，商务印书馆 2010 年版，第 37—38 页。略有改动。——译者注）

阶级制度的斗争。蒙在共和国头上的面纱被撕破了。①

自由派共和主义者在19世纪初系统表述了持久革命的观念,但正是在1848年的挫败中,它开始不再表示渐进改革的意思,而表示需要将革命斗争伸展到资产阶级界线之外。在马克思看来,

> 民主派小资产者只不过希望实现了上述要求便赶快结束革命,而我们的利益和我们的任务却是要不断革命,直到把一切大大小小的有产阶级的统治全都消灭,直到无产阶级夺得国家政权,直到无产者的联合不仅在一个国家内,而且在世界一切举足轻重的国家内都发展到使这些国家的无产者之间的竞争停止,至少是发展到使那些有决定意义的生产力集中到了无产者手中。②

但革命并不持久,1848—1851年的斗争属于一个短暂革命时代的最后一波巨震,而不是它的崭新开端。

这一章,我想说明1848年法国革命赖以助成古典社会理论的一些途径。社会学的三位古典奠基人(孔德、马克思和托克维尔)都是法国1848年革命的同时代观察家。此外,另一种重要的理论传统呈现在蒲鲁东1848年的同时代评论中。正是由于这种观点在革命中落空,它未能在古典社会理论中得到充分表现。因此,1848年革命导致法国激进革命传统(连同空想社会主义一道)在六月起义的失败和路易·波拿巴的政变之后陷入沉寂,从而间接影响了古典社会理论。1848年也通过观察革命斗争而吸取教训,直接形塑了古典社会理论。但是,无论是古典传统中的作家还是现代研究者,都未能将国家统一、通讯和行政管理等的效能上的基本转型充分理论化,这致使1848年在一些关键方面太像1789年,而不是发达资本主义国家里阶级斗争的发展和进一步革命的可能性的直接证据。我将简单指出后来的历史研究加之于经典理论家对1848年的见解之上的一些修正。最后,我将提出一个紧要看法,

---

① Karl Marx, *The Class Struggle in France*, 1848 to 1850, 第67页,着重号系原文所加(中译本参见《马克思恩格斯文集》第2卷,人民出版社2009年版,第101页。——译者注)。

② 同上书,281页(中文版192页。——译者注)。考虑到马克思后来对阶级的精确定义的理论重视,这里的表述不严谨值得注意——例如"大大小小的有产阶级"。

即1848年革命应该被看成是牵系着西欧的过去而不是未来,这点部分被极具影响力的现代理论观察家的前瞻取向掩盖了。

古典理论家

在一篇广为传读的文章中,雷蒙·阿隆描述了孔德、托克维尔和马克思对1848年所持的观点。他们三位不但个个都是那一革命年的诸事件的当代见证者,其中两位还是有名的参与者,阿隆合情合理地将孔德、托克维尔和马克思列为社会学理论三大传统的奠基人:全然社会性的(很多方面是保守主义的)、自主政治性的(或说自由主义的)和经济至上的(或说激进主义的)。确实,阿隆发现这种三足鼎立成为斗争本身的一面镜子,其中包含君主主义的、自由民主主义的和激进/社会主义的三股力量。他认为同样的三足鼎立是20世纪社会斗争的特征:

> 在1848—1851年这段时期中,法国比19世纪历史中的其他任何时期都更多地经历了类似于20世纪的那种政治斗争。事实上,人们在这一时期可以看到20世纪所称的法西斯主义者、多少有些自由主义倾向的民主主义者以及社会主义者这三派之间的斗争。这种斗争我们在1920—1933年间的魏玛德国再次看到了,某种程度上在当今法国也仍然可以观察得到。①

考虑到有限的比较范围(即是说,19世纪的斗争很像20世纪的斗争),这种特征描述有其真实之处,但是也要小心为妙。比如说,波拿巴主义或许和法西斯主义同具一种民族主义、秩序诉求和效率的混合观念,但法西斯主义显然不是旧制度君主主义的孑遗,而是现代性的特别创造。而且拿希特勒与路易·波拿巴做任何比较,都是在恭维希特勒,拿墨索里尼来比较也只是稍微靠谱点儿。当然,这些不同的"右翼"运动取得政权的形势有一些结构相似性,1848年局部胜利、20世纪30年

---

① R. Aron, *Main Currents of Sociological Thought*, 1:303-304。(中译本参见阿隆:《社会学主要思潮》,葛志强、胡秉诚、王沪宁译,华夏出版社2000年版,第183页,略有改动。——译者注)

第八章 经典社会理论与1848年法国革命

代大获全胜的个人崇拜政治(politics of personality)也是这样。即使我们承认意识形态力量的相似性超过我觉得合理的范围,我们依然必须注意20世纪左派或右派运动可以利用的十分不同的结构基础:比如,有效的全国通讯系统和行政管理机器。

如年表可能暗示的,也许1848年最好是看成代表了革命的古典时代和现时代之间的一个关键会合点,处在法国大革命和法西斯主义兴起之间的中途。无论如何,我们必须弄清哪些方面相似,哪些方面相异。不论是从正面看还是从反面看,阿隆的理论比较策略都是有趣的一种。我将概述和扩充他的描述和对比,然后借机指出,思想谱系的一个向度如何由于和1848年直接相关的某些原因而被遗漏了。

革命让垂垂老矣的孔德起了恐慌,他在波拿巴的统治中才大感舒坦。孔德对代议制度、宪政主义或是议会体制兴味索然,他将最后一种看成不过是英国历史的意外事件。孔德认为政治安排不是根本性的,而是浅表的,大体上需要与社会进步的一般进化阶段接轨。因此,他甚至可以为共产主义说些好话,因为他认为它是在强调经济高于政治或者财产高于权力,1848年革命之后他立即写道(或者至少立即发表):"它证明革命的倾向如今瞩目于道德问题,而将所有纯粹政治问题留作背景。"① 孔德认为,这一变迁部分是由实证主义的影响引发的,最终标志着形而上学的革命思想的某些危险倾向减弱了:

> 这里我们清楚地看到,在工人阶级施加于社会的行动这个革命性概念中,实证主义所引入的改变。它以对义务的平和界定代替了对权利的狂暴争论。它废弃了关于权力占有的无谓争执,代之以探究应当调控权力的明智行使的那些规则。②

1848年孔德基本上袖手旁观,实际上为12月2日的政变额手称庆。此前孔德已发现大众政治有一种接受独裁的趋势(他宣称那是合理的):

---

① Auguste Comte, *Système de politique positive*, p.356.
② Ibid.

在政治动乱中,当革命性破坏的精神四处蔓延时,普通民众由于首先并急迫需要一种优势权威,于是表现出对某人的思想和道德教导的不苟遵从,他们甚至可能力推那人暂时独裁。因而个人性格的确表现得与作为一个整体的社会关系过程相一致,这使我们明白,政治附从不可避免,一般来说也必不可少。①

正如阿隆总结道:

很简单,他(指孔德——译者注)对于那些代议制的、自由主义的机构的覆灭欣喜若狂,他认为这些机构牵连着一种批判性的、形而上学的,进而是无政府主义的精神,又牵连着一种对英国政治演变的特殊事物的盲目崇拜。②

与之相对,托克维尔是19世纪40年代的一位重要政治人物,无论是二月革命之前或之后。尽管他最终在革命后的政府中成为一名出色的部长,他还是希望革命原本可以避免,满怀悲痛地接受最终结果(虽然我在《回忆录》涉及二月革命的段落里没有发现阿隆所看到的绝望和消沉感)。托克维尔认为巴黎的激进主义是真正民众性的,尽管误入歧途,危险重重。他评论六月起义说:"我们还应指出,这次可怕的造反不是有些阴谋家干的,而是全部人口中某整个阶层反对另一阶层的结果。妇女和男人一样参加了造反。"③更久以后回顾这些事件,托克维尔回复到一种更典型的保守立场。作为外交部部长,他为法兰西共和国军事攻击意大利共和主义者发言辩护。他将罗马革命描述成始于"暴力和谋杀",声称政府的目标具有合法性,即"结束暴动,或者不如说控制(要对暴动负责的)煽动性派系"。④

托克维尔首先将革命视同杀戮、无序和财产威胁。他并不同情七月王朝,但至少能挤出几分微弱的、模糊的赞扬,说它的政府是"世上有

---

① Auguste Comte, *Cours de philosophie positive*, p.277.
② Aron, *Main Currents*, 304。(中译本参见《社会学主要思潮》,第184页,有修改。——译者注)
③ Alexis de Tocqueville, *Recollections*, p.170.
④ 同上书,第388、382页。

第八章 经典社会理论与1848年法国革命

过的极腐败却极不嗜杀的一个政府"①。1789年革命走得太远,托克维尔不能认为它对旧制度的攻击有什么合法性,而1848年(正如1830年那时一样)很多人准备将革命进一步扩大到社会生活的其他方面,并再次尝试建立共和政府。然而,托克维尔完全不视1848年为1830年或1789年的简单延续,他特意指出"被指控镇压了1848年革命的人正是当年发动1830年革命的那些人"②。由此他强调了他的一般观点:"一个时代从来不会恰巧吻合另一时代,旧的图画,我们硬把它装进新框里,也总是显得不协调,"或者换一种说法,"历史事件各各不同,过去教不了现在多少东西。"③

但是托克维尔并不认为1848年革命纯属意外,要由特别的、自发的原因来解释。他辨认出的一般诱因包括工业革命,"对物质享乐的耽溺","民主的嫉妒病",经济和政治理论的作用(尤其是有些理论激起"一种信念,认为人类的苦难是源于法律而非天意,改变社会体制就能消除贫困"),民众对统治阶级尤其是对政府的轻蔑、行政集权,以及"变动社会中的一切事物——制度、观念、风俗和人——的(普遍)流动",这有点像是动乱的一般倾向。④ 虽然如此,托克维尔从未将这些一般原因等同于某种进步理想。相反,无论革命者的理想是什么(托克维尔认为很多人是投机主义甚于理想主义,对他们当中偏于社会方面的激进分子没有好感),在他看来最终结果是用他所谓"混蛋君主制"(一种专制政体)取代一种半合法的、有几分自由而温和的君主制。托克维尔是共和国的忠实拥趸,对波拿巴抱有敌意,谴责他的帝国野心,也敌视六月起义者,愿意在大街上跟他们对攻。但是作为社会学家,他认为从革命一开始,专制主义的结果就最具可能性。

虽然马克思比托克维尔更少卷入中心,但正是他最广泛地与1848年的法国革命相联系。马克思回顾这次革命的两篇雄文(《1848年至1850年的法兰西阶级斗争》与《路易·波拿巴的雾月十八日》)属于他最重要的政治分析著作之列。而且马克思的关注点在设定有关革命的

---

① Alexis de Tocqueville, *Recollections*, p.46.
② 同上书,第47页。
③ 同上书,第48页。
④ 同上书,第79页。

历史学术研究议程上极富影响力,最近尤其如此。正是部分由于人们认为1848年是检验马克思主义的一个关键案例,在近期的出版物中六月起义比二月革命更为突出,社会主义比共和主义或民族主义受到更多关注,1848年的各种选举更多作为路易·波拿巴缘何获胜的线索得到探索,而不是作为对激进分子软弱表现的解释。

马克思和恩格斯就1848—1851年的事件差不多各自写了数十篇应时文章,和几篇内容更充实的回顾性篇章。1848年革命运动(不只在法国)标志着他们著述里的一个决定性转折点。不仅因为这是马克思一生中最积极、最直接的政治卷入的唯一时刻,也因为从政治上说,也不那么直接地从理论上说,它是马克思主义史前史的终结。在政治上,马克思把革命看作是致力于资产阶级民主事业和社会主义事业的联合;他听任革命顺应普鲁士领导下的德意志统一(因为普鲁士代表违背南德农业利益的工业化),也听任革命在资本主义民主的旗帜下开始游行示威时,即确信激进的社会主义事业注定要失败。

1850年写作时,马克思依然能从巴黎的六月失败中看到一项重要收获:

> 无产阶级既然将自己的葬身地变成了资产阶级共和国的诞生地,也就迫使资产阶级共和国现了原形:原来这个国家公开承认的目标就是使资本的统治和对劳动的奴役永世长存……只有浸过了六月起义者的鲜血之后,三色旗才变成了欧洲革命的旗帜——红旗!①

1851年路易·波拿巴的政变抹去了马克思对法国的欧洲革命领导权的任何短时乐观。然而它既没改变马克思认为革命是由物质利益所界定的社会阶级间竞争的基本构想,也没改变他将1848—1851年仅仅看作通往西欧的最终社会主义革命之路的阶梯的见解。《雾月十八日》的一个中心意思是,1848年的激进分子回头看得太多,向过去借了太多语言,没能按照对资本主义社会所特有的阶级斗争的明见采取行动,从而以重演1789年的闹剧告终,而不是发动真正的无产阶级革命。在

---

① Marx, *Class Struggle*, pp.69-70,着重号系原文所加。(中译本参见《马克思恩格斯文集》第2卷,第104—105页。——译者注)

第八章 经典社会理论与1848年法国革命

《雾月十八日》里,六月起义仍然表示让有一点变得清晰的一个时刻,即"欧洲的问题并不是争论'共和国还是君主国'的问题,而是别的问题。它(六月起义者的失败)揭示出,资产阶级共和国在这里是表示一个阶级对其他阶级实行无限制的专制统治"①。

马克思对于资产阶级共和主义和资产阶级民主的深恶痛绝只有放在1852年的背景中才能理解,那时资产阶级政权证明自己不仅可以支持专制政府,还可以加入对若干国家的民众起义的极其血腥的镇压。在1848年革命中,欧洲民主运动刚好陷入它曾经历过的最大惨败中。这对理解马克思主义很要紧,因为此前马克思和恩格斯维持着他们与激进的民主主义者和民族主义者的至为强固的政治联合。纵使《共产党宣言》大言炎炎,马克思的瞩目于工人大都是理论上的,在革命之前并不排斥工人和资产阶级民主主义者之间的假定联合。正是革命的失败引导马克思和恩格斯将他们自己的注意力首先转向工人运动,中断了他们跟激进民主派的瓜葛。② 马克思断定,在政治上英国乃至美国都是例外情况,尽管在经济上英国可能预示了德国的未来。虽然马克思坚持美国、英国与荷兰或许有望找到一条通往社会主义的和平的、非革命的道路,却也预言美国的资产阶级最终会采取专制镇压方式,就如欧洲国家那样。

回首二月革命,马克思只会认为它是空洞无聊的,或许因他早年在《新莱茵报》的日子里热衷于革命民主而更其如此。马克思研究六月起义的路数是辨识他所认为的无产者及其资产阶级盟友的失败根由。他的路数在某些方面和托克维尔十分相似,正如(特别是)林德曼所说:"马克思和托克维尔在出身背景与同情心方面大相径庭,他们却都相信六月起义是全新类型的斗争——资本与劳动或有产者与无产者的不祥冲突——的开篇。"③

马克思和托克维尔一致蔑视12月2日之后的波拿巴统治,但各自悟出了对该政权的不同社会解释。马克思认为波拿巴受到农民的支

---

① Karl Marx, *The Eighteenth Brumaire of Louis Bonaparte*, p. 111,着重号系原文所加。(中译本参见《马克思恩格斯文集》第2卷,第479页。——译者注)
② G. Lichtheim, *Marxism*, p. 78.
③ A. S. Lindemann, *A History of European Socialism*, p. 83.

持,是金融资本和工业资本之间的折中。另一方面,托克维尔责怪革命本身甚于某种潜在利益,认为是革命带来了波拿巴主义的结果:"路易·拿破仑参加竞选。这里我们再次看到二月革命的印记;真正意义上的人民是主角;事件好像自然地发生了,任何显赫人物甚或上层或者中产阶级仿佛没干什么事。"①对托克维尔来说,拿破仑三世犯的错误,不是他和君王的相似性,而是他的相异性;是他用来增进全社会物质利益,同时削弱甚至是精英中间的开明政治参与的精神(和现实)的那种方式;是他甘愿牺牲国内的政治合法性而追求海外帝国。虽然托克维尔几乎没有保王党那种对路易·拿破仑满怀希望的态度,但他随时准备站在他们一边反对社会主义和革命:"我虽然不愿意被保王党拖着走,但为了恢复社会的秩序和纪律,打败革命党和社会主义者,我还是毫不犹豫地和他们一起投票赞成可以收到上述效果的一切措施。"②托克维尔写下这些话,就在他声称"路易·拿破仑会把共和国引向绝境,我不想受他的牵累"③之前几句。看起来绝境仍然好过进一步革命和建立所谓的社会共和国。换句话说,非常引人注目地,托克维尔准备像马克思的理论预言他会做的那样行动,将秩序和财产看成不可分离的,甚至值得牺牲共和国本身。还有,对托克维尔的思想而言,有比马克思的阶级利益更多的东西关系到合法政府。诚如阿隆所断言的,托克维尔是政治自由的狂热信徒,把它看作极其重要的可能利益。支持路易·拿破仑的反动趋向的最大缺点在于它会带来"比君主政体还不自由的状态。"④托克维尔自称"深感悲伤":"我想我能见到我国的自由行将消失在一个非法而荒唐的君主政权下。"⑤

当托克维尔退出公共生活,去撰写他的回忆录时,马克思撤退到后来成为永久流放地的英格兰,到大英博物馆开始他跟资本主义政治经济学的英勇搏斗。他这么做的时候,心里有种深沉的感觉:不触及社会

---

① Alexis de Tocqueville, *Recollections*, p.348.(中译本参见《托克维尔回忆录》,第340页。——译者注)
② 同上。
③ 同上,着重号为原文所加。
④ Alexis de Tocqueville, *Recollections*, p.348.(中译本参见《托克维尔回忆录》,第340页。——译者注)
⑤ 同上书,第349页。

中的根本阶级分裂的一切政治改良的努力,都终归徒劳或无足轻重。的确,1848年革命最为持久的影响之一(不仅对马克思而言)是割断了从前联合了社会主义者和民主主义者的有时紧张的团结。但是在社会主义和民主主义都不被视为理所当然的时代,不应假定"客观利益"使得任何底层群体对赞成何者抑或是否同时追求二者这个问题的答案变得显而易见。很奇怪地,马克思以这样的意见结束了《雾月十八日》:拿破仑三世想要扮演一切阶级的家长式的恩人,他面临着自相矛盾的任务,就在他企图满足对他的矛盾要求之际,却"使整个资产阶级经济陷入混乱状态"。① 至少从经济上讲,路易·波拿巴这个皇帝比马克思预想的成功得多。

让我们暂时回到阿隆对孔德、托克维尔和马克思所体现的分析传统的特征描述(即使不是每个案例下都能发现)。托克维尔(和孟德斯鸠一道)表现为一个学派的社会学家的先驱,"他们不太拘泥于教条,首先关心的是政治,不轻视社会基础,但强调政治秩序的自主性,他们还是自由主义者"。② 而阿隆本人认同这一"法国政治社会学学派",少带点民族情绪的话,我们也可以看到与韦伯的一些相似性。

孔德表现为在涂尔干那里达到顶峰的一种传统的创始人。阿隆认为这一派是"今天官方的、特许的社会学家。这一学派轻视政治性和经济性,重视社会性。它强调社会实体的统一性,将共识观点留作它的基本概念,并通过多面相的分析和概念,努力重建社会整体"③。事实上,阿隆论1848年的文章不太公平地拿孔德当做涂尔干的替身,忽视了他们取向之间的许多重要分歧。④ 在阿隆看来,马克思主义"将根据经济组织和社会基础结构所做的社会实体解释与一种进化图式结合起来,

---

① Marx, *Eighteenth Brumaire*, p.197.
② Aron, *Main Currents*, p.332. (中译本参见《社会学主要思潮》,第198页。——译者注)
③ 同上。
④ 这种比较首先对涂尔干不公平,他的社会学要坚实和微妙得多。特别说来,涂尔干的社会学并非如阿隆暗示的那样,那么严重地依赖一种共识概念而建立。涂尔干社会学的中心任务是要探明,当集体意识这种相对共识被劳动分工和社会分化破坏之后,社会怎样依然可以紧密结合。阿隆在这种对共识观念的强调中,特别是在引文最后的"社会整体"一语上,似乎把涂尔干和帕森斯相连而多少有些谴责涂尔干之意,也谴责了孔德。蒂利后来在论《无用的涂尔干》的一篇论文中有类似做法。

这一图式向它的追随者保证必胜并和平或暴力地消灭异端"①。这似乎是一种不公正的描述,尤其是因为它试图将马克思主义的社会分析与流行的马克思主义政治末世论和自我标榜为马克思主义的极权主义政权联系在一起,以此非难它。

但是眼下我想将这些描述中的公平问题搁置一旁;我想几乎人人都会承认阿隆敏锐识别了社会学理论的三大流派,它们是古典传统中最为核心的三个理论学派,至少就宏观分析方面而言。我想简单问一句:为何这三种传统在1848年之后成了主流?

经典理论的疏漏

革命期间,在大街上、国民议会和军营里还有两种另外值得注意的知识立场。它们有系统阐发之人,但是他们无一在社会理论史上获得突出地位。其中一种是与空想社会主义、共同体倾向的激进主义和某些形式的无政府主义相联系的传统。它不仅设想政治和经济改革,还展望精神生活、社会关系和天人关系的实质变迁。与之密切相关并且间或重合的是法国革命传统,它有它的正义和平等理想、它的权利修辞,以及它对直接公开行动作为他们终极防御措施的肯定。1851年后,法国革命传统(或者再宽泛点,一般而言的资产阶级革命传统)被当作一种政治理论传统整编进学院,与真实的革命事业剥离开来,也与具体社会分析相脱离。共同体倾向的乌托邦传统变成一种沉潜的备选方案,一种与主流并行的次要路线——至少就学术而言。它一直是大众政治的一股活力。

虽然如此,1848年革命的主要人物多半受到这两种传统的引导。尤其是,同时代人理解1848年的事件,主要是参照1789年的事件和思想。路易·拿破仑的政变对马克思而言或许仅仅像是滑稽的重复,但在托克维尔看来则像是悲剧,对于它带来信心或挫败的数百万法国民众来说则是真实生活。我用"法国革命传统"所指的,不只是将后来的革命放入1789年的样板中来理解它们的那种尝试(虽然1830年和

---

① Aron, *Main Currents*, p. 332.

1848年那时的确都在这么做)①,也不是有关1789年革命的种种理念的运用,而是贯穿于1789年革命中的有些观念的持续流行。②

塞德曼追溯了这种传统对社会理论的影响,将它的核心观念描述为正义和社会平等,这转而又被视为幸福、社会团结和自由的前提条件。塞德曼写道:"法国革命传统——从卢梭到平等主义者如巴贝夫、布朗基和蒲鲁东诸人——让社会平等和社会正义成为其核心意识形态,程度之深怎么说都不算高估。"③但是将对于法国革命传统的说明限定在这两种理想之内,就剥夺了它的许多激进力量。在正义和平等之外,该传统也肯定了"人民"的直接行动是政治合法性的最终来源。传统修辞常常是用权利语言铸成。到1848年,这一革命传统已很常见地被空想社会主义和共同体主义的一种强烈混合所加强。当平等和正义的话语在高尚的学术圈里兴盛之时,它的变种,结合了革命传统与共同体倾向的乌托邦思想的更激进话语,却被挡在学院之外,成为简直不登大雅之堂、有时基本上隐而不彰的传统。它变得声名狼藉,既因为平民主义似乎给精英造成危险,也因为它的拥护者在1848年革命中败北。

蒲鲁东在这一传统活跃于1848年的理论家当中是首屈一指的。

---

① 事实上,在这两场革命之间,路易·勃朗用一篇专题论文主动承担了回应马克思和阿尔诺德·卢格有关法德通力合作的建议,该文论述了法国启蒙运动和革命传统、1789年的教训以及德国黑格尔派哲学家可能怎样从法国人那里不无裨益地学习如何避免失策,比如过分关注好斗的无神论(参见 Lloyd Kramer, *Threshold of a New World*: *Intellectuals and the Exile Experience in Paris, 1830-1848*, pp. 125-126)。在法国社会主义者中间,蒲鲁东因其厌恶宗教而与众不同(参见 George Woodcock, *Pierre-Joseph Proudhon*: *His life and Work*, pp. 90-91, pp. 100-101),而且他不是明明确确的革命使徒。不过,他在1846年写信给马克思,反思了法国社会思想的革命传统,那时他谈到改变"反对所有权的所有权理论,好创造你们德国社会主义者所谓的共同体,而我眼下只想称之为自由或平等"(P-J. Proudhon, *Selected Writings of Pierre-Joseph Proudhon*, p. 151)。就在这封信里,蒲鲁东尖锐批判了他认为马克思具有的专制主义或教条主义倾向:"尽管我对组织及其实现问题的看法此时相当稳固,至少原则上如此,但我相信我有责任、所有社会主义者都有责任,将批评和质疑的态度保持一段时间。总之,我公开赞成经济学里的一种几乎全面的反教条主义……看在上帝的份上,当我们已经破坏了所有先天教条的时候,别让我们接着想要给人民灌输教条。"(同上书,第150页)
② 这些观念包括对劳动和基本社会群体的理解,以及对更明确具有政治性的群体的理解(参见 William Sewell, *Work and Revolution in France*: *The Language of Labor from the Old Regime to 1848*)。
③ S. Seidman, *Liberalism and the Origins of European Social Theory*, p. 148.

今天,蒲鲁东通常只是表现为社会理论史上的一条脚注,在政治激进主义史上也只是稍稍多受点关注。无论哪种情况下,他主要都是作为马克思的批判对象而留名。但是毫无疑问他在1848年的法国(以及欧洲其他大部分地方)比马克思更为重要,而且实际上,他的思想对1871年巴黎公社、后来对工团主义尤其是索雷尔的理论影响更为深远。① 这一传统在卢梭之后的激进分子往往被学院的社会理论史一笔勾销;有些情况下,这是因为他们没有写出名声响亮的抽象理论;另一些情况下,那只是因为学者们有一种幻觉,以为马克思主义是思想严肃的唯一激进理论,从而勉强把它接纳到学术话语之中——马克思主义者通常已经毫不费力地驱散了那种幻觉。

因而,1848年革命对于空想社会主义传统和法国革命传统中的思想的影响变得颇具讽刺性。没有哪派思想如它们那般渗透到民众激进主义之中,但是这种民众激进主义的失败似乎使它大体属于平民主义的修辞及其乌托邦思想名誉扫地。不过,这种失信仅仅是在某些相对专业化的人士那里。在最初提议结盟无果之后,马克思简直掩饰不住他对蒲鲁东的蔑视,甚至在1848年前使他成为《哲学的贫困》一书的抨击对象。② 温和的学院派理论家似乎倾向于跟着马克思谴责蒲鲁东和其他平民主义的空想社会主义者,纵使他们在其他方面并不赞同马克思。然而如林德曼所言,在整个19世纪,大部分法国工人"始终从事小规模生产,不信任集中的经济产业。如果有可能选出某人为他们代言,那人就是蒲鲁东"③。正如其他平民主义的乌托邦激进传统一样,决然摒弃蒲鲁东著作的是知识分子,不是可能更让知识分子头疼的人民。

蒲鲁东的思想像后来的许多工团主义者的思想一样,必定总是难于按左翼右翼归类,因而很危险。正如有些工团主义者会滑入法西斯主义,所以蒲鲁东(就像英国的科贝特)要以多种方式向我所称的"极端保守的激进分子"读者群讲话。④ 这种思想方式在任一西方国家都没

---

① 比如参见"Exegèses proudhoniennes"的大量附录,该文见 Georges Sorel, *Matériaux d'une théorie du prolétariat*, pp. 216-233。

② Woodcock, *Proudhon: His Life and Work*, p. 102.

③ Lindeman, *History of European Socialism*, p. 106.

④ Calhoun, *Question of Class Struggle* 以及本书第三章。

有销声匿迹,但它的初次绽放在法国比在英国持续更久(而且对1848年革命的重要性超过对英国同一时期的晚期宪章运动的重要性)。①之所以如此,部分是因为法国工业化及附随的社会转型的相对平缓的步伐,部分是因为自由主义扎根太浅,既没有摄取很多民众支持,也没有激起自由观念在大众思想中与公平观念竞争。②

　　蒲鲁东本人面对二月革命也是五味杂陈。2月24日,他在日记中写道:"他们发动了一场没有理念的革命。"③但是,部分由于门徒的敦劝,蒲鲁东作为"社会共和国"理念的主要促进者迅速投入行动。蒲鲁东是在4月国民议会选举中失利的一位社会主义者。他也是(显然不尽出于酸葡萄心理)认为一个有普选权的共和国足以引发革命性变革这种看法的带头批评者。他认为单靠普选权而撇开直接行动,会为共和国退回君主制大开方便之门,极大降低经济革命紧跟政治革命的机会。蒲鲁东争辩说,号称是代议制政府基础的潜在利益协调,其实是无政府主义的真正基础;反之,没有真正调和利益的经济行动,却试图建立代议制政府,这只会产生专制政府,它支持有些人的利益,反对另一些人的利益:"谁主张代议制政府,就是主张利益协调;谁主张利益协调,就是主张不要政府。"④这种宣称并非全然有别于马克思的国家消亡观,尽管两人设想的路径迥异。⑤

　　在革命的几月间蒲鲁东声名鹊起。5月15日流产的起义中,临时政府公布了九大成员名单,他名列其中;6月,他赢得了议会选举,和他一道的有雨果、梯也尔和路易·拿破仑。起先,蒲鲁东认为六月起义是政治阴谋家和煽动者所致。但是到第二天,他深信起义真正——即便还模模糊糊——有社会主义的灵机。"它最先的决定性的原因是社会问题、社会危机、工作、理念,"他说道。⑥ 蒲鲁东比大多数人更清楚地

---

① 参见本书第七章。
② 在此我不再试图穷究其他潜在的大陆内比较。不论好坏,1848年的法国经验对古典社会理论施加了首要影响。
③ Woodcock, *Proudhon: His Life and Work*, p.118.
④ P-J Proudhon, *La revolution sociale demonstrée par le coup d'etat du 2 décembre*, p.271.
⑤ 1846年,蒲鲁东写信给马克思,说自己放弃了对"习惯上所称的革命"的信念,它"不过就是一次震动……我们切不可建议将革命行动当成社会改革的手段,因为这种假想的手段无非是呼吁武力和霸道而已"(Proudhon, *Selected Writings*, p.151)。
⑥ 引自 Woodcock, *Proudhon: His Life and Work*, p.130.

认出六月起义者和国民别动队士兵都是工人阶级(在前马克思主义的宽松意义上)成员。他将暴乱本质上解释为四个月的失业继而攻击国家工厂的结果。除了这样引证直接经验外("大事件总是由小原因来解释"①),蒲鲁东对革命事件的解释往往仰仗观念。他感到政府陷入了以前历届政府传下来的教条的泥潭(比如关于公共安全)。他将12月2日的政变看成是"1851年2月到12月之间支配着法国的那些观念的完全合法的后果"②。

确实,蒲鲁东对1848年革命的第一印象颇为消极。他甚至预见到马克思(1852年)对法国革命史中的重复的著名特征描述;正如蒲鲁东在1848年2月写道:

> 我听得见工人在高呼:"共和国万岁!打倒虚伪!"可怜的人!他们就在虚伪的掌控下。将要成为统治者的那些人不知不觉地正是它的代理人和最先受骗者。诡诈百出,流言四起。我们沉醉于历史的新创,却看到了(1792年)8月10日和(1830年)6月29日的重演。不注意到它,我们都将成为某场闹剧中的人物。③

在蒲鲁东能够更实心地投身革命事业之前,他需要确信这些事件不是"人为的"而是"原始自发性"的产物。④ 他将革命本质上解释成普通大众而非既定政治领袖的行动,从未动摇过。1849年,他猛烈攻击了革命性变动是开明政府领袖引致的观点:

> 任何自上而下的革命都必然是……独裁和专制政权的政变……所有革命,从第一个国王加冕一直到《人权宣言》,都是人民自发促成的。如果还有什么时代政府唯人民马首是瞻,这是因为他们迫于无奈。政府几乎总是阻止、镇压和打击革命。它们从未自觉自愿地彻底变革任何事物。它们的角色不是襄助进步,而是挡住它。即便它们懂得革命的科学或者社会科学(这匪夷所思),它们也不能付诸实践。它们大概无

---

① Proudhon, *La revolution sociale*, p.16.
② Proudhon, *Selected Writings*, p.164.
③ Ibid., p.154,着重号为原文所加。
④ 参见托克维尔《回忆录》认为事情就是如此的结论,第348页,前引文。

权这么做。①

这里提及蒲鲁东,目的不是要宣称,在纯粹知识贡献方面他是比肩托克维尔、马克思或者哪怕是孔德的思想家(尽管那些贡献并非无趣)。毋宁说它是要唤起对如今已经隐没的传统的注意,这种传统将平等和正义的法国革命理想推向激进一端,将它们与共同体主义的团结观念相结合(有时比法国革命本身更强调博爱),后者依靠作为历史中的关键主体力量的"人民"(或者,到1848年时是无产阶级——在宽泛的、非马克思主义的意义上理解为一切劳动者)的直接行动,愿意根据乌托邦大转型来思考问题。这条思想路线因1848年的挫败而失信于人,由此使得后来的分析者忘记或者否认它在革命浪潮中所扮演的重要角色。②

法国激进革命传统(以及其他国家的相关传统)的沉寂紧密牵连着欧陆民主自由主义的颓势。资产阶级革命的回响继续回旋在学院派政治理论家的权利、公平和正义话语中(英语国家尤甚),但是继而欧陆更兴盛的社会学理论却跟这种话语断绝了关系。③ 然而在19世纪40年代,民众对空想社会主义的共同体主义和法国革命传统的民粹主义形式存在强烈的共鸣。1851年后,这两种(有交叉的)传统丧失了思想声誉,即便尚未失去大众吸引力。实际上,自20世纪60年代以来,为什么共同体主义的激进主义、直接的民众行动与平等和公正理想的统一必须部分改造以纳入政治和社会理论中,这种声销名毁是原因之一。

---

① 参见托克维尔《回忆录》认为事情就是如此的结论,第156—157页。
② Swell, *Work and Revolution in France* 是一个明显例外。
③ 这种传统当然可能重获新生,或许在索雷尔那里最为明显,前面已提到过。米什莱(蒲鲁东的朋友,也同样是"人民"的使徒)是拥护这种传统的有些方面的一位重要知识分子,但是我们或可注意,埃德蒙·威尔逊的《到芬兰车站》被认为是一部激进主义史,它对米什莱特别推崇,这是引人注目的不合时宜;他更多是遭到忽视。直接与阿隆的看法相对照,值得一提的是法国革命传统在涂尔干思想中赫然耸立(参见 Seidman, *Liberalism*)。涂尔干不应被简化为孔德主义者,即使我们可以挑剔他的著作,说它没论述政治,还暗示政治是真正根本的基础社会力量的附带现象。实际上,当涂尔干把自己放在与激进政治思想的关系中来考虑时,假定索雷尔耸现在他的视野中而非马克思或马克思主义者的视野中,是言之有理的。不过涂尔干是法国革命传统中有点特别的代表,因为他将对共和国的忠诚和对政治性的极度轻视联在一起(这点上我有些不同意塞德曼《自由主义》一书的观点,他把涂尔干看成更全面地隶属于法国革命传统;我认为仅仅是因为他将这种传统窄化为公平和正义观念,无视它对直接大众政治行动的肯定和它的权利修辞,这才成为可能)。依照在国家中体现出来、在其集体表征中受到歌颂的样子肯定革命传统,与用一种让某人自己成为革命者的十分激进的方式坚守革命传统完全不是一回事。

其实,说1968年造反重新赢回了1848年失利的造反者的某些思想,不算牵强附会。①

课　业

无论如何,古典社会理论从1848年革命学了三堂主课。就像革命诸阶段一样,它们可以用三个著名月份来标记。2月的课业是,不民主的政府(在关键时刻)容易被推翻,尽管事实证明稳定的民主很难建立。后来的经验引发了一场争论:1848年自由民主制的失败是否事实上直接导致法西斯主义。

6月的课业是,阶级忠诚已成政治的核心,不管怎样,一场超越"纯粹资产阶级民主"的阶级斗争业已启幕。关于人民间利益一致的任何假设都被认为过时了。在此,近来的修正主义史学直接挑战了公认的见解。一种杰出的研究路向认为,工匠比马克思主义的无产阶级之类集群表现得突出多了。② 这种修正主义到1983年大获成功,以致特劳戈特封它为"新正统"。③

然而到底如何将工匠的突出地位理论化,对此争议也很大。一种思路是,依然在大体属于马克思主义的概念框架内,将它们合并到一种更普遍、更内在多样化的无产阶级观念里。④ 另一种思路则争辩说,这

---

①　在20世纪大多数时间里,人们或许会责怪社会理论和社会学分析不够关注革命。最近主要在一种复兴的马克思主义影响下(但并非全因此故),这个主题上的著述层出不穷,然而连马克思主义等同情性叙述也经常用一种"常规化"方式对待革命。他们强调革命的纯粹政治和经济性的维度,以至排斥了更普遍的文化和社会心理潮流,还低估了激情的作用,夸大了算计的角色(跟对于1968年的回顾性说明并无二致)。但是艺术家对某些resolutions(音乐中的解决或戏剧中的冲突解开)的热情,新自由的生机勃发,一种全新可能性(哪怕有时明显是错觉)的意识高涨等,它们在社会学解释中的地位不应被否认。这个问题极似马克思主义对空想社会主义的诋毁,那同时是一种历史偏差、一种政治失策和一种理论想象力的贫乏。

②　普赖斯的《法兰西第二共和国》(Price, *French Second Republic*)也许是这一论辩的关键源泉;也可参见休厄尔在《法国的工作与革命》(Sewll, *Work and Revolution in France*)中对劳工的语言和组织的讨论,以及本书第七章对个中含义的总结和 Ira Katznelson and Aristede Zolberg, eds., *Working-Class Formation: Nineteenth-Century Patterns in Western Europe and the United States*.

③　Mark Traugott, "*Introductory Comments*".

④　Ronald Aminzade, *Class, Politics, and Early Industrial Capitalism: A Study of Mid-Nineteenth Century Toulouse, France*.

种做法根本上削弱了马克思那些范畴的理论意义,同时掩盖了工匠(以及更固守传统根基、经常运用平民主义修辞的其他激进分子)与现代工人阶级之间的重大断裂。①

6月的古典课业受到一些研究的进一步挑战,它们认为马克思和托克维尔都误以为6月起义期间造反者与其镇压者的阶级背景(甚或社会背景的其他向度)有决定性差别。特劳戈特近来将这一论调推向顶点,说6月斗争的两方没有关键背景差异可以用来解释他们的忠诚。②他辩称,倒不如说他们被整合进去并赖以被动员的组织的特定历史应该成为解释注意力的基本焦点。这种分析有一种含义,就是强调政治忠诚在革命形势中的易变性及其在组织和话语压力下的可塑性(虽然特劳戈特不太重视理念)。革命可能真的部分源自基础结构因素,这些因素也可能影响人们所持的立场,但是特殊的、偶然的历史因素起了很大的调节作用。

(1848年尤其是1852年)12月的课业仅仅是,革命往往在"秩序党"中制造一种波拿巴主义或专制主义的回应。由此观之,革命产生不了稳定的自由政权。然而古典社会理论倾向于假定政治和经济间关系的颇饶进化论的观点。就法国而言,拿它与英国比较是基于法国经济发展不知怎的"滞缓"了的假设。在一些讨论中,这归咎于她的革命史(及其不彻底性);在另一些讨论中,法国一再发生的革命源于这种假定的经济落后。但是近来的学术研究质疑了这种十分经济化的假设。③专制主义没有造成第二帝国的经济无效率。减慢工业变革速度的民众

---

① Calhoun, "Radicalism of Tradition"以及本书第三章。

② M. Traugott, *Armies of the Poor: Determinants of Working-Class Participation in the Passion Insurrection of June 1848*. 不知何故,特劳戈特的结论比他的数据更普遍。他说明国家工厂和别动队成员自称的从前的职业具有实质相似性,但是这很难穷尽在结构位置或背景经验方面有意义差别的可能性。特劳戈特的著作也没有证明,不考虑同时代人和后来的分析者都注意到的年龄差异的影响是正当的。特劳戈特的"组织假说"应该被当作若干解释中的一个局部解释而不是完全的替代品。亦见 Roger Gould, *Insurgent Identities*,本章初次发表几年后它才梓行。

③ 尤请参见 P. K. O'Brien and C. Keyder, *Economic Growth in Britain and France, 1780-1914: Two Paths to the Twentieth Century*。

理想即使从经济上说也并非纯属犯傻。① 12月的古典课业有一面被确证了:革命和反动似乎双双助长了政府的集权和扩张。②

遗漏的课业

本章结束前,我想指出本可从1848年学到却没有学到的关乎革命的一堂课业,尽管它和上述行政集权和政府扩张的最后一点关系密切。遗憾的是,在本章范围里我不能充分展开它。事实上,马克思和托克维尔都得出了与我将要提出的相反的结论,部分是因为他们没有深察到一种重要的社会变迁。

很大程度上,1848年标志着西欧经典城市模式的最后一次革命。它是基于(1)权力在城市之内的集中;(2)一种城市公共领域的存在,政治思想赖以超越直接的社会交往圈而广泛传播③;(3)城市群众的存在,他们准备操起武器(也有斗争经验);以及(4)通常相对非政治的"传统群体"的潜在支持,他们处在城市公共领域之外,积怨已久,激起反对旧制度的行动(如农民和小镇的技能人员)。当然,这些潜在革命基础不可能一夜之间从西欧消失,但是它们再也不能在机缘凑泊中聚集一处,尽管它们出现在1871年的巴黎与1905年的德国和俄国那些不成功的事件中(当然俄国激进主义的巴枯宁主义呼应了蒲鲁东——虽然它有助于推翻旧政权,但在1917年未能取得国家政权)。然而无论我们将终点标在哪里,1848年必须被视为这类革命潜力的衰退关头,

---

① Calhoun,"Retardation of French Economic Development and Social Radicalism during the Second Republic: New Lessons from the Old Comparison with Britain"以及本书第七章。

② 革命对政府的官僚化和集权化的促成是韦伯从革命史借鉴到的主要教训,尽管他几乎不泛谈革命或专论1848年革命。事实上,看起来韦伯将1848年看成一次政变,不是一场革命,并强调加强的政府官僚制很大程度上致使"真正的"革命不可能发生:"尽管第一帝国以来法国的主宰者历经变换,但权力机器却基本上始终如一。正是这样一部机器,使得依靠暴力创造全新的权威结构这个意义上的'革命'变得越来越不可能了——从技术上说,因为它控制着现代通讯工具(电报等),还因为它的内在结构日趋理性。在这个过程中,'革命'已被政变取而代之,法国以经典方式做出了证明,因为那里的一切成功变革都终归于政变。"(Weber, *Economy and Society*, p. 230(页码有误,应为989页。中译本参见《经济与社会》,阎克文译,上海人民出版社2010年版,第1029页,略有改动。——译者注))

③ 我主要指巴黎,但程度锐减地也指主要的外省城市中心。

而不是起飞或加速的时刻。

从托克维尔和蒲鲁东等人的叙述中极为清晰地显现出来的为数不多的事情之一,就是革命的戏剧多大程度上是在面对面互动和人际关系中从头演到尾的。各种革命精英不仅直接来往,而且谣言也可能像电流一样穿行在巴黎大街的环线上。2月24日清晨,托克维尔听他的厨子说"政府在杀穷人"①。他一踏上大街,就能"嗅到空气中的革命气味"。他前往一位国王顾问的宅邸,路遇并询问了一个国民别动队士兵,他正匆忙拿起武器保卫人民。1848年革命几乎完全发生在巴黎,这个事实在社会理论中被显著忽视。② 它是在大众从(比如说)议会向市政厅行进的时候,在一系列高度地方性的行动中产生的。实际上,市政厅适合被指定象征法国历次革命,因为它们都是巴黎人的革命,无论它们可能怎么在乡村地区得到响应、策励或(像1848年的部分情形那样)破坏。比方说国家工厂都在巴黎,这导致巴黎想要求职的失业人员如潮水般增长。当然,共和国政府不得不对付外省城市中的那些问题。但是,就像之前的路易·菲利普一样,大臣们不得不担忧的威胁来自巴黎群众。把普选权扩及整个国家,碰巧既是遏制革命的手段,也同样是扩展革命的方式(虽然到1851年部分乡村更加骚动不宁)。③ 甚至当革命行动在全法国展开时,它也是作为地方性对抗的扩散而组织起来的。全国政府是高度地方化的,它只能在一个地方遭受攻击:巴黎。

马克思和托克维尔将这种革命的城市特征简直视为天经地义,或许并不令人惊讶。比如,马克思根据城市无产阶级和农民的利益差别对之加以理论解释。但是他并未考虑到城市主宰旧模式的终结——城市作为吉登斯确切地、尽管笨拙地所称的"权力集装器"的暗淡——对革命理论的含义。④ 1848年以后巴黎是如何根本重建的,这当然已被注意到。⑤ 不只是林荫大道拓宽了——这影响颇多,或许尤其削弱了起

---

① Tocqueville, *Recollections*, p.46.
② 历史学家对此意识更清楚,也就是斯特恩斯所说:"革命本身几乎纯属巴黎人的事。"(Stearns, *1848: The Revolutionary Tide in Europe*, p.81)
③ 参见Ted Margadant, *French Peasants in Revolt: The Insurrection of 1851*; and Maurice Agulhon, *La République au Village*。
④ Anthony Giddens, *The Nation-State and Violence*.
⑤ David Harvey, *Consciousness and Urban Experience*, 第三章。

义者在街垒战中的优势,便利军队的调动。工业、居住与政府的建筑布局也改变了。但是较少被觉察到的是,即使在法国这个也许最为集中化的现代国家里,政府局限于首都的程度也大大降低了。行政机构向全国广为扩展,城市骚乱变成真正革命的概率骤减。这部分体现在1871年,当时一场激烈的城市起义(蒲鲁东主义思想在其中大显身手)最终未能制造一场全国革命。①

在铁路、电报和改进了的行政基础结构把全国联结起来之后,1848年意义上的革命(从某种实践的、运筹的角度看来与1789年差别不远)不再具有可能性。事实上,1848年的一个新特点并不暗示革命政治日趋于成功。在6月起义中,"铁路第一次使外省直接介入巴黎人起义成为可能"②。任何现代欧洲国家(或者再宽泛点,"富裕国家")的政府都不会仅凭首都的暴动就被推翻。之所以如此,部分是因为政府本身已不再如此受空间的限制了。这堂课业,马克思等人在观察1871年巴黎公社的命运时已经部分懂得了。然而,它没有贯穿到马克思(像其他许多人那样)在亲历1848年和反思1789年时形成的对革命的最基本见解中。同样的,法国革命传统的意义改变了。它可以继续是一种文化遗产,但是对过去革命成就的虔敬绝不同于在自己的时代采取革命立场。只是在前一种意义上涂尔干延续了法国革命传统。此外,随着焦点从巴黎和其他许多地方情景转移到由报纸到电视这些媒介连接起来的法国,对直接大众政治参与的任何吁求彻底改变了意义。拿1968年作对比再次具有启发性。

虽然葛兰西没有对城市的地位变动或者社会基础结构本身的转变加以理论解释,但他在几小段话里确实看出了1848年所标志的革命政治中的某种重大变化:

> 1848年后现代政治技术全变了;此后是议会政治的扩张,工会和政党的关联体系的扩展,以及巨型的国有和"私营"的官僚机构(政治性私有的,属于政党和工会)形态上的

---

① 当然,其他因素在限制1871年的起义范围上也很重要——尤其是普鲁士陆军。
② Stearns, *1848: The Revolutionary Tide in Europe*, p.91.

第八章 经典社会理论与1848年法国革命

发展;此后还是武力或者宽泛意义上的秩序的组织发生的转型。①

1848年之后的转型对意识形态霸权的兴起很关键,葛兰西认为那种霸权是成熟资本主义的特征。他提出,为了取代永恒革命,有人看中了"永恒组织化的同意"②。于是1848年以后,革命的进取心注定要从欧洲核心国家转移出去,最为紧要的原因是它们发展出新水平的全国统一的行政管理、交通运输和通讯基础结构。旧革命传统异乎寻常地在世界某些地域延续下去,那里全国性基础结构比较薄弱,首位城市被赋予绝对中心地位。在这些环境里,追求民主与追求社会革命也经常可能结合在一起。为什么古典意义上的革命如今仅仅习见于第三世界国家,这是一个关键缘故。③

奇怪的是,社会理论尚未将基础结构方面的这类变迁置于思考的中心位置。④ 我们关于革命和社会整合本身的概念,依然受到直接人际关系经验的过多影响,极少注意到以技术和复杂组织结构为中介的间接关系的日趋重要。由于1848年革命及其反动,这些新的结构实际上在法国和欧洲大部发展得飞快,若是没发生这些事件或许会慢些。拿破仑三世就是铁路的知己。

事实上,1848年的极新事物是直接依靠这个时代改善了的交通工具和通讯设施这一特征。1848年法国革命是震动全欧并引起别的大陆反响的一场危机的组成部分。资本主义确实国际化了,有各条光明大

---

① Antonio Gramsci, *Selections from the Prison Notebooks*, p. 221. (中译本参见葛兰西:《狱中札记》,葆煦译,人民出版社1983年版,第168—169页。因据俄文版中译,与英译本有些出入。——译者注)

② 同上书,第80页。当然,有人或许会说,1789年前的旧制度中也存在意识形态霸权。但是葛兰西的分析表明这在性质和重要性上都不一样。旧制度当然也得益于其臣民的默许,这跟其他任何政体相似,但是它不必像愈加工业化的资本主义国家那样,如此深入地教育、动员它的国民,以致同意的组织化呈现为同类的问题。与此同时,组织持久革命运动的结构(和基础设施)障碍在前现代欧洲森然耸立。当然,最后但并非最不重要的是,人们感到现代革命理念有赖于类似现代国家这种事物的存在。虽然前现代政府面临各种威胁,同样意义上的革命却不是其中之一。

③ 显然,经历了革命的第三世界国家所特有的国家整合度和城乡关系千差万别。这里我指的是常见模式,我无意暗示它是唯一一种。但是近至开罗解放广场的被占领和2011年埃及穆巴拉克政权的被推翻,它是一种明显的模式。

④ 参见 Calhoun, "The Infrastructure of Modernity"。

道可以使革命、民族主义①和民主观念从一种环境流向另一种环境。但就是这些道路也加强了镇压工具，或许更重要的是加强了为避免欧洲 19 世纪中期那样的危机而设计的日常行政机构。从这个意义上说，马克思、托克维尔、蒲鲁东和孔德等思想家就醒目地卷入了国际思想交流，那种交流前所未见地增进了，即便它不是全然新出的。1848 年是一起媒体事件，在遍及欧洲和北美的新创报刊上传扬。在那方面（当然还在别的方面），它是 1968 年的先声。但它并非马克思乐见而托克维尔惧闻的工人阶级革命的先声，部分是因为这类革命的条件比他们两人所承认的更多关联着西欧历史的过渡时刻，更不像是线性、累积的变迁问题。

结 论

我的主旨很容易总结出来。由于 1848 年法国革命深深卷入几位古典理论家的生活，也因为它反映了他们的注意力所直接聚焦的社会状况和运动，所以它给我们思考他们思想中的一些重要方面提供了非常有用有利的视角。实际上，通过观察革命斗争所习得的课业（有些现在需加修订），1848 年革命对古典社会理论施加了显著的塑造性影响。特别说来，马克思和托克维尔都认为他们在 1848 年革命中发现了一种新特征——阶级斗争的强化。但是马克思的热切期待与托克维尔的忧心忡忡都没有被完全证实。我在这里力主这一点的两大主因的重要性。

第一，马克思和较低程度上的托克维尔都低估了以蒲鲁东为代表的平民主义意识形态的中心性和力量，低估了觉得它特别恰当的那些工人——比如，小企业、前工业的手工业和其他非工厂职业中的工人——成为革命支柱的程度。六月起义和波拿巴政变失败后，1848 年革命促成了激进法国革命传统（连同空想社会主义）的沉寂，由此影响了古典社会理论。从而这条思想路线的效力也不幸地容易被后来的思

---

① 民族主义是 1848 年革命的一个重要面相，尤其是在东欧和南欧。古典社会理论也没有足够在意它，拙劣地把它看成前现代既往的残余，而不是现代性的重要部分；但这超出了本章范围。

想家遗漏。

第二,古典传统(和许多现代分析家)也未能将一种基本的社会转型即基础结构和行政管理的改进作为主题充分讨论,那种转型使得1848年在关键方面更类似于1789年,而不是直接证明了革命阶级斗争将在西欧国家继续成长。革命的消停是交通工具和通讯技术改善的作用,也是部分透过它们国家组织(和就此而言的资本主义组织)效能改善的作用。权力的结构和机构变得不那么地方化,因而传统革命手段更难攻击它们。

第九章　19世纪初的新社会运动

自20世纪60年代末以来,"新社会运动"方面著述如山,这种运动活跃于正式的制度渠道之外,不再特别强调经济目标。例如女权主义、生态运动或"绿党"、和平运动、青年运动,以及为实现个人认同或生活方式合法化的类似斗争等。据说这些运动在主题、策略和支持者上都是全新的,与作为典范的"旧"社会运动的工人运动形成鲜明对比。

本章要表明,20世纪后期新社会运动的那些所谓"新颖"的主要特征,全都在美国19世纪早期的社会运动中显山露水了,而且这些特征对社会运动的典型程度,至少不亚于在典范的工人运动中所见的那些特征。这既挑战了美国例外论的观念,也挑战了认为20世纪后期的社会运动是一种全新的社会运动的错误历史断言。本章也关注(1)"全新"本身对社会运动具有何种含义;(2)身份政治和其他特点,它们是整个现代的社会运动所共有的,却因过度关注工具行动和制度化的政治经济利益而被掩盖;(3)社会运动场域的行动、差异和整合中的一般历史模式。

认同政治

认同政治经常表现为新起的日常生活的政治化,是从稍微传统些的利益政治转化而来。有的分析家指出,不但私人性(the personal)越来越政治化,政治也越来越审美化。戏剧表演而非工具性的斗争成了主要话题。

这些是对当代政治的持平之论,但它们设想"旧"政治狭隘地紧抓住工具性的利益斗争不放,很大程度上不是认同政治,无关于日常生活的政治化,而且多半不是靠审美生产和表演而运转,就此而言它们是误导性的。至少在现代,也许还可以更普遍点,这从来不是实情。看起来像是这么回事的原因在于那些霸权意识形态,它们将生活的"专属政治性的"、从而可以公然竞争的部分与其余部分区别开来,于是遮蔽了生活其他领域的权力运作和权力斗争。

大众参与政治过程既扎根于早期的共和主义,也扎根于专制主义时代的政治动员和仪式,它的提高的漫长现代史将日常生活的关切带上前台,也使认同问题成为根本问题。这种渐增的民众参与虽然跟民主事业密切相关,却不限于此。它无论在哪里都显露在外,只要那里的政权——哪怕极不民主的独裁政权——认为它们的合法性建立在为普通民众的利益服务、改善他们日常生活条件的基础上,并承认它们继续统治的条件在于它们动员普通民众从事军事、工业和民事工程的能力。这是——比如说——所有共产主义国家的修辞,尽管它们在有多民主、事实上为其公民利益服务得多好方面差别很大。

当普通大众被拽进这样的动员和合法性话语之中时,政治必定涉及显著性身份上的斗争,这在公民身份意识形态的传播中就很明显。"公民"这类身份跟其他身份——从"臣民""工人""妇女"到"牧师"——处于实际的或潜在的紧张关系当中。它们个个都可能同样模糊、同样容易引起斗争(虽然其模糊和斗争的程度都是反映霸权意识的稳定和功效的变量)。造就现代阶级政治要求一种认同斗争,它要说服工人相信,他们的工人共同身份应当盖过他们在手工行业或生产领域、所属地区、宗教信仰及性别上的差异,他们应当跟中产阶级或精英认同划清界限。换句话说,最典型的利益政治就扎根于一种身份政治。它也是以日常生活的政治化为基础,那要求把经济福利与雇工和雇员间的关系视为公共和政治关怀的事务而不是纯私人利益。① 这自始即部分是一种审美化政治,它被戏剧化的表演和仪式发扬光大,从法国手工业行会传统的动员②,推进到卢德派的政治剧场③,到工会歌曲的传唱,到向派系身份退避、将工人特色和风格(在此更一般地改造社会的政治行不

---

① 这背后隐藏着对于"普通人的幸福"的更普遍道德评价,正如查尔斯·泰勒描述了首先被定位于新教改革时代的欧洲意识的关键转变。为了造就对"工人"之类认同的政治信守,至为紧要的是世俗的物质福利追求(以及与之相关的其他价值,例如幸福的家庭生活)不是被表征为叛离了来世理想,而是表征为有其自身权利的道德善。参见 Taylor, *Sources of the Self*。

② 参见 William Sewell, *Work and Revolution in France: The Language of Labor from the Old Regime to 1848*。

③ 参见 E. P. Thompson, *The Making of the English Working Class*。

通)理想化,再到积极的工人斗争被共产主义社会里的无产阶级的审美化形象所取代。

简而言之,阶级政治部分地但也必然地是认同政治。虽然它扎根于地方性的工人认同中,就阶级概念来说也与资本集中相联系,但它还是规模颇大地开展的。但是阶级政治不是这样的大规模认同政治里唯一的或最成功的冒险事业。实际上,它恰恰在与民族认同的承诺对抗时遭遇了命运攸关的危机。民族主义者尤其创造出了一种更有效审美化的政治,就在它那些美学形式——比如民族神话和风俗、诗歌和戏剧,以及民族音乐和宏伟交响乐、对国语的归属感——里,那种政治时常表现为前政治或非政治。民族主义——民族认同的话语和政治纲领——甚至塑造了阶级认同所构成的东西,将工人的自我意识与阶级政治观念大体定位在民族国家之内,尽管存在着资本的国际组织与马克思和恩格斯对世界工人大团结的号召。在一战的灾难岁月里,民族主义坚决地展现出更强大的力量。如果需要进一步的证据来表明,日常生活的政治、政治的审美化和认同斗争是怎样已然成为现时代的中心,而无待于20世纪60年代的发明,那么我们只需向法西斯主义、国家社会主义和二战看去就行了。

政治斗争中什么利益会鼓动人们,或者什么利益会将人们驱策到政治斗争中,这不甚明显。由于我们每个人通常都会卷入一系列的个人承诺、计划和愿望里,也都试图穿行于多重社会世界之间,我们会向政治过程呈现出至少部分未定的种种认同。但是因为我们的各种认同可能互相竞争,还有若干作用力试图加强一些认同而削弱另一些,所以始终都有一种身份建构和经验的政治。政治不只是依认同而起的。这在民族认同那里尤为明显,不仅因为它们在我们当代世界有如此之大的影响,也因它们很容易被视作自然的、前政治的。换句话说,民族认同之所以需要批判性理论,正是由于它们的制度化和再生产方式使其往往免于批判性复查。

"新"社会运动之新

1968年以后的一段时间里,分析家和参与者们开始谈论起"新社会运动",它运作在正式制度渠道之外,强调生活方式、伦理的或"认同"

的关切而非狭隘的经济目标。各式各样的例子渗透到概念化之中。例如梅卢奇引证了女权主义、生态运动或"绿色运动"、和平运动和青年运动。① 其他人补充进来同性恋运动、动物权利运动以及反堕胎运动和支持堕胎运动。这些运动据称都是新议题、新策略和新拥护者。首要的是,它们相较于劳工运动是新颖的,后者是典范的"老"社会运动;相较于马克思主义和社会主义也是新颖的,后者主张阶级是政治的中心问题,认为单一的政治经济转变就将解决全部社会病痛。甚至与传统的自由主义相比,它们还是新颖的,那种主义假定了固定不变的个人认同和利益。因此新社会运动质疑了传统上政治的左右之分,将政治扩大得包含了过去被认为处于政治行为领域之外的问题。②

这些新社会运动(NSMs)部分源自于"新左派",与20世纪60年代的学生运动有联系。对它们的新颖性的概念化是运动本身的组成部分,也是(主要在欧洲)将有关这些运动的讨论当作改造或拒斥马克思主义理论和社会民主政治的契机。当NSMs被视为后工业或后现代社会的标志时,对新颖性的强调延伸为对划时代变化的声称。但是在这一章里,我要论证的是,暗含在新社会运动这一观念(如同在后现代主义和后工业主义观念)中的历史声称是名不副实的。我将探讨近期文献归于NSMs的主要的区别性特征,证明这些十分吻合活跃于18世纪末,尤其是19世纪初的许多运动。但我的观点也不光是否定的,不光是建议我们应该抛弃NSMs是20世纪晚期所独有的这种观念。

抛弃虚假的历史声称使我们能够理解社会运动的整部现代史。这么说有三重意思。第一,正如塔罗提出的,人们在20世纪60年代及其后的朝气蓬勃的运动中所描绘的许多特征可能源自每一运动的新生性,而不是源于这一整波运动的新奇处。③ 换句话说,处在初期阶段的所有运动,包括劳工运动和社会民主主义,往往符合NSMs模型的某些方面。第二,如果我们注意到社会运动的形式、内容、社会基础及其对参与者的意义的内在多样性,不去试图根据由劳工或革命运动所界定

---

① Alberto Melucci, "Social Movements and the Democratization of Everyday Life", p. 247.
② Alan Scott, *Ideology and the New Social Movements*.
③ Sidney Tarrow, *Struggle, Politics, and Reform: Collective Action, Social Movements and Cycles of Protest*.

的单一模型或者有关动员的一套单一问题来理解它们,那么我们会更胸有成竹地去分析一切社会运动。在任何历史时期内,至少在现时代,我们能够确定整个社会运动场域,那些运动由它们的彼此关系塑造而成,吸引着不同的、虽然交叠的潜在参与者。对于这样的场域中的各种运动,我们可以富有成效地提出 NSM 理论所开拓的种种问题——认同政治问题,把社会运动看成目的本身的可能性问题,诸如此类,而不仅是资源动员理论或马克思主义的那些问题。第三,如果我们抛弃发展主义——它将 19 世纪初的运动要么视为后来巩固的劳工运动和社会主义的前驱,要么视为历史的岔道旁支,也抛弃它的拒绝寻求宏观历史模式的对立面,那么我们就可以开始探索,是哪些因素决定了(在特定环境下)某时期是不是以整个社会运动场域的增生或巩固、膨胀或收缩为特征。

社会运动场域包含许多不同类型的运动,这种多样性和不同运动间的关系被过度狭隘的社会运动定义掩盖了。例如蒂利探讨运动,就是遵循有"五大要素——利益、组织、动员、机遇和集体行动本身"①的集体行动分析法,这遗漏了自我理解,突出了工具性追求。同样的,塔罗、蒂利等人将冲突和对抗"既定权威"的观念植入其社会运动的研究取向中——在塔罗那里属于"抗议"部分,在蒂利那里属于"抗争"部分。② 这就使得他们的关注焦点集中在有着强烈的经济和政治议程的运动上,避开了"文化的"运动。图海纳的定义则近乎走向另一极端:社

---

① Charles Tilly, *From Mobilization to Revolution*, p.7.

② Sidney Tarrow, "National Politics and Collective Action: Recent Theory and Research in Western Europe and the United States"; and Tilly, *From Mobilization to Revolution* and *The Contentious French*. 蒂利(另见 Tilly, "Britain Creates the Social Movement")专心研讨挑战正在扩张的国家的那种抗争行动。他发现,社会运动只是随着宪章运动才在英国创兴,一场运动的兴起是在全国范围内整合起来的,他认为国家是表达抗争性的、大体是经济方面的要求的主要社会行动者。他关心的是区分"主动性"的、现代的运动和"反应性"或防御性的运动。这仿效了马克思与 19 世纪末的其他改革者和激进分子的做法,他们将他们的动员和纲领与其前辈和更老派的同代人区别开来。"什么算是真正严肃的社会运动"的这一界定,影响了这个问题的几乎全部后续讨论,包括对 19 世纪初的研究。汤普森(*Making of the English Working Class*)以其"阶级是发生的事件"的解释和对众多非常规运动的广泛注意,正是要挣扎着部分逃脱这个界定(虽然仍然是马克思主义—激进主义的信徒)。有些时候,蒂利较少关注全面的"现代化"进程,更接近汤普森的立场(虽然他从未彻底弄清他对文化和"唯意志论"的立场):"长期的团结重塑,而不是压力和张力的直接生产,构成对政治行为的结构性变迁的最重要影响。"(Charles Tilly, Louise Tilly, and Richard Tilly, *The Rebellious Century: 1830—1890*, p.86)

会运动是敌对者之间的规范导向的互动,他们对共享的文化场域有着矛盾的解释和对立的模型;照他看来,NSMs 是与公民社会里的其他团体相竞争,不是与国家相斗。① 这是个有益的修正,但我们也不能预先断定指向国家这个问题。一则这是个双向问题。国家是被制度化地组织起来的,它承认了某些认同,为某些冲突提供了舞台,但同时排斥了其他认同和冲突。因而国家本身塑造了 NSMs 的定向,也更普遍地塑造了社会运动场域。

要点在于,将(比如说)宗教运动与更刻板地认定为社会的或政治的运动划分开来,那是误导人的。宗教运动也许会有政治和经济议程——特别是在政治被单单视为关系到国家的事务之时。更基本地说来,如汤普森清楚表明的那样,宗教和劳工运动可以互相影响,争夺追随者,在有些参与者的生命中互相补充;简而言之,它们可能属于同一社会运动场域。② 问题部分在于,许多传统的社会运动(更一般地,集体行动)分析都忽视或明确搁置文化或意义解释方面的问题。这往往造成注意力偏离那些主要关心价值、规范、语言、认同和集体理解(包括运动参与者的自我理解)的运动,而指向工具性地专注于变动中的政治或经济机构的运动。社会运动分析家也常常避不谈及情感,也许是害怕牵扯上不足信的大众心理学。就当下的目的而言,我们最好是认为社会运动包含了以某些方式影响文化、社会行动和关系的诸般模式的一切努力,那些影响方式有赖于数量众多的人参与协作的、自组织的(不同于国家指引的或制度授权的)集体行动。

广泛的近期社会运动和给它们贴上 NSMs 标签的文献,都助长这样一种更加开阔的视野。我们不是要因其失实的历史陈述而剔除 NSMs

---

① A. Touraine, *The Voice and the Eye*, pp. 31-32. 正如柯恩和阿拉托(Jean Cohen and Andrew Arato, *Civil Society and Political Theory*, p. 510)提到的,更极端的观点是皮佐尔诺的"纯粹认同"模型(Pizzorno, "Political Exchange and Collective Identity in Industrial Conflict" and "On the Rationality of Democratic Choices")。

② E. P. Thompson, *Making of the English Working Class*. 政治社会学家一贯倾向于带着"什么才算是真正政治性的"观念从事研究,那种观念把宗教边缘化了,哪怕它明显看起来对正在研究的现象很重要。正如马修斯评论李普塞特的《第一个新国家》(*The First New Nation*)所言,"李普塞特对一个不断变化和发展着的新国家的这项研究,令人意外也非常令人沮丧的是,他从不解释它怎么变得这么富于宗教性。"(Matthews, "The Second Great Awakening as an Organizing Process, 1780-1830: An Hypothesis", pp. 26-27)

理论,而应看到它所提出的那些问题在一般性地理解社会运动上的重要性。认同政治和类似的关怀,从来不曾像它们被遮蔽得不为常规学术观察所及那样厉害地缺席社会运动活动的场域,哪怕是在自由主义的政党政治或有组织的工会斗争的鼎盛时期。特别是在1848年后,正当社会主义变得更"科学"之际,社会科学家却看不见直接行动的传统、流动多变的集体认同,以及共同体主义等尝试——它们试图克服较为工具性运动的组织上的手段/目的鸿沟。① 特别说来是学者、一般说来是启蒙运动后的知识分子,他们的世俗主义使得基于宗教和其他更精神化取向的集体行动,有点像是不同于以工会为基础的社会主义那种"真正"社会运动也不同于自由民主运动的另一种会社。民族主义往往被视为一种倒退的越轨,而不是社会运动和认同形态的现代形式。早期的女权主义极少获得学术关注,直至后来女性主义促成它的重新发现。

简而言之,一种类型的运动——正式组织的工具性行动,瞄准着经济的或者从制度上看属于政治的目标——在19世纪末和20世纪的大多数时间里是相对新起的、占据优势地位的,它已经常常被人简单误认作一种进步趋势、政治的理性未来乃至反叛政治。这一模式在劳工和社会民主运动盛行之际的欧洲尤为突出,正是它让美国看上去很"例外"。但是运动政治在哪里都不曾局限于这一形式。虽然美国的工会和社会主义政治相对薄弱,但它孕育了另一类社会运动的较为强劲而开放的增生:"新社会运动"。这在整个美国史上都是真确的,在本书所聚焦的19世纪初期非常显著。然而这一时期运动的繁荣是国际性的(如我将以英法的简要例子所阐明的那样)。事实上,19世纪早期的社会运动场域是内在地国际性的,连接着不同国度的参加者,这既靠交通通讯手段,也靠一种移民模式:人们确实从一国迁往另一国,却没有脱离他们的运动脉络。想想马克思,在伦敦与德国激进分子紧密联系,为《纽约每日论坛报》撰稿;再回想一下1830—1848年间巴黎的流亡知识

---

① Calhoun, "Classical Social Theory and the French Revolution of 1848";以及本书第五章。

分子的动乱。① 移居美国——比如参加一个社会主义公社或建立一个宗教社群——是那个时代的突出特点,经常与运动参与捆绑在一块。但我们只要记起潘恩的游历,就会提醒我们横渡大西洋可以是反向的。

"旧"社会运动的终结

新社会运动这个概念,是观念框架有些不同的一批作者带入学术潮流的。② 在所有情况下,这个概念都是通过一个关键反例加以界定的,那就是19世纪和20世纪早期的工人阶级运动或劳工运动。后者主要是以单数形式来理解的,而NSMs则是复数。因而衬托新社会运动概念的背景是一种观念:劳工斗争具有隐含的终极目标,对整个社会潜在地具有改造作用。这有时大体从经济方面来设想,如对资本主义的超越,有时则从更政治性的方面来设想,如对现代国家的社会民主主义改造。无论哪种情况,单一的运动主角往往被人假定已经提出了唯一的"社会问题"(the social question)以供讨伐。所以同时说到唯一的"社会运动"(*the* social movement)也很常见,它将带来唯一的社会变革

---

① I. Kramer, *Threshold of a New World: Intellectuals and the Exile Experience in Paris, 1830-1848*.

② A. Touraine, *The Self-Production of Society*, *The Voice and the Eye*, and *The Return of the Actor*; Melucci, "New Social Movements" "Ten Hypotheses for the Analysis of New Movements" "Social Movements and the Democratization of Everyday Life", *Nomads of the Present: Social Movements and Individual Needs in Contemporary Society*; as well as Jürgen Habermas, *The Theory of Communicative Action*, vols. 1 and 2; Claus Offe, "New Social Movements: Challenging the Boundaries of Institutional Politics"; Klaus Eder, "The 'New Social Movements': Moral Crusades, Political Pressure Groups, or Social Movements?"; Pizzorno, "Political Exchange" and "Rationality of Democratic Choices"; Jean Cohen, "Strategy or Identity: New Theoretical Paradigms and Contemporary Social Movements"; and Cohen and Arato, *Civil Society*, 这些文献是其中的佼佼者。此外,赫希(Joachim Hirsch, "The Crisis of Fordism, Transformations of the 'Keynesian' Security State, and New Social Movements")改编了一种新马克思主义调节理论,使之适合对NSMs的说明;这个概念对拉克劳和墨菲在他们的同名书里(Ernesto Laclau and Chantal Mouffe, *Hegemony and Socialist Strategy*)反思"霸权与社会主义战略"十分重要,对塔罗(Tarrow, *Struggle, Politics, and Reform*)及其同事(B. Klandermans, H. Kriesi, and S. Tarrow, eds., *From Structure to Action: Comparing Movement Participation Across Cultures*)更一般地将社会运动重新概念化也是如此。英格尔哈特(Ronald Inglehart, *Culture Shift in Advanced Industrial Society*)把NSMs与"后物质主义"和"认知动员"联系起来,后者是由(比方说)更高的教育水平和更强的媒体参与引起的。

进程。

NSMs 理论家坚信这不再合理,假若它曾经合理过的话。他们程度不一地强调后工业社会①、相对丰裕的社会和日渐壮大的中产阶级所开启的种种选择②,在物质生存的共同标准得到满足之后朝着个人化界定的需要的转向③,以及福利国家的扩张④。他们的正面案例来自继 20 世纪 50 年代明显保守的平静之后、六七十年代开始吸引民众加入的大范围运动。在图海纳看来,关键问题在于这些新运动能否联合起来,体现出曾归于劳工运动和社会主义的某种社会转型的决定性潜力。⑤ 哈贝马斯不以为然,他按照更宽泛的"后马克思主义"对 NSMs 加以理论解释,说明了为什么在社会世界被经济和行政系统殖民化、大型国家和资本主义结构无可逃脱的社会里,运动不再可能具备根本改造社会的潜力。⑥ 他认为运动是生活世界抵抗系统的组成部分。类似的,柯恩和阿拉托⑦,还有图海纳⑧,都将 NSMs 视为公民社会争取保持其相对于国家和经济的自主性的斗争之一部分,也是从事改革和引入新政治议程的源泉。对梅卢奇而言,NSMs 必须仅仅看作目的自身。⑨ 他也采用了常见的后现代主义比喻,反对社会主义解放的"元叙事"。⑩ 劳工运动自称是进步性变迁的主要或唯一源泉,或者代表了现存秩序下的弱势群体,梅卢奇与其他人一道,认为这种宣称不但在历史上过时,还内在地具有压迫性。

然而,这些 NSMs 理论家为了向"旧"社会运动发起挑战,夸大了它作为一个统一的历史行动者、拥有单一的叙事和纪律严明的制度结构的程度。他们将劳工运动物化和实体化了,树立起最简单的那种马克思主义解释当作稻草人。事实上,19 世纪和 20 世纪早期的工人阶级运

---

① A. Touraine, *Post-Industrial Society*.
② Offe, "New Social Movements".
③ Melucci, *Nomads of the Present*; and Inglehart, *Culture Shift*.
④ Offe, "New Social Movements".
⑤ Touraine, *The Return of the Actor*.
⑥ Habermas, *Theory of Communicative Action*, vol. 1.
⑦ Cohen and Arato, *Civil Society*.
⑧ Touraine, "An Introduction to the Study of Social Movements".
⑨ Melucci, "Ten Hypotheses" and *Nomads of the Present*.
⑩ Melucci, *Nomads of the Present*; cf. J-F. Lyotard, *The Postmodern Condition*.

动(假如可以成见十足地将其描述为单一运动的话)是多维度的,只是暂时和局部统一的,不是单义的。① 它并不构成独一社会戏剧中的独一集体演员。固然有为了工资的动员,但也有为了妇女儿童的工作、共同体生活、移民地位、教育、公共服务享用权等的动员。运动活动不断溢出了"劳工"标签的界限。类似的,阶级和阶级斗争范畴被泛用得已远离了马克思的理想型,即工业资本主义工厂的工资劳动者。工匠和农业工人、白领和服务雇员乃至小业主(更不用说这些人的配偶和子女)都参加了斗争,或者被归入工人阶级范畴。在整个劳工和阶级运动史上,什么人应该包括在它们之中,如何建立共同和不同的认同,一直争论不已。实际上,具有讽刺意味的是,NSMs新近的成长引导人们去研究妇女、有色人种和其他边缘人群的抗议活动,帮助打破了严格属于白人男性的劳工运动——NSMs倚靠它才得以界定——占绝对主导地位的神话。

其他NSMs理论家不仅夸大了劳工运动曾有的对社会运动场域的霸权,还将它与他们自己的"元叙事"连起来。于是英格尔哈特着手论述了从"物质主义"或经济主义取向到"后物质主义"的转变,以为那是在实现了更高的物质生活标准和更好的经济保障的基础之上的简单线性发展。他还明确表示,"在工业革命的起飞阶段,经济发展是中心问题。最近几十年里后物质主义者变得越来越多,他们的重心较少放在经济发展上,更多放在非经济性的生活质量上"②。然而英格尔哈特没有提供任何证据来证明这一假设:经济取向在工业革命早期占据主导地位,或是非物质主义仅在这段历史的后期才出现。下文将表明,工业化初年尤其是非物质主义运动扩散的沃土;如果这些真的曾久久匿迹,那是在更工业化的19世纪后期和20世纪初、中期。

19世纪早期的新社会运动

19世纪早期,共同体主义、禁酒运动及各种饮食和生活方式运动在

---

① I. Katznelson and A. Zolberg, *Working-Class Formation: Nineteenth-Century Patterns in Western Europe and the United States*.

② Inglehart, *Culture Shift*, p. 373.

欧美吸引了成千上万的追随者。宗教的觉醒、复兴和繁生是几大主题，反教权主义和自由思想也是。反奴隶制或废奴主义运动往往与宗教密切相连，但它们独立于任何特定宗教组织。普及教育是斗争的目标，在美国早早取得了成功。即使在19世纪中叶后，欧洲与美国的分流也不应夸大。美国内战前后（北方）联盟的民族主义话语，甚至包括"昭昭天命"论，这与马志尼和青年欧洲或加里波第的民族主义话语并非绝然有别。本土主义在19世纪反复出现，从"一无所知党"直到民粹主义。被三K党引向极端的种族、族群和宗教敌对，与民族主义的排外也不是全然不同。而且族群和民族主义运动从未如梅卢奇提到的那样被阶级全面抑制①，但在现代性中起起伏伏。女性和禁酒运动更新了始于18世纪的动员。

19世纪早期是社会运动的温床，在20世纪60年代前或许没有其他时代堪与媲美。② 实际上，20世纪六七十年代激发了新社会运动的概念化的那几种运动的直接始源，就是19世纪初叶全盛期的一部分。劳工运动本身在19世纪早期也是一种新社会运动，算不算首屈一指尚且难说，更何况独霸；以阶级为基础的运动可以号称自身无所不包的这种观念还不普遍。如果我们忽略NSMs理论的那些核心观念专用于20世纪后期这一点，它们倒是给我们观察19世纪早期的社会运动提供了有用的透镜。我将具体列出20世纪后期NSMs众口交传的显著特征。③ 我多靠简短例子，试图表明它们个个都同样是19世纪早期社会运动的突出关怀或特点。

---

① Melucci, *Nomads of the Present*, pp. 89-92.
② 在聚焦19世纪初之际，我不想论证说NSMs在19世纪下半叶或20世纪上半叶风光不再。相反，原来的一些NSMs势头不减或东山再起，就像（比如说）19世纪七八十年代的基督教妇女禁酒联盟继承了19世纪三四十年代的美国禁酒联盟。凯洛格是20世纪初期禁酒和冷食的促进者，他的信众与19世纪30年代发明了全麦酥饼的"蠕动劝说者"格雷厄姆的信众差别不大（Stephen Nissenbaum, *Sex, Diet, and Debility in Jacksonian America*）。19世纪末20世纪初知识界的许多反现代主义示威运动涉及NSM的活动（Jackson Lears, *No Place of Grace: Antimodernism and the Transformation of American Culture 1880-1920*）。没有现成的指标来评估运动活动何时更强或更弱，所以我的印象式的比较判断愿意接受质疑，虽然我觉得19世纪初特别活跃是几乎没有疑义的。
③ 这一叙述要感谢斯坦梅茨和我的多次讨论；参见 Steinmetz, "Beyond Subjectivist and Objectivist Theories of Conflict: Marxism, Post-Marxism, and the New Social Movements"。

认同、自治和自我实现

相较于制度化的劳工运动和欧洲社会民主主义政党那些很工具性的经济目标,NSMs 主要关注"认同政治"①。然而,这其中许多运动本身却根植于 18 世纪末 19 世纪初:现代女权主义意识形态往往追溯到玛丽·沃斯通克拉夫特,而更广范围的妇女运动要追溯到欧文式社会主义对性别平等和重新定义性别的实质性关切②,以及 19 世纪初年妇女不成比例地加入废奴运动、禁酒运动和别的"道德十字军"。

然而,追根溯源未必就是识别出单向的线性发展进程。主张女性拥有一种自主的认同和道德声音,这在 19 世纪早期采取了不同于后来年代的形式。事实上,伦德尔认为正是 20 世纪女性主义者就平等所做的那些假设,使人难以"理解对'差异中的平等'的断言可能意味着激进的飞跃……强调女性潜在的道德优越性可能随之带来对女性潜在力量的新自信、新能量、新断言的基础"③。这在 NSMs 所建立的参照框架中,比在渗透着伦德尔提及的那些假设的古典自由主义或普世主义的框架中,更容易看出来。欧文主义者凯瑟琳·巴姆比曾说过:"男女分类为二,平等如一。"④这话出于 1848 年,但听起来很耳熟。19 世纪早期的妇女是从一种对道义——和舆论——相关的差异的主张出发立论的,这种主张直至 20 世纪后 25 年前再也没有那么清晰地表达出来过。正如英国早期妇女参政权论者艾格尼丝·波钦所说:"如神意所示,两性合在一起才将构成人类,所以我相信,两性的共同影响和施为是人类任何机构或其分支圆满成功所必需的,这是神的意图。"⑤不但存在男女才性不同而互补的声称(更普遍的文化也下此断言,虽然多有偏见),还有对建立在家庭领域之内的道德权威的主张,那一领域在 19 世纪早期越发分离于公共领域。"在这个主要是家庭生活的世界里,女性能够

---

① Stanley Aronowitz, *Identity Politics*.
② Barbara Taylor, *Eve and the New Jerusalem: Socialism and Feminism in the Nineteenth Century*.
③ Jane Rendall, *Origins of Modern Feminism: Women in Britain, France and the United States, 1780-1860*, p. 3.
④ 转引自 Jane Rendall, *The Origins of Modern Feminism: Women in Britain, France and the United States, 1780-1860*, p. 308。
⑤ Agnes Davis Pochin, 1855, 转引自 Rendall, *Origins of Modern Feminism*, p. 12。

创造,也的确创造了一种不全然是强迫性的文化,它里面包含着权利主张的可能性……那种主张也许会变成自主的主张。"①恰是家庭领域内的独特而可能自主的认同主张反讽地成为公共主张的基础。如玛丽·赖恩所表明的,1830—1860年间美国公民的公共生活迅速增多。② 这不仅涉及一个公共领域的更趋活跃,还涉及多种公共领域的扩展。其中有些是女性自治的,它们根据某些独特的认同主张建构自身,那些主张跟男性主导的公共领域试图赖以排斥女性的主张并非完全无关。

不仅特别的女性认同索要道德权威,性别关系也直接成为关注点。19世纪早期的社会运动绝不是将其所有行动导向公共领域,更别说导向有组织的政治了。为了重构人群关系而撤出"主流"社会,这是那个时代的共同体运动与它们时有重叠的常常是千禧年式的宗教运动的主题(见下文)。欧文的共同体愿景本来可以成为关于人的本质上的同一性和可塑性的一种洛克式视角的主要话题,但傅立叶的法伦斯泰尔不是这样,这种共产村庄由1620人组成,为的是代表每一性别基本而独特的激情的一切可能组合。性别关系也是新英格兰超验主义者的关注重点,安妮·罗斯独到地把那一团体视作社会运动。她写道:"超验主义者疏远了浸透着恐惧的一种文化,采取措施去建立容许自由、成长、正义和爱的社会关系。"③布鲁克农场之类的共同体主义实验旨在培育个人的自我实现,也培育公正、立人的社会关系。

换个很不一样的角度说,如果19世纪早期民族主义的焦点不是认同,那是什么呢?"民族就是各具特殊禀赋的个体",费希特这么写道。④ 至少在与世纪中叶的危机相碰撞的"民族之春",民族主义实质上被构想为自由、包容的学说,不是它在许多情况下将要变成的那种反动、排外的主义。马志尼这类人物的"民族主义的国际主义"⑤,坚称一切真正的民族都有权利自主地表现自我,甚至自任以反对帝国的自由卫士之责(这个主题从未完全消失)。与瞩目于认同的合法化的近期运

---

① Rendall, *Origins of Modern Feminism*, p.3.
② Mary Ryan, *Women in Public: Between Banners and Ballots, 1825-1880* and "Gender and Public Access: Women's Politics in Nineteenth-Century America".
③ Anne Rose, *Transcendentalism as a Social Movement, 1830-1850*, p.93.
④ 转引自 Friedrich Meinecke, *Cosmopolitanism and the National State*, p.89。
⑤ Andrzej Walicki, *Philosophy and Romantic Nationalism: The Case of Poland*.

动并无两样的是,民族主义的发展部分是因为现代国家和"权利"意识形态的兴起,后者成了它的合法化机器的关键部件,也是新的权利要求的连贯通道。不管民族主义的意识形态自身怎么说,民族绝不简单是一种给定的认同,从过去毫无问题地继承而来,而始终是认同场域内的一种建构,一种主张。民族主义运动不只是特定"人民"主张相对于他者的自治权(例如,匈牙利人反对奥地利人统治的帝国,或者很短时间里得克萨斯人反对墨西哥和美国)。他们也主张民族身份的首要性,高于阶级、地域、方言、性别或其他次要认同。

这种联系里的最后但并非最不重要的一点是,我们需要承认早期工人运动多么深刻地卷入认同政治。马克思和众多活动家宣称"工人"的共同身份应该优先于形形色色的行业、地域、族群等身份。不过对工人阶级身份的这一强硬主张极少——如果曾经——实现,在 19 世纪早期肯定没有实现。实际成就的是有中介的工人阶级团结形式,对行业或地方集团的首要归属成为加入以全国性(或国际性)的阶级身份为基础的话语或运动的工具。阶级成员身份的这种中间团体观迥异于认为个人均等地构成工人阶级成员的那种绝对马克思主义观念。然而正是潜在的工人认同的易变性在 19 世纪初的历史编纂学中引人注目。①

防御而非进攻

理论家们声称,"旧社会运动"是乌托邦的,试图通过制伏现存的宰制与剥削关系再造整个社会;NSMs 则捍卫具体的生活领域,它们的要求范围更有限,但妥协余地更小。这里 NSM 理论可贵地指出了保卫特定生活领域的重要性及其与不可协商的要求的联系,可惜是通过极其误导人的历史对立。

---

① 例如参见威伦茨对纽约工人中间或浮现的某种阶级意识的极有保留的追溯,那种意识包含了其他各种各样的认同,决不可简化为无产阶级:"在 1829 年——纽约工匠激进主义的奇迹年——和 1850 年之间,一种意识过程,也是一种意识类型以多种方式从民众政治的漩涡中涌现出来,在那漩涡里,人们不同程度地开始把社会失序和共和国的衰落解释为资本主义的雇主和雇员间的阶级分裂所致。"(Wilentz, *Chants Democratic : New York City and the Rise of the American Working Class, 1788-1850*, pp. 16-17)就像汤普森的《英国工人阶级的形成》那样,威伦茨的《民主颂》在副标题上提示了"美国工人阶级的兴起",这当中蕴含的统一性强过它对多样性的充实叙述所揭示的,尤其是较早的工匠和共和党人政治与较晚(但考察得较少)的工人阶级政治和工会组织之间的统一性。

这里的深层想法是,社会主义是全面的乌托邦构想。这就是马克思主义的某些后结构主义诋毁者在攻击暗含在整顿全社会的任何主张(或批判思想)中的宰制时所非难的。它也隐含在哈贝马斯对冲突如何越出分配问题的范围的说明中,福利国家被发展起来就是要应对那种问题。① 照此说来,国家体现了劳工和社会民主运动的乌托邦动力,但当金钱和权力的系统逐渐主宰了很大部分社会生活,以致文化再生产不复能够给人们提供寻常参与或变革性反叛的动机时,它面临着重重危机。②

NSMs 因这种"乌托邦能量的耗尽"而崛起,体现了对保卫濒危生活方式的往往是新保守主义的关注。③ 但这看起来恰恰是倒退。劳工运动与任何 NSM 一样,其斗争多是防御性的,它几乎一直不曾致力于社会的彻底重组。就其大部分历史而言,传统左派一般是怀疑乌托邦能量的,尽管这些能量偶尔也会不知怎的爆发了。事实上传统左派是在 19 世纪晚期的后乌托邦运动的巩固和制度化中形成的,这替代了早先乌托邦色彩更浓的那种运动的兴旺,又因抵制 20 世纪 60 年代,还有 20 世纪初的新社会运动的挑战而一再被冠以"传统"之名。事实上,"新左派"(更一般地说,如同 NSMs 一样)多可理解为想要找回 19 世纪早期的乌托邦能量。④ 这些运动根植于日常生活和特定共同体的情感纽带中,它们所追逐的目标常常激进而且乌托邦化。

比如说,第二次伟大觉醒中的"圆满论"难道不是意味着人们必须

---

① Habermas, *Theory of Communicative Action*, vols.1 and 2.
② 据哈贝马斯说,"在过去一二十年间,西方发达社会的冲突大发展,形态各异地偏离了分配问题上的制度化冲突的福利国家模式。它们不再迸发于物质再生产的领域;不再由政党和社团加以引导;不再因补偿而平息。相反地,这些新冲突在文化再生产、社会整合和社会化中冒出来;它们以次制度(或至少议会外)的抗议形式展开;基础赤字反映了沟通性地组织起来、不会响应金钱和权力媒介的行动领域的物化。这个问题主要不是福利国家可以提供的补偿的问题,而是保卫和重振濒危的生活方式的问题"(Habermas, *Theory of Communicative Action*, 2:392)。亦见 Daniel Bell, *The Cultural Contradictions of Capitalism* 里的类似观点。
③ Habermas, *The New Conservatism: Cultural Criticism and the Historians' Debate*.
④ 部分混淆源于两种乌托邦含义的不加区分。新法团主义的社会民主党的纲领可能无所不包,就此而言是乌托邦的,但它们完全可以协商,而不一定激进。女性主义者要求结束针对妇女的一切暴力和歧视,这在某种意义上是防御性的,但既激进又无可商量,因而是乌托邦的。在不同的方面,每个乌托邦目标可能都是如我们所知的那样遥不可及的,这是这个词语的公认意思。

第九章　19 世纪初的新社会运动

对自己和社会施加极端而不容商榷的要求吗？这也许是"小店主的盛世"①,不是马克思的盛世,但它肯定是乌托邦的。同时,地方共同体抵抗集中化的政治和经济的冲击,这成为它的部分动力。因此,哈贝马斯说 NSMs 大致是为了反抗大型的政治和经济系统的"殖民化",这种看法抓住了 19 世纪的重大社会运动的重要方面,但是可能不与乌托邦主义相对立。类似的圆满论使得"空想社会主义"在马克思和恩格斯的鄙夷目光下成为乌托邦的。譬如想想恩格斯的抱怨,他说圣西门、傅立叶和欧文号称要"同时解放全人类",而不是"首先解放某一特定阶级"②。事实上,19 世纪早期的某些社会运动发起了对遭到社会变迁(尤其包括资本主义变迁)威胁的传统生活方式的不屈不挠、不退不让的防御战,这对它们(还有别的许多人)那种激进主义至关重要。工匠们守卫传统手工业和共同体,抵制资本主义工业化,他们不可能满足于更好的薪资、工作环境和医疗保健。然而捍卫他们的生活世界造成他们的要求与资本主义的发展水火不容,并使他们与大多数产业工人隔离开来,后者更有可能被改良手段安抚住,不管他们在历史上某一时刻怎样怒火冲天。③

不同类型的另一防御取向涉及各种宗教团体的退避,它们不跟腐败的"俗世"社会相交通。其实这是迁往美国的许多德国宗教移民的目标之一,从孟诺派教徒(Amish)到弟兄会教徒(Bruderhoff)皆然。④ 正如马蒂就宗教移民者写道:"大多数相信人生而纯真,认为新的社会安排可以根绝腐败。"⑤比起 19 世纪 40 年代的新一波共同体,早先的虔信派教徒当中的防御倾向更为常见。布鲁克农场的超验主义者当然渴望用他们的榜样和书面讯息通达更广泛的公共领域,他们的纲领明显是前瞻进取的。类似的,马萨诸塞州米尔福德的霍普戴尔共同体的成员

---

① Richard Johnson, *A Shopkeeper's Millennium: Society and Revivals in Rochester, New York, 1815-1837*.(此处注释似乎有误,经查,此书作者为 Paul Johnson。参考文献同误。——译者注)

② Friedrich Engels, "Socialism: Utopian and Scientific", p. 701.

③ Calhoun, Question of Class Struggle;以及本书第三、七章。

④ John A. Hostetler, *Amish Society*; Rosabeth Moss Kanter, *Commitment and Community: Communes and Utopias in Sociological Perspective*; Benjamin Zablocki, *The Joyful Community*.

⑤ Martin Marty, *Pilgrims in Their Own Land*, p. 191.

是一系列共同体外的社会运动的常客,认为他们的共同体是这种更普遍的改革运动的基地。①

常言道,"善守即是善攻",所以我们很难在19世纪的共同体运动中区分出防御型和进攻型的运动。事实上,这些常常表现为同一种乌托邦思想的两面。乌托邦愿景常常根植于(或者它们的吸引力部分导源于)宗教传统,或是工匠和小农的新近消失的黄金时代的想象。同时他们跟当代社会的许多趋势和特征凿枘不合或针锋相对。从此世退出,以为彼世修行或保护更纯洁的生活,与为了构建一种可能更普遍地改变社会关系的榜样而退出此世,这两者间画不出明晰的界线。关键是要明白,19世纪初的社会运动是怎样扎根于日常生活的问题和情感及对可贵生活方式的保卫的;设想这让它们内在地趋于保守或失去了乌托邦能量倒在其次了。根基让许多运动激进化,甚至当它们没有提出全面的社会重建计划时亦然。

日常生活的政治化

对于认同政治和防御取向的重要意义,这一论点很关键:NSMs将日常生活政治化,而不是关注大规模的国家和经济系统,这是其独特之处。战后共识把总体经济增长、分配性收益和各种形式的法律奉为政治过程需加解决的基本社会问题②,而NSMs则提出了基于"个人"生活或日常生活诸层面的各式议题:性、虐待妇女、"学生权利"和环境保护等。

这些新议题不单有我们熟知的类别,还是对公共领域和私人领域、国家和公民社会之间的现存界限的挑战。国家和经济间分界的崩塌为此铺平了道路。③ 巨型集团公司在公认的私人经济领域承担了类似于国家的功能,反之,福利国家则被要求保护日益增多的各类民权,经常干预经济。为什么这引起了NSMs,有几种解释争执不下:需求层次认

---

① Ronald G. Walters, *American Reformers*, *1815-1860*, pp. 49-51.
② Offe, "New Social Movements", p. 824.
③ John K. Galbraith, *The New Industrial State*; and Habermas, *The Structural Transformation of the Public Sphere* and *Legitimation Crisis*.

为丰裕生活让人们不再担心旧经济问题,转而操心新问题①;政治机会论认为国家的转型为人们不平则鸣提供了新机会②;哈贝马斯关于生活世界殖民化的观点认为,生活世界与经济、政治系统之间的界限的销蚀本身就让人感受到威胁③。

与战后共识相比,日常生活的政治化的确始于20世纪60年代,但这不是对政治的严格边界的长期共识的反转。相反,现代就是由日常生活的政治化和去政治化间的摇荡塑造而成。在19世纪末20世纪初,跟19世纪初一样,社会运动将一系列新现象带入公共(尽管不总是政治)的领域。实际上,早期劳工运动本身主要致力于将以前(它们的对手)不认为严格属于政治的日常生活层面政治化。禁酒、废奴主义、民众教育运动,也许最重要的是早期的妇女运动,都寻求它们的贬损者认为明显不在合法的国家行动领域内的那些疾苦的公共承认和行动。④它们几乎与埃德尔描述的NSMs一模一样地是"道德十字军"。⑤ 就妇女运动方面而言,这有时是矛盾之源:妇女们需要公开抗议,从而将保护私人家庭的女性领域这个问题政治化。⑥ 当前时代矛盾重现,就像(比如)菲利斯·什拉夫莱一面坚称女性的恰当(理想上受到保护)的位置在家里,一面又自称应当被任命到最高法院去。就妇女运动来说,将日常生活诸层面——和围绕着它的诸矛盾——政治化的斗争一直贯穿19世纪和20世纪初。它在后来的禁酒运动/禁酒党和民权运动中也再次发生了。实际上后者简直就是个典型案例,因为(比如)种族隔离的餐馆掌柜会辩称,他们为谁服务的决定纯属私人事务,因而超出国家法律管辖范围。

虽然大的政治喧嚣时有发生,譬如关于社会主义和女性选举方面的,但在整个19世纪下半叶和20世纪上半叶,人们在为相当连贯的一套问题而战。国内政治的主要合法问题聚焦于选举民主(选举权的充分扩展,政治党派的效能,当选官员的腐败预防)与政治经济学(国家在

---

① Melucci, *Nomads of the Present*; and Inglehart, *Culture Shift*.
② Tarrow, *Struggle, Politics, and Reform*.
③ Habermas, *Theory of Communicative Action*, vol. 2.
④ Sara M. Evans and Harry C. Boyte, *Free Spaces*, chap. 3.
⑤ Eder, "New Social Movements".
⑥ Rendall, *Origins of Modern Feminism*; see also Ryan, *Women in Public*.

几方面的适当角色问题:为资本主义损害或未能施助的人安排生计,调解工人和雇主间的斗争,或调控进入劳动市场的工人流)。① 民粹主义在某些方面(如基本是防御性的直接行动,以及农民通过新型合作机构与恐吓的某种结合体消除中间商的尝试②)看是跨出政治规范的一步,但它很大程度上坚持明显属于政治、经济的议题。其他议题提出来的时候,都要步履维艰地赢得公共领域的严肃关注;权威的声音一贯压过异议的声音。因而这一时期女性的一大胜利就是选举权问题上的胜利,不是妇女表达的其他任何性别问题上的。③

非阶级或中产阶级动员

NSM 理论和后工业或后现代社会观念之间的中心联系在于这种想法:政治经济的认同已然丧失其显著地位,被先赋认同(如种族或性别)与自选或表意认同(如性取向或对各种生活方式社群的归属)所取代。故此 NSMs 既不会诉诸阶级分界,也不会主要按照阶级分界进行动员。

奥菲指出,新中产阶级的成员和"去商品化"的人(没有劳动市场的任何稳定位置或身份的那些人)不成比例地参加了 NSMs。④ 尽管奥菲是从经济方面探讨这些群体,但它们很难同化到阶级分析图式中去。显然,去商品化明显不属于阶级范畴,因为这些范畴取决于生产关系中的稳定地位。新中产阶级通常是根据高教育和技术水平与高职业地位

---

① 我在此主要专注于美国,但这一概括似乎在相当程度上适用于英国、法国、低地国家和斯堪的纳维亚半岛。地区变异当然是有的,比如语言标准化或宗教建制多大程度上是重大政治问题。在中欧、东欧和南欧,这种概括更成问题,无论是在时间表上还是内容上。国家统一问题当然改变了德国政治;帝国的重组或分裂问题对奥匈帝国及其后继国都关系重大。实际上,人们可以看到在这个时期国内的政治常态化程度与国际联盟间的某种一致性,但我不想深论。还应指出的是,其他类型的国家统一是 19 世纪下半叶和 20 世纪一段时间美国政治的一个中心主题。不只是内战的决定性冲突,还有反复出现的西部领土并入问题,让合众国的民族界定问题提上议程。

② Lawrence Goodwyn, *Democratic Promise: The Populist Movement in America*.

③ 尽管遭遇这样的女权主义者反对,1873 年美国宣布散布节育用品或意见是非法乃至犯罪的(Linda Gordon, *Woman's Body, Woman's Right: Birth Control in Ameirca*, p. 94)。19 世纪 40 年代的女权运动确实后继有人(如 19 世纪 70 年代的自由恋爱运动),但这些直到最近都在历史书中黯淡无光,就像(部分也正因为)他们被同时代的政治道德所压抑。如戈登所言:"宗教和政治领导人到 19 世纪中叶后愈加声讨性无德。"(Gordon, *Woman's Body, Woman's Right*, p. 24)

④ Offe, "New Social Movements".

第九章 19 世纪初的新社会运动

的结合来界定,而不看资本所有权。这也是反常的。① 更一般地说,中产阶级的富裕可能促进运动的活动,但是阶级成员身份不是决定 NSM 的选择的认同。然而如果奥菲关于新中产阶级和"去商品化"群体的看法无误,这是预期 NSMs 增长的一个理由,因为这二者都是处于增长中的人口集群。奥菲甚至论断说,这导致 NSMs 和早期劳工运动相似,那时产业工人的数量仍在增长。②

奥菲很有洞察力,注意到跟早期劳工运动的相似性,它的内部多样性,以及不过是渐渐稳定下来的一种共同的劳动市场地位和阶级身份的概念。当然,劳工运动一直是内在多歧的(比如被熟练手工业者和辅助工的分划所撕裂),而美国尤甚(比如它有美国劳联(AFL)和产联(CIO)之间的宏伟斗争,一度简直像是公认的统一运动里的一场内战)。尽管阶级被拿来作为政治意识形态的一部分,但它并非单单吸引工人。社会主义政党不像工会,它们在历史上一贯跨越阶级界线进行动员。

如果阶级基础曾经是动员模式的核心决定因素,那是在 19 世纪后期和 20 世纪初期的欧洲。此前阶级极少是运用到自身的标签或是工人动员的基础。宪章运动严格说来算是阶级运动吗?虽然其意识形态日益聚焦于阶级,但是它的要求包含了对很大范围的人都有吸引力的议题,那些人在 19 世纪早期的英国被排除在选举权和有效公民权利之外。③ 实际上,它将工业工人阶级与工匠、外包工和其他人混杂起来,那预示了它最终消亡的断层线。类似的,以阶级为基础的分析也解释不了 1848 年的巴黎谁在坚守、谁又在攻打街垒,这已言之凿凿。④ 从更基本的层面说,业已证明共和主义是 19 世纪早期法国各种斗争的意识形

---

① 在一种不同的、马克思主义色彩稍淡的阶级图式里,人们可以在"统治阶级中的被统治部分"与文化资本多过经济资本的其他人中寻找不成比例的 NSM 动员(Pierre Bourdieu, *Distinction*)。

② 奥菲有点误导性地把这等同于 19 世纪初,当时产业工人数量的确在增长,但他们(1)仍然很少;(2)不构成新生的劳工运动的核心,后者更多扎根于工匠与外包工之类的原始工业的工作(参见 Katznelson and Zolberg, *Working-Class Formation* 书中各文)。

③ Thompson, *Making of the English Working Class*; and Gareth Stedman Jones, "Rethinking Chartism"。

④ Traugott, *Armies of the Poor*.

态轴心,阶级基础主要作为不同共和愿景的支撑力量而显得要紧。① 中心意思不是说阶级无关痛痒,而是说19世纪早期的许多斗争常常被当作以阶级为基础的政治运动的典范,如宪章运动和1848年革命,它们其实是内在分化的政治运动,因为它们的意识形态诉诸工人、店主等不同群体。

在美国,共和主义也是政治甚至经济斗争的中心修辞。斯蒂芬·罗斯在其辛辛那提工人研究中发现了铸就和维护一个"共和世界"的努力,它仅在19世纪40年代才让位于非主流的、更重经济而有阶级基础的斗争形式。② 这仅仅部分缘于辛辛那提比东海岸城市更加平等主义,社会整合更高。威伦茨的纽约研究也显示共和愿景的中心性维持到19世纪20年代。劳动者运动即使在经历了1828—1829年的关键转变后,也比人脉广的律师们的运动和坦慕尼协会的党棍们更试图推进杰克逊式民主。形塑了新激进分子的是老派的亚当斯主义的政治愿景,还有各种新社会运动,比如欧文式社会主义,由弗朗西丝·赖特提出的女性主义、自然神论和雅各宾主义的混合体。③ 这些激进分子是学徒期满的工匠和技工小头目,但也是愤愤不平的精英;他们的诉求可能涉及农村,也同样可能注目于城市阶级的转变。用斯基德莫尔的话说,他们的纲领是要结束社会压迫和政治暴力,"直到世上没有债主和债户,没有地主和佃农,没有师傅和学徒,没有富裕和贫穷"④。这种愿景对精英的吸引力无疑不如对他们压迫和剥削的那些人之深,但它不是褊狭地聚焦于某一特定阶级。⑤

在这个时代的运动中占据优势的共同体主义愿景普遍极度弱化了阶级界限。它们用一种新型社会关系——平等合作——代替了旧式关系;它们预料旧体制的受益者会负隅顽抗,但认为新秩序将泽被万民。阶级变异充当了可变的不满和利益的一个源泉;因阶级而异的结合模式(如一同工作、比邻而居、通婚等)使得动员部分依据阶级界线,但是

---

① Ron Aminzade, *Ballots and Barricades*.
② Steven J. Ross, *Workers on the Edge: Work, Leisure and Politics in Industrializing Cincinnati, 1788-1890*.
③ Wilentz, *Chants Democratic*, chap. 5.
④ Skidmore, *Rights of Man to Property*, p. 386.
⑤ 参见 Evans and Boyte, *Free Spaces*, chap. 4。

这点没让它们成为阶级运动。说到底这正是马克思和恩格斯对欧文主义的埋怨之处,他们可能称颂它的共同体主义(特别是在家庭方面),却不得不抨击它对阶级斗争的忽视甚或否认。①

如果我们把注意力从运动的自我认识——即其意识形态诉求的性质——转向其拥护者的阶级特征,会发现19世纪的新社会运动是中产阶级占主导地位,其余的则是工人占主导。有时这些是相关联的运动构造的不同变形,就像(比如)美国的新教教派和宗教动员具有不同阶级特征那样。"小店主的盛世"的第二次大觉醒本来可能主要是中产阶级的事情,后来因一种议程而延及工人,要把他们"驯化"得适应工业岗位(如约翰逊所说②),虽然不清楚这是不是全部故事。大觉醒运动极大程度上也是乡村现象,催生了一批巡回牧师和彻底民粹主义的教派,如坎伯尔派(后来成了基督门徒会)。超验主义几乎完全属于中产阶级(尽管布鲁克农庄在1844年的确让大量劳动者进入了),但它在神学上,也在社会愿景上跟福音派的大觉醒运动截然对立;尽管它的许多骨干处在社会精英地位,它很大程度上是一场反对派运动。③ 废奴主义久被解读为精英和/或中产阶级运动,但是近期的研究开始改变那种形象,认为它确实动员了满满当当的工人阶级支持。④ 阶级是用在我们分析里的重要变量,但这些不属于此类阶级运动。

以身作则(self-exemplifying)的运动

典范的NSMs特别突出的一个特征就是,它们强调运动实践的组织形式和风格必须展现出运动力图宣扬的价值观。这同时意味着运动本身即是目的。与此相关,许多NSMs严守直接民主制和无等级结构,实质上缺少角色分化,抵制专业的运动职员介入。

因而诸多形式的现代妇女运动力避完全认同于工具性目标,譬如修改法规、获得平等工作机会等。她们也专注于将运动本身建构为妇

---

① 比如参见 Marx and Engels, *Manifesto of the Communist Party*, pt. III。
② Johnson, *Shopkeeper's Millennium*.
③ Anne Rose, *Transcendentalism as a Social Movement: 1830-1850*.
④ Seymour Drescher, *Capitalism and Antislavery*; and Betty Fladeland, *Abolitionists and Working-Class Problems in the Age of Industrialization*.

女的一种扶助性的受保护空间。对以身作则和非工具性的重视的确跟有组织的劳工运动的大部分历史形成对比。众多社会主义尤其是共产主义政党将内部等级和决策机构制度化,严重背离它们所宣称的对无等级、无压迫的社会安排的追求。但要说拿社会运动自身的组织形式来制造"工作对象"(用梅卢奇1989年的措辞),还有比19世纪40年代的公社运动更恰当的例子吗?以下是1843年查尔斯·莱恩在赞扬禁欲之类价值,他深受傅立叶的影响,是几起公社试验的老手,从无政府主义的果园公社到震颤派等:

> 有些人的不灭灵魂已从低等的动物性欢愉或纯粹的人类情感升入精神的纯洁和直观的境界,他们本质上是一种神圣的气氛,也是优越的环境,在不断地奋力创造,也改造其他一切状况,所以他们也将日益促成其他人的类似意识。因此我们坚持不懈地追求极简的饮食、朴素的衣物、纯净的沐浴、整洁的居所、开放的行为、儒雅的举止、仁慈的同情和安详的心境。这一切与人类栖居此世的真正目的所必需的其他几个事项,或许可以标定为"家庭生活"……家庭,就其最崇高、最神圣的意义来说,因而是我们真正的归宿,我们庄严的尘世命运。①

目的和手段非常类同。

公社群体并非19世纪早期社会的孤立层面,他们与当时显要的宗教思潮、主流的哲学和工人阶级运动有着紧密联系。然而他们在把反等级制推至极致上是独树一帜的,这一时期的大多数运动都容许有比较明晰的领导机构。不过,对包括劳工运动的若干支脉、激进共和主义者和社会主义者在内的很多人而言,直接民主是一种调整性规范。马克思本人也加入过倡导直接权利的行列,这种权利可以收回投票违背其选民意愿的立法者的权力——这是1848年巴黎政治俱乐部与议会关系中的一个关键问题②;他还提出了限制条款和其他措施,以最大限度地削弱脱离群众监管的领导权的发展。

---

① 转引自 Rose, *Transcendentalism*, p.201。
② P. Amann, *Revolution and Mass Democracy: The Paris Club Movement in 1848*.

非传统的手段

新社会运动偏离了传统的议会和选举政治,诉诸直接行动和全新策略。然而正如塔罗所论,这一描述混淆了两种意义的"新":一切运动新发时的特征与公认的新型运动的特征。①

事实上普遍的情况是,被传统政治排斥的那些人的任何运动,或代表其利益的任何运动,都是从引起注意的需要开头的;运动的活动不仅是达到运动目标的工具性举措,也是招募和持续动员参加者的手段。每一新运动都可以在传达它的讯息或制造够大的破坏以赢得让步或权力时试验智胜当局的新方法。这样,每一运动均可给集体行动库添加东西②,后来的运动能够利用之。

而另一方面,并非新颖性本身在定义"非传统的",而是在政治的常规路线之外的运动。因此一切形式的直接行动都是非传统的,哪怕它们背后有两百年的传统——比如巴黎的街垒战。政治领域里定义非传统行动的东西,主要是回避政治选举和院外活动的常例的尝试,无论是进军华盛顿、占领政府办公室,还是轰炸首相官邸。这种意义上的非传统手段特别可能出现在除了公开行动之外资源奇缺的那些人的运动中。③ 19世纪末20世纪初欧洲和欧洲人殖民地社会中的民主政治的一项关键发展,是传统政治的强大规范的制度化,政治主要靠政党组织起来。这将多支社会主义运动拖入传统政治的轨道。

与之相对,直接行动对19世纪初中期的社会运动很重要。欧洲大多数国家似乎仍有革命的可能,这给各种形式的公众抗议与潜在的或现实的民间骚动平添力量。在1848年法国革命中,占主导的激进派拥护一种可溯源至1789年革命的红色共和主义,呼吁人民将直接行动当成主要手段。蒲鲁东就是此类政治的理论家(它在1848年的失败使它在学术界名声扫地)。尽管有些被冷落,但它几乎不曾停止鼓动活动分子,就像后来工团主义和无政府主义的历史所揭示的那样。这种直接

---

① Tarrow, *Struggle, Politics, and Reform*.
② The concept is Tilly's; see Tilly, *From Mobilization to Revolution*.
③ Calhoun, "Populist Politics, Communications Media, and Large Scale Social Integration".

行动的传统也影响到法西斯主义,因为有索雷尔充任承前启后的理论家。① 早期(和稍后)的各种劳工活动家没有差堪比拟的革命目标,于是选择直接行动来戏剧化并当即达成其目标。英国19世纪初的卢德派不过是其中最著名者。当然,由于选举权的限制,他们大多数人无由通向议会体制。

如果说卢德派不得已从事直接行动却装得甘之如饴,欧文式社会主义——还有更普遍的空想社会主义者和共同体主义者——原则上都反对传统政治。汤普森抱怨"在大多数人做出了政治反应的问题上,欧文头脑里却一片空白"②。或许是这样,同样真实的是,欧文认同于精英,不忌讳接近掌权者,尽力说服他们相信他那"社会体系"的优点。虽然如此,他的许多追随者坚信不应组织起来追逐政治权力或破坏政治系统。他们尝试言传身教,建立他们自己的自组织的生活领域。③ 一再发生的美学和政治参半的浪漫主义运动,从布莱克和雪莱到罗斯金、莫里斯及艺术与工艺美术运动,都同样蔑视传统政治,决定在俗丽的领域之外继续他们的工作。梭罗倡导的公民不服从代表了对良心纯洁的重视。他在这个主题上的名文,源于他本人反对征兵,但是负有道德责任的个人的直接行动这个主题,紧密关联着梭罗的瓦尔登湖隐居地、他靠高山仰止的榜样来教导人的早期努力与后来明显更政治化甚至更暴力的跟约翰·布朗联手的共同事业。④

免于腐败的纯洁和自由不是直接行动的唯一原因。有组织的政治和公共话语拒不或迟于回应,这种感觉至少同等重要。例如纯然实用性的变通手段导致废奴主义者为逃跑的奴隶提供物质帮助。虽然最早支持禁酒的牧师们大多坚持演讲和著文论辩,但直接行动派最终砸碎了沙龙。⑤ 在这两种情形下,直接行动的倡导者(他们总体上也要求更

---

① 不过,塔克(Kenneth H. Tucker,"How New Are the New Social Movements")令人信服地论述了法国工团主义是一种新社会运动,提示了把19世纪末20世纪初毫无问题地理解为"旧式"劳工和社会民主运动的时代所具有的限制。

② Thompson, *Making of the English Working Class*, p. 861. (经查,这句引文出现在Vintage 1966年版的第783页。中译本见汤普森:《英国工人阶级的形成》,钱乘旦等译,译林出版社2001年版,第922—923页。——译者注)

③ J. F. C. Harrison, *Quest for the New Moral World: Robert Owen and the Owenites in Britain and America*.

④ Wilson Carey McWilliams, *The Idea of Fraternity in America*, pp. 290-300.

⑤ W. J. Rorabaugh, *The Alcoholic Republic: An American Tradition*.

彻底的废奴和禁欲)与较传统政治的追随者之间的紧张关系,助长了运动的分裂。在这两种情形下,妇女不成比例、大肆公然的参与,本身就是一种非传统的行动方式(妇女选举权运动更是如此)。

部分和重叠的忠诚

旧社会运动——劳工和社会主义运动——宣称(至少潜在地)能够处理它们的支持者的一切公共需求。例如,要是你属于某一工会组织,又通过它或直接地属于工党,那你不必再归属于各类特殊议题群体。你可能在社会民主党或工会内从事斗争,知道你的特殊利益会很受照顾,但你得首先忠诚于那一组织或起码是那一运动。与此相对,NSMs并不对其成员提出相同的要求,或是提供同时解决一系列问题的相同潜力。① 它们不是政党,也不是承担将一系列竞相争取公众注意的问题排出优先顺序这种任务的其他组织。它们不是靠上位逻辑,而是靠交叠的成员关系网交织在一起的亲和群体,很像齐美尔认为对现代认同和社会组织必不可少的纵横交错的社交圈。② 故而有人也许会将女权主义与和平主义结合起来,却不为环境问题所动,而且任何组织都不会将某人的女权主义与和平主义的献金或忠爱转移到环保主义的用途上。这有时被描述为政治介入中的消费主义取向,有各式各样的运动产品可供选择。这些不同运动密切结合成一个场域,而不是讲位序的伞状组织。③

这一模式与19世纪早期的运动十分相似。禁酒运动、民族主义、手工业斗争、共同体主义、废奴运动、自由思想和野营布道会等共存,有

---

① 柯恩和阿拉托把这叫做"自我限定的激进主义",但他们不必要地假设,不聚焦于国家的行动在某种意义上不是足够激进的,它的追随者接受现有的政治和经济安排:"我们的前提是当代运动在某些重要方面是'新的'。首先我们想到的是一种自我觉知,它抛弃了革命梦想,支持未必主要面向国家的激进改革。我们要将捍卫公民社会并推动其民主化的这些构划标定为'自我限制的激进主义',它们接受结构分化,承认政治和经济体系的完整性。"(Cohen and Arato, *Civil Society*, p.493)

② Georg Simmel, "The Metropolis and Mental Life".

③ 这并不意味着所有潜在认同都进入这样的场域里,有同等机会成为行动或承诺的基础。正如科恩和阿拉托总结图海纳的观点所言,"共享的文化场域的各种制度潜能,以及特定群体的不单是特定的身份,构成了斗争的砝码。"(Cohen and Arato, *Civil Society*, p.511,楷体字是原文所有)认同构成的构划主要通过对文化场域本身提出要求(比如最低限度地,要求承认),变成了认同政治。

时共有一些拥护者,他们不曾加入共同的综合性运动。在19世纪中叶前,社会主义和自由主义都不算独霸一时的运动。教育改革也许是美国早期运动的一种共性,但它连接那些运动而不是笼括它们。①

尽管不存在综理一切的运动,19世纪早期的运动仍然联合起来造就了一个活动场域。运动的活动分子被连接到具体运动错杂而成的网络中,广大公众意识到有许多潜在运动可以考虑。有时这些运动要求近乎全情投入(就像比如大多数公社聚落那样,至少只要你还是公社居民的时候)。另一方面,多重成员身份——无论是同时的或序列的——很常见。比方说,人们认为现代女权主义脱胎于废奴和禁酒运动中的女性行动主义。在废奴运动中,大量女性行动分子被边缘化,像伊丽莎白·凯迪·斯坦顿和卢克丽霞·莫特这样的女性被拒绝给予投票权,在1840年世界反奴大会上被打发到装着窗帘的阳台上。内战之后女性把禁酒运动变成她们自己的,由此获得的经验将会至为重要地转移到选举权运动上。② 同样,第二次大觉醒运动帮着点燃了好斗的废奴运动,超验主义者深受其他公社主义者的影响(还反对福音派),女权主义者被吸引到几个共同体主义团体,有些宪章主义者力促禁酒运动,卫斯理公会的传教士一有机会就宣扬后来被称为社会福音的那种东西,常常赞成缓和教会等级制,有时他们兴奋得像工会领袖。③

有时运动活动分子的个人网络迅速扩大,跟别的很多人接上头。考虑一下玛丽·沃斯通克拉夫特(女性主义先驱)和葛德文(无政府主义政治哲学家)。葛德文有功于将欧文从工厂管理"转化"成去发展他的社会体系,他们碰面的机会很多。那对夫妇的女儿玛丽跟雪莱(她父亲的仰慕者)私奔了,在跟他和拜伦一起生活时,写下了弗兰肯斯坦博士的怪物的故事。拜伦当然死在与希腊民族主义的浪漫主义调情中。女性主义、欧文式社会主义、无政府主义、民族主义和浪漫主义就这样在一个亲密网络里联系起来。

---

① Walters, *American Reformers*, p. 210.
② Evans and Boyte, *Free Spaces*, pp. 80-95.
③ 个人和群体可以将多种流行主题联合起来。比方说,埃丁·巴卢是霍普戴尔公社的创立者,他将其形容为"倡导禁酒、反对奴隶制、和平、慈善、女权和教育的社团"(转引自 Walters, *American Reformers*, p. 49)。在领导霍普戴尔的时候,巴卢是一个支持禁酒和美国反奴隶制协会的演说家,也是和平主义的、基督教无政府主义的新英格兰不抵抗协会的主席。

不过这些联系不只是亲密的,还包含了公共活动和机会,涉入较浅者可以借之进入运动场域,学习它的话语,在倡导者中间进行挑选。例如1829年4月,在第二次大觉醒运动里,欧文这位新拉纳克的天才,旅行到俄亥俄州的辛辛那提,同一位著名的福音派牧师、弗吉尼亚贝瑟尼的亚历山大·坎贝尔相辩。辩论的焦点是宗教,欧文想要证明理性的无信仰的优越性,坎贝尔则采取同样理性的依据来论证恪遵圣经的基督教的优点。有趣的是,欧文被迫守御他的环境决定论,以对抗坎贝尔的攻击,后者认为自由意志是基督教所必需的(这个论题与命定论矛盾,两年后将是福音热潮的枢要)。数以千计的人参加了这场为期八天的冗长而玄奥的激辩,选购不同的千禧年愿景。两种愿景都与运动牵连着;实际上,坎贝尔对欧文的挑战之一是,如果他是个前后一贯的决定论者,那他不该费心去组织活动和共同体,而恰恰该放任环境压力自行其道。① 照坎贝尔看来,上帝的工作要求天生具备自由能动性的基督徒自觉奋斗。而且两人都同意,他们的运动关乎整个社会和个人关系的激进重组;他们不是在讨论消极信仰问题。

我们习惯将欧文式社会主义设想成真正的社会运动,但是值得肯定的是,坎贝尔的宗教复兴运动也是那种运动。比如,正是坎贝尔提出了性别问题。异端宗教让女性"与奴隶无异,屈从于男人的情欲和残暴,犹太人甚至不许女人进入会堂,认为她们本质上几同动物"。与此相反,坎贝尔争辩说:"基督教所到之处,妇女都被从无知、奴役和微贱中解放出来,基督教不是让你们比男人卑贱,而是让你们成为男人的平等伙伴。"②坎贝尔也清楚,他的"新章程"绝非仅是"公民宗教"——爱国主义是不能同基督教美德相混淆的。③ 欧文的功利主义观念强调人类生活的目标是建立在物质丰饶基础上的幸福,对此坎贝尔几乎将新

---

① 坎贝尔还问,为什么欧文的看法跟其他人在类似环境下提出的观点如此不一样(Robert Owen and Alexander Campbell, *Debate on the Evidences of Christianity Containing an Examination of the "Social System" and of All the Systems of Scepticism of Ancient and Modern Times*, 1:236)。

② Robert Owen and Alexander Campbell, *Debate on the Evidences of Christianity Containing an Examination of the "Social System" and of All the Systems of Scepticism of Ancient and Modern Times*, II:123-124.

③ 同上书,II:117。

教伦理除外的东西抨击个遍,嘲讽了一种说法,它认为道德"不过是对效用的应有尊重。蜜蜂和人一样有道德;酿蜜最多消费最少的蜜蜂是最道德的"①。

这场辩论是当时的大事,声名远播。那时被拉入基督教的欧文新和谐村的一位前居民,用速记法记下一本手抄本,经论辩双方同意后出版,一时洛阳纸贵。可是,这起事件在欧文或坎贝尔运动的记述中很少提及(罗斯的辛辛那提工人史也不提②)。看起来像是关于社会主义和宗教(特别是新教福音派)间关系的晚近观念,将两种运动置于分离的场域,从而遮蔽了它们的联系。一方是现代社会主义的先驱,另一方则是新教主流教派的先驱,较为间接地也是摩门教的先驱。还有比这更形同胡越的吗?然而在19世纪初,特别是在美国,这类新社会运动不计其数,还占据着要害的公共空间,常常互有联系。

新社会运动为何需要重新发现?

在19世纪初和20世纪末,美国和欧洲均爆发了一系列生气勃勃的社会运动,虽然它们的形式、内容、社会基础及其对参与者的意义各各不同。它们在相当类似的社会运动场域里联系起来,这些相似处超出了透过NSM理论的镜片所见的上文述及的范围。它们还包括——举例来说——对审美生产和接受的一种生动介入。20世纪60年代的学生运动及同类运动,若是没有民谣尤其是摇滚乐,是完全不可想象的,它们还培育了自我的审美化,将审美标准大范围地用以评价个人活动和社会安排。各式各样的美学生产——文学的、戏剧的、音乐的、平面艺术的等——都遭到女性主义运动的痛斥,就此而言该运动是与众不同的。生态运动背后的推动力部分来自对自然和适宜生活方式的审美判断,那不应坍缩成拯救地球或我们自己不致灭绝的纯然工具性关怀。这让人想起浪漫主义的自然观,而浪漫主义既是18世纪末19世

---

① Robert Owen and Alexander Campbell, *Debate on the Evidences of Christianity Containing an Examination of the "Social System" and of All the Systems of Scepticism of Ancient and Modern Times*, I:18.

② Ross, *Workers on the Edge*.

纪初的许多社会运动的一个面相,某种意义上也是那些运动之一。有几分相同地运用审美标准去判断现实生活事务,这对19世纪早期的公社运动和超验主义者非常重要。

当然,在其他不同时代美学也大举进入社会运动领域,例如在盛期现代主义时代。不过,说到美学把我们指向一个关键问题的部分解答:为什么社会理论家们没有更普遍明显地看出19世纪初期和20世纪后期的社会运动场域之间的相似点?比较简单的回答就是许多社会理论家不了解历史。同样真实的是,学院派社会理论和马克思主义的关怀都受到它起源时期的劳工和社会主义运动的突出地位的影响。自由主义和保守主义的各式变种盘踞在大学,而马克思主义成为支配性的学院外激进理论,由此使得19世纪早期的种种空想社会主义者、直接行动的拥护者和其他替代性社会愿景黯然失色。于是在学术圈内外,大多数理论取向对宗教运动、民族主义、"认同政治"、性别差异和性问题殊无所见,也未赋予它们当代意义。① 这多半是因为他们操弄着高度理性化的人类生活观念和相对僵化的利益概念。② 结果,美学活动和探究与NSMs提出的系列议题通常与"严肃"问题绝缘,正是这点造成理论家们对社会运动的大体工具性研究。

实际上,连社会主义本身在古典社会理论(及其大多数后续传统)里也被赋予片面的经济主义定义。芭芭拉·泰勒注意到,假如社会主义涉及劳动和资本的斗争,那我们该拿欧文及其拥护者怎么办?对他们来说,

> 社会主义代表了在社会存在的每一层次上实现"完全平等、完全自由"的斗争,这一斗争超越了建立无阶级社会所必需的经济和政治改革的范围,延伸到建立性别民主社会所必

---

① 当然,韦伯对文化运动及其与政治和经济的关系的分析贡献良多,但这些之所以值得注意,部分原因即在于其非典型性——而且它们无论如何都没有克服他基本上根据对利益(包括文化性地构成的利益,如"身份")的工具性追求来分析当代现象的倾向。涂尔干和莫斯都是在一战后才认为民族主义很重要(这不需要大智慧),却都没有写过论述民族主义或者泛论社会运动的重要作品。

② 这不只是与本章加以主题化的问题有关,也涉及情感主题在社会运动分析中以及最近之前在一般社会学中相对受到轻忽(除非是作为社会心理偏差的部分解释)。

需的情感和文化转型。①

社会主义——一般地说,政治行动——因其工具性地专注于有形的物质目标,在古典社会理论里尚有意义。那些没有这种导向的社会运动势必沦入理论关联性的边缘。

19世纪末劳工/社会主义运动的建制化以及对它们的反应,使各类运动间的分割臻于明确。有融入工业化和社会变迁的整个过程中的真正的社会运动,也有林林总总的起点错误和想一步登天的尝试,它们虽表现了人类的梦想和挫折,却游离于社会变革全过程之外。19世纪末20世纪初的社会科学家不是将不同运动一概而论,而是对其进行细分。恰是社会运动研究的场域显露了这一点的踪迹。它的根源一面在于集体行为的社会心理研究(通常被解释为偏差的),另一面在于劳工运动研究(普遍按照自由主义/韦伯主义或马克思主义来分析)。这引起从事论证的一种倾向:好像为数众多的人的联合活动必须要么被展现得合乎工具理性,要么被视为非理性的,根据社会心理的标准方可解释。②决定这一模式的有多种因素:美国社会学家当中历史研究相对贫乏,极少有人回顾不合流行划分的形成期的主要运动——它们是美国史学者几乎回避不了的。大觉醒、废奴和禁酒运动全都清晰塑造了美国历史,但它们不尽吻合于自由主义的、左翼的、工具性的或心理偏差的这些备选项。③

社会运动研究也在同政治分析的惊人分离中发展。这从两个方向上产生了后果。研究社会运动(乃至"集体行为")的社会学家多年来往往专注于政治性不太明显的运动,或者无视他们所研究的那些运动

---

① Taylor, *Eve and the New Jerusalem*, xiv.

② 例如参见 Neil Smelser, *Theory of Collective Behavior* and "Two Critics in Search of a Bias: A Response to Currie and Skolnick"; Elliot Currie and Jerome H. Skolnick, "A Critical Note on Conceptions of Collective Behavior"; Richard A. Berk, *Collective Behavior*; and Gary Marx, "Issueless Riots"; 以及 Doug McAdam, John D. McCarthy, and Mayer Zald, "Social Movements" 中的评论。

③ 或许并非偶然的是,突破了这些二元论窠臼的屈指可数的"古典"社会运动研究中,有一项是古斯菲尔德(Joseph Gusfield, *Symbolic Crusade: Status Politics and the American Temperance Movement*)对禁酒运动的历史研究(它基本上是根据"身份政治"来论述的,新的或向上流动的社会群体借助那种政治以肯定它们在社会秩序里的独特认同和位置)。

的政治维度。① 这才会有一场学术运动在20世纪70年代发动起来,为的是"把国家带回"社会运动和相关社会学现象的研究中。② 正是在这种背景下,蒂利在本领域某些最重要而影响深远的研究作品里,将社会运动研究紧紧联系着国家形成和经济问题。③ 这是对集体行为心理主义的一大进步,却也制造了一种镜像,在那里唯有直接涉及政治经济、民族统一和国家导向的运动才饱受关注。

反过来,民主理论久已将运动视为"常规的"制度政治过程的异常,往往主要视作公共话语和政治议程设置的中断而非其中心维度。④ 只有部分马克思主义传统一贯认为社会运动具有政治中心性而非附带现象。然而马克思主义者凝神细思的,不是社会运动在"平常"民主政治中的角色,而是在资本主义社会(和资产阶级民主)转型为据信不再需要这种运动的其他什么东西中的角色。即使经历了过去30多年的社会运动,民主理论依旧专心于制度化政治。⑤ 当"多元主义"思想家留心不同部分的人口的作用时,他们依据"利益集团"而非运动来对此加以概念化。⑥ 即使当批判性更强的思想家论及直接民主参与的问题时,他们的注意力也转向日常的公民决策诸形式,即转向替代性的一套或许以共同体为基础的稳定的例行程序,而不是转向运动。⑦ 李普塞特竟至于断言:"政治冷漠可以反映民主国家的健康状况。"⑧规范的民主理论仍然聚焦于理想程序的概念化,而不是有说服力地将作为持续创新源泉的运动的角色囊括进来。

想要理解20世纪60年代的民权运动与反战学生运动的努力改变

---

① Tarrow, *Struggle, Politics, and Reform*, p. 25.
② Peter B. Evans, Dietrich Rueschemeyer, and Theda Skocpol, *Bringing the State Back In*.
③ Tilly, *From Mobilization to Revolution*, "Britain Creates the Social Movement" and *The Contentious French*.
④ 参见 Cohen and Arato, *Civil Society*, 第10章的讨论。
⑤ 佩特曼1970年对此的质疑仍然适用;参见 Carole Pateman, *Participation and Democratic Theory*。
⑥ 比如参见 Robert A. Dahl, *A Preface to Democratic Theory and Who Governs? Democracy and Power in an American City*; David Held, *Models of Democracy* 里的讨论。
⑦ 比如参见 Benjamin Barber, *Strong Democracy: Participatory Politics for a New Age*。
⑧ Seymour Martin Lipset, *Political Man*, p. 32.

了社会运动研究领域。① 所研究的运动、所采用的视角都拓宽了范围,重心从微观心理解释转移到宏观结构和/或理性选择解释。可是引领潮流的取向再造了自由主义(功利主义、理性选择和资源动员)视角与马克思主义视角之间的基本分野。大多数理论认为运动要么是国家权力的挑战者,要么是追求另外某套工具性目标的抗争集团。很少有人认识到,"个人的"如何"即是政治的",或者重要的政治结果(或更一般地,宏观结构的结果)如何源自政治性或工具性在其自我理解中都不明确的一些行动。② 这类理论克服了"集体行为"和"现实政治"的分割,但也未将文化——或对民主过程和公民社会的任何卓识——带到台前。完成这一功业主要靠 NSM 理论。

NSM 理论不仅将文化搬到台前,还挑战了微观—宏观、过程—结构解释之间的尖锐分歧。用柯恩和阿拉托的话说:"当代集体行动者懂得,认同的创造带来社会冲突,冲突牵涉到规范的再解释,新意义的创造以及对行动的公共、私人和政治领域间的边界的社会建构的一种挑战。"③不要预断是否采用工具理性互动的政治过程模型,跟避免假定集体行为源于心理崩溃同样要紧。④

结论:现代性与社会运动

至少有两百年之久,在这样那样的标签下,公域对立于私域,经济对立于美学,理性主义对立于浪漫主义,世俗化对立于宗教复兴,制度化对立于一意冲决网罗的新兴运动。这些紧张关系躲在运动组织的反

---

① Anthony Oberschall, *Social Conflict and Social Movements*; Tilly, *From Mobilization to Revolution*; Mayer N. Zald and John D. McCarthy, *The Dynamics of Social Movements*; and McAdam, McCarthy, and Zald, "Social Movements".

② 古尔德纳(Alvin Gouldner, *The Coming Crisis of Western Sociology*, vii)试图理解新左派,思索着莫里森和大门乐队录制的《点燃我的火》这首歌。他看到它的两副面容:底特律暴动期间唱的《城市大火颂歌》,给底特律汽车制造商的商业广告歌。换句话说,问题是在政治抵抗和经济霸权之间。古尔德纳显然遗漏的是性对新左派有着中心地位,就像对那个时代(甚至 19 世纪初)其余那么多新社会运动的动乱一样。

③ Cohen and Arato, *Civil Society*, p.511.

④ Tilly, *From Mobilization to Revolution*; and Doug McAdam, *Political Process and the Development of Black Insurgency*, 1930-1970.

复起伏背后,改变了运动的活动形式,也躲在运动反复扩散的背后,那些运动超越了任何单一叙事——发展中的劳工运动、社会主义甚或民主制。本章没有追溯更悠久的叙事,也不想描绘各类运动的盛衰。它的主要用心限于(1)显示"新社会运动"在19世纪初多么突出;(2)表明眼光不应单单放在旧式运动向新式运动的假定转换,还要放在社会运动场域里不同类型运动之间的相互作用上,该场域过去和现在都是现代性的基础,是内在多元化和国际化的。我们不将各类运动特征和推定的单向叙事混淆起来,这样就能更好识别一些变量,它们从运动的组织程度和形式、对"认同政治"的相对重视度、它们的社会"基础"和行动取向等方面区分不同年龄的运动。无论我们研究什么社会运动,都应对以上主题内容保持敏感,如果它们缺失,应设法解释为何缺失。

习惯了19世纪初和20世纪末社会运动场域的丰富多彩,我们可以通过进一步研究看到,19世纪末20世纪初不像通常认为的那样经济主义组织一家独大。工会和社会民主运动几乎到处都要同救世军和排外的民族主义者角逐,在美国同奋兴派牧师、在欧洲大部同反犹太主义者竞胜。然而学院派社会科学家给予这其他运动形式的注意力,跟它们的民众吸引力不相称,同时他们倾向于预料劳工运动和主流的政党政治会成长得更强大、更制度化。

然而如果我所言非虚,19世纪初的社会运动场域在某些方面更类似20世纪末而不是两者之间的那些岁月,那么我们就面临着有趣的历史解释问题。赫希曼和塔罗提出的对运动周期的权威说明,主要集中在短期现象:特定动员如何在数月或数年内耗尽参与者的能量。① 但社会运动活动在19世纪中叶的转变却不止于此。许多不同类型的人为了他们的工作条件和报酬而进行的斗争日渐汇聚到单一的劳工运动中,它们多样化的意识形态至少部分转变成多少有些激进的劳动价值取向的连续统,从强硬的社会主义到精英主义的工联主义。同样的,面对马克思主义、费边主义与其他改良计划和社会民主运动,所谓的空想社会主义衰歇了。正如巴巴拉·泰勒提到过,这对妇女有着惊人后果,她们曾很重要地(尽管不对称地)被吸纳进欧文主义(更别提基督宗教

---

① Albert Hirschman, *Shifting Involvements*; and Tarrow, *Struggle, Politics, and Reform*.

了),但她们发现自己在马克思社会主义、工会主义和社会民主党里被边缘化了。① 潜藏在这特殊事例下的,是对私人生活和公共生活的一般性再定义,新定义不但把妇女本身,还有据认为跟她们密切相关的事项(如家庭)都移出了公共领域,这将政治问题转变成纯属个人的关切。后来女性主义者以"个人的即政治的"口号所挑战的,正是这一特定历史变化——不只是父权制的永恒趋势。

国家和资本主义发展所处的阶段对这一切可能格外重要。② 国家精英们可以更加团结一心,这样既能更好地应对运动,又较不可能在支持和反对间分裂。国家无疑开发了控制民怨的更优良机制(虽然这些几乎没防住 20 世纪 60 年代的大体属于中产阶级的动员)。更为重要的是,选举权扩大了,随后选举政治提供了以选票换取主要是经济分配上的各种好处的机会。同时,国家的制度发展也创造了机制,可以就某些问题——特别是劳工和"福利"关怀——持续协商。这使得特定的运动关心事项恒久地进入政治舞台,另一些则被拒之门外。

人口大量集聚在工业生产中,这可能也起了作用,为工会提供了组织沃土。或许更基本的,资本主义生产内的工人不同于他们的先辈,处在便于讨价还价的位置上,要求提高他们在资本主义增长中的分配份额。他们不是在请求保护旧行业或他们所属的共同体。所以一旦工人们是在要求资本家能够从金钱上给予的某种东西,向经济主义运动组织的投资就有递增的回报。成熟的工业资本主义也给劳工运动提出了组织上的挑战,迫使它们形成大规模的、正式组织的制度化结构。当然,由于劳工运动的成功,它在运动场域一枝独秀;它的主宰地位是斗争的成就,不只是背景变量的继承。最后,我们不应疏于考虑划时代事件和深层因素中的走向的影响。1848 年革命的镇压和美国内战至为显著地有助于 19 世纪早期社会运动的繁荣灰飞烟灭。二者的人口效应——越来越多的移民,大规模的杀戮——也可能降低了运动形成和壮大的概率,增加了对制度化的而非风险更大的集体行动的流行偏好。

在解释 20 世纪 60 年代(或世纪之交)社会运动场域的重新开放

---

① Taylor, *Eve and the New Jerusalem*.
② Hirschman, *Shifting Involvements*; and Tarrow, *Struggle, Politics, and Reform*.

时，我不会尝试给出值得探究的即使是类似的可能因素特别清单。从大批量生产到更小规模、更分散的工作模式的转变，新媒体的作用，国家的作用等等，这些问题上的争论不过是蜻蜓点水地触及了竞放中的各种立场。也许人口统计资料再次事关重大；也许飞速社会变迁创造了新可能性的感觉。最基本的，我们需要考虑一种可能：NSMs 的激增是现代性的常态，无须特别解释，因为它违反了如此之甚地组织了我们思想的若干对立：左和右、文化和社会、公和私、审美性和工具性。挑战或许在于解释 NSMs 为何在某些时期和地区相对贫乏。虽然叛乱、改革和其他类型的集体行动在整个历史上时有发生，但现代时期总体上与众不同地以社会运动的高发为特点。这部分是因为它提供了运动所需的机会和能力，那是其他许多时代和环境所欠缺的。事实上，容易开展各种社会运动的倾向似乎是将西方现代性的独特历史与印度次大陆、中国、非洲等地开先河的新异现代性联系起来的一个突出特点。

因此，将 19 世纪中叶到 20 世纪中叶的模式简单等同于"现代性"，那就错了。这尤其帮着滋养了对进入"后现代性"可能表示什么意思的种种幻觉。这个时期单独的一簇运动的相对优势地位，未必就比它之前和之后的不同运动的激增更为"典型"，事实上可能更不"典型"。劳工和社会民主运动的表面上的支配地位——不论是在欧洲现实中，还是仅在社会科学家头脑中——是有历史特殊性和偶然性的。从来不存在什么现代性的真正社会运动。不如说，现代性自始即是内在分裂和竞争的——亦即，或许我该说，"始终如一地"是竞争中的运动的目标。

我们不需要将现代性的理论概念构建为一个主导叙事，而需构建得让它反映现代性的异质性和论争性，并充分考虑社会运动在其中的中心地位。如果我们想辨识出一种后现代性，一种倾向和趋势上的变化，我们就需要更清楚地知道我们可以超越什么。国家权力和资本主义没有被超越，竞争性个人主义也没有消逝，纯工具关系的世界也没有变得内在地更重精神性。诱发 19 世纪初的社会运动的众多怨苦和不满依然如故。同样地，NSMs 的激增也不应急于拿来推论工会行动主义或作为运动主题的主流政治经济关切的终结。循环可能继续下去。无论如何，现代性部分地恰是以挑战它、要从它那里求取更多东西的运动的形式，一直呈现在我们眼前。

第十章 进步为了谁?

对传统文化、关系密切的共同体和手工业机构的忠贞不渝,是19世纪初工人们赖以抵抗资本主义、追寻民主的许多社会运动的基本要素。汤普森在《英国工人阶级的形成》中精彩地复原了这段历史。他痛切说道:

> 我想把那些穷苦的织袜工、卢德派的剪绒工、"落伍的"手织工、"乌托邦的"手艺人乃至受骗上当跟着乔安娜·索斯科特跑的人都从后世的不屑一顾中解救出来。他们的手艺与传统也许已经消失。他们对新兴资本主义的敌视也许不识时务。他们的共同体理想也许想入非非。他们的造反密谋也许鲁莽灭裂。但是他们经历了这些时代的剧烈社会动荡,而我们没有。从他们的经验来说,他们的愿望是正当合理的;如果他们曾是历史的牺牲品,他们现在仍是牺牲品——他们在世时已被定罪了。①

就在汤普森给予这些人物迟来的历史尊重时,他对他们的兴趣部分出于他们所揭示的"英国工人阶级的形成"方面的东西。② 自由主义者和马克思主义者在论述时常常比较偏颇,将这些运动并入劳工和社会主义斗争的一种进步视野里,让他们的保守元素显得像是残渣余孽

---

① Thompson, *The Making of the English Working Class*, p.13.(中译本参见《英国工人阶级的形成》,钱乘旦等译,译林出版社2001年版,"前言"第5页。有改动。——译者注)

② 参见我的考察:Calhoun, *The Question of Class Struggle: Social Foundations of Popular Radicalism in Industrial England*。

而不是基本质素。这两类人往往一致认为,政治立场直接受到对客观利益的理性理解的支配。他们的分歧表现为不同群体的真正利益何在问题上的纷纭聚讼。可是这掩盖了核心的问题:人们怎样理解他们的社会认同,进而理解他们属于什么群体?他们怎样系统表达他们的价值和愿望,进而表达他们以为他们的利益是什么?社会文化产品对他们所追逐的利益有什么重要意义?死守所拥有之物与力求各种抽象可能性之间有什么重大差别?

在社会组织日益大型化、国家权力和资本主义推动着变迁的一个世界上,许多人会发现,休戚相关的社会群体里的成员身份是笔重要资产。有钱人,有精英关系的人,有某些形式的文化资本的人,他们会发现很容易周旋于更广阔的社会,到国外旅行,在政府和大公司出人头地。他们甚至想象自己是作为自主的个体能动者做这些事情,而无视他们所仰赖的政治经济体和社会结构的种种方面。但是缺乏这些资源的人明显而自觉得多地依靠共同体、同业公会、族群、民族和宗教。人们规模不等地组织起来进行斗争,既为保持某些自治领域,也为赢得大规模社会整合过程中的一点发言权(如果不是要控制它的话)。说这些斗争里有什么明显进步的和明显反动的立场,这会把人引入歧途。

传统、传统主义和抵抗

对传统文化价值、更直接地对共同体人际关系的信守,有时可能显得保守,有时显得激进。它们是诸多激进运动的核心成分,因为(1)它们给人群提供了协调、激进的集体行动所必需的内在社会组织的广度;(2)维持传统的或共同体的生活方式的种种举措,可能与资本主义主导的一些现代社会构造——以工业化起头——格格不入。相较之下,改良主义是现代工人阶级的典型立场,至少在高速增长的自由资本主义社会是如此。

同样的,长期占据支配地位的研究取向将运动视为保护理性的、基本是经济的利益的斗争,这就贬抑了活跃于19世纪初的一系列乌托邦的、宗教的和其他运动。当代的妇女运动和各种认同或价值中心的运动可以部分溯源到运动活动的这个高峰期。虽然历史学家对此有所研究,但19世纪初运动活动的这一向度未能充分纳入社会理论或一般社会运动研究。这点清楚地体现在所谓"新社会运动"概念的肤浅历史阐述上,它拿20世纪60年代及其后的几种运动跟之前几十年的劳工运动做比,而罔视更早的历史相似物(参见第九章)。

人们试图借以界定其共同利益的特定文化主题不尽由物质条件决定。民族主义至少同阶级斗争一样随时可以调用,也同样有效,宗教同社会主义一样有可能,甚至潜在地可以合成一体。类似的,他们能够建立起来实现团结的特定社会组织是累积的选择和斗争的产物。工人可以保卫手工业行会或共同体,也可以跨行业地加入大规模的工会运动。妇女可以作为女性主义者动员起来,也可以在宗教运动内捍卫传统的家庭角色。献身于"人民"、不信任精英的那些人可能组成"教会和国王"暴民团伙,袭击自由主义者的家宅,但也可能加入共和主义甚或社会主义革命的事业中。这其中可能牵涉到外部操纵,但也有民众的乐于接受和主动性。有时激进主义的最深根源和最强理由可能在它们附着于不同政治计划的潜力上是极不稳定的。社会运动的扩散对民众的民主参与和历史的缔造至关重要,但我们若是企图仅仅透过激进主义对历史大势——实际的或预期的——的贡献来把握它,那会理解得很差劲。领会它的矛盾,它的多重的、冲突的潜力,它的缺乏保障,这样我们可以理解得更好些。

社会革命是现实政治转变之最激进者,它们确实除了反政府的激进运动之外别有许多原因。比如说,被外部冲突或内部分裂削弱的国家结构可能对革命运动的成功非常关键。不同怨苦源头之间的某种重合可能很要紧,它有助于对革命后的国家有着不同愿景的群体组成联盟。我在第八章里提到过,当现存权力结构在空间上相对集中——特别是集中在都城——时,革命也更有可能发生。这让人更便于攻击那些结构。其行政机构更有效地遍布于疆域之内的国家要安固一些,不那么容易受集中的群众动员之害。被视同于独裁的个人统治者的国家也尤为脆弱。它们腐败成风,而且这种极其依赖个人的统治方式容易成为有些激进分子的众矢之的,他们依据统治者的个人道德来看待政治。是这类民粹主义的意识形态,而不是更系统化的分析,对深深扎根于传统和地方共同体的激进分子的世界观和意识形态至为重要。可是

第十章 进步为了谁?

民粹主义常常被看作反常现象,不被视为对大规模资本主义和集中化国家权力的一种基本的、频发的反应。

在革命大功告成,并改造了社会而不止改变了政权的地方,通常有两类激进动员卷进来。一方面是常常组织严密的、前瞻性的、较为复杂的革命者团体,另一方面是往往人多势众的抗议者和反叛者,他们在强大的地方共同体和传统怨苦基础上采取行动。这两类可能重叠,但差别很重要。后者是革命发生、国家动摇所必不可少的,而前者在社会改造期间很可能掌握着政权。

在由国家和其他冷冰冰的大型社会组织构成的当代世界上,激进主义(当然既可能是右翼的也可能是左翼的)面临着一对矛盾。许多激进主义建基于传统和地方共同体(包括有时特意创建的宗教改宗者或政治改信者的共同体),可是一旦成功,它既会破坏传统,也会将权力转向社会中心及其大型控制系统。"着眼全球而思,立足地方而行"有可能行得通,但为了保卫地方性而迈向全球——或者哪怕仅仅迈向全国,也几乎肯定会改变地方性。

文化传统发挥作用的方式之一是,它们塑造了泰勒所谓的我们道德判断的"强视域"(strong horizons)。① 泰勒以此表示我们对何为正当的那些最深层承诺,它们也会合理评价其他承诺。有时它们与我们以之为自然者相重合。因此,虽然许多个人主义者认为个人才是实在的,群体不是;但是深嵌在强大的共同体和文化传统中的很多人则认为某些生活方式是自然而然的,所以抗拒——有时很激烈地——威胁到那些生活方式的社会变迁。

泰勒主张,这些承诺是根本性的,塑造了我们余下的很大部分道德(和其他)推理。尽管我们能够拷问它们,间或改变它们,但它们往往构成了我们的认同和自我认知。对19世纪的自由主义者来说,个人主义就是日渐强劲的这类力量,同时塑造了他们关于世界如何运转的观念和道德判断的观念。② 谁也不能号称发明了它(即便是托克维尔发明了这个词),也没几个人(即便真有)是全然自觉地选择了它;对大多数

---

① 参见 Charles Taylor, *Sources of the Self*。
② 参见 Steven Lukes, *Individualism*。

人来说它的正确似乎不言而喻,之所以如此是基于(相关社会圈内的)传统和共识。它也受到有些人的生活经验的支持,他们能够凭一己之力建功立业——至少他们是这样解释的。当然,他们自己的意识形态有助于掩饰私有财产压制许多人而扶持某些人的程度,更别提教育、高门和在发达者中间的人脉关系很大程度上都是社会因素,并非简单地属于个人特质,尽管它们使一些人更容易作为个人取得成功或赢得政治影响力。对另一些人而言,群体至关重要。

个人主义在工人中间没有传播得那么快——至少不是这种新个人主义。很多人的确珍视自主和人的尊严。正如雅克·朗西埃点明的那样,许多工人所盼望的不是以社会主义替代资本主义,而是在他们目之所及的周边社会上得到更多安全、尊重和机会。① 但是,认为个人优先于群体和社会关系,这是自由主义者的特征,而工人们对此并无那种强烈的道德承诺。如果说崛起的资产阶级精英的经验揭示了个人靠勤奋和天分就能取得成功,许多手工业工人的经验则恰恰相反。在日薄西山的手工业里再怎么努力工作也成功不了。做学徒习手艺——很多方面类似于精英教育的一种人力资本投资——也成功不了。个人也寻觅不到多少好机会。再说,虽然手工业工人常常对某些公平理想有着强烈的道德承诺,包括参与这个国家的公民事务的应得权利——只要他们愿意工作;但是他们无须按照个人主义的形式来解释这些理想,贬值的技艺、高涨的食品价格和啼饥号寒的孩子,这些经历往往是整个共同体一起忍受的。当丧失生计或者仅仅是再无上升机会的工人们日渐开始责怪他们个人自身时,那其实是一种文化转型,很大程度上自我确证了现代资本主义社会的主导阶级的正当性的一种转型。②

但是这种新观念不曾扎根于19世纪初期。当机器被引入生产过程,同技术人力相竞争的时候,或者当政府打击或逮捕抗议者的时候,工人们大多是在他们的共同体里并通过共同体来应对的。这是他们那样激进的一个关键原因,后来的工人不会如此了。更准确地说,后来的

---

① 参见 Jacques Rancière, *The Nights of Labor: The Workers' Dream in Nineteenth-Century France*。

② 托克维尔最先洞察到这一点。参见在托克维尔基础上发展起来的一种深刻论述:Richard Sennett and Jonathan Cobb, *The Hidden Injuries of Class*。

工人只有在他们与其他人形成牢固团结以应对局面、面临着全部生活方式的快速毁灭的环境下,才会类似地激进起来。工会或许有助于形成这样的团结,但它不只是作为响应个人物质利益的正式组织。在工会也构成强大的共同体,或者与共同体交叠的地方(比如矿工中间经常是这样),激进主义可能有更大的潜力。反讽的是,产业工人当中这样的激进主义的一大显例,是随着20世纪80年代初团结工会的创立及其反对波兰共产党政府的斗争而出现的。

传统的重要意义不止在于它提供了文化内容,比如知识、价值、规范、奶酪味道之类,尽管这些也都很重要。传统的重要性还在于帮助引出深层的激情,把人们黏结到一起并忠实于生活方式的根本情感。想想语言吧,你突然发现必须讲一种新语言,那种语言你表达得不像母语那么好,你找不到恰当的词语或者词不达意,也许你梦里也不说那种语言,这时该多么混乱啊——对有些移民来说该多么苦恼啊。再想想共享的语言是怎样让社会关系得以形成的。并非所有说英语的人都联成一体,但是说同一种语言的人更容易参加集体行动。大多数人只在面对语言多样性的时候才会想起共同语言来——它不是显明的价值。因此在大多数时候,大多数人没有充分理解他们内心深处珍视的一种东西——哪怕他们深切地珍视它。

语言也许是个强大得不公平的例子,它比文化传统的其他众多有特色的东西更为基本,对社会互动的可能性更起决定性作用。但是语言的确说明了另一要点:它被共享时要可贵得多。也就是说,语言确实是在我们每个人的大脑里运转,让我们能够思考和进行内心对话。但是我们会发现,仅仅掌握个人习语是令人窒息的。语言让我们可以交流。实际上,公共文化的其他维度也把人们连接起来,或者说如果他们愿意,就可以连接起来。像语言那样,它们形成了人们彼此相通的渠道,也形成了人们通往世界的渠道——至少就他们透过意义而不是纯粹的物质性(假如有这样的东西存在的话)去接近世界而言。各种手工业的传统类似于此。它们包括技术知识、规范价值、交流工具和联系物质世界的方式。陶工有上釉、制器和火候的知识,有值得效法的从前的陶工的独特风格方面的知识,还有一个杯子或罐子的雅致色彩的恰当配比的知识。这样的知识让他们能够从事体力工作、设计或脑力工作、互相交流,并将他们的作品成功展示给消费者。而且这种知识与其传播方式密不可分。这几乎必定涉及身体的同时在场和实际活动,而不只是书本知识。它通常涉及在他人身边干活,有时那就是准师徒关系。因而知识的获取本身就构成了社会关系。如果这种知识贬值了——如果大批量生产的陶器替代了手工陶器——陶工丧失的不仅是生计,还有生活方式,创造并信守特定价值的能力,以及社会关系网。①

所以当我们提到传统时,我们应当明白那不只是一套文化内容,用白芝浩的名言说即"习俗的硬饼"。② 我们应该更敏锐地看到被人传承和再生产的文化内容的世系。我们不但需要注重内容(或其古老性),还需注重传继文化的不同方式。拉丁语的 *traditio* 表示让渡或传递。但是我们当然可以按很多方式传递文化:父母和村里老人随口讲的故事,日常互动,传授和靠模仿习得技艺,当然还有教科书和正式讲课。这一切都在(再)生产传统。③

关于传统的很多看法兴许有些讽刺性地强调了文本传统,尤其是圣经阐释和文学风格的传统。这鼓励人们对传统是如何"留传"的持一种较为抽象、认知的观点,也导致人们瞩目于所谓的"原型"(the original),应当尽量原封不变地代代相传的那完美真理,后来的一切变体跟它比起来只是摹本。④ 即便有时对文本传统的叙说同时承认新语境下的重新解释是保持或重拾原型意义所必不可少的,它们也仍然运握着顽固的原型观念。相比之下,在口传文化里,书写本才是摹本。很可能

---

① 这当然是马克思在 *Economic and Political Manuscripts of 1844* 里说明异化劳动的一个中心论题。(此处及参考文献中的马克思书名有误。查英文版《马恩文集》第3卷,应是《1844 年经济学哲学手稿》,"Philosophical"误作"Political"。——译者注)

② Walter Bagehot, *Physics and Politics*, 尤请参见第2章。白芝浩是维多利亚时代一位杰出的自由主义者(《经济学人》杂志的创办者),他用这个短语来特别反对"进步是事物的正常秩序"这一19世纪的陈腐假设。他认为"习俗的糕饼"是确保社会秩序的必要的第一步,那种秩序能使人免于霍布斯式的分裂状态,但是对于不能突破它的束缚、更有效地运用理智来促成进步的社会,它是个潜在的陷阱。

③ 所以(比如说)凯恩斯主义和货币主义就不只是经济学里的抽象立场,而是传统。它们也有关系网络和规范价值,一如有技术手法。但经济学和制陶有个区别,就是经济学知识编纂整理得正规得多。这不仅是专门技术比技艺更受重视,还在于传播知识的方式不同。特别说来,身体的同时在场没那么重要了,部分因为相关技术更少涉及身体的感知。

④ 以神圣文本为基础的宗教传统提供了首要的例子;参见 Josef Pieper, *Tradition: Concept and Claim*。

第十章 进步为了谁?

也有原型观念,如神话的第一次讲述、诸神告知众生的故事等。但原型的地位不尽相同,重述才是最重要的。事实上故事并未穷尽传统知识。各种实践技艺是心手相传的,常常靠目视耳闻和经验习得;精熟技艺是身体力行的事情,不是从这样的实践中抽绎出来的认知控制。

　　生活在传统共同体里,就是栖居在个人和集体生活所需的许多知识可能处于无以言表的状态这种环境里。要不然它可能半吞半吐地表现在格言和谚语中,它们不像清晰的规则那么起作用,因为在确定哪一条格言适用于什么情境时,有太多相关联的意义。现在该说"一针及时省九针"呢,还是该说"欲速则不达"?① 人们经过反复的社会互动树立起各种名声,如"义士""良母"、识大体的人或者能对外发言的人。它们在过去的表现被人记住的关系网里运转,尽管如同世系的辨认容许有的祖先被遗忘而另一些被抬高那样,对每个人的经历的记忆也服从于以后来轨迹为基础的重塑。紧要的知识得之于实践,又在围绕着餐桌、工作的午休时间和小酒馆的讨论中整理和重现。谁可以信任?哪个外人需要更刻意地表现出敬重?什么是好姻缘或孽姻缘?这样的最直接的评价与更一般的传统相交织:婚姻或社会等级的传统,或者成为可信之人与懂得如何认出、对付不可信者的双重重要性的传统。某种传统体现在故事里,那些故事构建了"我们是谁、我们像什么样子"的形象和认知:我们村子的人在那场战役里冲锋陷阵或者在革命期间特别

---

① 布迪厄的矛盾标题《艺术的法则》提到了这一点。他的大作涉及 19 世纪末文学场域的兴起,在这个场域里,艺术写作和新闻写作之间日渐增强的区分惹人注目。不过,对于福楼拜和波德莱尔的现实主义小说,与新兴场域的等级体系里不曾拥有一种艺术地位或不被授予那种地位的人以散文形式呈现现实的那种尝试,不存在什么简单的法则可以区别开它们。这样的分辨需要判断力和审美眼光,是按照新兴场域等级体系所制定的方式形成的。有些人比别的人更有能力做出这类判断;尽管有模式可以见之于他们的判断,但它们没有反映出可以脱离语境、由任何人在任何环境下施行的法则。所以,这个标题是自相矛盾的:"艺术的法则"没有说出创造或判断艺术的正式法则。这个短语更常见地恰恰用于暗示一种没有充分、具体地说明的规则,它更依靠情境化、经验性的判断,而不靠严格的遵守。烹饪充斥着这类艺术法则,比如"调味",放一"撮"盐,加"少许"香草香精,或是烤到刚好"够硬"为止。现代烹饪书试图通过量化来更精确地说明这些(例如一"撮"是一茶匙的 1/8,"少许"是 8 滴等),但烹饪书首先是为不懂怎么烹饪的人写的,它们想要用正式的说明性资料替代不那么正式的熟而生巧。即便如此,要运用它们也需要一定数量的不那么明示的、往往获之于实践的先行知识,或者也许有祖母做帮手,她知道不用任何器具、只用她的拇指和食指,一"撮"表示多少。烹饪的艺术是做出良好判断的能力,那些判断会被知识激活,但它们的再生产并无可供遵循的明确法则。绘画或写小说的艺术也是这样,甚至政治亦然。

爱国(或非常精明地藏好了全部银器),我们"一直"是新教徒(虽然那座循道宗教堂建于1783年),或者我们的女孩子特别漂亮(因而始终有被外人偷走之虞)。这些故事不是一成不变地流传的,它们不断地在新环境下加以改编。

但传统不只是故事。它是要掌握一门手艺中的技巧,要掌握社会关系赖以构建的习语——不单是言词,更是对时机和使笑话可笑的共享背景知识的理解。在19世纪的村落里,它是怎样捕猎、野兔很可能在哪里、怎样避开贵族庄园里想要阻止偷猎的猎场看守人等知识。这不是说传统必定是向善的。它可能诱发对共同体以外的人的歧视——甚或是对内部人的偏见,就像许多传统是家长制的那样。亲密的、家庭的和共同体的关系可能全是不平等的。透过传统再生产并合法化的东西可能是我们有了更多的开明反思后会改变的那些见解或关系。但是不论我们判断某一特定传统的产物到底是好是坏,关键是要明白传统对人产生了现实功效。它不是对往昔的一种完全抽象的承诺,可以随便丢弃。

当我们说到传统共同体时,我们部分是意指诸多学习过程在直接人际关系中发生的那些环境。① 我们表示——或应该表示——经验性学习在其中非常突出、常常只有少之又少的明确指导的那些环境,比如,当一个人通过礼拜而不是神学或宗教史的学习学会他的宗教的某些知识的时候。大多数人是凭借口传、长期接触、最初有限但日见成效的运用掌握他们的第一语言的,甚至精通双语的大多数人也是这样掌握第二语言的。但是我们也应承认,就在讲故事和纠正行为之际,持续的教导在发生着,不管是通过直截的训斥还是一针见血的嘲笑。这些场合也适于进行不断的、经常不为人注意的修正,因为传统的再生产要符合当下的环境。起关键作用的特质是沉浸和共享。正是人们参与文化再生产的那种普遍性,才使它从这个意义上说是传统的。当人们持久地彼此沟通和互动的时候,文化能够以传统的方式传递(或再生产)。

---

① 我曾详细阐述过直接关系和间接关系之间的分析性区别,参见 Calhoun, "Imagined Communities and Indirect Relationships: Large-Scale Social Integration and the Transformation of Everyday Life" and "The Infrastructure of Modernity: Indirect Relationships, Information Technology, and Social Integration"。

我们这些自命的现代人混淆了问题,因为我们更多是根据过去取向而不是根据再生产或传递文化的方式去界定传统。诚然,我说过的那种普遍的文化参与在变迁比较平缓的地方运行得很好,这样就有嵌入在平凡的再生产过程中的持续适应。但是将"传统"看作进步的反面,看作关系到过去的简单延续,或者简直就是落后的,这却误入歧途了。传统有点向后看,是要保存、传递智慧和得当行为的一种构想。但既是构想,它也是向前看的。传统必须被重建——有时是净化,有时是强化,不管这是不是明确宣示出来的。

现代人往往认为价值故事或价值陈述的改变必然落入三种类型:欺骗、谬误或昭示的修正。但事实上活传统的不断修正不是这样进行的。看上去像是在初始时代仅有一种"真正的"或权威的版本,"变化"都得跟它对照加以判断;其实不然。毋宁说,任何传统总是同时处在生产和再生产的过程中。通常后者远远盖过前者,所以从古到今有一种连续性,但这不是靠尊崇而是靠行动实现的。人们每当采取行动的时候,都在运用他们所吸收(或灌输给他们)的文化。但是他们也改编它,只调用跟场合乃至他们的策略相宜的一部分。他们这样做,一般不是出于有意识的决定,也肯定没有依传统而行的意图。换言之,传统是他们行动的媒介和条件,不是行动的对象,纵然他们的行动将会共同地、累积地对传统产生影响。语言又是一个好例证,因为人们用它来达成无数目的,透过使用方式来形塑它,可是只有极个别的情况是有意为之。

传统像语言一样是一种程式(modality)即做事之道,是言说过程而不只是言说内容。① 作为文化传承的方式,学习和获得文化的方式,传统是有别于特定文化内容的东西。那么多人愿意与现代性的转型相抗而加以捍卫的东西,部分就是这种方式方法,其中默会的、具体化的意义——经常在面对面的互动中结构而成——是首要的、支离的,抽象解释是次要的。这种意义上的传统既不是静态的,也不必是有共识的。口头传统在面对面关系场域里的传递可能争论性很强。持续的创新使旧内容顺应新形势。实际上,跟文本和以准确而恒常的形式记录特定

---

① 试比较勒鲁瓦·琼斯的暗示:写作,如同狩猎一样,"不只是挂在墙上的兽头"(Jones, "Hunting is Not Those Heads on the Wall", pp.197-203)。亦可参见 Francesca Polletta, *Freedom is an Endless Meeting*,她说明了重要谈话如何成为某些社会运动理解世界的努力的一部分,也是社会团结塑造成形的一部分。

内容的其他做法不同,传统将文化嵌入在包含着再生产从而包含了对变动的环境的持续调适的传递过程中。举造就了美国革命的殖民地居民为例——不是辩论着洛克和哈奇森的主要(也通常是上层或中产阶级的)领导者,而是小镇和农耕县的普通人。1776年的年轻人具有关于1765年《印花税法案》和他们不曾亲眼目睹的同英国人的其他早期交锋的知识(和解释)。那些传统很强大。①

因而将传统简单等同于文化内容的古老是误导人的。韦伯常被引用来为那一观点作证,但这是一种片面解读。韦伯所说的"对实际、号称或假定始终存在之物的虔敬"是传统主义,不是传统本身。② 韦伯认为传统是一种学习方式,界定该方式的,与其说是人们学同样一些东西有多久远,不如说是默会知识(一般不明白呈现的知识)的生产和再生产。传统行动是"被积久而成的习惯所决定的",从而韦伯认为它非常靠近或可称之为受意义引导的行动的边界。③ 像启蒙运动以来的大多数思想家那样,韦伯将纯粹无意识的习惯性行为或未经省察的历史遗传与作为自觉而明智的行动的理性对立起来。

传统主义是一种正当化方案,是变革应当被抵制的一种要求。它不是出自传统习惯或见解的日常再生产内部,而不如说是看待文化内容的一种视角,有意识地甄选某些东西加以揄扬和永存。甄选意味着传统主义绝不单单是过去的客观延续,而是确保据信很古老的某些价值和实践继续贯穿于现在和将来的行动之中的举措。相较而言,传统在日常实践中的创造和再造将它深嵌在习惯和默会知识里,这个过程很少涉及批判性的自我审查,因而也不要求保卫什么。传统的积久成习是正常化的,不是论辩性的。于是传统造成有点像亚里士多德所谓"第二天性"的东西。④ 这个词语主要令人想起仿佛像呼吸一样自然、自动的身体性习惯。但我们也应意识到,对世界的有些见解看起来自

---

① 参见 Timothy Breen, *American Insurgents, American Patriots*, 第一章。
② Max Weber, "The Social Psychology of World Religions", p.296.
③ Max Weber, *Economy and Society*, p.25.
④ 亚里士多德把道德价值说成是"素性"(*hexis*,尤其是在《尼各马可伦理学》中),这既突出了习惯性,又突出了德行很大程度上是统一身心的主动状态,不是有待遵守的外在规则。德行可以培养,但除非融入第二天性,否则难期大成。它要在行动中、在人们发起行动的方式中被发现,不是简单地"静止不动的"。这一根本观念被翻译成拉丁语的"habitus",很多思想家(和行动者)追索之不已,从阿奎那到埃利亚斯、莫斯,而最著名者是布迪厄。

然得近乎我们的感官所传达的信息。① "原始的"感官材料借助观看习惯被组织进知觉里。我们会立即将一张熟悉的脸看成熟面孔,而无须有意停下来,把鼻子和嘴的形状或眼珠的颜色组织成对某位朋友的脸孔的识别。我们将迎风招展的颜色和形状转译成旗帜的当下感知。我们在经验中学会这么做。痼习会在个人的生命历程中发生,有时历经多年,有时快速而成;我们知道早期的学习影响尤为深远。它是一种具体的学习过程,一种有赖于强化的无处不在的学习,但这样所学的东西可能是较为新鲜的。② 它也是社会和文化影响卓立其中的一个过程;我们从传统学得了我们当成几乎自然而然的很多东西。

亚里士多德的作为痼习——素性(hexis)——的身体性学习的观念,被转译成拉丁语的"habitus"。它广为人知地渗透在关于教育、关于信仰和知识(乃至实际行动或服务)之间的密切关系的耶稣会思想中。耶稣会士和其他基督教思想家依靠这个术语,部分是为了强调教育的目标超乎固定习惯(或自觉持有的思想)的反复灌输,它志在发展出能够渗透到新环境下的新行动之中的一种倾向性。③ 最近,布迪厄将秉性(habitus)概念置于他的实践理论的中心。他认识到有计划的秉性灌输的重要性,着重提到了耶稣会寄宿学校的例子,但他也强调在广阔的社会环境里发展秉性的重要性,那不但是教育的一部分,也是社会实践中连绵不绝、无处不有的再教育。因此,一个人社会行动和互动的全部经

---

① 所以对韦伯而言,世界的迷魅和除魅是个存在论的真实问题,不是科学或哲学的纯抽象问题。在体验"自然/天性"时,我们始终认为上帝、天使或地上的"精灵"是存在的吗?抑或我们同样直觉地相信"自然/天性"完全由物理的和生物的现象所构成,它们能够根据科学所研究的各类力和变量之间的因果关系加以彻底解释或充分理解?前一种态度不依赖于有能力给创世提供神学叙述,后一种也不依赖于有能力给众多自然现象提供详尽的科学解释。查尔斯·泰勒的"内在框架"概念尝试要将韦伯(以一种也许有偏见的术语)看成是"除魅"观的东西加以概念化。参见 Taylor, *A Secular Age*(尤其第 1、10 章); and Weber, *Economy and Society*(尤其第一部分第 3 章,第二部分第 14 章),尽管韦伯对这个问题的论述在很多方面源自《新教伦理与资本主义精神》和《世界诸宗教的社会心理学》。
② 这些是现象学——特别是(比如)梅洛-庞蒂的《知觉现象学》——里大力发挥的主题。当代认知心理学和神经科学在另一语域里分析了它们。
③ 涂尔干在其《教育思想的演进》(第 29 页)中刚好讨论到这点:"基督教懂得,要塑造一个人,不是拿某些观念装点他的心智,也不是让他熏染某些特定习惯,而是要在他身上树立心智的一般倾向……基督教本质上在于灵魂的某种态度,在于我们道德存在的某种秉性。"(中译本参见《教育思想的演进》,李康译,上海人民出版社 2006 年版,第 33—34 页。有改动。——译者注)

验塑造了秉性,秉性转而形塑了他实施新行动的方式;即兴发挥也没有超出结构化的影响力范围之外。故而——这里我把讨论直接转回传统上——乐师可能熟悉明晰的乐谱,但也熟悉他本人同乐器的身体性关系和技巧的具体特性,了解他在谁面前、跟谁一起演奏。有些音乐形式,比如爵士乐和已被命名为民俗或蓝草音乐的许多音乐,恰是在即兴表演、也在聆听和旧曲新唱中作为传统传递下来的。这些传统受到新的影响后可能迅速改观。爵士乐造就了一系列特殊风格,比如比波普爵士,又被音乐学校培养的、有着庞大的 CD 收藏的音乐人改变了。同样的,苏格兰、爱尔兰和英格兰的音乐传统也在美国环境里遭到改造,尤其是因为班卓琴 更多归于非洲影响的 种乐器 之类的新作用力量。具有显著代际连续性的传统根本不是静止不变的,或者不欣赏革新的。

激进政治也是如此,或者至少可能如此。传统寓于人们理解和组织其生活的方式之中。特有的故事(传统)与透过传统和个人经验而学习的更普遍过程都让它们扎根于地方性的背景和历史中,有时扎根于更大的民族叙事中。它们塑造和反映了他们对其生活方式的投入,他们不愿看到那种方式横遭败坏,尤其在当下并无更优选择的时候。这不仅是从某种角度看有别于物质利益的文化问题;这二者可能是紧密关联的。例如,环境各异的农民,当他们认定是万世不易的土地权利受到侵犯或置疑时,都被拖入到抗议偶或是革命之中。

再者,传统既寓于反叛合理可行的这种观念里,也寓于反叛赖以组织的那些实践中。因而英格兰古代宪政传统连接着新教改革、长议会及民众呼声带来变革的其他场合的传统理据申述。传统将一些行动样式代代相传,比如请愿,它在 19 世纪初异峰突起。也许更富戏剧性的是,法国的种种传统不但转移到一般革命叙事中,还转移到当冲突一浪推一浪地移到巴黎街头时该在何处设置路障的那些具体意见中。① 甚至从一种更直接的意义上讲,1789 年革命是被口头传统造就的,亦即关于民众胜利的一个口口相传的故事,它在讲述中、在各种版本里同时被

---

① 参见 M. Traugott, *Armies of the Poor: Determinants of Working-Class Participation in the Parisian Insurrection of June 1848*。

编造和再造而成。这就是巴士底狱的风暴如何从仅具些微战术意义的一个具体事件转变成革命叙事中的一个关键转折点。① 大革命不但从新议会、国王枭首或大军征募方面看来是一种实质性成就,它之成为"大革命"(the Revolution),是因为这些事件被联结在反复再生产——先是在18世纪90年代革命事件的进一步发展中,然后在下一世纪的故事讲述中——的叙事和解释里。大革命在法国史上可能意味着什么是个争议的对象。当共和主义者试图让一种故事显得纯属历史事实同时又是常存的启示,而君主主义者和基督教会反复灌输一种不同的解释时,传统是那一争议的媒介。哪一方都不尽是真相,实际上双方都掩盖了普通人的怨苦和渴求的重要性,他们奋力而为,想要保存濒危的传统和共同体(并实现用老话表达的渴望),也创造某种新东西。

布迪厄使用秉性一词,将行动置于关系场域里面,而不是当作抽象地加以考虑的多种选项之间的脱离情境的选择表现。② 如韦伯论证过的那样,社会行动不是为了追求工具利益或内在价值、完全由理性自觉所组织起来的。韦伯专注于理性化,往往更多把传统归诸过去。布迪厄展现了秉性比韦伯以为的传统行为在现代社会更形重要。其实布迪厄极大程度上隐隐消解了传统和现代的对立,表明(比方说)外表进步的现代性之内再生产何其多也。于是他用秉性概念证明了早期社会化的持久影响。性情倾向(disposition)的顽固性有助于解释,从乡村迁往城市的移民和工厂工人的子女,比起在父母是白领的家庭里养成其身体性的性情倾向和心智习惯的孩子来,学校表现差一些。布迪厄聚焦于表面上提供了机会的制度和社会变革没有兑现它们似乎许诺过的平

---

① 参见 William Sewell, "Political Events as Structural Transformations: Inventing Revolution at the Bastille",他说明了巴士底狱风暴如何在复述(尽管是事件发生后不久即开始的复述)的过程中,将它的革命意义呈现为齐心协力反对政府的人民力量的展示。

② 布迪厄的讨论多文互见,尤请参见 Pierre Bourdieu, "The Field of Cultural Production, or: The Economic World Reversed"; *Logic of Practice*; and *Pascalian Meditations*。埃利亚斯在《文明的进程》里类似地运用这个概念(夏蒂埃(Roger Chartier, "Social Figuration and Habitus: Reading Elias")比较过布迪厄和埃利亚斯)。*Habitus* 在英语里是个陌生的词语,经常被误认为个人风格的理论虚构,不知它是亚里士多德的身体性素性(hexis)一词的译语,中间还经过经院哲学、现象学、莫斯的社会学和其他源头的传递。

等的原因所在。① 他的看法是,它们暗中特别优待某些家庭能够传嬗的特定类型的秉性和文化资本。当然,对装扮成择优录取制的歧视的反应,可能只是退避或挫折感,偶尔才会是集体组织起来的反叛。②

在对阿尔及利亚殖民地的研究中,布迪厄极为重视"传统的"柏柏尔社会和传统主义之间的差别,前者是他在卡比利亚的田野工作中能够观察到也同样有义务加以重现的,后者是处在飞速社会变迁和旧生活方式动摇的背景下的柏柏尔文化的各种解释者所动用的。无论是在乡村地区,还是在迁往阿尔及利亚城市的移民劳工中间,布迪厄都观察到自称的文化领袖,他们贡献出对真正的古代传统的解释。但这些解释已是符码化之物——不管正式记录下来与否,同不停互动中的社会生活与文化的普遍再生产至少有一步之隔。③ 我们可以认为传统主义是旧文化特定内容的调动,将它们表征为有其内在价值的,哪怕如今与它们从前的再生产程式和生活方式脱节了。

19 世纪初传统和传统主义都在发挥作用。有传统文化再生产还很强劲(虽然面临着压力)的手工业共同体和其他环境,也有一些郑重其事的知识人和煽动者(有时还有才兼二者的领袖),他们竭力要牢固树立他们所认定的真正而适用的英国(或法国、美国)传统。可是并非所有传统主义者都是煽动者。有些是热心的普通百姓,力求设法固守他们觉得亲切的价值——纵然此时它们所嵌入的生活方式已开始崩溃。换句话说,那时存在着传统(作为一种知识再生产模式)和传统主义(作为控制行动场域内的认识的一种策略)的混合物。

我一心想要确定的是,深嵌在有着高度的传统文化再生产的共同体中,是怎样给予很多人迈向激进主义的独有力量和趋向——也有些弱点,包括容易感染蛊惑人心的那种传统主义(尤请参见第三章)。

---

① 参见 Calhoun, "For the Social History of the Present: Pierre Bourdieu as Historical Sociologist",其中论及布迪厄对阿尔及利亚殖民地和战后法国大繁荣期间的转型的关键探析。

② 参见 Paul Willis, *Learning to Labour*,这是布迪厄赏识的一项研究,它说明不适应学校的这种经验会转成自我挫败的反应而不是有效的斗争。

③ 这些主题布迪厄在几部著作里都探讨过,尤请参见 Bourdieu, *Algérie 60: Structures économiques et structures temporelles*; and Bourdieu and Abdelmalek Sayad, *Le déracinement: La crise d'agriculture traditionelle en Algérie*. 亦见阿迪的有益讨论:Laurent Addi, *Sociologie et anthropologie chez Pierre Bourdieu: Le paradigme anthropologique kabyle et ses consequences théoriques*.

类似的,特别是在美国背景下,深层的宗教承诺常常辅之以参与文化的非正式生产和再生产,也参与较正式的学习。18世纪的大觉醒运动引起了对宗教意味浓厚的行动和义务的传统见解,这些见解回荡在美国革命时期,在第二次大觉醒运动中有着灿然一新的重要意义。在那种背景下,它们影响了聚焦于从废除奴隶制到妇女权利的种种议题的一系列社会运动。这些是有更古老根源——包括17世纪的英格兰根源——的传统,也是在地方共同体、在培灵会、在改宗或重生的个人体验中更新的传统。它们既影响了保守主义也影响了激进主义,这可能有些反讽,却绝无矛盾。重建一种古老美德的权威,重振被过度忽视的道德传统,带给世界以新的正义,这些观念可以共存,并同时贯穿于推动激进政治变革的运动中。

传统主义在社会运动的修辞中有几大优势。也许最重要的是,它容许以较为耳熟的措辞进行动员。它从广为接受的价值出发展开论辩。在有些环境下,旧文化的元素重新加工成民族传统的叙述就具有这种效果。它可以有助于动员人民反对殖民国家,或者像后苏维埃的俄罗斯那样,反对借全球化、资本主义和新自由主义的花言巧语解释其政策的那些人(不管他们是出于这些根由还是出于私利动机而行事)。在另一些环境下,传统主义者动用了宗教——或源自宗教传统的某些价值和权利要求。印度人民党及其前身的意识形态专家就拿印度教传统下手,从民间传统和古代文献中捃摘些元素并编码到新结构里。这一新的印度教"原教旨主义"(或者说得更准确点,民族主义)引起仍旧浸没在传统文化再生产较为活跃的共同体里的那些人的共鸣,但也给其他很多人提供了集体认同——以及集体渴望和怨望——的一种熟悉语言。就算是在传统文化再生产不甚强健之处,传统主义也像这样为那些想要抗衡主导话语的人提供了共同语言。

有人可能忍不住——自由主义者通常忍不住——要说这纯粹是桩坏事。难道诉诸传统不总是劣于理性分析吗?基于群体身份的权利要求不总是劣于基于完备正义的要求吗?或许如此吧,假如这些是强迫选择的话;然而它们不是。理性分析嵌入在传统里,尽管有些传统比别的传统更尽力提供有利于优良推理的智识培训和资源——从读写能力着手。科学研究的路线是遵传统而行的,纵然科学建基于透过显明的形式化使知识精密而公开的努力。① 道德和政治判断的诸般能力是经由传统再生产的,这一点并不会使它们失效或缺乏思想内容。如果策略取自非正式传递的关于其他抗议者或反叛者如何组织行动的知识库,往往以电影、小说、活动分子间传播的故事还有明白训练为基础的知识库,那些策略也不会因之无效。

同样,在群体身份基础上进行论辩,也不总是在驳斥完备正义。诉诸民族(和"人民")与民族的魅力是整个 19 世纪(乃至整个现代)追求民主和社会正义的首要框架。以某些群体身份的名义向公众陈词并非纯属本位主义,而是制止将"人民"的重要部分排斥在公共注意力之外的一种努力。嘴里说着英国和英国人,然后无视手工织工、矿工或萧条的全部农业地区的苦难,这意味着他们不算在那种英国想象之内。代表一个曾经受人尊敬的行业的正派师徒们或代表一个共同体的曾经自力更生而今穷困潦倒的居民们发出呼吁,这不一定是在鼓吹"特殊利益",而是(1)质疑现存的不平等的市场代表普遍利益这个观念;并/或(2)坚称国家全体是由这样的各部分组成的,不是仅由国家机器和(被实体化的)经济系统所组成。当工人们高举他们特定行业和共同体的旗帜示威游行时,这是他们传达的部分意思。

全体人民的这种表征在许多环境下都很显眼。1846 年,米什莱在《人民》一书里对这一思想方式做了极富影响的经典表述。他将全体法国人民置于大革命的传统中(甚至帮着造就了近乎神话的 1789 年大革命传统)。然而绝非偶然的是,他开篇即召唤出让农民、工厂工人、手工业者、工厂主、商店老板、官员乃至富人和资产阶级身陷其中的独特奴役形式。因而每一种人都被承认是特别的,同时又因爱而融合成有机

---

① 此处显然不宜探究传统在科学中的作用,但我想到了:(1)暂时的科学共识赖以安排注意力的那些方式,它们突出一些问题而遮蔽另一些问题,并宣布某些解释是令人满意的,尽管缺乏严格的证据(这是库恩从范式方面进行分析得出的部分结果);(2)阐释的不可避免性与阐释对实际的也是明示的规范乃至对工作风格的依赖性,那些规范涉及什么才构成一种好的阐释,而工作风格是通过榜样和模仿而非严格规则学会的(这个问题,伽达默尔在《真理与方法》中论述过,但巴什拉也在《科学精神的形成》等书中探讨过);(3)科学工作的嵌入性,它深嵌在对更大的事业本身的认识之中,包括默顿在《科学与社会秩序》一文里分析过的科学规范,以及学科间分界这类不那么宏大的架构——它们是知识论上很独断的历史性人造产物,通过重要的自我利益支撑下的传统存留下来。

整体。① 米什莱说:"法兰西将永远只有唯一的、不可抵偿的名号,那是她真实而永恒的名誉——大革命!"②虽然米什莱说他的书"从诗意的传奇(转向)逻辑",他明显是在干铸造民族传统的活计。③ 这赋予激进的共和主义意识形态以优越地位,却也没有将根源于手工业保守主义的各类工匠激进主义边缘化。

米什莱的书立时走俏,在1848年革命中影响很大。它尤其帮着撰造了索雷尔在19世纪末所称的一种神话。索雷尔表明,激进行动惯常都是神话激发起来的,特别是因为它不得不克服重重困难向前进。但神话不仅仅是希望的非理性源泉;它也是历史中的一种定位。神话提供了超越可能性界限的必然成功的愿景,使真正激进的行动变得合情合理,但它也将个别的战斗定位在更久长的斗争序列里。革命成就了神话,就像许多形式的民族主义所做过的那样,它们分享了人民为自由而斗争的核心主题。④

> 正在从事重大社会运动的人们总是把他们行将采取的行动想象成他们的事业必将胜利的一场战役。这些解说,我打算称之为神话,认识它们对历史学家十分重要⋯⋯作为这种神话的显例,我举出了原始基督教、宗教改革、大革命和马志尼的信徒所建构的那些⋯⋯我本来可以再举一例,它兴许更加醒目:天主教徒哪怕面对最艰苦的磨难也不灰心丧气,因为他们始终将教会的历史设想为撒旦与基督所支持的天使团之间的系列斗争;每个新困难一冒出来,不过是最终必定以天主教的胜利结束的战事的小插曲罢了。⑤

---

① 米什莱的社会角色目录仿效了霍布斯对融入有序状态的概念化。不过当然,在霍布斯看来是绝对统治权而不是爱做好了融合的准备。即便在这点上,部分由于关心协调的整体,米什莱的民族主义也大大效仿了霍布斯式的君主主义。
② Jules Michelet, *The People*, p. 22.
③ 同上书,第210页。他说他必须继续转移到"信仰和心灵"。
④ 把历史事件规定为长期的民族建构的枢纽,这既是米什莱形塑了法国"公民民族主义"的那部书的主题,也同样是类似的"族群"民族主义的主题,塞尔维亚的意识形态专家由此将1389年科索沃战役的失败认定为塞尔维亚民族的决定性历史事件,1989年米洛索维奇辩称,唯有倒转那场失败,塞尔维亚民族才能实现它的自由和命运。
⑤ 参见 Georges Sorel, "Letter to Daniel Halèvy", pp. 26-56。

索雷尔试图将工团主义总罢工当作这样的神话来推展。他后来开始后悔用了"神话"一词造成混淆和争议,但无悔于基本理念。人们把神话当成纯粹的幻觉,或是无非以新宗教替代垂死宗教的努力(照勒南那样)。但对索雷尔来说,神话是自我认知的建构的一部分,也是志愿行动观念和必然结果之间的交会点。马克思的读者会问,假如革命是必然的,那为什么还要冒着巨大风险鼓动它呢?但如索雷尔所写的,"神话不是对事物的写实,而是行动决心的表达"①。也许他本来更有可能说神话两者都是:它们是写实,反映了社会想象,也通过担保行动有效,帮助人们掌控世界而非万念俱灰。

此外,神话往往调和对立面。这对想要解决生命中的矛盾——不管它们是被理解成存有的共相还是历史的殊相——的那些人而言是个好处。② 当然这是令神话的蕴涵动摇多变的一件事,比如当索雷尔的神话可以同样方便地被法西斯主义和无政府主义利用的时候。但不管怎样,"神话依然是有效谈论'现实'的少有方式之一,而'现实'本身比任何神话都模糊得多"③。我想修正这个判断,只强调物质环境和具体社会形势给予某些人有较大短期成功机会的各种(个人或集体)行动可能性。这不是说他们如何理解世界对他们如何以行动控驭世界不重要。但我的修正判断把他们跟另一些人区别开来,后者没什么选择,或者在他们看来非激进的工具性行动胜算极低。有的人不愿或不能放弃他们对正遭受主导变迁轨迹挑战的共同体或传统的忠爱之情,对他们来说,透过神话的见解调和矛盾就可能尤为重要。再想想科贝特吧,他想要大改变,却不要任何新东西。

米什莱和索雷尔不是19世纪法国仅有的神话宣扬者。这个概念也适合各类空想社会主义者。傅立叶之流苦心经营了宏大的神话结

---

① Georges Sorel,"Letter to Daniel Halèvy",p.27.

② 这不必视为非理性。人类学家特伦斯·埃文斯将"神话理性"描述为理性的一种独特类别,它在某些方面有其优越性,因为它容许包罗万象,其中有些元素,更常规的二元理性势必使之不谐。参见 T. M. S. Evens, *Two Kinds of Rationality: Kibbutz Democracy and Generational Conflict*。

③ Hakim Bey(Peter Lamborn Wilson),"Tong Aesthetics or the City of Willows", http://www.to.or.at/hakimbey/tong.htm. 想象着要反清复明并为此奋斗的明遗民们,同时也在艺术创造、神话虚构和秘密会社创立上奋斗着。

构,透过象征符号描绘了现存世界,也唤起了他们所认为的可能世界。埃蒂耶纳·卡贝明显借鉴了古代神话来呈现他的伊加利亚运动。圣西门的追随者主要提供了更为单调的符号世界,却也是庞大的、间或实用的计划。这些乌托邦主义者像英国的欧文那样,展示了思考渐进式改革的视角,也至少同等程度地鼓舞了激进政治。

被承认为民族的合法而受尊重的一部分事关紧要,多少因为这一点,19世纪初遭到公共领域的排斥才会让人感到刻骨铭心之痛。公共领域不只是辩论协会或者给政府献计献策的源头。它是个话语竞技场,民族在那里被构建为陈词的对象、归属的剧场;它潜在地就是有发言权的国民集合体。从19、20世纪长远看来,欧美大多数公共领域变得愈益包容;越来越多的公民能够获得发言权,积极参与其中。当然,性别、公民自由和财产等方面长存的偏见只会慢慢消退。可是单单看到包容递增的过程是误人自误的。排他性也是公共领域建构的基本因素。

在每一环境下,主导公共领域被标示为合法的。这意味着特定话语实践和特定声音被合法化了,相比之下另一些则是不合法的。比如美国独立稳操胜券之后,辨别恰当的全国公共领域的过程就开始了。这不光是宪法妥协的问题,也是要树立"体面公民"对美国革命自身那些更激进的民主主义反叛者的支配地位。当然这也没有全胜而还,在美国历史上,对公共话语和政治里的特权地位的精英权利主张一直受到平民主义运动的挑战。农民和乡村共同体,不同集团的工人、移民,最后是被解放的奴隶及其后裔,他们并非静待公共领域依其自身的逻辑把他们容纳进去;所有人都有某种程度的公共参与,但他们的贡献被主导公共领域贬抑了。他们不但提出了物质上的关切——虽然这些经常很重要,还有更多的要求:充分承认他们的公民身份,充分含纳到这个国家形成的自我想象中,充分考虑进公共政策的构想中。

就此而言,公共不但对照着"私人"还对照着"特殊",整全集体的合法构建对照着"特殊利益"或局外人的地位的惨遭贬毁。毫不奇怪,被合法公共沟通排斥的那些人,不总在私下里抚慰他们的失意。他们要求承认,挑战公共领域的限定和标界,有时还组建反公共领域——遵循其他容纳标准所形成的开放话语。

在英国,合法的主导公共领域和更激进的反公共领域之间的分界在 19 世纪初年清晰划定,那既是一种排斥又是一种驱逐。18 世纪末曾较为自由地参与公共领域的工匠激进分子和作家不断遭遇合法或非法的侵扰,政府用征税来限制他们作品的流通。我在第四、五章考察过,当 17 世纪之时公共领域更加宽宏些,此后稍形逼仄。18 世纪期间它重又恢廓起来,因为受过教育的平民发挥了核心作用。但在拿破仑战争时期,它被更具体地建构成资产阶级的公共领域,因为激进的声音与没有财产的作者和读者都被排除在外了。这是对持论跟政府针锋相对的那些人的排斥,极大程度上也是以阶级为基础的排斥。

首当其冲被排斥的是激进工匠,包括他们中间的新闻记者等知识分子。他们另辟蹊径维持着生气勃勃的公共话语——公共集会和出版物都被利用起来,但是要不断对付貌似公共的政府机构的骚扰,以及有钱的秩序捍卫者的私人诉讼。其传统生活方式正遭受破坏的那些人的确在攘臂高呼,但他们的话音多被体面的新闻舆论摒挡在外。工匠激进分子激烈地挑战占主导地位的秩序和变迁方向,在此他们利用了不从国教、(特别是 17 世纪期间的)政治论争史和 18 世纪末的挑战性话语当中的传统根源。许多工厂工人和困在新的严酷状态下的其他人都加入他们的行列里。不同群体有时会携手共事,但工厂工人不是在相同意义上被逐出公共领域的,因为他们没有保存过去在那里面更加受人尊敬的共同体记忆。再者,工业资本主义给他们提供了增加经济收入的便利机会。最终,几十年后,工人赢得了选举权,跻身英国的主导公共领域。可是他们进入那里,不是作为在资本主义秩序外有着深厚根基的激进分子,而是作为在资本主义内部寻求更优厚待遇的工人。如迪斯累利所言,许多人有机会投票的时候,他们愿意投给保守分子。有的人很激进,追寻着更大或更快的变革。但是新工人阶级并非如马克思所预言的那样,一直面工业资本主义即先天地被迫趋于激进主义。它能够以旧式工匠做不到的方式适应新状况。

工具理性与自我意识的限度

尽管马克思主义传统强调物质必要性,它也强调理论力量对社会运动及其理性分析质量的重要性——正如马克思有言,实际的思想认识是自在阶级转变成自为阶级的枢轴。马克思主义并非一贯是决定论的,实际上如果一种理论暗示人类行动者不过是结构的"支撑物",矛盾性的分析就不必在其中展开。相反,重视矛盾性——在一种不同的理论框架下——可以揭示人类某种意义上被逼成为能动者的程度,既然不存在天衣无缝的决定系统让他们栖身在里面。现实的矛盾性不一定要简化成辩证的决定和承续的费希特模型:正题、反题与合题。不如说,矛盾打开了可能性和偶然性。

然而马克思发现了把索雷尔引至他的神话概念的同一现象:一定程度上激进行动不但受到彻底的开放性或对可能性的感知的助长,也受到必然性意识和对成功的担保的激励。如果人们确信集体行动必定成功,或者至少它所从属的更大运动代表了历史上的必然进步,那么他们发现这是参与行动乃至犯难涉险的极大鼓舞。① 有人或许预料"理性行动者"一旦获知历史胜利万无一失,会成为搭便车的人,但真实心理下的人们有时好像无论如何都会行动起来,而且发现这种终必胜利的预期给他们的行动赋予了意义。②

有趣的是,理性选择的替代解释同样有赖于集体行动参与者的自我意识的清晰性。马克思主义抗拒大多数理性选择分析的彻底个人主义,但核心问题并非真的与之无关。是什么让个人对集体行动感兴趣?说得更鲜明点儿,是什么潜在的利益,相对于某种外部因素(如市场或生产工具)的共同位置所造就的利益,让个人对集体的而非个体的行动战略有兴趣?马克思当然认为工人是被他们的客观劳动环境驱使着认清了他们的集体利益——发展出阶级意识。但他也认为他们失去的只有锁链。无疑,许多工人觉得他们还有别的很多东西会失去,许多人选择不去革命的街垒就位。不过,另外还有许多人选择冒不寻常的风险——

---

① 这当然类似于韦伯在《新教伦理与资本主义精神》中分析的现象。信仰包括预定论在内的一套教义,逻辑上本来会使加尔文教徒尽其所能地享受尘世生活,但心理上它却鼓励他们搜寻获选的迹象,抵制自我放纵的行为。

② 关于搭便车问题,参见奥尔森的经典著作,Mancur Olson, *Logic of Collective Action*, 以及资借它而做的社会学研究,包括 Anthony Oberschall, *Social Conflict and Social Movements*。但也参见 Albert Hirschman, *Shifting Involvements*, 他论述了这种理性主义分析的限制和它将社会运动的现实分解掉的倾向;亦见他的 *The Rhetoric of Reaction: Perversity, Futility, Jeopardy*。

或做出颇可逆料的牺牲——去从事只有一线成功之机的集体行动。①这些容易被马克思主义者和理性选择理论家看作非理性的,尽管我认为这事实上可能泄露了两类分析的弱点,非理性归因在此掩饰了分析上的无能:它们不懂是什么使得这样危险的、有时是悲剧的斗争在它们的参与者那里讲得通,而且实际上使它们行得通。这一点特别要紧,因为激进社会运动看起来经常依赖这种行动。②

极度个人主义的那种理性选择理论与建立在群众的心理弱点基础上的集体行为解释,都遭到经验研究结果的质疑,后者发现大量的组织活动和内部凝聚力是激进的集体行动所必需的。③ 共同的"客观"利益未必足以引发协调的行动。活动家们可能希望通过进一步的组织举措实现这种联合,他们经常将工会和类似组织视为阶级组织道路上的中转站。然而传统共同体是比阶级或其他任何抽象联系和正式组织更成其为较激进运动的基石。比如,英国工业化之初的民众激进运动(相对于精英激进分子),就是按照激进的社会根源行事,对工业革命造成的破坏做出反应。虽然这些共同体的成员常常缺乏精深透辟的分析,他们却有跟他们周围的状况凿枘不投的愿景。或许更重要的是,他们在其共同体关系中具有一种社会力量,可以在很长时期里排除千难万险

---

① 参见本书第三章。关于这个论题上的不同却相关的主张,参见 Doug McAdam, "Recruitment to High-Risk Activism: The Case of Freedom Summer"; and Calhoun, "The Problem of Identity in Collective Action"。

② 埃尔斯特恰当地敦劝学者们多注意"诊断效力和因果效力"间的区别,二者一是要成就有实用效果的理解,一是要让分析在更抽象的意义上正确无误。这是韦伯分析某些新教徒时推进的一种区别:他们根据缺乏(一种意义上的)理性基础的信念"理性地"(另一种意义上)行动,帮着造就了资本主义。不过如埃尔斯特所说,"韦伯没有坦然直面这一问题:行为不可能比它建基其上的信念更理性"(Jon Elster, "Rationality, Economy, and Society", p.38; Weber, *The Protestant Ethic*)。但有一点不太清楚:当我们评估人们筹算得有多明晰与他们的筹算在经验切入上有多准确时,是不是同一个"理性"概念在起作用。行动可能被虚有其表的或非理性地形成的信念激发而起,从程序上看却是理性的。我在上文论证过,比较激进的行动在19世纪初的英国工人那里之所以显得理性,部分是因为他们对社会关系和传统价值的承诺——本身未必是理性获致的承诺。亦即,这无异于是说,理性选择分析更有助于解释某些社会过程和激进主义的某些层面,而无助于另一些过程和层面。对于集体行动的理性选择分析之内和之上的广泛争论,有两部文集别添了风味:Michael Taylor, ed., *Rationality and Revolution*; and Roger Gould, *Rational Choice Theory Controversy in Historical Sociology*。

③ 参见 E. P. Thompson 的经典论文,"Moral Economy of the English Crowd in the Eighteenth Century"。

地协调举事。他们获益于比如说先已存在的社会组织——它降低了发起运动的成本,也获益于促进忠诚和参与的"选择性激励"。① 另外,几乎没什么折中的立场可以容他们考虑,不像"现代"工人阶级的成员那样。这些类型的社会基础对全世界的激进运动依然至关重要。自耕农或雇农及其他传统农民与工匠和手工业工人一道,构成了这些激进运动的中流砥柱。

然而,对激进集体行动的众多社会科学分析不是聚焦于信念结构或行动选择的合理性,而是聚焦于群众的表面非理性。过去有一种习俗之见,如今差不多不足为信了(不过也许要卷土重来了,既然这里似乎有某种循环模式),它相信社会原子化和边缘化让那些跟社会主流隔绝的人有心投身抗议之中,那些抗议更多揭示了他们的心理疾患,而没有展示什么严肃的社会变革计划。这种"集体行为"取向以勒庞的群众社会心理学解释为先声,在斯梅尔塞的《集体行为理论》里得到也许是最精致的呈现。② 它与理性选择分析根本对立,以为集体行为属于群体心理问题,恰好表现了欠缺将手段和目的相衔接的能力。不幸的是,这种理性—非理性的两极化实际上让人留意不到感情是怎样在社会运动中影响承诺,也影响群众行为的。③

然而我们需要当心点,别在自觉而理性的行动与要么受外在决定、要么是不够洞幽烛微的心理分析的产物的那种行动之间区别得太过泾渭分明。把马克思的话意译和扩充一下,人们创造自己的历史,不但不是在自己选定的条件下,而且是在对自身行动的不完全理解的状况下。这种"不完全性"有的不过反映了人们不可能了解在塑造行动结果上发

---

① "选择性激励"这个概念借自 Olson, *Logic of Collective Action*。基本意思是说,团结群体的成员从参加集体行动中获得附加收益(如友情),反之则因拒不参加这类集体行动(或者更糟,向当局出卖同伴)而付出社会代价。关于先在关系的价值,社会学家和政治学家多有论述,尤请参见 T. Moe, *The Organization of Interests*; Oberschall, *Social Conflict*. Michael Taylor, *Rationality and Revolution*,"导言"很有助益。亦见本书第三章。

② Gustav LeBon, *The Crowd: A Study of the Popular Mind*; and Neil Smelser, *Theory of Collective Behavior*.

③ 想把感情带回社会运动分析之中,又不暗示这必定涉及认知缺陷,关于这方面的尝试,参见 Jeff Goodwin, James Jasper, and Francesca Poletta, eds., *Passionate Politics: Emotions and Social Movements*。

挥作用的所有偶然事件。① 但人们理解其自身行动方面的"不完全性"也是由于这样的理解本身是在文化传统和社会环境里产生的,所有这些传统和环境导入了偏畸之见。用布迪厄的话来说,一切承认也是误认。

在现象学意义上被安置于世界里,是任何意识的一个先决条件,但它也形塑了那种意识。布迪厄超越了现象学的普遍命题,进而指出社会位置、发展轨迹,尤其是秉性所具有的含意。② 此处不是专论布迪厄理论中这个出了名的艰涩却又至关重要的概念的地方。但主旨不难说明白。面对新情况,人们必须随机应变。说话时的每一次新表达是这样,像参加抗议或革命这样的复杂行动也是这样。即兴行动同时反映了一个人可资利用的文化资源(比如单词,或关于最近一次革命中街垒设于何处的知识)③,他的战略性投入(自觉的目标和不够自觉的价值),他的社会位置(比如在不同集团里是支配的抑或被支配的),以及他如何行事的具体感觉。这最后一点包括对什么能做、什么危险、谁可信任、什么正确以及总体而论何为上策的感觉。"感觉"是最重要的词,因为谁也不能用语言表述所有这些行动基础——替代了思想或跟他人的对话。秉性不能化约为理性算计的另一原因在于,它是贯穿一个人生命全程的学习结果,其中有的表现为积久渐成或身体性的(比如在人群中昂首挺胸或者缩手缩脚,自信地讲话或者吞吞吐吐)。这种学习一定程度上是社会结构的内化,一个人在结构中的地位和对结构的体验起了中间作用。④

---

① 非预期后果并非纯属差错。如默顿表明的,它们不但在所难免,也是社会生活必不可少的;它们可能带来消极后果或变化,也能被编织进现存模式的再生产之中(Merton, "The Unintended Consequences of Social Action")。

② 布迪厄最易懂的解说是在《帕斯卡尔式的沉思》里,最详尽的解说是在《实践的逻辑》里。我在《论布迪厄》一文中试图在初级水平上阐述这个观念。值得一提的是,秉性概念衍生自亚里士多德传统,对不熟悉该传统的读者来说,它显得既比较新颖又比较神秘。

③ 参见 M. Traugott, *Amies of the Poor: Determinants of Working-Class Participation in the Parisian Insurrection of June 1848*,其中论及巴黎街垒设置上的超常连续性。

④ 举布迪厄的著名例子来讲,工人阶级子女可能通过学无所成的经验,认识到"学校不是为我们这种人开设的";学业失败是没有奖励学术志向、投资于专门的学前教育的父母,也没有家庭藏书所致,但这透过教育系统,反过来被解释为资质鲁钝。参见 Bourdieu and Jean-Claude Passeron, *Reproduction in Education, Culture, and Society*。

直到19世纪初（甚至延及后来），手工业工人的孩子懂得，耐心坚持学手艺会得到回报，工厂不是他们的天地，离开共同体很危险。① 他们也学会了关于什么是正确的和光荣的等观念。但是社会变革中的行动适切性就在于秉性的这种具体化特点。当世界或人们的生活陡然变化时，他们必须在跟他们学会如何行事的环境迥然不同的环境里做事。某些类型的激进主义就根源于此，因为人们发觉自己在深层而重要的感知上是格格不入的，做不出哪怕细微的适应性的即兴行为，结果自己被推向更过激的手段上去。为了设法合乎传统标准，拯救他们在里面能够即兴地采取权宜行动的手工业共同体，过上他们觉得是体面的生活，他们可以操起长矛叫板政府。

自我意识还在另一种意义上是不完备的。那就是我们只有在文化传统向我们揭示并使之有意义的可能性和参照框架之内才可以选择我们行动的目标（或者我们对什么可算是历史中的进步的看法）。这不意味着我们是那些传统的囚徒，抑或不存在任何创新。它意味着我们是从它们里面起步的。传统也总是复数的——即是说，简直从来没有过完美整合的文化的一种无缝传承。这还开启了多样性和创新的发展机会，以及精细入微地表达变换中的相互抵触的价值、目标和观点的可能性。但是在我们的行动条件、我们创造历史的条件当中，我们不能选择进行思考和评价的文化背景。

这些都不是说，战略分析甚至理性选择分析是无用的。相反，如我在第三章努力说明的那样，理性选择分析虽不是对集体行动的充分解释，却可以有助于理解它是如何组织起来的。为什么先在的社会纽带（如共同体关系）会促进人们采取行动，这是有充足而理性的缘由的。哪些可能性是现实地向人们开放的，是影响他们所采取的行动的重要因素——部分因为这点，在19世纪初，工厂工人基于长远考虑，在工业

---

① 这些不仅是明确传授的谋略，也是社会互动网所强化的世界取向。离家的风险不只是遭逢不测的很大外部可能性，还有共同体内的朋友非难，他们会讥讽或憎恶表现出他们所缺乏的能力的这种自负。当然也有例外，从潘恩、普雷斯到伍勒皆然，这些例外作为联系全国政治和公共领域的环节常常特别重要。但规矩是要一直保持更大程度地容身于手工业共同体并受其约束。然而手工业共同体不全是地方性的。行游短工（journeyman），顾名思义，就是当他们学成手艺时要在他们的圈子里云游。这些圈子多是全国性的——环法旅行造就的手工行会——但是对有些行业而言，圈子是显著国际性的。

资本主义社会内部组建工会来争取更高工资和更好的工作条件,而手工业工人更经常地反对工业资本主义社会的到来,至少反对它当前展现的那种形式。

但是不管人们是否变成了循道宗教徒、加入了空想社会主义的公社或者把他们的厄运归罪于外国佬,他们怎样把控他们发现自己处身其中的环境,与文化传统大有关系。这些传统有的更为古老(即便频加修正),比如基督教;另一些更为晚出,比如法国革命传统——说到这里,还有反教权主义(尽管对教士的疑心在大众文化里繁衍很久了)。有些是地方性的,像某特定手工行业的传统;有些传布很广,为跨越行业、共同体、地区偶或宗教——比如在多属新教徒的英格兰工人与旨在结束对天主教徒公民权的限制的奥康奈尔运动之间的联盟上——的认同提供了基础。有些恰在跨界问题上归于失败——就像工团主义,它企图克服信仰的差异,却时时以不信教和信教的对立告终。

工具理性和物质利益都很要紧。但人们是在非常具体的背景下评估其利益、盘算潜在结果的。19世纪初手工业共同体里边的许多人,不是作为全然分立的个体,而是作为嵌入在社会纽带中的同人着手利益的算计。他们不但认为他们的自我利益牵扯到跟别人的相互依存,还认为利益是被传统和当代讨论修整成形的。当他们考虑做什么的时候,对谁可依靠心中有数。他们不会全面审视无尽的可能性,只着眼于经验、文化、社会环境和物质状况的交互作用使之显而易见的那些选项。

正如科贝特始终坚称的那样,拥抱传统——英格兰的古代宪政——和自由之间不存在必然矛盾。有些激进分子不是仿照个人权利的占有来构想自由,当作每个人的一种财产,而是强调自由扎根于权利(the right)、正确的做事方式、恰当的社会秩序乃至宇宙论。用政治和法律哲学的语言来说,他们主张拥有"实体"权利而不只是"程序"权利。但是我们不应以为一切权利主张或一切权利观都是兼容共存的。只需看看保卫传统和共同体多大程度上伴随着对将会更多赋权于女性的性别角色转变的抵制,这一点就昭然若揭了。

传统的激进主义不光是要捍卫从生活方式和在世境况中抽离出来的这种那种价值,它毋宁是要捍卫——或宣称——存在方式本身。它是要以在别的不同环境下塑造而成的思考和行动方式去掌控变化着的世界的一场斗争。因此关于什么是正确的那些观念,不止由话语性教导支撑着,也由它们在寻常行动和特别行动中的再生产所支撑。于是如果儿子孝敬父亲、父亲供养家庭、妻子忠于丈夫是正确的,那这就是需要在上千次日常行动里再生产的一种正确性。没做到就可能成为闲话、温和指责或更严重的共同体非议的对象——尤其是在"大声喧闹"(rough music)或"大胡闹"(charivari)的那些传统里,它们采取一种戏剧化的形式惩罚特殊个人,肯定普遍秩序。① 但是如果说正常情况下做不到好像是个人的过失——凶暴的丈夫或不忠的妻子——有时那也明显是社会变迁所致。假如没有工作可以让父亲养家糊口,假如儿子只有离家做移民劳工才活得下去,假如找工作把妻子(和女儿)引入工厂和商店从而增加了不贞洁的怀疑,这是由于一般形势中有某种不"正确"的东西。

保卫传统应该受到社会理论家们更大的尊重,也应该更多被承认为激进社会运动的一种核心成分。这也许是个悖论——从前的取向本来可能很保守的人,在某些情势下竟然变得很激进。但它并非纯然怪异,而一直是整个现代时期平民主义(有时还有民族主义和宗教)运动的一个重要特征。再说,这种平民主义对民主斗争,对包容进政治公共领域,对工人和小所有者生活状况的改变,都很重要。

虽然我断言拥抱传统是合法的,有时还是推动好的变化——即下一代人将判定为"进步"的那些变化——的力量,但若以为它内在地、一贯地好,那就错了。对现存生活方式的信守一般也包括对其不平等性的信守;新的不公正比旧的不公正更容易被看穿。② 所以为工人们的公平待遇大声疾呼的那些激进分子,常常对性别上的不公平熟视无睹。理性的一致不是扎根于传统的激进主义的强项。同样,虽然传统共同体可能是激进集体行动的极其重要的社会基础,但它们既带来组织上的重大优势也带来重大短处。特别说来,强大的地方性动员可能只具有薄弱的彼此间横向联系;当它们没有被现实组织结构紧密结合时,煽

---

① 参见 E. P. Thompson, *Customs in Common*; and Natalie Zemon Davis, *Society and Culture in Early Modern France*。

② 参见 Barrington Moore, *Injustice: The Social Bases of Obedience and Revolt*。

动家往往会填补这个裂缝。

换言之,传统和共同体不是从过去被动接受的纯粹遗产,肯定不单是人类自由的禁锢。对19世纪初的工人而言,传统既包含他们的手工技艺,也包含他们认为在"非人力资本"侵入的背景下这种"人力资本"所具有的权利。传统一定程度上是成功的权利要求在每代人那里进行再生产的过程。这些权利,有些可能被编码成正式法律,所有的都因文化和理解性知识的传递而巩固。传统的再生产不但需要行动(因而始终同时牵涉到新文化的生产),也需要斗争,假如在传统内部提出的权利主张——比如正义主张,或者公正无偏,或者荒年的食物要求——受到其他观念攻击的话(比方说效率观念,或者产权的单方面修改)。类似的,共同体是成就也是资格。它构成人们在其中追逐其生活目标的行动场域。它多少是平等主义的,但经常赋予某些人比另一些人更大的权力。它是行动的约束也是行动的资源。但它也体现了构筑它时(有时历经数代)的投入。它不仅是个人和家庭事业的基础,也是众多集体行动的基础。共同体是19世纪工人反对资本主义侵入的种种斗争的基本因素,也许比阶级更为基本,尽管两者并不矛盾。

一般而言,社会机构大致可作如是观。这些机构把文化和社会关系结构混合起来,既赋权于人又设限于人。文化很大部分是传统的,有些部分是新生的。社会关系结构可能因其直接和亲近而表现为共同体的,或者以不同方式表现为间接的、正式组织的。机构是布迪厄意义上的竞争场域,围绕着不同类型的资源与评价或合法化图式组织起来。① 大多数时候人们是在这样的场域之内追求目标,有时他们为场域如何组织发生斗争,偶尔也为保卫它而斗争,反抗威胁要摧毁它的那些势力。19世纪初的手工业工人设法保护纬编或绸带制造不受工业资本主义的侵害,他们并非完全有异于21世纪初的有些教授,他们设法保护大学不被降格为营利性的培训机构或公司的研究中心。他们同试图捍卫——但也因之改造——传统宗教、民族主义和族群团结的人一样,占据和争夺着同一"现代性"。

---

① 布迪厄撰述过许多不同背景下的场域,最成熟的论述见于《学术人》和《艺术的法则》。

将进步势力和保守社会机构截然分为两橛是个错误。社会变迁比进步的目的论所暗示的有着更不确定的结果。意识形态光谱的概念意味着社会变迁有个单一方向,广阔的中间地带温和地追求变迁,而左右两个边缘分别想要加速或减缓变迁。但就像我在这本书从头到尾论证过的那样,这是误导人的。到底社会变迁的主导进程是否等同于进步,谁被容纳进政治公共领域从而能够争辩这个问题,如何将中间路线的进步观念所未论及乃至加以削弱的价值观或全部社会想象带上前台,这些问题上常起冲突。关于社会可能和应当如何运转的这类替代性价值和想象,可以把政治中心的左翼和右翼分子联合起来——或者也许更根本地扰乱左—右连续统观念。例如,自力更生的生产者—所有者的共同体这种理念,在整个 19 世纪都很重要,并与资本主义规模的扩张和小生产者被消除而青睐雇工相冲突。这种社会想象贯穿于一系列不同的运动中,其中有的被左派认领了,有的被左派拒绝了,因为它们沾染了种族主义或反移民的情绪,或是更多以宗教而非政治词汇组织起来的。这种社会想象也渗透到保守主义的民粹主义立场中。该愿景保持着它的潜能,不止作为对逝去的黄金时代的招魂,还作为对没走过、也许仍可能重新找回的一条道路的描述。

进步意识形态不仅有赖于把一种特定的可能未来设想为美善的(也许还是必然的),而且有赖于声称过去的事件进程也是美善而必然的序列。进步主义叙事告诉人们,我们已经走了这么远了,这里是我们必至之地。可是这样的叙事必须一再调整,有时某些历史现象被宣称合于进步,但在历史展开之前,它们的领导人物(甚或其他人)没有将它们拟想为进步。所以,有些学成出师的工匠,想方设法保护他们的行业免遭贬抑,他们的共同体和生活方式免遭毁坏,他们的希望和志向免于破灭,他们对革命运动做出了重大贡献。在实际或潜在的革命后来被断定属于进步叙事的地方,这些工匠也被编入那一叙事。他们的孙辈可能由于历史变革的这种特定模式而真的富足起来。但是我们不应认为,这表示那样的明显进步是由其行动帮着使之成为可能的那些人预想如此或有策略地谋求的。他们本来可以为别的什么事而战:比方说,他们不是去争取在工厂里的更高工资或更好工作条件,而是争取在工厂以外、在将工作非技能化的劳动分工以外工作的机会。然而,他们的奋斗可能助成了民主或更强大工会的发展,即便它们当时被预想为实现跟后来的实际情况有别的未来的一些步骤。

奋力组织起来

现代史上的主导模式之一是,权力和资本的组织规模越来越大。因了新技术的推进,生产和交换关系甚至在扩张之际还增强了。这加快了一场竞赛,民众的力量和团结在那里总是瞠乎其后的。这是实现社会整合的竞赛、建立密切人际关系的竞赛、塑造社会制度的竞赛和组织世界的竞赛。资本和国家权力一马当先。工人和普通公民总是处在竭力追赶的位置上。他们在地方层次上组织起来的时候,资本和权力在更大规模上结成一体了。

现代国家的形成涉及扩张,因为在对大片毗邻领土建立集权化统治的过程中,较小的国家消亡了;又涉及加强,因为行政管理的能力提高了,中间层次的势力削弱了。同样的,资本主义的壮大牵涉到远距离贸易和地方贸易的增长,更大也更高效管理的企业的发展,商贸向金融市场和生产关系的延展,越来越多的社会生活层面屈服于市场关系。使国家权力和资本积累的扩张和加强成为可能的,是既包含交通和通信技术也包含工业生产在内的基础结构。

这些因素合起来有助于保障认同和团结在民族层次上的重新组织,将一种旧式的归属类别重铸为国家的关键性的文化—社会对应物。用安德森的话说,民族是"想象的共同体"。① 它们把成员结合起来从事共同事业和共同仪式——从叙说集体历史到发动战争和革命,再到仅仅每天早晨读读报纸。当然,这一想象的成员身来之不易,经历了表征和认同上的无尽斗争:谁是公民?哪种族群身份——假如有的话——划定了民族边界?成员负有什么责任、享有什么基本权力?提出这些问题,通常事关20世纪摆脱殖民统治的那些国家,但它们对欧美国家早先的历史也很重要。公民身份不止关系到外部划界,还关系到寻求充分容纳的内部斗争。多族群参与的平民主义叛乱有助于降低

---

① Benedict Anderson, *Imagined Communities*. 亦见我的讨论,Calhoun, *Nationalism*。

第十章 进步为了谁?

内部族群分裂的突显性。等级分化的成员结构被成员间权利平等的更强要求取代了。① 实际上,从很重要的意义上说,现代大型工商业公司也是帝国主义的产物,有东印度公司之类为其先驱。②

民族主义不但反映了民族—国家的融合,还表达了政治合法性的一种新"理论",据此政府有义务效忠于民族利益。如果说民族的意识形态通常使工人有阶级特殊性的要求居于次要地位,但民族主义仍然成了一种熟语,表达着普通人的渴望:在世上有个安全而优裕的位置,可以参与公共生活。民族主义既带来了有利于统治阶层的统一,又带来了普通公民主张权利的新路径。

市场、政府和公共领域在民族层次上组织起来,这导致在地方层次上有更强大的组织实力和更鲜明的思想视角的那些人处于不利地位。当资本是地方性地而非全国性乃至国际性地组织起来的时候,"靠暴乱进行集体谈判"和"英国群众的道义经济学"才会运转灵验。③ 工人经常利用深固的地方关系——比如在居住共同体、手工行业和礼拜堂构建而成的那种——支持他们的斗争(我在好几章里都讨论过这点)。但与此同时,他们也利用民族的各种传统——特别是英格兰宪政传

---

① 民族认同和公民身份也是在帝国背景下锻造而成(这两者在欧洲诸国较为明显,在美国较为隐晦)。民族主义和帝国的这种纠缠被国内和国际政治的清晰分离遮蔽了,那种分离常被说得振振有词,仿佛它自 1648 年《威斯特伐利亚和约》之后简直是既成事实,不是意识形态。欧洲史被编排成民族国家的历史,帝国史和被殖民民族的历史则被编排成各不相干的主题,这也让这种密切联系更难把握。这个故事我不能在此细说,但可参见 Linda Colley, *Britons: Forging the Nation*, 1707-1837, 这是检讨前一方面的几项研究之一;关于后一方面,除了安德森之外,尤请参见以下文集里转引的诸多文章和著作:Geoff Eley and Ronald G, Sunny, eds., *Becoming National: A Reader*; Frederic Cooper and Ann Stoller, eds., *Tensions of Empire: Colonial Cultures in a Bourgeois World*; and Craig Calhoun, Frederic Cooper, and Kelvin W. Moore, eds., *Lessons of Empire: Imperial Histories and American Power*, 每部书都检讨了民族主义、帝国主义和资本主义的相互关系。这当然一直是"底层研究"和殖民史的核心主题。亦见 Jennifer Pitts, *A Turn to Empire*, 它考察了法国和英国的自由主义是如何在帝国背景下、作为从对帝国的广泛批评转移开去的 19 世纪倾向的一部分而炼成的,那种批评是边沁、柏克和斯密等人在 18 世纪末发起的,他们除这点以外立场各不相同。

② 参见 John Kelly, "Who Counts? Imperial and Corporate Structures of Governance, Decolonization and Limited Liability"。

③ 汤普森经典地叙述了工匠、外包工和其他人的社会性地加以组织和调控的种种斗争,它们在整个 18 世纪都很炽盛,19 世纪日渐遭遇挑战,即便当时全国工人阶级的组织集聚起了力量。参见 E. P. Thompson, *Making of the English Working Class* and "Moral Economy"。亦见 Calhoun, *The Question of Class Struggle*。

统——维护他们对公正的政治代表权和政治承认的主张。

让国家为民族利益而作为的要求部分出自"下边",因为平民坚持认为,某种程度的参与和"commonwealth"(公共福利)是视统治者为合法的条件。但是民族—国家的融合是喜忧参半的一步。一方面,国家权力是一种独立的力量(尤其在殖民主义中,但国内亦然),代表了组织力从地方共同体的外流。另一方面,全国层次的民主构成了普通民众在掣肘资本和权力上取得的最大成功。他们已向国家提出了有效要求,倘若存在对放弃共同体自组织能力的抵抗的话,现实收益仍是有的。

普通民众赢得了一点点民主和若干显著的物质利益,但他们不再选择抗争,尤其是同资本竞赛,凭借那种抗争和竞赛,选举民主才成了他们的局部胜果之一。这很大程度上是更集中化的国家的发展与资本主义市场的一体化逼迫所致。大多数普通人在19、20世纪民主化的最终收益面前体验到集体自决的丧失。他们之所以体验到这种丧失,是因为他们创立的共同体和机构被国家和市场力量践踏、摧毁。他们不仅失去了旧时的手工行业和共同体,还失去了将传统根源和新渴望结合在一起的构想和计划,比如生产者共和国的梦想。许多人不止希望跟过去血脉相连,还盼望这样一个社会,里边有很多小所有者,大资本不那么一手遮天,地方共同体有更多机会自我调控,劳动者的尊严得到承认。①

这不等于说,过了两代人以后工人不是在众多方面物质更加富裕,或者发达工业国家的生活机会不是普遍优于不曾经历类似转型的那些国家。它不等于说很多工人原本不愿选择成为所有者的机会。它其实是说,经历了那些转型的许多人丧失——也深恨丧失——了近来所谓的"社会资本",也丧失了在他们自身的价值观和理解世界的方式基础上选择生活方式的机会。

---

① 必须承认,所提到的往往是男人,尽管有些工匠激进分子的确坦然接受更大的妇女权利。关于英国,参见 Anna Clark, *The Struggle for the Breeches: Gender and the Making of the British Working Class*; Eileen Yeo, ed., *Radical Feminity: Women's Self-Representation in the Public Sphere*; and Helen Rogers, *Women and the People* 及其中引用的著述。林恩·亨特富于启发性地表明,如果注意到性别和家庭政治,连法国大革命也怎样可以加以再思考;参见 Lynn Hunt, *The Family Romance of the French Revolution*。我在第九章评述过关于性别问题如何凸显于19世纪初美国社会运动之中的一些研究。虽然如今有大量文献论及19世纪初的性别,但将性别问题糅合到更一般的社会变迁分析中去的更多著述依然很重要(有别于就性别论性别的著述)。

反殖民统治的斗争常常反映了相似的问题和悖论。被宰制的人民同时寻求抵抗外来统治与聚拢分立的"传统"群体以铸就民族。① 主张拥有共同"传统"文化,既支持了民族主义,也支持了对民族主义的地区性或"教族性"抵抗(每一情形都是有差别地置于更大场域里的群体的构想,不纯然是先在认同的反映——尽管绝非与进行中的文化再生产无关)。民族同时表现为貌似"一直存在于此"的文化共性和休戚相关,由殖民主义和独立斗争所引起的新构想,以及民族文化的特定构造对自命的民族内部的其他认同和文化构想的强加。反对外来殖民强权的斗争使"本土"团结的更大类别很有用处,但要实现它们,总是涉及权力和资源的再分配——通常会从多少较为自立的地方共同体、从属的诸文化和其他群体夺走一些。

当布迪厄因 21 世纪初的新自由主义全球化赞同阿尔及利亚的法国殖民化而据理反对它时,他描述了这里的一种同样真实的变体:

> 就像我在阿尔及利亚能够观察到的,经济场域的统一,尤其通过货币的统一和由此而来的货币交换的普及,趋于把所有社会行动者抛入一种经济游戏中,他们在文化和经济上没有同等地对此做好充分准备。由此它往往使他们隶从于来自更高效的生产力和生产方式的竞争所客观强加的标准,就像我们在乡村小生产者那里很容易看到的,他们被越来越彻底地拽出自足状态。总之,统一有利于宰制者。②

这当然不意味着被宰制者成功铸造了共同的斗争。它没有决定斗争将更多根据工人阶级、"人民"还是宗教组织起来。城里的阿尔及利亚人经常觉得布迪厄研究的卡拜尔人是"落后的";刚进城的人拥抱现代性,不管是拥抱法国性还是反法国性的斗争。最近,宗教争端已将伊斯兰主义者、自称的温和穆斯林与世俗主义者撕裂了——尽管对政府

---

① 这个问题上,查特吉的作品尤富教益;参见 Chatterjee, *Nationalist Thought and the Colonial World: A Derivative Discourse?* And *The Nation and Its Fragments: Studies in Colonial and Post-Colonial Histories*。亦见 Calhoun, *Nationalism*。

② Pierre Bourdieu, "Unifying to Better Dominate". (中译本参见《合而治之》,收入布迪厄:《遏止野火》,河清译,广西师范大学出版社 2007 年版,第 187—188 页。有改动。——译者注)

的民粹主义和民族主义挫败感还可能将他们联合起来。

抵制市场入侵和国家集权化的人常被描述成"传统的",与"现代的"形成对比。他们对共同体、手工行业、宗教和亲属关系的泥守被认为有点儿非理性。它实际上常常是向后看的,虽然并不一贯如此,也不是由于无力生成社会革新和有时真正激进的美好社会愿景。但向后看并非固有地非理性的——特别是无法保证未来等同于进步的时候,或者保证有些人视作进步的东西将促进普通人最为珍视的价值。那些抗拒正在扩张和加强的资本主义市场与国家行政机器的人,他们所捍卫的共同体和机构是常常面对着大量反对的情况下集体创造出来的社会成果。它们至少为普通人提供了组织其自身生活的某种能力,不管多么不完善。

19世纪初的社会运动场域极其开放而多元。欧文发起了理性主义的、洛克式的、极不民主的社会主义运动。伍勒和卡莱尔追随潘恩鼓吹一种严格的共和主义(后来卡莱尔关注起性自由来,并与传统宗教决裂)。傅立叶和卡贝推进乌托邦主义的公社计划,就像震颤派和基督教基础上的其他人那样。马克思很有名地分析过,1848年法国革命中的不同社会和意识形态派别为数众多。① 美国第二次大觉醒运动中的不同福音主义分支数量大概更有过之。

各各有别的诸多运动欣欣向荣。它们不总是可以干净利落地归入后来的分析家偏爱的类型里。有些运动中,理性主义的政治分析掺杂着对传统共同体价值的呼吁;另一些运动中,劳工斗争和社会主义与追求民主的事业携起手来。这些运动不能被归结为任何单一的历史逻辑。它们反映了不同的社会想象、不同的社会基础和不同的政治(有时或许是非政治)策略。它们将不同的构想带入公共领域。很多情况下它们诉诸传统价值,不过常常是以跟主流社会趋向势不两立的方式。另一些情况下,它们谋求推动崭新的构想,以理性设计的共同体新进路取代传统的社会机构。如果它们有个唯一的共同特点,那与其说是什么稳定的特有的意识形态或社会基础,不如说是一致抵抗把公共领域界定得很狭隘以致有些人或所有人会被排斥在外的种种举措。因而讽

---

① Karl Marx, *The Eighteenth Brumaire of Louis Bonaparte*.

刺的是,后来的社会理论开始以资产阶级和无产阶级与进步和传统这些主导范畴来书写,就此而论它本身倾向于排斥那些运动;那些范畴间有个从左至右的连续统,自由主义可以号称自居中道。

我对传统激进主义论之不遗余力,缘于这是后来的分析视角遮蔽最深之处。但对快速工业化和其他压力的社会运动反应的场域,是被至少五种分析和组织取向之间的相互作用塑造而成的。(1)激进分子运用和守卫传统,从地方共同体的传统社会关系中汲取支持。(2)反叛者也在超越地方性和特殊行业的劳动共通性概念基础上发展出新的文化见解,推动形成现代工人阶级——但如我所表明的,是在内在于资本主义的社会基础上形成的,故而未必与资本主义水火不容。(3)厌恶现存的社会关系与社会变迁的主导方向的那些人,也在文化和社会组织方面有所创革,尤其创立了实验共同体,但也给运动灌入新可能性的创造性愿景。(4)许多人更集中地专注于另外的行动架构,比如反奴隶制、女性权利或宗教道德提升等——但他们这么做的时候,也对工业化和其他社会压力有所反应。(5)跨越社会阶级的光谱,许多人加入到深化共和主义公民身份的理解和实践表现的举动中。

这五种反应,种种需加强调,虽然我们不应设想它们彼此泾渭分明而不是在行动主义场域里互相渗透。传统激进主义是社会思想普遍吸纳得最不如人意的。传统老是被看成与对社会变迁的有效集体反应和参与适相对立。我想证明它的重要性。如果我们摒除了它,不论是因为我们不喜欢传统的内容还是因为它冲犯了我们的理性主义,我们就摒除了业经证明对各种民众动员很重要的行动基础和文化取向。哪怕是想要创造美好社会的温和斗争——其中进步是由更好的工资、医疗保健或工作条件来界定的——也可能主要基于对文化传统或地方共同体的承诺而发动起来;这些传统和共同体是重要的组织资源。

但除此而外,牢牢扎根于受到威胁的社会秩序中的那些运动,比采取更不受约束的理性立场的运动更可能对权力关系发起真正激进的挑战。这或许有点自相矛盾,既然同一类"根源"经常可能让人们倾向保守主义。然而激进运动是深入社会秩序根源问题的运动。不管人们对更完美社会的抽象兴趣是怎样的,大多数人常在现存秩序的条件内进行斗争;他们寻求个人利益或秩序本身的渐进改善。当人们扎根其中的秩序与威胁要倾覆它的社会变革力量之间起了冲突时,围绕社会秩序根本条件的斗争最可能发生。有些人可能简单地为守护被威胁的事物秩序而战斗,另一些人则可能认为这是枉费心力,哪怕他们也抵制正强加给他们的那些变化。他们可以抓住机会争取某种更为崭新的东西,尽管他们很可能至少部分地在更传统的价值框架内形成它的概念。我们从马克思主义、自由主义和保守主义(我们的传统)继承得来的对激进政治的看法,让人难以理解对传统和共同体的承诺怎么能在急速社会变迁中成为激进主义的基础。它们反而促使我们将激进主义等同于争取摆脱过去的斗争,仿佛传统仅由令我们不堪重负的枷锁构成,而不是由共同生活和集体行动的知识技能构成的。诚然,这种扎根于传统、建基于地方共同体的激进主义有着重大的局限和弱点。就其本身而言,它缺乏堪与资本或国家权力相媲美的那种规模上的组织。煽动家提供了过多的领导。虽然往昔——和黄金时代的理想化——可能是美好未来愿景的重要基础,传统可以退化成传统主义。但它也能赋权增能。

  18世纪末19世纪初的政治激进主义对社会思想产生了持久影响。然而,后来的思想家将早先的运动归入一些阵营,看上去那种归类既反映了他们本人对意识形态差异的建构,也至少同等程度反映了早先的行动主义本身的实际取向。自由主义是将19世纪的斗争加以理论化的这个过程的大赢家,但保守主义——还有马克思主义在其中拔地而起的宽泛社会主义左派——也博得了意识形态清晰性和学术倡导者。这些立场(或传统)个个都在制造跟他者的差别——在19世纪初并不总是那么界限分明的差别,此时它们获得了内在一致性。边沁是自由主义者还是左翼分子?科贝特是保守主义者还是激进分子?基督教是像有些启蒙思想家所说的那样天生保守,还是对既定秩序进行激进挑战的一个源泉?学术清晰性和意识形态纯粹性部分是靠掩盖这样的复杂性换来的。这还不单是早先的人物不符合后来的类别的问题;政治总在制造争论和让表面齐整的意识形态光谱的分界线混淆不堪的行动主义分子,从蒲鲁东到工团主义者,从奥斯特勒到莫里斯,从亨利·乔治到威廉·布莱恩特。

  我们需要避免将早期运动要么坍缩成常规劳工政治的先驱,要么坍缩成单向的进步观念。这不仅对"还原历史真相"很重要,还因为更好地理解历史有助于我们更好地理解其他时间和地点的运动,以及更一般地理解社会变迁过程。

当然背景将是不同的。反抗殖民主义不同于反抗资本主义工业化(虽然并非面面悬殊)。反抗腐败政府和日益拉大的社会不平等在迥异的国家背景之间只有部分共同点。衰落的美国霸权时代不同于勃兴的英国霸权时代。遭遇工业化挑战的手工行业和地方共同体的详情细况,有别于被去工业化、数代人斗争所获的工人阶级保障的丧失和广泛失业所击垮的共同体的详情细况。但是比较不无价值。

经受了三十年的新自由主义雨打风吹之后,欧美劳工运动凋败了;它们的很多成果濒临危险或遭到破坏。具体说来,劳工问题仍然重要,无论是在老牌工业国家还是在全世界的新兴制造业复合体中。工会仍在被雇员们组建起来,仍在战斗不止。但是普通民众也在民族主义的、宗教的和民粹主义的运动及别的多种多样运动中谋取话语权。他们谋求本土的生活方式、语言和宗教仪式的保全。他们谋求保护原来规划要加以摧毁的老邻里社区,保护新贫民窟里的住客的权利。他们谋求移民的公平待遇、性少数群体的承认、更干净的空气和安全的土地占有。这些运动往往难于按照左翼—右翼来分类。它们没有合并成响应单一社会问题的单一社会运动(尽管有些做出了可观努力组建联盟,以从事共同的斗争)。然而它们是抵抗经济和政治权力集中、全球资本与腐朽国家的基石。在每一种运动里,参与者表达着渴望和冤屈,也表达着对更美好世界的希冀和对威胁他们所知世界的那些东西的愤慨。

参考文献

Abercrombie, N. and J. Urry. 1983. *Capital, Labour and the Middle Classes.* London: Allen & Unwin.

Adams, J., E. Clemens, and A. Orloff. 2005. *Remaking Modernity: Politics, History, and Sociology.* Durham: Duke University Press.

Addi, Laurent. 2003. *Sociologie et anthropologic chez Pierre Bourdieu: Le paradigme anthropologique kabyle et ses consequences théoriques.* Paris: Decouverte.

Agulhon, Maurice. 1970. *La république au village.* Paris: Plon.

——. 1981. *Marianne into Battle.* Cambridge: Cambridge University Press.

Amann, P. 1975. *Revolution and Mass Democracy: The Paris Club Movement in 1848.* Princeton: Princeton University Press.

Amin, Samir. 1976. *Unequal Development.* New York: Monthly Review Press.

Aminzade, Ronald. 1981. *Class, Politics and Early Industrial Capitalism: A Study of Mid-Nineteenth Century Toulouse, France.* Albany: State University of New York Press.

——. 1993. *Ballots and Barricades.* Princeton: Princeton University Press.

Anderson, Benedict. 1991. *Imagined Communities.* Rev. ed. London: Verso.

Anderson, Perry. 1964. "Origins of the Present Crisis," *New Left Review* 23:26-53.

——. 1965. "The Left in the Fifties," *New Left Review* 29:3-18.

——. 1974. *Lineages of the Absolutist State.* London: New Left Books.

——. 1980. *Arguments in English Marxism.* London: New Left Books/Verso.

Arendt, Hannah. 1951. *The Origins of Totalitarianism.* New York: Harcourt Brace.

——. 1958. *The Human Condition.* Chicago: University of Chicago Press.

——. 1963. *On Revolution.* London: Penguin.

Aron, Raymond. 1968. *Main Currents of Sociological Thought.* New York: Doubleday.

Aronowitz, Stanley. 1992. *Identity Politics.* London: Routledge.

Bachelard, Gaston. (1938)2002. *The Formation of the Scientific Mind.* Manchester: Clinamen Press.

Bagehot, Walter. (1872)1999. *Physics and Politics*. Chicago: Ivan R. Dee.

Bagwell, P. S. 1974. *The Transport Revolution from 1770*. London: Batsford.

Baker, Keith Michael. 1992. "Defining the Public Sphere in Eighteenth-Century France: Reflections on a Theme by Habermas." In *Habermas and the Public Sphere*, edited by Craig Calhoun, 181-211. Cambridge: MIT Press.

Bamford, Samuel. (1844)1967. *Passages in the Life of a Radical*. London: Frank Cass.

Barber, Benjamin. 1984. *Strong Democracy: Participatory Politics for a New Age*. Berkeley: University of California Press.

Bauman, Zygmunt. 2000. *Modernity and the Holocaust*. Ithaca: Cornell University Press.

Belchem, John. 1985. *"Orator" Hunt: Henry Hunt and English Working Class Radicalism*. Oxford: Oxford University Press.

Bell, Daniel. 1982. *The Cultural Contradictions of Capitalism*. New York: Basic Books.

Benchimol, Alex. 2007. "Cultural Historiography and the Scottish Enlightenment Public Sphere: Placing Habermas in Eighteenth-Century Edinburgh." In *Spheres of Influence: Intellectual and Cultural Publics from Shakespeare to Habermas*, edited by Alex Benchimol and Willy Maley, 105-50. Oxford: Peter Lang.

Benchimol, Alex and Willy Maley, eds. 2007. *Spheres of Influence: Intellectual and Cultural Publics from Shakespeare to Habermas*. Oxford: Peter Lang.

Bentham, Jeremy. 1818. *A Plan of Parliamentary Reform*. London: R. Wooler.

——. (1820, 1821)1838-43. *Four Letters on the Liberty of the Press and Public Discussion*(initially in Spanish in 1820 and in English in 1821). In *The Works of Jeremy Bentham*, edited by John Bowring. Vol. 2. Edinburgh: William Tait.

Berk, Richard A. 1974. *Collective Behavior*. Dubuque: W. C. Brown.

Berle, A. A. 1960. *Power without Property*. New York: Harcourt Brace.

Berle, A. A. and G. C. Means. 1932. *The Modern Corporation and Private Property*. New York: Macmillan.

Berlin, Isaiah. 1969. *Four Essays on Liberty*. Oxford: Oxford University Press.

Berstein, Eduard. (1889)1961. *Evolutionary Socialism*, translated by E. C. Harvey. New York: Schocken.

Bezucha, R. T. 1974. *The Lyon Uprising of 1834: Social and Political Conflict in a Nineteenth Century City*. Cambridge: Harvard University Press.

Black, Eugene. 1963. *The Association: British Extraparliamentary Political Organization, 1769-1793*. Cambridge: Harvard University Press.

Blau, Peter M. 1974. "Parameters of Social Structure."*American Sociological Review* 39: 615-35.

——. 1977. *Inequality and Heterogeneity*. New York: Free Press.

———. 1977. "A Macrosociological Theory of Social Structure." *American Journal of Sociology* 83 (1): 26-54.

Bleackley, Horace W. 1917. *Life of John Wilkes*. London: Lane.

Bloch, M. 1973. "The Long Term and the Short Term: The Economic and Political Significance of the Morality of Kinship." In *The Character of Kinship*, edited by J. Goody, 75-87. Cambridge: The University Press.

Bluestone, B. and B. Harrison. 1982. *Deindustrializing America*. New York: Basic Books.

Bohstedt, J. 1983. *Riots and Community Politics in England and Wales, 1790-1810*. Cambridge: Harvard University Press.

Boltanski, Luc and Eve Chiapello. 1999. *Le nouvel esprit du capitalisme*. Paris: Gallimard.

Bourdieu, Pierre. 1972. *Outline of a Theory of Practice*, translated by R. Nice. Cambridge: Cambridge University Press.

———. 1977. *Algérie 60: Structures économiques et structures temporelles*. Paris: Minuit.

———. (1980)1990. *The Logic of Practice*. Stanford: Stanford University Press.

———. (1983)1993. "The Field of Cultural Production, or: The Economic World Reversed." In Pierre Bourdieu, *The Field of Cultural Production*, 29-73. New York: Columbia University Press.

———. 1984. *Distinction*. Cambridge: Harvard University Press.

———. (1984)1988. *Homo Academicus*. Stanford: Stanford University Press.

———. (1992)1996. *The Rules of Art: The Genesis and Structure of the Literary Field*. Stanford: Stanford University Press.

———. (1997)2000. *Pascalian Meditations*. Stanford: Stanford University Press.

———. (2000)2002. "Unifying to Better Dominate." *Firing Back*. New York: New Press.

———. 2001. *Masculine Domination*. Stanford: Stanford University Press.

Bourdieu, Pierre and Jean-Claude Passeron. (1970) 1977. *Reproduction in Education, Culture, and Society*. Beverly Hills: Sage.

Bourdieu, Pierre and Abdelmalek Sayad. 1964. *Le déracinement: La crise d'agriculture traditionelle en Algerie*. Paris: Minuit.

Braudel, Fernand. 1973. *Capitalism and Material Life, 1400-1800*. New York: Harper Collins.

Breen, Timothy H. 2010. *American Insurgents, American Patriots*. New York: Hill and Wang.

Brewer, John. 1976. *Party Ideology and Popular Politics at the Accession of George III*. Cambridge: Cambridge University Press.

———. 1980. "English Radicalism in the Age of George III." In *Three British Revolutions: 1641, 1688, 1776*, edited by J. G. A. Pocock. Princeton: Princeton University

Press, 265-88.

Burawoy, M. 1983. "Between the Labour Process and the State: The Changing Face of Factory Regimes under Advanced Capitalism." *American Sociological Review* 48 (5): 587-605.

Burke, Edmund. (1788)1991. "Speech on Opening of the Impeachment of Warren Hastings." In *The Writings and Speeches of Edmund Burke*, edited by P. J. Marshall. Vol. 6. Oxford: Clarendon Press.

——. (1790)1988. *Reflections on the Revolution in France*. Harmondsworth: Penguin.

Burnham, J. 1941. *The Managerial Revolution*. Harmondsworth: Penguin.

Calhoun, Craig. 1980. "Community: Toward a Variable Conceptualization for Comparative Research." *Social History* 5 (1): 105-29.

——. 1980. "Democracy, Autocracy and Intermediate Associations in Organizations." *Sociology* 14:345-61.

——. 1980. "The Authority of Ancestors: A Sociological Reconsideration of Fortes's Tallensi in Response to Fortes's Critics." *Man, The Journal of the Royal Anthropological Institute* 15 (2): 304-19.

——. 1982. *The Question of Class Struggle: Social Foundations of Popular Radicalism in Industrial England*. Chicago: University of Chicago Press.

——. 1983. "Industrialization and Social Radicalism in British and French Workers' Movements and Mid-Nineteenth Century Crisis." *Theory and Society* 12:485-504.

——. 1983. "The Radicalism of Tradition: Community Strength or Venerable Disguise and Borrowed Language?" *American Journal of Sociology* 88:886-914.

——. 1984. "Populistische politik in der klassengesellschaft." *L'80: Demokratie and sozialismus, politische und literarische beitiage*, Heft 30(Juni 1984): 29-37.

——. 1986. "Computer Technology, Large Scale Social Integration, and the Local Community." *Urban Affairs Quarterly* 22 (2): 329-49.

——. 1987. "Class, Place, and Industrial Revolution." In *Class and Space: The Making of Urban Society*, edited by Nigel Thrift and Peter Williams. London: Routledge and Kegan Paul.

——. 1988. "Populist Politics, Communications Media, and Large Scale Social Integration." *Sociological Theory* 6 (2): 219-41.

——. 1988. "The Retardation of French Economic Development and Social Radicalism during the Second Republic: New Lessons from the Old Comparison with Britain." In *Global Crises and Social Movements: Artisans, Peasants, Populists and the World Economy*, edited by E. Burke, III, 40-71. Boulder: Westview Press.

——. 1989. "Classical Social Theory and the French Revolution of 1848." *Sociological Theory* 7 (2): 210-25.

——. 1991. "Imagined Communities and Indirect Relationships: Large-Scale Social Integration and the Transformation of Everyday Life." In *Social Theory for a Changing Society*, edited by P. Bourdieu and J. S. Coleman, 95-120. Boulder: Westview Press/ New York: Russell Sage Foundation.

——. 1991. "The Problem of Identity in Collective Action." In *Macro-Micro Linkages in Sociology*, edited by J. Huber, 51-75. Beverly Hills: Sage.

——. 1992. "The Infrastructure of Modernity: Indirect Relationships, Information Technology, and Social Integration." In *Social Change and Modernity*, edited by H. Haferkamp and N. J. Smelser, 205-36. Berkeley: University of California Press.

——. 1993. "Civil Society and the Public Sphere." *Public Culture* 5 (2): 267-80.

——. 1993. "'New Social Movements' of the Early Nineteenth Century." *Social Science History* 17 (3): 385-427.

——. 1994. "E. P. Thompson and the Discipline of Historical Context." *Social Research*: 1-21.

——. 1994. *Neither Gods nor Emperors: Students and the Struggle for Democracy in China*. Berkeley: University of California Press.

——. 1995. *Critical Social Theory: Culture, History, and the Challenge of Difference*. Cambridge: Blackwell.

——. 1997. *Nationalism*. Minneapolis: University of Minnesota Press.

——. 1997. "The Rise and Domestication of Historical Sociology." In *The Historic Turn in the Human Sciences: Essays on Transformations in the Disciplines*, edited by T. MacDonald, 305-38. Ann Arbor: University of Michigan Press.

——. 1999. "Nationalism, Political Community, and the Representation of Society: Or, Why Feeling at Home Is Not a Substitute for Public Space." *European Journal of Social Theory* 2 (2): 217-31.

——. 2001. "Civil Society/Public Sphere: History of the Concept(s)." In *International Encyclopedia of the Social and Behavioral Sciences*, 3: 897-1903. Amsterdam: Elsevier.

——. 2001. "Public Sphere: Nineteenth and Twentieth Century History." In *International Encyclopedia of the Social and Behavioral Sciences*, 18: 2595-99. Amsterdam: Elsevier.

——. 2003. "Pierre Bourdieu." In *The Blackwell Companion to Contemporary Social Theory*, edited by George Ritzer, 274-309. Cambridge: Blackwell.

——. 2004. "Private." In *New Keywords*, edited by T. Bennett and L. Grossberg, 280-82. Buckingham: Open University Press.

——. 2012. "For the Social History of the Present: Pierre Bourdieu as Historical Sociologist." In *Bourdieusian Theory and Historical Sociology*, edited by P. Gorski. Durham: Duke University Press.

——, ed. 1992. *Habermas and the Public Sphere.* Cambridge: MIT Press.

Calhoun, Craig, Frederick Cooper, and Kevin W. Moore, eds. 2006. *Lessons of Empire: Imperial Histories and American Power.* New York: New Press.

Calhoun, Craig and Michael McQuarrie. 2007. "Public Discourse and Political Experience: T. J. Wooler and Transformations of the Public Sphere in Early Nineteenth-Century Britain." In *Spheres of Influence: Intellectual and Cultural Publics from Shakespeare to Habermas*, edited by Alex Benchimol and Willy Maley, 197-242. Oxford: Peter Lang.

Calvert, P. 1982. *The Concept of Class.* London: Hutchinson.

Cameron, R. E. 1972. *Banking and Economic Development: Some Lessons of History.* New York: Oxford University Press.

Cartwright, John. (1776) 1999. *Take Your Choice!* In *History of Suffrage, 1760-1867*, edited by A. Clark and S. Richardson. Vol. 1. London. Chatto and Windus.

——. 1823. *The English Constitution, Produced and Illustrated.* London: T. Cleary. Castel, Robert. 1995. Les metamorphoses de la question sociale. Paris: Fayard.

Castells, Manuel. 1983. *The City and the Grassroots: A Cross-Cultural Theory of Urban Social Movements.* Berkeley: University of California Press.

Castoriadis, Cornelius. (1975) 1987. *The Imaginary Institution of Society.* Cambridge: MIT Press.

Chambers, J. A., and G. E. Mingay. 1966. *The Agricultural Revolution, 1750-1880.* London: Oxford University Press.

Charles, Christophe. 1990. *Naissance des 《intellectuels》.* Paris: Minuit.

Chartier, Roger. 1988. "Social Figuration and Habitus: Reading Elias." In *Cultural History: Between Practice and Representation.* Ithaca: Cornell University Press, 71-94.

Chatterjee, Partha. 1986. *Nationalist Thought and the Colonial World: A Derivative Discoursel* Atlantic Highlands: Zed Books.

——. 1994. *The Nation and Its Fragments: Studies in Colonial and Post-Colonial Histories.* Princeton: Princeton University Press.

Claeys, Gregory. 1987. *Machinery, Money, and the Millennium: From Moral Economy to Socialism, 1815-1860.* Princeton: Princeton University Press.

——. 1989. *Citizens and Saints: Politics and Anti-Politics in Early British Socialism.* Cambridge: Cambridge University Press.

——, ed. 1995. *The Politics of English Jacobinism: Writings of John Thelwall.* University Park: Pennsylvania State University Press.

Clapham, J. H. 1921. *The Economic Development of France and Germany, 1815-1914.* Cambridge: Cambridge University Press.

Clark, Anna. 1995. *The Struggle for the Breeches: Gender and the Making of the British Working Class.* Berkeley: University of California Press.

Clark, J. C. D. 2003. *English Society, 1660-1832.* 2nd ed. Cambridge: Cambridge University Press.

Clark, Peter. 2000. *British Clubs and Societies: The Origins of an Associational World.* Oxford: Oxford University Press.

Cobbett, William. 1835. *Selections from Cobbett's Political Writings.* London: Ann Cobbett.

Cohen, G. A. 1978. *Karl Marx's Theory of History: A Defense.* Oxford: Oxford University Press.

Cohen, Jean. 1985. "Strategy or Identity: New Theoretical Paradigms and Contemporary Social Movements." *Social Research* 52:663-716.

Cohen, Jean and Andrew Arato. 1992. *Civil Society and Political Theory.* Cambridge: MIT Press.

Colley, Linda. 1992. *Britons: Forging the Nation, 1707-1837.* New Haven: Yale University Press.

Colson, E. 1974. *Tradition and Contract.* London: Heinmann.

Comte, Auguste. (1830-42)1975. *Cours dephilosophiepositive. In Auguste Comte and Positivism: The Essential Writings*, edited by G. Lenzer. New York: Harper.

——. (1851-54) 1975. *Systéme de politique positive. In Auguste Comte and Positivism: The Essential Writings*, edited by G. Lenzer. New York: Harper.

Cooper, Frederic, and Ann L. Stoller, eds. 1997. *Tensions of Empire: Colonial Cultures in a Bourgeois World.* Berkeley: University of California Press.

Currie, Eliott and Jerome H. Skolnick 1970. "A Critical Note on Conceptions of Collective Behavior." *Annals of the American Academy of Political and Social Science* 391: 34-45.

Dahl, Robert A. 1956. *A Preface to Democratic Theory.* Chicago: University of Chicago Press.

——. 1961. *Who Governs? Democracy and Power in an American City.* New Haven: Yale University Press.

Davidoff, Leonore and Catherine Hall. 1987. *Family Fortunes: Men and Women of the English Middle Class, 1780-1850*, Chicago: University of Chicago Press.

Davis, Natalie Zemon. 1977. *Society and Culture in Early Modern France.* Stanford: Stanford University Press.

Deane, Phyllis and W. A. Cole. 1969. *British Economic Growth, 1688-1959: Trends and Structure.* Cambridge: Cambridge University Press.

Delanty, Gerard and Engin Isin. 2003. *Handbook of Historical Sociology.* London: Sage.

Drescher, Seymour. 1987. *Capitalism and Antislavery*. New York: Oxford University Press.

Dunham, A. L. 1955. *The Industrial Revolution in France, 1815-1848*. New York: Exposition Press.

Durkheim, Emile. (1893) 1951. *The Division of Labor in Society*. New York: Free Press.

——. (1912) 1965. *The Elementary Forms of Religious Life*. New York: Free Press.

——. (1938) 1977. *The Evolution of Educational Thought*. London: Routledge and Kegan Paul.

Dyck, Ian. 1992. *William Cobbett and Rural Popular Culture*. Cambridge: Cambridge University Press.

Eder, Klaus. 1985. "The 'New Social Movements': Moral Crusades, Political Pressure Groups, or Social Movements?" *Social Research* 52:869-901.

——. 1996. "The Institutionalisation of Environmentalism: Ecological Discourse and the Second Transformation of the Public Sphere." In *Risk, Environment and Modernity*, edited by S. Lash, B. Szerszynski and B. Wynne, 203-23. London: Sage.

Edsall, Nicholas E. 1971. *The Anti-Poor Law Movement*. Manchester: Manchester University Press.

Eley, Geoff. 1992. "Nations, Publics and Political Cultures: Placing Habermas in the Nineteenth Century." In *Habermas and the Public Sphere*, edited by Craig Calhoun, 289-339. Cambridge: MIT Press.

Eley, Geoff and Ronald Grigor Suny, eds. 1996. *Becoming National: A Reader*. New York: Oxford University Press.

Elias, Norbert. 1994. *The Civilizing Process*. Oxford: Blackwell. Ellis, Markman. "An Introduction to the Coffee-House: A Discursive Model." http://www.kahve-house.com/coffeeebook.pdf.

Elster, Jon. 2000. "Rationality, Economy, and Society." In *The Cambridge Companion to Weber*, edited by S. Turner, 21-41. Cambridge: Cambridge University Press.

Engels, Friedrich. (1844) 1975. *The Condition of the Working Class in England*. In *Karl Marx and Friedrich Engels: Collected Works*, 4:295-596. New York: International Publishers.

——. (1850) 1978. *The Peasant War in Germany*. In *Karl Marx and Friedrich Engels: Collected Works*, 10:397-468. London: Lawrence &. Wishart.

——. (1872) 1988. "The Housing Question." In *Karl Marx and Friedrich Engels: Collected Works*, 23:315-91. New York: Internationalist Publishers.

——. (1880) 1978. "Socialism: Utopian and Scientific." In *The Marx-Engels Reader*, edited by R. Tucker, 683-717. New York: Norton.

Epstein, James. 1996. "'Bred as a Mechanic': Plebeian Intellectuals and Popular Politics in Early Nineteenth-Century England. "In *Intellectuals and Public Life: Between Radicalism and Reform*, edited by Leon Fink, Stephen T. Leonard, and Donald M. Reid, 53-73. Ithaca: Cornell University Press.

——. 1994. *Radical Expression: Political Language, Ritual, and Symbol in England, 1790-1850*. Oxford: Oxford University Press.

——. 2003. *In Practice: Studies in the Language and Culture of Popular Politics in Modern Britain*. Stanford: Stanford University Press.

Erdman, David V. 1977. *Blake: Prophet against Empire*. 3rd ed. New York: Dover.

Evans, Peter B., Dietrich Rueschemeyer, and Theda Skocpol, eds. 1985. *Bringing the State Back In*. New York: Cambridge University Press.

Evans, Sara M. and Harry C. Boyte. (1986) 1992. *Free Spaces*. Chicago: University of Chicago Press.

Evens, T. M. S. 1984. "Logic and the Efficacy of the Nuer Incest Prohibition." *Man* 18 (1): 111-33.

——. 1995. *Two Kinds of Rationality: Kibbutz Democracy and Generational Conflict*. Minneapolis: University of Minnesota Press.

Ezrahi, Yaron. 1990. *The Descent of Icarus: Science and the Transformation of Contemporary Democracy*. Cambridge: Harvard University Press.

Ferguson, Adam. (1767) 1980. *Essay on the History of Civil Society*. New Brunswick: Transaction.

Festinger, Leon 1962. *A Theory of Cognitive Dissonance*. Stanford: Stanford University Press.

——. 1962. *Conflict, Decision and Dissonance*. Stanford: Stanford University Press.

Festinger, Leon, H. W. Riecken, and S. Schachter. 1956. *When Prophecy Fails*. New York: Harper.

Fladeland, Betty. 1984. *Abolitionists and Working-Class Problems in the Age of Industrialization*. Baton Rouge: Louisiana State University Press.

Forman-Barzilai, Fonna. 2010. *Adam Smith and the Circles of Sympathy*. Cambridge: Cambridge University Press.

Forstenzer, T. R. 1981. *French Provincial Police and the Fall of the Second Republic: Social Fear and Counterrevolution*. Princeton: Princeton University Press.

Foster, John. 1974. *Class Struggle in the Industrial Revolution*. London: Weidenfeld and Nicholson.

Fraser, Nancy. 1989. "What's Critical about Critical Theory? The Case of Habermas and Gender," in Nancy Fraser, *Unruly Practices: Power, Discourse and Gender in Contemporary Social Theory*. Minneapolis: University of Minnesota Press.

——. 1992. "Rethinking the Public Sphere: A Contribution to the Critique of Actually

Existing Democracy." In *Habermas and the Public Sphere*, edited by Craig Calhoun, 109-42. Cambridge: MIT Press.

———. 2011. "Marketization, Social Protection, Emancipation: Toward a Neo-Polanyian Conception of Capitalist Crisis." In *Business as Usual: The Roots of the Global Financial Meltdown*, edited by C. Calhoun and G. Derlugian, 137-58. New York: New York University Press.

Frye, Northrup. (1947)1969. *Fearful Symmetry*. Princeton: Princeton University Press.

Furet, Frangois. 1996. *The French Revolution, 1770-1814*. Cambridge: Blackwell.

———. (1998)2005. *Revolutionary France, 1770-1880*. Oxford: Blackwell.

Furseth, Inger. 2002. *People, Faith and Transition: A Study of Social and Religious Movements in Norway, 1780s-1905*. New York: Mellen.

Gadamer, Hans George, (1960)1975. *Truth and Method*. New York: Seabury.

Galbraith, John K. 1967. *The New Industrial State*. Boston: Houghton-Mifflin.

Gammage, R. G. (1854)1969. *History of the Chartist Movement*. London: Merlin.

Gayer, A. D., W. W. Rostow, and A. J. Schwartz. 1975 *The Growth and Fluctuation of the British Economy, 1790-1850*. New ed. Hassocks: Harvester.

George, M. Dorothy. (1925) 1966. *London Life in the Eighteenth Century*. Harmondsworth: Penguin.

Gerteis, Joseph and Alyssa Goolsby. 2005. "Nationalism in America: The Case of the Populist Movement."*Theory and Society* 34 (2): 197-225.

Giddens, Anthony. 1985. *The Nation-State and Violence*. Berkeley: University of California Press.

Gilmartin, Kevin. 1996. *Print Politics: The Press and the Radical Opposition in Early Nineteenth-Century England*. Cambridge: Cambridge University Press.

Glen, Robert. 1984. *Urban Workers in the Industrial Revolution*. New York: St. Martin's Press.

Goodman, Dena. 1992. "Public Sphere and Private Life: Toward a Synthesis of Current Historiographical Approaches to the Old Regime."*History and Theory* 31:1-20.

Goodwin, Albert. 1979. *The Friends of Liberty: The English Democratic Movement in the Age of the French Revolution*. Cambridge: Harvard University Press.

Goodwin, Jeff, fames Jasper, and Francesca Poletta, eds. 2001. *Passionate Politics: Emotions and Social Movements*. Chicago: University of Chicago Press.

Goodwyn, Lawrence. 1976. *Democratic Promise: The Populist Movement in America*. New York: Oxford.

Gordon, Linda. 1990. *Woman's Body, Woman's Right: Birth Control in America*. Baltimore: Penguin.

Gorz, Andre. 1968. *A Strategy for Labor*. Boston: Beacon.

Gossez, Remi. 1967. *Les ouvriers de Paris*, *1*: *Organization*, *1848-1851*. Vol. 24. Paris: Bibliotheque de la Revolution de 1848.

Gould, Roger. 1995. *Insurgent Identities*: *Class, Community, and Protest in Paris from 1848 to the Commune*. Chicago: University of Chicago Press.

——, ed. 2004. *Rational Choice Theory Controversy in Historical Sociology*. Chicago: University of Chicago Press.

Gouldner, Alvin. 1970. *The Coming Crisis of Western Sociology*. Boston: Beacon.

Gramsci, Antonio. (1949) 1971. *Selections from the Prison Notebooks*. Edited and translated by Q. Hoare and G. N. Smith. London: Lawrence and Wishart.

Gray, Robert Q. *The Factory Question and Industrial England, 1830-1860*. Cambridge; New York: Cambridge University Press.

Gregory, Derek. 1984. *Regional Transformation and Industrial Revolution*: *A Geography of the Yorkshire Woollen Industry*. Minneapolis: University of Minneapolis press.

Gusfield, Joseph. 1963. *Symbolic Crusade*: *Status Politics and the American Temperance Movement*. Urbana: University of Illinois Press.

Habermas, Jürgen. 1967. *Legitimation Crisis*. Boston: Beacon.

——. (1962) 1989. *The Structural Transformation of the Public Sphere*: *An Inquiry Into a Category of Bourgeois Society*. Translated by Thomas Burger with Frederick Lawrence. Cambridge: MIT Press.

——. 1984. *The Theory of Communicative Action, Volume I*: *Reason and the Rationalization of Society*. Boston: Beacon.

——. 1988. *The Theory of Communicative Action, Volume II*: *Lifeworld and System*: *A Critique of Functionalist Reason*. Boston: Beacon.

——. 1990. *The New Conservatism*: *Cultural Criticism and the Historians' Debate*. Cambridge: MIT Press.

——. 1992. "Further Reflections on the Public Sphere." In *Habermas and the Public Sphere*, edited by Craig Calhoun, 421-61. Cambridge: MIT Press.

——. 1998. *Between Facts and Norms*: *Contributions to a Theory Discourse of Law and Democracy*. Cambridge: MIT Press.

——. 1998. *The Inclusion of the Other*. Edited by C. Cronin and P. De Greiff. Cambridge: MIT Press.

——. 2008. "Public Space and Political Public Sphere: The Biographical Roots of Two Motifs in my Thought." In *Between Naturalism and Religion*: *Philosophical Essays*, 11-23. Cambridge: MIT Press.

——. 2008. "Religion in the Public Sphere." In *Between Naturalism and Religion*: *Philosophical Essays*, 114-47. Cambridge: MIT Press.

Halévy, Elie. (1928) 1972. *The Growth of Philosophic Radicalism*. London: Faber and

Faber.

Hall, R. (1821)1972. *A Reply to the Principal Objections Advanced by Cobbett and Others against the Framework-Knitters Friendly Relief Society*. New York: Arno.

Harrison, B. 1971. *Drink and the Victorians: The Temperance Question in England, 1815-1872*. Pittsburgh: University of Pittsburgh Press.

Harrison, J. F. C. 1961. *Learning and Living*. London: Routledge.

——. 1969. *Quest for the New Moral World: Robert Owen and the Owenites in Britain and America*. New York: Scribners.

Hart, Keith. 2001. *Money in an Unequal World*. London: Texere.

Harvey, D. 1985. *Consciousness and the Urban Experience*. Baltimore: Johns Hopkins University Press.

Headrick, D. R. 1981. *The Tools of Empire: Technology and European Imperialism in the Nineteenth Century*. Oxford: Oxford University Press.

Hearn, F. 1978. *Domination, Legitimation and Resistance: The Incorporation of the Nineteenth-Century English Working Class*. Westport: Greenwood.

Heaton, Herbert. 1920. *The Yorkshire Woollen and Worsted Industries*. Leeds: University of Leeds.

Hegel, G. W. F. (1821)1967. *Philosophy of Right*. Translated by T. Knox. Oxford: Oxford University Press.

Heider, Fritz. 1958. *The Psychology of Interpersonal Relations*. New York: Wiley.

Heise, D. 1979. *Understanding Events*. Cambridge: Cambridge University Press.

Held, David. 1987. *Models of Democracy*. Stanford: Stanford University Press.

Henderson, W. O. 1961. *The Industrial Revolution on the Continent: Germany, France, Russia, 1800-1914*. London: Cass.

Herzfeld, Michael. 1996. *Cultural Intimacy: Social Politics in the Nation-State*. London: Routledge.

Herzog, Don. 1998. *Poisoning the Minds of the Lower Orders*. Princeton: Princeton University Press.

Hill, Christopher. 1940. *The English Revolution, 1640*. London: Lawrence and Wishart.

——. (1972)1991. *The World Turned Upside Down: Radical Ideas During the English Revolution*. New York: Viking.

Hill, Christopher, Barry Reah, and William Lamont. 1983. *The World of the Muggletonians*. London: Temple Smith.

Hirsch, Joachim. 1988. "The Crisis of Fordism, Transformations of the 'Keynesian' Security State, and New Social Movements." *Research in Social Movements, Conflict and Change* 10:43-55.

Hirschman, Albert O. 1970. *Exit, Voice and Loyalty: Responses to Decline in Firms, Organizations, and States. Cambridge: Harvard University Press.

——. 1977. *The Passions and the Interests: Political Arguments for Capitalism before Its Triumph.* Princeton: Princeton University Press.

——. 1982. *Shifting Involvements.* Princeton: Princeton University Press.

——. 1991. *The Rhetoric of Reaction: Perversity, Futility, Jeopardy.* Cambridge: Harvard University Press.

Hobsbawm, Eric. 1959. *Primitive Rebels.* 3rd ed. Manchester: Manchester University Press.

——. 1964. "The Labor Aristocracy in Nineteenth Century Britain." In E. J. Hobsbawm, *Laboring Men,* 272-315. London: Weidenfeld and Nicolson.

——. 1978. "Should the Poor Organize?" *New York Review of Books,* March 23, 44-49.

——. 1990. *Nations and Nationalism Since 1780: Programme, Myth, Reality* Cambridge: Cambridge University Press.

Hodgskin, Thomas. (1825) 1963. *Labour Defended against the Claims of Capital.* New York: Kelley.

Hohendahl, Peter Uwe. 1982. *The Institution of Criticism.* Ithaca: Cornell University Press.

Hollis, Patricia. 1970. *The Pauper Press: A Study in Working-Class Radicalism in the 1830s.* Oxford: Oxford University Press.

Holyoake, George. 1873. *John Stuart Mill: As Some of the Working Classes Knew Him.* London: Trübner and Co.

Horkheimer, Max and Theodor W. Adorno. (1944)1972. *Dialectic of Enlightenment.* New York: Herder and Herder.

Hostetler, John A. 1980 *Amish Society.* 3rd ed. Baltimore: Johns Hopkins University Press.

Hunt, Lynn. 1993. *The Family Romance of the French Revolution.* Berkeley: University of California Press.

Inglehart, Ronald. 1989. *Culture Shift in Advanced Industrial Society.* Princeton: Princeton University Press.

——. 1997. *Modernization and Postmodernization: Cultural, Economic, and Political Change in 43 Societies.* Princeton: Princeton University Press.

Inglis, Brian. 1971. *Poverty and the Industrial Revolution.* London: Panther.

Israel, Jonathan I. 2001. *Radical Enlightenment: Philosophy and the Making of Modernity, 1650-1750.* Oxford: Oxford University Press.

Jameson, John Franklin. (1926) 1968. *The American Revolution Considered as a Social Movement.* Princeton: Princeton University Press.

Johnson, Richard. 1978. *A Shopkeeper's Millennium: Society and Revivals in Rochester,*

New York, 1815-1837. New York: Hill and Wang.

Jones, Gareth Stedman. 1974. "Class Struggle and the Industrial Revolution." *New Left Review* 90:35-69.

———. 1983. *Languages of Class: Studies in English Working-Class History, 1832-1982*. Cambridge: Cambridge University Press.

———. 1983. "Rethinking Chartism." In *Languages of Class: Studies in English Working Class History, 1832-1982*, 90-179. Cambridge: Cambridge University Press.

Jones, LeRoi. (1964)1965. "Hunting Is Not those Heads on the Wall." In *Home: Social Essays*, 197-203. San Francisco: City Lights Books.

Jordan, David. 1996. "Robespierre and the Politics of Virtue." In *Robespierre: Figure/Reputation*, edited by Annie Jourdan, 53-72. Yearbook of European Studies No. 9. Amsterdam: European Cultural Foundation.

Kanter, Rosabeth Moss. 1972. *Commitment and Community: Communes and Utopias in Sociological Perspective*. Cambridge: Harvard University Press.

Kantorowicz, E. H. 1957. *The King's Two Bodies*. Princeton: Princeton University Press.

Karlstadt, Andreas. 1524. "Whether One Should Proceed Slowly." In *The Radical Reformation*, edited by Michael G. Baylor, 49-73. Cambridge: Cambridge University Press, 1991.

Karsenti, B. "Eléments pour une généalogie du concept de solidarité."*Multitudes/Web*. http://multitudes.samizdat.net/article.php3?id_article=340.

Katznelson, Ira. 1979. "Community, Capitalist Development and the Emergence of Class."*Politics and Society* 9:203-38.

———. 1981. *City Trenches: Urban Politics and the Patterning of Class in the United States*. New York: Pantheon.

———. 1986. "Working-Class Formation: Constructing Cases and Comparisons." In *Working-Class Formation: Nineteenth-Century Patterns in Western Europe and the United States*, edited by I. Katznelson and A. Zolberg, 3-41. Princeton: Princeton University Press.

Katznelson, Ira and Aristede Zolberg, eds. 1986. *Working-Class Formation: Nineteenth-Century Patterns in Western Europe and the United States*. Princeton: Princeton University Press.

Keen, Paul. 1999. *The Crisis of Literature in the 1790s*. Cambridge: Cambridge Universit Press.

———. 2007. "When Is a Public Sphere Not a Public Sphere?" In *Spheres of Influence: Intellectual and Cultural Publics from Shakespeare to Habermas*, edited by Alex Benchimol and Willy Maley, 151-74. Oxford: Peter Lang

———, ed. 2003. *The Popular Radical Press in Britain, 1817-1821: A Reprint of Early*

Nineteenth-Century Radical Periodicals. Vol. 3. London: Pickering & Chatto.

Kelly, John. 2005. "Who Counts? Imperial and Corporate Structures of Governance, Decolonization and Limited Liability." In *Lessons of Empire*, edited by Craig Calhoun, Frederic Cooper, and Kevin Moore, 157-74. New York: New Press.

Kemp, T. 1971. *Economic Forces in French History*. London: Dennis Dobson.

Kirby, R. G. and A. E. Musson 1975. *The Voice of the People: John Doherty, 1789-1854*. Manchester: Manchester University Press.

Klancher, Jon B. 1987. *The Making of English Reading Audiences, 1790-1832*. Madison: University of Wisconsin Press.

Klandermans, B., H. Kriesi, and S. Tarrow, eds. 1988. *From Structure to Action: Comparing Movement Participation Across Cultures*. Greenwich: JAI Press.

Kornblum, William. 1974. *Blue Collar Community*. Chicago: University of Chicago Press.

Kramer, I. 1988. *Threshold of a New World: Intellectuals and the Exile Experience in Paris, 1830-1848*. Ithaca: Cornell University Press.

Kramnick, Isaac. 1977. *The Rage of Edmund Burke: Portrait of an Ambivalent Conservative*. New York: Basic Books.

——. 1990. *Republicanism and Bourgeois Radicalism: Political Ideology in Late Eighteenth-Century England and America*. Ithaca: Cornell University Press.

Laclau, Ernesto and Chantal Mouffe. 1985. *Hegemony and Socialist Strategy*. London: Verso.

Landes, D. 1976. "Family Enterprise." In *Enterprise and Entrepreneurs in Nineteenth-and Twentieth-Century France*, edited by E. C. Carter, II, 43-80. Baltimore: Johns Hopkins University Press.

Landes, Joan. 1988. *Women and the Public Sphere in the Age of the French Revolution*. Ithaca: Cornell University Press, 1988.

Laqueur, Thomas Walter. 1976. *Religion and Respectability: Sunday Schools and Working-Class Culture, 1780-1850*. New Haven: Yale University Press.

——. 1982. "The Queen Caroline Affair: Politics as Art in the Reign of George IV." *Journal of Modern History* 54 (3): 417-66.

Lasch, Christopher. 1977. *Haven in a Heartless World*. New York: Norton.

——. 1981. "Democracy and the 'Crisis of Confidence.'" *Democracy* 1 (1): 25-40.

——. 1991. *The True and Only Heaven*. New York: Norton.

Lean, E. Tangye. 1970. *The Napoleonists: A Study in Political Disaffection*. Oxford: Oxford University Press.

Lears, Jackson. 1981. *No Place of Grace: Antimodernism and the Transformation of American Culture 1880-1920*. New York: Pantheon.

LeBon, Gustav. (1909) 1960. *The Crowd: A Study of the Popular Mind*. New York: Viking.

Lenin, V. I. (1920) 1975. *Imperialism, the Highest Stage of Capitalism*. In *The Lenin Anthology*, edited by R. Tucker, 204-74. New York: Norton.

——. (1920) 1975. "What Is to Be Done?" In *The Lenin Anthology*, edited by R. Tucker, 12-114. New York: Norton.

Lichtheim, G. 1964. *Marxism*. London: Routledge and Kegan Paul.

Lindemann, A. S. 1983. *A History of European Socialism*. New Haven: Yale University Press.

Linebaugh, Peter and Marcus Rediker. 2000. *The Many-Headed Hydra: Sailors, Slaves, Commoners, and the Hidden History of the Revolutionary Atlantic*. Boston: Beacon.

Lipset, Seymour Martin. 1963. *Political Man*. New York: Doubleday.

——. 1979. *The First New Nation: The United States in Comparative and Historical Perspective*. New York: Norton.

Locke, John. *Second Treatise on Government*. In John Locke, Two Treatises of Government, edited by P. Laslett, 265-428. Cambridge: Cambridge University Press.

Lovejoy, Arthur. 1936. *The Great Chain of Being: A Study in the History of an Idea*, Cambridge: Harvard University Press.

Lukács, Georg. (1924) 1971. *History and Class Consciousness*. Cambridge: MIT Press.

Lukes, Steven. 1973. *Individualism*. New York: Harper & Row.

Luxemburg, Rosa. (1906) n. d. *The Mass Strike, the Political Party and the Trade Unions*. London: Merlin.

Lyotard, J-F. (1979) 1984. *The Postmodern Condition*. Minneapolis: University of Minnesota Press.

Mallet, Serge. 1963. *La nouvelle classe ouvrière*. Paris: Seuil.

Mandel, Ernest. 1975. *Late Capitalism*. London: New Left Books.

Margadant, T. 1979. *French Peasants in Revolt: The Insurrection of 1851*. Princeton: Princeton University Press.

Marty, Martin. 1984. *Pilgrims in Their Own Land*. New York: Penguin.

Marx, Gary. 1970. "Issueless Riots." *Annals of the American Academy of Political and Social Science* 391:21-23.

Marx, Karl. (1843) 1975. "On the Jewish Question." In *Karl Marx and Friedrich Engels: Collected Works*, 3:146-74. London: Lawrence and Wishart.

——. (1845) 1975. *The Holy Family*. In *Karl Marx and Frederick Engels: Collected Works* Vol. 4. Translated by R. Dixon and C. Dutt. London: Lawrence and Wishart.

——. (1845) 1976. "Theses on Fuerbach." In *Karl Marx and Frederick Engels: Collected Works*. Vol. 5. London: Lawrence and Wishart.

——. (1850)1973. *The Class Struggles in France, 1848 to 1850.* In *Surveys from Exile*, edited by D. Fernbach. Harmondsworth: Penguin.

——. (1852)1973. *The Eighteenth Brumaire of Louis Bonaparte.* In *Surveys from Exile*, edited by D. Fernbach. Harmondsworth: Penguin.

——. (1867)1976. *Capital.* Vol. 1. Translated by B. Fowkes. Harmondsworth: Penguin.

——. (1871)1978. "The Civil War in France." In *The Marx-Engels Reader*, edited by R. Tucker, 618-52. New York: Norton.

——. (1885)1956. *Capital.* Vol. 2. London: Lawrence and Wishart.

——. (1894)1972. *Capital.* Vol. 3. London: Lawrence and Wishart.

——. (1932)1976. *The German Ideology.* In *Karl Marx and Frederick Engels: Collected Works.* Vol. 5. Translated by C. Dutt, W. Lough, and C. P. Magill. London: Lawrence and Wishart.

——. 1946. *The Poverty of Philosophy.* In *Karl Marx and Frederick Engels: Collected Works*, 6:105-22. London: Lawrence and Wishart.

——. 1975. "Contribution to the Critique of Hegel's Philosophy of Law." In *Karl Marx and Frederick Engels: Collected Works.* Vol. 3. Translated by M. Milligan and B. Ruhemann, 3-129. London: Lawrence and Wishart.

——. 1975. *Economic and Political Manuscripts of 1844.* In *Karl Marx and Frederick Engels: Collected Works*, 3:229-348. London: Lawrence and Wishart.

Marx, Karl and F. Engels. 1848. *Manifesto of the Communist Party.* In *Karl Marx and Frederick Engels: Collected Works*, 6:477-5 19-London: Lawrence and Wishart.

Mather, F. C. 1974. "The General Strike of 1842: A Study in Leadership, Organization and the Threat of Revolution During the Plug Plot Disturbances." In *Popular Protest and Public Order*, edited by J. Stevenson and E. Quinault, 115-40. London: Allen and Unwin.

Matthews, Donald. 1969. "The Second Great Awakening as an Organizing Process, 1780-1830: An Hypothesis." *American Quarterly* 21:21-43.

Matthews, Wade. 2002. "The Poverty of Strategy: E. P. Thompson, Perry Anderson, and the Transition to Socialism." *Labour/Le Travail* 50:217-42.

Mayhew, B. H. and T. Levinger. 1976. "On the Emergence of Oligarchy in Human Interaction." *American Journal of Sociology* 81:1017-49.

McAdam, Doug. 1982. *Political Process and the Development of Black Insurgency, 1930-1970.* Chicago: University of Chicago Press.

——. 1986. "Recruitment to High-Risk activism: The Case of Freedom Summer." *American Journal of Sociology* 92 (1): 64-90.

McAdam, Doug, John D. McCarthy, and Mayer Zald. 1988. "Social Movements." In *Handbook of Sociology*, edited by N. J. Smelser, 695-737. Newbury Park: Sage.

McAdam, D., S. Tarrow, and C. Tilly. 2001. *Dynamics of Contention*. Cambridge: Cambridge University Press.

McCalman, Iain. 1988. *Radical Underworld: Prophets, Revolutionaries, and Pornographers in London, 1795-1840*. Oxford: Clarendon Press.

McCarthy, John D. and Mayer N. Zald, 1977. "Resource Mobilization and Social Movements: A Partial Theory."*American Journal of Sociology* 82 (6): 1212-41.

McCann, Andrew. 1999. *Cultural Politics in the 1790s*. London: Macmillan.

McPhee, P. "On Rural Politics in Nineteenth Century France: The Example of Rodes, 1789-1851."*Comparative Studies in Society and History* 23 (2): 248-71.

McQuarrie, Michael. 1993. "Language and Protest: T. J. Wooler, Popular Radical Ideology and Forms of Activism."Unpublished MA thesis, Duke University.

McWilliams, Wilson Carey. 1973. *The Idea of Fraternity in America*. Berkeley: University of California Press.

Mee, Jon. 2007. "Policing Enthusiasm in the Romantic Period: Literary Periodicals and the 'Rational' Public Sphere." In *Spheres of Influence: Intellectual and Cultural Publics from Shakespeare to Habermas*, edited by Alex Benchimol and Willy Maley, 175-95. Oxford: Peter Lang.

Meinecke, Friedrich. 1970. *Cosmopolitanism and the National State*. Princeton: Princeton University Press.

Melton, fames van Horn. 2001. *The Rise of the Public in Enlightenment Europe*. Cambridge: Cambridge University Press.

Melucci, Alberto. 1980. "The New Social Movements: A Theoretical Approach."*Social Science Information* 19:199-226.

——. 1981. "Ten Hypotheses for the Analysis of New Movements." In *Contemporary Italian Sociology: A Reader*, edited by Diana Pinto, 173-94. Cambridge: Cambridge University Press/Paris: Maison des sciences de l'homme.

——. 1988. "Social Movements and the Democratization of Everyday Life." In *Civil Society and the State*, edited by J. Keane, 245-60. London: Verso.

——. 1989. *Nomads of the Present: Social Movements and Individual Needs in Contemporary Society*. Philadelphia: Temple University Press.

Merriman, J. M. 1978. *The Agony of the Republic: The Repression of the Left in Revolutionary France, 1848-1851*. New Haven: Yale University Press.

Merleau-Ponty, Maurice. (1945)2002. *Phenomenology of Perception*. Abingdon: Blackwell.

Merton, R. K. (1936)1976. "The Unintended Consequences of Social Action." In *Sociological Ambivalence and Other Essays*. New York: Free Press.

——. 1938. "Science and the Social Order."*Philosophy of Science* 5:321-37.

Michelet, Jules. (1846) 1973. *The People*. Urbana: University of Illinois Press.

Michels, Robert. *Political Parties*. Glencoe: Free Press, 1949.

Mill, John Stuart. 1859. *On Liberty*. London: Penguin.

Mills, C. Wright, 1960. "Letter to the New Left."*New Left Review* 5:18-23.

Milward, A. S. and S. B. Saul. 1973. *The Economic Development of Continental Europe, 1780-1870*. London: Allen and Unwin.

Mingay, G. E. 1968. *Enclosure and the Small Farmer in the Age of the Industrial Revolution*. London: Macmillan.

——. 1977. *The Gentry*. London: Macmillan.

Mitchell, B. R. 1980. *European Historical Statistics, 1750-1975*. New York: Facts on File.

Mitchell, B. R., and P. Deane. 1962. *Abstract of British Historical Statistics*. Cambridge: Cambridge University Press.

Moe, T. 1980. *The Organization of Interests*. Chicago: University of Chicago Press.

Moore, Barrington. 1978. *Injustice: The Social Bases of Obedience and Revolt*. White Plains: Sharpe.

Morris, Pam. 2004. *Imagining Inclusive Society in Nineteenth-Century Novels: The Code of Sincerity in the Public Sphere*. Baltimore: Johns Hopkins University Press.

Moss, B. H. 1976. *The Origins of the French Labor Movement*. Berkeley: University of California Press.

Murard, Numa. 2003. *La morale de la question sociale*. Paris: La Dispute.

Musson, A. E. 1976. "Industrial Motive Power in the United Kingdom, 1800-70."*The Economic History Review*, 2nd series, 29:415-39.

——. 1976. "Class Struggle and the Labour Aristocracy, 1830-1860."*Social History* 3: 335-56.

Nairn, Tom. 1977. *The Break-Up of Britain: Crisis and Neo-Nationalism*. London: New Left Books.

Namier, Lewis. 1957. *The Structure of Politics at the Accession of George III*. London: Macmillan.

Neale, R. S. 1983. *History and Class*. Oxford: Blackwell.

Negt, Oscar and Alexander Kluge. (1972.) 1993. *The Public Sphere and Experience: Toward an Analysis of the Bourgeois and Proletarian Public Sphere*, translated by Peter Labanyi, Jamie Owen Daniel, and Assenka Oksiloff. Minneapolis: University of Minnesota Press.

Nisbet, Robert. 1969. *Social Change and History*. New York: Oxford University Press.

——. 1980. *History of the Idea of Progress*. New York: Basic Books, 1980.

Nissenbaum, Stephen. 1980. *Sex, Diet, and Debility in Jacksonian America*. Westport:

Greenwood Press.

Oberschall, Anthony. 1973. *Social Conflict and Social Movements*. Englewood Cliffs: Prentice-Hall.

O' Brien, P. K. and C. Keyder. 1978. *Economic Growth in Britain and France, 1780-1914: Two Paths to the Twentieth Century*. London: Allen and Unwin.

Offe, Claus. 1985. "New Social Movements: Challenging the Boundaries of Institutional Politics. "*Social Research* 52:817-68.

Olson, Mancur. 1965. *The Logic of Collective Action*. Cambridge: Harvard University Press.

Osborne, John W. 1972. *John Cartwright*. Cambridge: Cambridge University Press.

Owen, Robert. 1813. *A New View of Society or Essays on the Principle of the Formation of the Human Character and the Application of the Principle to Practice*. London: Cadell and Davies.

——. (1817)1991. "Address Delivered at the City of London Tavern on Thursday, August 14th, 1817. "In *Robert Owen: A New View of Society and Other Writings*, edited by Gregory Claeys, 105-35. London: Penguin.

——. 1849. *The Revolution in the Mind and Practice of the Human Race, Or, the Coming Change from Irrationality to Rationality*. London: E. Wilson.

Owen, Robert and Alexander Campbell. 1829. *Debate on the Evidences of Christianity Containing an Examination of the "Social System" and of All the Systems of Scepticism of Ancient and Modern Times*. Bethany: Alexander Campbell.

Ozouf, Mona. 1989. "Girondins. "In *Critical Dictionary of the French Revolution*, edited by F. Furet and M. Ozouf, 351-63. Cambridge: Harvard University Press.

——. 1989. "Public Spirit. "In *Critical Dictionary of the French Revolution*, edited by F. Furet and M. Ozouf, 771-92. Cambridge: Harvard University Press.

Paine, Thomas. (1791)1937. *Rights of Man: Being an Answer to Mr. Burke's Attack on the French Revolution*. London: Watts.

Palm, G. 1977. *The Flight from Work*. Cambridge: Cambridge University Press.

Pateman, Carole. 1970. *Participation and Democratic Theory*. Cambridge: Cambridge University Press.

Perkin, Harold. (1957) 1981. "The Origin of the Popular Press. " In *The Structured Crowd*, 47-56. Brighton: Harvester.

——. 1969. *The Origins of Modern English Society, 1790-1880*. London: Routledge and Kegan Paul.

Philp, Mark. 1991. "The Fragmented Ideology of Reform. "In *The French Revolution and British Popular Politics*, edited by Mark Philp, 50-77. Cambridge: Cambridge University Press.

———, ed. 1991. *The French Revolution and British Popular Politics*. Cambridge: Cambridge University Press.

Pieper, Josef. 2008. *Tradition: Concept and Claim*. Wilmington: ISI Books.

Pitts, Jennifer. 2005. *A Turn to Empire*. Princeton: Princeton University Press.

Piven, F. F. and R. A. Cloward. 1978. *Poor People's Movements*. New York: Vintage.

Pizzorno, Allessandro 1978. "Political Exchange and Collective Identity in Industrial Conflict." In *The Resurgence or Class Conflict in Western Europe since 1968*, edited by C. Crouch and A. Pizzorno, 2:277-98. London: Macmillan.

———. 1985. "On the Rationality of Democratic Choices." *Telos* 63:41-69.

Pocock, J. G. A. 1975. *The Machiavellian Moment: Florentine Political Thought and the Atlantic Republican Tradition*. Princeton: Princeton University Press.

Polanyi, Karl. 1944. *The Great Transformation*. Boston: Beacon.

Polanyi, Michael. 1958. *Personal Knowledge: Towards a Post-critical Philosophy*. Chicago: University of Chicago Press.

Poletta, Francesca. 2004. *Freedom Is an Endless Meeting*. Chicago: University of Chicago Press.

Pollard, Sidney and John Salt, eds. 1971. *Robert Owen: Prophet of the Poor: Essays in Honour of the Two Hundredth Anniversary of His Birth*. London: Macmillan.

Porter, Roy. 2000. *The Creation of the Modern World: The Untold Story of the British Enlightenment*. New York: Norton.

Postgate, R. W. 1923. *The Builders' History*. London: National Foundation of Building Operators.

Postone, M. 1993. *Time, Labor and Social Domination*. Cambridge: Cambridge University Press.

Poulantzas, N. M. 1973. *Political Power and Social Classes*. London: New Left Books.

———. 1975. *Classes in Contemporary Capitalism*. Translated by David Fernbach. London: New Left Books.

Price, Richard. 1790. *The Discourse on Love of Our Country*. London: T. Cadell.

Price, Roger. 1972. *The French Second Republic: A Social History*. Ithaca: Cornell University Press.

———. 1974. *Classes in Contemporary Capitalism*. London: New Left Books.

———. 1975. *The Economic Modernization of France, 1730-1880*. New York: John Wiley.

———. 1975. *Republic, Revolution and Reaction: 1848 and the Second French Republic*. Ithaca: Cornell University Press.

Procacci, Giovanna. 1993. *Gouverner la misere: La question sociale en Fiance, 1789-1848*.

Prothero, Iorwerth. 1979. *Artisans and Politics in Early Nineteenth-Century London: John*

Gast and His Times. Folkestone: Dawson.

———. 1997. Radical Artisans in England and France, 1830-1870. Cambridge: Cambridge University Press.

Proudhon, P-J. 1852. La révolution sociale demonstrée par le coup d'etat du 2 décembre. 6th ed. Paris: Garnier Frères.

———. 1969. Selected Writings of Pierre-Joseph Proudhon. Edited by Stewart Edward; translated by Elizabeth Fraser. London: Allen and Unwin.

Przeworski, Adam. 1977. "Proletariat into a Class: The Process of Class Formation from Karl Kautsky's *The Class Struggle* to Recent Controversies." *Politics and Society* 7: 343-401.

———. 1980. "Material Interests, Class Compromise and the Transition to Socialism." *Politics and Society* 10:125-33.

———. 1980. "Social Democracy as a Historical Phenomenon." *New Left Review* 122: 27-58.

———. 1985. *Capitalism and Social Democracy*. Cambridge: Cambridge University Press.

Przeworski, A. and Michael Wallerstein. 1982. "The Structure of Class Conflict in Democratic Capitalist Societies." *American Political Science Review* 76:215-38.

Putnam, Robert. 2000. *Bowling Alone*. New York: Simon and Schuster.

Rancière, Jacques. 1989. *The Nights of Labor: The Workers' Dream in Nineteenth-Century France*. Philadelphia: Temple University Press.

Rawls, John. 1971. *A Theory of Justice*. Cambridge: Harvard University Press.

Read, A. O. 1959. "Chartism in Manchester." In *Chartist Studies*, edited by A. Briggs, 29-54. London: Allen and Unwin.

Read, Donald. 1958. *Peterloo: The "Massacre" and its Background*. Manchester: Manchester University Press.

Reddy, William. 1979. "Skeins, Scales, Discounts, Steam and Other Objects of Crowd Justice in Early French Textile Mills." *Comparative Studies in Society and History* 22:204-13.

———. 1984. *The Rise of Market Culture: The Textile Trade and French Society, 1750-1900*. Cambridge: Cambridge University Press.

Rendall, Jane. 1985. *The Origins of Modern Feminism: Women in Britain, France and the United States, 1780-1860*. Chicago: Lyceum.

Robespierre, Maximilien. (1794)1965. "On the Principle of Political Morality." In *Major Crises in Western Civilization*, edited by Richard W. Lyman and Lewis W. Spitz, 2:71-72. New York: Harcourt, Brace & World.

Roemer, John E. 1982. *A General Theory of Exploitation and Class*. Cambridge: Harvard University Press.

Rogers, Helen. 2000. *Women and the People*. London: Ashgate.

Rorabaugh, W. J. 1979. *The Alcoholic Republic: An American Tradition*. New York: Oxford University Press.

Rose, A. G. 1957. "The Plug Plot Riots of 1842 in Lancashire and Cheshire." *Transactions of the Lancashire and Cheshire Antiquarian Society* 67:75-112.

Rose, Anne. 1981. *Transcendentalism as a Social Movement, 1830-1850*. New Haven: Yale University Press.

Rosenblatt, F. F. (1916) 1967. *The Chartist Movement in Its Social and Economic Aspects*. London: Cass.

Ross, Steven J. 1985. *Workers on the Edge: Work, Leisure and Politics in Industrializing Cincinnati, 1788-1890*. New York: Columbia University Press.

Roumasset, J. R., and J. Smith 1981. "Population, Technological Change, and the Evolution of Labor Markets." *Population and Development Review* 7:401-20.

Rousseau, Jean-Jacques. (176a) 1993. *The Social Contract*. London: Everyman Paperback Classics.

Rude, George. 1962. *Wilkes and Liberty*. Oxford: Oxford University Press.

Rule, J. 1986. *The Labouring Classes in Early Industrial England, 1750-1850*. London: Longman.

Ryan, Mary. 1990. *Women in Public: Between Banners and Ballots, 1825-1880*. Baltimore: Johns Hopkins University Press.

——. 1992. "Gender and Public Access: Women's Politics in Nineteenth-Century America." In *Habermas and the Public Sphere*, edited by Craig Calhoun, 259-88. Cambridge: MIT Press.

Samuel, R. 1977. "Workshop of the World: Steam Power and Hand Technology in Mid-Victorian Britain." *History Workshop Journal* 3:6-72.

Scott, Alan. 1990. *Ideology and the New Social Movements*. London: Unwin Hyman.

Scott, J. 1976. *The Moral Economy of the Peasant*. New Haven: Yale University Press.

——. 1979. *Corporations, Classes and Capitalism*. London: Hutchinson.

Seidman, S. 1983. *Liberalism and the Origins of European Social Theory*. Berkeley: University of California Press.

Selden, A., ed. 1974. *The Long Debate on Poverty*. London: Institute of Economic Affairs.

Sennett, Richard and Jonathan Cobb. 1972. *The Hidden Injuries of Class*. New York: Vintage.

Sewell, W. H., Jr. 1974. "Social Change and the Rise of Working Class Politics in 19th Century Marseille." *Past and Present* 65:75-109.

——. 1980. *Work and Revolution in France: The Language of Labor from the Old Regime* to 1848. Cambridge: Cambridge University Press.

——. 1981. "La confraternite' des proletaries: Conscience de classe sous la monarchie de juillet." *Societes Urbaines* 26 (2): 650-71.

——. 1985. "Ideologies and Social Revolutions: Reflections on the French Case." *Journal of Modern History* 57 (1): 57-85.

——. 1994. *A Rhetoric of Bourgeois Revolution: The Abbe Sieyes and What Is the Third Estate?* Durham: Duke University Press.

——. 1996. "Political Events as Structural Transformations: Inventing Revolution at the Bastille." *Theory and Society* 25:841-81.

Sherman, D. M. 1970. "Governmental Attitudes toward Economic Modernization in France during the July Monarchy, 1830-1848." PhD dissertation, University of Michigan.

Shils, E. 1981. *Tradition*. Chicago: University of Chicago Press.

Simmel, Georg. (1903)1971. "The Metropolis and Mental Life." In *Georg Simmel on Individuality and Social Forms*, edited by D. N. Levine, 324-39. Chicago: University of Chicago Press.

——. 1964. "Quantitative Aspects of the Group." In *The Sociology of Georg Simmel*, edited by Kurt H. Wolff, 87-179. Part 2. Glencoe: Free Press.

Skidmore, Thomas. 1829. *Rights of Man to Property*. New York: Franklin.

Skocpol, Theda. 1979. *States and Social Revolutions: A Comparative Analysis of France, Russia, and China*. Cambridge: Cambridge University Press.

Slicher van Bath, B. H. 1963. *The Agrarian History of Western Europe*. London: Edward Arnold.

Slosson, R. W. (1916)1967. *The Decline of the Chartist Movement*. London: Cass.

Smail, John. 1995. *The Origins of Middle Class Culture: Halifax, Yorkshire, 1660-1780*, Ithaca: Cornell University Press.

Smelser, Neil. 1959. *Social Change in the Industrial Revolution*. London: Routledge and Kegan Paul.

——. 1962. *Theory of Collective Behavior*. New York: Free Press.

——. 1968. "Sociological History: The Industrial Revolution and the British Working Class Family." In N. J. Smelser, *Essays in Sociological Explanation*. Englewood Cliffs: Prentice-Hall.

——. 1970. "Two Critics in Search of a Bias: A Response to Currie and Skolnick." *Annals of the American Academy of Political and Social Science* 391:46-55.

Smith, Adam. (1759)2010. *Theory of Moral Sentiments*. London: Penguin.

——. (1776)1976. *An Inquiry into the Wealth of Nations*. Chicago: University of Chicago Press.

Smith, D. 1982. *Conflict and Compromise. Class Formation in English Society, 1830-1914. A Comparative Study of Birmingham and Sheffield*. London: Routledge and Kegan Paul.

Smith, Olivia. 1984. *Politics of Language, 1791-1819*. Oxford: Clarendon Press.

Sombart, Werner. 1978. *Why Is There No Socialism in the United States?* White Plains: M. E. Sharpe.

Sorel, Georges. (1908)1950. "Letter to Daniel Halevy." In Georges Sorel, *Reflections on Violence*, 3-38. New York: Collier.

——. (1921) 1975. *Matériaux d'une théorie du prolétariat*. Reprint. New York: Arno Press.

Stark, David. 1980. "Class Struggle and the Transformation of the Labor Process: A Relational Approach." *Theory and Society* 9 (1): 89-128;

Stearns, P. N. 1974. *1848: The Revolutionary Tide in Europe*. New York: Norton.

Stein, Lorenz von. (1850)1964. *History of the Social Movement in France, 1789-1850*. Totowa: Bedminster Press.

Steinberg, Marc W. 1983. "New Canons or Loose Cannons?: The Post-Marxist Challenge to Neo-Marxism as Represented in the Work of Calhoun and Reddy." *Political Power and Social Theory* 8:221-70.

——. 1999. *Fighting Words: Working-Class Formation, Collective Action, and Discourse in Early Nineteenth-Century England*. Ithaca: Cornell University Press.

Steiner, Rudolf. (1919)2003. *Basic Issues of the Social Question*. Rev. ed. Grosse Point: Southern Cross Review.

Steinmetz, George. 1990. "Beyond Subjectivist and Objectivist Theories of Conflict: Marxism, Post-Marxism, and the New Social Movements." Wilder House Working Paper No. 2, University of Chicago.

Stevenson, John. (1922) 1979. *Popular Disturbances in England, 1700-1832*. 2nd ed. London: Longman.

Tarrow, Sidney. 1988. "National Politics and Collective Action: Recent Theory and Research in Western Europe and the United States." *Annual Review of Sociology* 14: 421-40.

——. 1989. *Struggle, Politics and Reform: Collective Action, Social Movements and Cycles of Protest*. Western Societies Papers No. 21. Ithaca: Cornell University Press.

Taylor, A. J. P., ed. 1975. *The Standard of Living in the Industrial Revolution*. London: Methuen.

Taylor, Barbara. 1983. *Eve and the New Jerusalem: Socialism and Feminism in the Nineteenth Century*. New York: Pantheon.

Taylor, Charles. 1989. *Sources of the Self*. Cambridge: Harvard University Press.

——. 2002. "Modern Social Imaginaries," *Public Culture* 14:91-123.

——. 2004. *Modern Social Imaginaries.* Durham: Duke University Press.

Taylor, Michael, ed. 1985. *Rationality and Revolution.* Cambridge: Cambridge University Press.

Thale, Mary, ed. 1972. *The Autobiography of Francis Place.* Cambridge: Cambridge University Press.

Therborn, G. 1978. *What Does the Ruling Class Do When It Rules?* London: New Left Books.

——. 1983. *Science, Class, and Society.* London: New Left Books.

Tholfsen, Trygve R. 1976. *Working-Class Radicalism in Mid-Victorian England.* London: Croom Helm.

Thomas, D. O. 1989 *Response to Revolution.* Cardiff: University of Wales Press.

Thomas, Peter D. G. 1996. *John Wilkes: A Friend to Liberty.* Oxford: Clarendon Press; New York: Oxford University Press.

Thompson, Dorothy, ed. 1971. *The Early Chartists.* Columbia: University of South Carolina Press.

Thompson, E. P. 1960. "Revolution." *New Left Review* 3:3-9.

——. 1960 "Revolution, Again!" *New Left Review* 6:18-31.

——. (1963) 1968. *The Making of the English Working Class.* Rev. ed. Harmondsworth: Penguin.

——. (1965) 1981. "The Peculiarities of the English." Reprinted in *The Poverty of Theory & Other Essays.* New York: Monthly Review Press.

——. 1971. "The Moral Economy of the English Crowd in the Eighteenth Century." *Past and Present* 50:76-136.

——. 1978. "Eighteenth Century English Society: Class Struggle Without Class." *Social History* 3:133-65.

——. 1993. *Customs in Common.* New York: The New Press.

——. 1993. *Witness against the Beast.* New York: The New Press.

——. 1999. *The Romantics.* New York: New Press.

Thompson, Noel. 1988. *The Real Rights of Man: Political Economies for the Working Class* London: Pluto Press.

Thornton, A. P. 1965. *The Habit of Authority: Paternalism in British History.* London: Allen and Unwin.

Tilly, Charles. 1972. "How Protest Modernized in France, 1845-1855." In *The Dimensions of Quantitative Research in History*, edited by W. O. Aydelotte, A. G. Bogue, and R. W. Fogel. Princeton: Princeton University Press.

——. 1975. "Food Supply and Public Order in Modern Europe." In *The Formation of*

National States in Western Europe, edited by Charles Tilley, 380-455. Princeton: Princeton University Press.

———. 1978. *From Mobilization to Revolution.* Reading: Addison-Wesley.

———. 1979. "Did the Cake of Custom Break?" In *Consciousness and Class Experience in Nineteenth-Century Europe*, edited by J. M. Merriman, 17-44. New York: Holmes and Meier.

Tilly, Charles. 1981. "Useless Durkheim." In As *Sociology Meets History*, 95-108. New York: Academic Press.

———. 1982. "Britain Creates the Social Movement." In *Social Conflict and the Political Order in Britain*, edited by J. E. Cronin and J. Schneer, 21-51. New Brunswick: Rutgers University Press.

———. 1986. *The Contentious French.* Cambridge: Belknap Press.

———. 1995. *Popular Contention in Great Britain, 1758-1834.* Cambridge: Harvard University Press.

———. 2003. *The Politics of Collective Violence.* Cambridge: Cambridge University Press.

Tilly, Charles and L. H. Lees. 1975. "The People of June, 1848." In *Revolution and Reaction: 1848 and The Second French Revolution*, edited by R. D. Price, 170-209. New York: Barnes and Noble.

Tilly, Charles, Louise Tilly, and Richard Tilly. 1975. *The Rebellious Century: 1830-1930.* Cambridge: Harvard University Press.

Tocqueville, Alexis de. (1840, 1844) 1961. *Democracy in America.* 2 vols. New York: Schocken.

———. (1859) 1971. *Recollections.* Edited by J. P. Mayer and A. P. Kerr; translated by G. Lawrence. New York: Doubleday Anchor.

Tonnies, Ferdinand. (1887) 1953. *Community and Association (Gemeinschaft and Gesellschaft).* Translated by C. P. Loomis. London: Routledge and Kegan Paul.

Touraine, A. 1971. *Post-Industrial Society.* London: Wildwood House.

———. 1977. *The Self-Production of Society.* Chicago: University of Chicago Press.

———. 1981. *The Voice and the Eye.* New York: Cambridge University Press.

———. 1985. "An Introduction to the Study of Social Movements." *Social Research* 52: 749-88.

———. 1988. *The Return of the Actor.* Minneapolis: University of Minnesota Press.

———. 1997. *Pourrons-nous vivre ensemble? Égaux et différents.* Paris: Fayard.

Traugott, M. 1980. "Determinants of Political Organization: Class and Organization in the Parisian Insurrection of June 1848." *American Journal of Sociology* 86:32-49.

———. 1980. "The Mobile Guard in the French Revolution of 1848." *Theory and Society* 9:683-720.

——. 1983. "Introductory Comments." *Theory and Society* 12:449-53.

——. 1983. "Review Essay: European Working Class Protest." *American Journal of Sociology* 88 (5): 1019-26.

——. 1985. *Armies of the Poor: Determinants of Working-Class Participation in the Parisian Insurrection of June 1848*. Princeton: Princeton University Press.

Tucker, Kenneth H. 1991. "How New Are the New Social Movements." *Theory, Culture and Society* 8:75-98.

Tudesq, A. J. 1965. *L'election presidentielle de Louis-Napoleon Bonaparte, 10 décembre 1848*. Paris: Presse Universitaire Franchise.

Turner, H. A. 1962. *Trade Union Growth, Structure and Policy*. London: Oxford University Press.

Vernon, James. 1993. *Politics and the People: A Study in English Political Culture, 1815-1867*. Cambridge: Cambridge University Press.

Walicki, Andrzej. 1982. *Philosophy and Romantic Nationalism: The Case of Poland*. Oxford: Clarendon Press.

Wallerstein, I. 1974. *The Modern World System*. New York: Academic Press.

——. 1980. *The Modern World System II*. New York: Academic Press.

Walters, Ronald G. 1978. *American Reformers, 1815-1860*. New York: Hill and Wang.

Wang, Orrin. 1994. "Romancing the Counter-Public Sphere: A Response to Romanticism and its Publics." *Studies in Romanticism* 33:579-88.

Ward, J. T. 1973. *Chartism*. London: Batsford.

Warner, Michael. 1990. *The Letters of the Republic: Publication and the Public Sphere in Eighteenth-Century America*. Cambridge: Harvard University Press.

——. 2002. *Publics and Counterpublics*. New York: Zone Books; Cambridge: Distributed by MIT Press.

Wasserstrom, Jeffrey. 1991. *Student Protests in Twentieth-Century China: The View from Shanghai*. Stanford: Stanford University Press.

Weaver, S. A. 1987. *John Fielden and the Politics of Popular Radicalism, 1832-1847*. Oxford: Clarendon Press of Oxford University Press.

Webb, R. K. 1955. *The British Working-Class Reader, 1790-1848*. London: Allen and Unwin.

Weber, Max. (1922) 1968. *Economy and Society*. Berkeley: University of California Press.

——. (1925) 1948. "The Social Psychology of World Religions." In *From Max Weber*, edited by H. H. Gerth and C. Wright Mills, 267-301. London: Routledge and Kegan Paul.

——. (1902-4) 1958. *The Protestant Ethic and the Spirit of Capitalism*. New York:

Scribners.

White, H. 1992. *Identity and Control*. Princeton: Princeton University Press.

Whitridge, A. 1949. *Men in Crisis: The Revolutions of 1848*. New York: Scribner's.

Willis, Paul. 1977. *Learning to Labour*. Farnborough, Hants: Saxon House.

Wiener, Joel H. 1983. *Radicalism and Freethought in Nineteenth-Century Britain: The Life of Richard Carlile*. Westport: Greenwood.

Wieviorka, Michel. 2000. "Difference culturelle et mouvement social." In UNESCO, ONG et gouvernance dans le monde arabe, International Colloquium, Cairo, March 29-31. http://www.unesco.org/most/wieviorka.doc.

Wilentz, Sean. 1984. *Chants Democratic: New York City and the Rise of the American Working Class, 1788-1850*. New York: Oxford.

Williams, G. H. 2000 *The Radical Reformation*. 3rd ed. Kirksville: Truman State University Press.

Williams, Raymond. 1961. *The Long Revolution*. New York: Columbia University Press.

Wilson, David. 1988. *Paine and Cobbett: The Transatlantic Connection*. Montreal: McGill-Queen's University Press.

Wilson, Edmund. 1971. *To the Finland Station*. New York: Doubleday.

Wolf, Eric R. 1969. *Peasant Wars of the Twentieth Century*. New York: Harper.

Wollstonecraft, Mary. (1791) 1988. *A Vindication of the Rights of Woman*. New York: Norton.

Woodcock, G. 1972. *Pierre-Joseph Proudhon: His Life and Work*. New York: Shocken.

Worrall, David. 1992. *Radical Culture: Discourse, Resistance and Surveillance, 1790-1820*. Detroit: Wayne State University Press.

Wright, E. O. 1978. *Class, Crisis and the State*. London: New Left Books.

——. 1980. "Varieties of Marxist Conceptions of Class Structure," *Politics and Society* 9 (3): 299-322.

——. 1985. *Classes*. London: New Left Books.

Wright, E. O. and A. Levine. 1980. "Rationality and Class Struggle." *New Left Review* 123:47-68.

Yalman, Nur. 1973. "Some Observations on Secularism in Islam: The Cultural Revolution in Turkey." *Daedalus* 102:139-68.

Yeo, Eileen, ed. 1998. *Radical Femininity: Women's Self-Representation in the Public Sphere*. Manchester: Manchester University Press.

Young, Michael P. 2002. "Confessional Protest: The Religious Birth of U. S. National Social Movements." *American Sociological Review* 67:660-88.

——. 2007. *Bearing Witness against Sin: The Evangelical Birth of the American Social Movement*. Chicago: University of Chicago Press.

Zablocki, Benjamin. 1970. *The Joyful Community*. Baltimore: Penguin.

Zald, Mayer N. and John D. McCarthy, eds. 1979. *The Dynamics of Social Movements*. Cambridge: Winthrop.

Zaret, David. 1999. *The Origins of Democratic Culture: Printing, Petitions, and the Public Sphere in Early Modern England*. Princeton: Princeton University Press.

Zeldin, Theodore. 1979. *France 1848-1945: Politics and Anger*. New York: Oxford University Press.